LES PASSIONS INTELLECTUELLES

III

DU MÊME AUTEUR

L'Amour en plus : histoire de l'amour maternel (XVIIe-XXe siècle), Flammarion.

Les Goncourt : « Romanciers et historiens des femmes », préface à *La Femme au XVIIIe siècle* d'Edmond et Jules de Goncourt, collection « Champs », Flammarion.

Emilie, Emilie : l'ambition féminine au XVIIIe siècle, Flammarion.

Les Remontrances de Malesherbes (1771-1775), collection « Champs », Flammarion.

L'un est l'autre : des relations entre hommes et femmes, Odile Jacob.

Correspondance inédite de Condorcet et Madame Suard (1771-1791), éditée, présentée et annotée par Elisabeth Badinter, Fayard.

Madame d'Epinay, *Histoire de Madame de Montbrillant ou les Contre-Confessions*, préface d'Elisabeth Badinter, Mercure de France.

Thomas, Diderot, Madame d'Epinay : Qu'est-ce qu'une femme ?, débat préfacé par Elisabeth Badinter, P.O.L.

Condorcet, Prudhomme, Guyomar : Paroles d'hommes (1790-1793), présentées par Elisabeth Badinter, P.O.L.

X Y, de l'identité masculine, Odile Jacob.

Madame du Châtelet, *Discours sur le bonheur*, préface d'Elisabeth Badinter, Rivages poche.

Les Passions intellectuelles, I, *Désirs de gloire*, Fayard.

Les Passions intellectuelles, II, *Exigence de dignité*, Fayard.

Fausse route, Odile Jacob.

En collaboration avec Robert BADINTER :

Condorcet. Un intellectuel en politique, Fayard.

Elisabeth Badinter

LES PASSIONS INTELLECTUELLES

III

Volonté de pouvoir

1762-1778

Fayard

ISBN : 978-2-213-62643-7

Pour Zacharie

« C'est l'opinion qui gouverne le monde, et c'est à vous de gouverner l'opinion. »

Voltaire à d'Alembert, 26 décembre 1767.

INTRODUCTION

Un jeu à trois

Durant la décennie 1760, le prestige des philosophes est à son zénith. La volonté d'imposer leurs vues – *libido dominandi* – n'a jamais été si grande. Parvenus à marginaliser leurs irréductibles ennemis, on les croit un parti unique qui dicte sa loi à l'opinion avide de modernité. Grâce à ce nouvel acteur, le statut des hommes de lettres a radicalement changé. Ils sont devenus une force avec laquelle il faut compter, ou faire mine de compter. Le vœu de Voltaire semble en voie de réalisation. Les philosophes gouverneront le monde parce qu'ils gouvernent l'opinion. Mais, dans l'esprit du patriarche, le jeu se joue à trois : le philosophe, l'opinion publique et le souverain. Même si ce dernier n'est pas mentionné, c'est toujours lui le premier détenteur du pouvoir, pour ne pas dire le seul légitime. L'abbé Morellet ne s'y trompe pas lorsqu'il rappelle à Beccaria que les philosophes, fussent-ils Voltaire ou Rousseau, n'ont aucun pouvoir sur le souverain. Il faut d'abord agir sur l'opinion publique, et c'est elle seule qui peut en imposer au prince. Or celui-ci vient perturber le jeu en s'adressant directement au philosophe. Plutôt que de se plier aux désirs de l'opinion, n'est-il pas plus simple et plus sûr, pour lui, de se dire acquis aux idées nouvelles et de prétendre au titre de « roi philosophe » ? Ainsi pourra-t-on se passer de l'opinion du public. Pour ce faire, le souverain fait croire au philosophe qu'il inverse les rôles traditionnels : c'est lui qui courtise à présent l'homme de lettres, et qui, en quelque sorte, lui demande sa protection sous la forme d'une caution morale et idéologique.

Rien de tel pour amadouer le philosophe que de lui offrir de la considération, surtout si on la lui refuse obstinément dans son pays. Plus que les honneurs et l'argent – auxquels peu d'hommes sont vraiment insensibles –, c'est d'abord la reconnaissance de leur dignité qui leur importe. Ce qui signifie, pour le souverain, traiter le philosophe comme son égal. Lecture de ses livres, échange de correspondances, visite de particulier à particulier lorsque le prince est de passage à Paris. Invitations des souverains à séjourner dans leurs cours. Autant de signaux donnés d'une relation équitable et parfois même amicale, qui conviennent à l'homme de lettres. Une étape supplémentaire est franchie lorsqu'on lui propose d'être le précepteur du futur roi. Comment mieux dire l'allégeance du prince aux idées philosophiques ?

Pourquoi le nier, la plupart des intellectuels ont du mal à résister à la *libido dominandi*. Imposer ses idées à ses pairs est souvent plus difficile que de convaincre l'opinion publique. Chacun sait que la « dispute » vire le plus souvent à la querelle et aux fâcheries. On échange des arguments comme des coups. Les dissensions sont vite irréconciliables, et chacun est sommé de choisir son « camp ». Rien de plus rare qu'un philosophe qui se range, en fin de débat, à l'avis de son contradicteur. Reconnaître qu'il s'est trompé signifierait qu'il a su mettre la distance nécessaire entre lui et ses idées. Qu'il domine ses propres passions. Il faut généralement du temps pour que celles-ci s'éteignent et qu'il soit en mesure de reconsidérer son point de vue. Des années, des décennies, voire jamais. On en connaît même qui, démentis par les faits ou par l'histoire, persistent intérieurement à croire qu'ils avaient raison. Abandonner ses idées équivaut pour eux à se renier soi-même.

À défaut de les rallier à ses vues, il est une autre manière d'exercer son *imperium* sur ses pairs. C'est de prendre possession des institutions prestigieuses que sont à cette époque les académies. C'est ce à quoi s'est appliqué d'Alembert, solidement secondé par Voltaire, à l'Académie française.

On montre d'abord patte blanche pour y être admis, on négocie ensuite l'élection de ses amis, et, une fois la majorité acquise, nul n'entre plus sans votre consentement. Il faudra faire allégeance au clan et à ses idées pour pénétrer dans le saint des saints. Ce pouvoir peut sembler modeste, comparé à celui de Voltaire sur l'opinion publique, mais il n'en est pas moins désirable. Bien que déjà secrétaire de l'Académie des sciences, Condorcet n'a pas négligé de se faire élire à l'Académie française. Question de prestige personnel, mais aussi renfort du parti philosophique.

Le cas de Diderot est particulier. Apparemment indifférent aux honneurs académiques et aux rivalités d'auteurs, il a caressé un moment le rêve de Platon : conseiller le prince. À deux mille ans d'intervalle, ces deux philosophes de la politique aux fortes convictions se sont laissé prendre au mirage du roi philosophe. Invité par Denys l'ancien, le puissant tyran de Syracuse, Platon pense pouvoir le convertir à ses idées philosophiques et politiques. L'aventure finit mal. Désireux de se défaire d'un censeur gênant, le tyran renvoie le philosophe. Après la mort de Denys l'ancien, Platon est rappelé à Syracuse pour être le précepteur de son fils, Denys le jeune. Mais ce dernier, sans talent ni vertu, se lasse de son mentor, qui finit par reprendre le chemin d'Athènes. Pourtant, le philosophe se laissa attirer en Sicile une troisième fois. Sans plus de résultat. À nouveau humilié et retenu prisonnier, le philosophe de soixante-sept ans ne dut sa liberté qu'à l'intervention du mathématicien Archytas. Malgré ces trois cuisants échecs, Platon n'a jamais vraiment renoncé à son idéal. Si le roi ne peut devenir philosophe, le philosophe, lui, ne pourrait-il devenir roi ?...

Diderot ne partage pas l'utopie de Platon, et Catherine II ne l'a pas invité à Saint-Pétersbourg pour être son conseiller. Mais le philosophe, comme son grand ancêtre, a peut-être pensé que le tête-à-tête avec le souverain est une occasion exceptionnelle de le convaincre de l'intérêt de ses idées. A fortiori lorsque la souveraine ne cesse de revendiquer son adhésion aux Lumières. Durant de longues semaines, elle l'a écouté, dira-t-elle, comme « une humble écolière » un « sévère pédagogue ». Alors que la tsarine se tait mais n'en pense pas moins, Diderot ne s'est-il pas illusionné sur le pouvoir du philosophe ? N'a-t-il pas satisfait là une secrète volonté de puissance ?

Les mœurs ayant heureusement changé depuis le tyran de Syracuse, « frère Platon », comme le surnomme Voltaire, put repartir de Russie comme il y était venu. Il ne fut pas long à réaliser que la place du philosophe n'est pas auprès du souverain. Ses raisons n'étant pas les siennes, ils n'ont aucune chance de s'entendre. À moins de se faire courtisan et d'y laisser sa dignité. De retour chez lui, Diderot reprend sa plume et sa liberté de parole. Il a compris que le pouvoir intellectuel ne s'exerce pas directement sur le souverain. C'est l'opinion publique qui est l'interlocuteur privilégié du philosophe, et c'est elle qui doit se faire entendre du prince. Voltaire avait vu juste : le gouvernement du monde est désormais un jeu à trois. À chaque fois que l'intellectuel méconnaît la règle, il se met hors jeu.

PREMIÈRE PARTIE

Le philosophe roi

1762-1770

CHAPITRE PREMIER

Un prestige sans précédent
(été 1762-fin 1764)

Durant l'été 1762, la preuve est faite que l'opinion publique est une puissance avec laquelle il faut désormais compter. Non seulement parce que Voltaire, de Ferney, est en train de réussir une mobilisation sans précédent en faveur de la famille Calas, mais aussi parce que la nouvelle souveraine de l'Empire russe doit effacer la tache qui a marqué son accession au trône. Moins peut-être aux yeux de ses propres sujets qu'à ceux de toute l'Europe pensante, élevée au lait des Montesquieu, Voltaire et de l'*Encyclopédie*. Après Frédéric II, l'impératrice Catherine II a bien compris que tout despote doit se prétendre éclairé. Pour cela, il faut l'onction des philosophes, dont l'approbation, voire les applaudissements, constitue une sorte de légitimité d'un genre nouveau. Si le souverain gouverne son peuple comme il l'entend, il est de bon ton de tourner le dos à la tyrannie du bon plaisir pour entrer dans la modernité définie par les philosophes.

Au-delà de Frédéric et de Catherine, c'est toute une nouvelle génération de princes et de rois qui découvrent, en même temps que nombre de leurs sujets, les principes de cette modernité. Chaque livre de Buffon, de d'Alembert, de Diderot, de Condillac ou d'Helvétius apporte sa pierre à l'édifice et suscite réflexions et commentaires, tant en France qu'à l'étranger. Voltaire a raison lorsqu'il écrit à d'Alembert : « C'est l'opinion qui gouverne le monde, et c'est à vous [philosophes] de gouverner l'opinion [1]. »

1. 26 décembre, 1767. D. 14623.

Mais il a tort de s'inquiéter : les philosophes gouvernent déjà l'opinion de l'élite. Il suffit de lire les confidences de Beccaria sur sa « conversion à la philosophie [1] » pour en être convaincu. Cinq ans de lecture des philosophes ont opéré « la révolution dans [son] esprit » qui est à l'origine du fameux livre *Des délits et des peines*, publié en 1764 [2] avec le retentissement que l'on sait. Même s'ils sont loin d'être prêts à la conversion philosophique, les souverains sont interpellés par ces idées nouvelles qui suscitent l'enthousiasme d'une minorité avide de changer le monde. Du moins à l'étranger, car Louis XV, obstinément fermé à ces idées, ne montre qu'hostilité à ceux qui les propagent. Raison de plus, pour les philosophes, d'aller chercher hors de France la reconnaissance qu'on leur refuse dans leur pays.

La décennie qui commence voit donc s'instaurer une sorte de connivence entre princes et philosophes. Les premiers ont compris que c'est l'opinion des seconds qui décide des réputations, et que rien ne vaut les louanges de la république des lettres pour leur célébrité et leur postérité. En échange, ils offrent aux philosophes, hors des facilités qui vont de soi, la dignité et la considération du souverain, qui leur manquent tant à Paris. Mieux encore, ils leur donnent l'illusion du pouvoir en leur laissant espérer l'application de leurs idées. L'espace d'une quinzaine d'années (jusqu'au désenchantement de Diderot à l'égard de Catherine), les philosophes se sont crus « les instituteurs des maîtres du monde [3] », avant de réaliser qu'ils n'étaient que des pions dans le jeu de leurs protecteurs. Pour l'heure, la mode est au prince philosophe, et le philosophe se sent devenir roi. L'homme qui incarne le mieux cette promotion étonnante est un bâtard de quarante-cinq ans, savant et homme de lettres, membre des deux académies. Son nom est connu de toute l'Europe pensante. Il s'appelle Jean Le Rond d'Alembert.

---

1. Lettre à l'abbé Morellet, 26 janvier 1766. *Edizione nazionale delle opere di Cesare Beccaria*, Milano, 1994, IV, p. 222.
2. À Livourne en juillet 1764.
3. Lettre de la duchesse de Choiseul à Mme du Deffand, 14 juin 1767. D. 14226.

Précepteur du prince héritier (juillet 1762-février 1763)

Depuis fort longtemps, il était d'usage de confier l'éducation du futur monarque à un homme d'Église. Rien d'étonnant à cela dans une monarchie absolue où l'on considère le Roi Très-Chrétien comme le représentant de Dieu en son royaume. Mais, depuis quelques années, l'usage fait l'objet de critiques. Sous l'influence de l'esprit philosophique, on s'interroge de plus en plus sur les valeurs, les superstitions ou les dogmes que les prêtres pédagogues transmettent à leurs élèves royaux. Après la chute des Jésuites et la publication de l'*Émile*, on pourra même lire dans la *Correspondance littéraire* : « Il faut convenir que l'esprit de l'Évangile n'a jamais pu s'allier avec les principes d'un bon gouvernement. [...] Les vertus que [sa doctrine] enseigne ne sont pas bonnes pour cette vie-ci ; l'humanité, la foi, l'espérance, la mortification du vieil homme, ne sont pas propres à en former de grands ; la charité même [...] ne peut tenir lieu de justice, d'humanité, de générosité, de bienfaisance[1]... »

Dès 1758, l'infante Louise-Élisabeth de Parme, la fille chérie de Louis XV, qui séjourne alors à Versailles, choisit un précepteur français pour présider à l'éducation de son fils Ferdinand, âgé de sept ans. Ne cachant pas son aversion pour « la prêtraille », elle opte pour le philosophe Condillac, qui lui est chaudement recommandé par le duc de Nivernais. Ce dernier est l'un des rares intermédiaires entre la Cour et le milieu philosophique, où il compte amis et protégés. Ambassadeur à Rome (1748-1751), il s'était beaucoup démené pour éviter à Montesquieu que *De l'esprit des lois* ne fût mis à l'Index. En vain. Cette fois, c'est au philosophe-abbé de Condillac qu'il rend service. Ce dernier a beau être le métaphysicien français le plus influent de son temps, l'étiquette d'encyclopédiste qu'on accole à son nom, bien qu'il

1. 15 avril 1763, V, p. 261.

n'ait jamais rédigé aucun article, est de moins en moins confortable.

L'abbé est certes philosophe, mais il n'est ni athée ni déiste militant. L'*Encyclopédie* est dans l'œil du cyclone, et il juge préférable de prendre le large. Les émoluments sont appréciables, son statut, honorable, et c'est l'occasion de mettre en œuvre une pédagogie directement issue de la psychologie exposée dans les deux œuvres qui l'on rendu célèbre [1].

En outre, il aura du temps pour travailler et rédiger le *Cours d'études pour l'instruction du prince de Parme*. De son côté, l'infante peut se féliciter de son « acquisition ». L'abbé n'est ni un philosophe « enragé », ni un homme trop enclin au zèle religieux. L'affaire conclue, elle écrit à son époux : « Quant à sa religion, j'en ai pris les meilleures informations et de plusieurs personnes [2] ; toutes ont été telles que nous pouvions les souhaiter ; malgré ce livre que l'on dit un peu métaphysique [le *Traité des sensations*], nous n'aurons, je crois, rien à nous reprocher sur ce choix ni en ce monde ni en l'autre ; mais il faut que je te prévienne que les Jésuites ont été abasourdis de perdre encore chez nous ; ils n'ont pu d'abord se plaindre, le choix étant loué aussi généralement. [...] Notre fils doit être bon catholique et non pas docteur de l'Église : toutes les controverses lui seraient inutiles à étudier [3]. »

Lorsque, le 20 mars 1758, l'abbé de Condillac se met en route pour Parme, sa tâche est moins de former un prince philosophe, au sens nouveau du terme, que d'empêcher qu'il ne devienne bigot, comme tant de princes catholiques le sont. De l'instruction, de la raison et une piété modérée, tels sont les objectifs assignés à l'abbé – et qui lui conviennent fort bien. Mais si le choix de Condillac réjouit le clan philosophique, cela ne crée pas l'événement. La nouvelle n'est mentionnée qu'en quelques

1. Il s'agit de l'*Essai sur l'origine des connaissances humaines* (1746) et du *Traité des sensations* (1754).

2. Outre le duc de Nivernais, la mère de l'infante, Marie Leszczyńska, et le duc de Choiseul avaient approuvé ce choix.

3. Lettre du 25 mars 1758 publiée par L. de Beauriez, *Une fille de France et sa correspondance inédite*, 1887, pp. 74-75.

mots par le duc de Luynes[1]. C'est à peine si l'on s'aperçoit qu'il n'est plus là. Non seulement parce que le philosophe est un homme discret et plutôt solitaire, mais surtout parce que nul ne peut le soupçonner de vouloir renverser l'ordre établi. En revanche, lorsque, quatre ans plus tard, Catherine II prie d'Alembert de venir en Russie pour y être le précepteur de son fil unique Paul, futur tsar de Russie, la nouvelle fait sensation et se répand dans toute l'Europe. Il y a à cela plusieurs raisons qui tiennent tant à la personnalité de la souveraine russe qu'à celle du philosophe et aux circonstances qui entourent cette invitation.

Le philosophe contre « l'éclaboussure de sang[2] »

Le 7 juillet 1762, l'impératrice de toutes les Russies annonce officiellement la mort de son époux Pierre III, d'une « colique hémorroïdale ». Une semaine après le coup d'État qui l'a assise sur le trône d'Ivan le Terrible, Catherine tente maladroitement de faire taire les ricanements des chancelleries européennes. Si les révolutions de palais ne surprennent guère dans ce pays, le régicide heurte la bienséance et la morale commune. Or, chez elle, à en croire ceux qui l'ont approchée, « un trait domine tous les autres : un terrible appétit de gloire[3] ». Un témoin rapporte ce propos de Catherine : « Je veux être une femme extraordinaire, et j'ai le pressentiment que l'Europe un jour parlera longtemps de moi[4]. » En bien, cela va de soi. Sa gloire exige donc qu'elle ait pour elle l'opinion éclairée. Ayant lu *Le Siècle de Louis XIV*[5], elle a compris le pouvoir des hommes de lettres sur la postérité des rois. Lucide, elle sait très bien que son irruption sur la scène publique est calamiteuse. Elle a beau clamer son

1. *Mémoires du duc de Luynes*, 16, p. 335.
2. L'expression est de Sainte-Beuve, in *Nouveaux Lundis*, 2, Paris, 1866, p. 197.
3. Cité par A. Lortholary, *Le Mirage russe en France au* XVIII*e siècle*, 1951, p. 80.
4. *Ibid.*
5. Commencé en 1733, l'ouvrage ne cessera d'être remanié par Voltaire jusqu'à sa mort, en 1778. Mais on peut supposer que Catherine avait lu l'édition de 1756.

innocence et se dire « terrassée » par la mort de son mari, personne n'en croit un mot. C'est alors qu'elle réagit avec une rapidité surprenante. Pour désamorcer les rumeurs, rien de tel que de donner un gage aux « philosophes » qui se flattent d'éclairer l'opinion. Elle appelle donc à elle l'un des plus prestigieux d'entre eux, avec mission d'élever son fils selon les principes des Lumières. En moins de trois semaines, d'Alembert reçoit trois lettres d'invitation de proches de Catherine qui écrivent en son nom : de Pictet le 15 août, de Chouvaloff le 20 août et d'Odar le 2 septembre. Mais un autre courrier de Pictet adressé à Voltaire ce même 15 août révèle qu'une première invitation a été envoyée au philosophe, dont Voltaire doit déjà avoir pris connaissance[1]. Vu les délais d'acheminement, on peut supposer que cette première missive – aujourd'hui disparue – avait été rédigée dès la seconde quinzaine de juillet. Autant dire qu'on ne pouvait guère agir plus vite.

La lettre de Pictet évoque la double proposition de l'impératrice faite à d'Alembert : outre qu'elle l'invite à venir éduquer son fils, elle lui offre de terminer en Russie l'impression de l'*Encyclopédie* persécutée à Paris[2]. La lettre de Chouvaloff ne parle que de cette dernière proposition, et celle d'Odar, que du préceptorat. Aucune de ces lettres n'insiste sur les conditions matérielles de sa venue en Russie, elles n'ont pour but que de sonder les intentions du philosophe. On lui fait valoir la personnalité hors pair de la nouvelle souveraine, son modernisme, et surtout la grandeur de la tâche. Élever le prince héritier dans les principes de la philosophie, c'est l'occasion unique de peser sur le destin du plus vaste pays d'Europe. Curieusement, alors que l'invitation de Catherine est connue de l'ambassade de France à Pétersbourg dès avant la mi-août[3], rien ne filtre à Paris ou à Genève avant la fin septembre. D'Alembert a pris très vite la décision de la décliner, mais rien de ses réactions et de ses

1. « Vous êtes sans doute déjà instruit des propositions qu'elle a fait faire à M. d'Alembert ». D. 10650.

2. Offre adressée simultanément à Diderot, qui la refusa.

3. Dès le 12 août, le secrétaire de l'ambassade, Claude-Carloman de Rulhière, fait part de la nouvelle à son ami Rousseau, alors à Motiers. *Correspondance complète de Jean-Jacques Rousseau* (éd. R.A. Leigh), 12, lettre 2070.

réflexions d'alors n'est venu jusqu'à nous. La première lettre connue (mais peut-être pas la première écrite) est sa réponse négative à Odar datée du 16 septembre [1]. Odar le Piémontais, de passage à Vienne, ne fut certainement pas le premier averti des intentions du philosophe. Et l'on devine que l'argumentaire de son refus est déjà bien huilé. À quelques détails près, on retrouve les mêmes raisons invoquées dix ans plus tôt pour décliner l'invitation de Frédéric à s'installer à Berlin afin d'y présider son Académie [2]. D'Alembert arguë de sa santé médiocre, de son attachement à ses amis et de son indifférence aux richesses et aux honneurs pour ne pas quitter Paris. Il y ajoute deux autres raisons plus définitives. D'abord, son absence de talent pour remplir une tâche si difficile : « Il y a trente ans que je travaille uniquement et sans relâche, si je puis parler de la sorte, à ma propre éducation, et il s'en faut bien que je sois content de mon ouvrage [3]. » Ensuite, le désir de ne pas froisser Frédéric, son « premier bienfaiteur », qui l'a comblé d'attentions sans rien exiger de lui.

Pour qui connaît d'Alembert, le refus est sans appel. Mais on s'étonne pourtant qu'il n'en ait pas dit un mot à Voltaire avant de se prononcer. Il se contente de lui annoncer sa décision le 25 septembre, comme une nouvelle sans conséquence, et en forme de boutade : « Savez-vous qu'on m'a proposé, à moi qui n'ait pas l'honneur d'être jésuite, l'éducation du grand-duc de Russie ? Mais je suis trop sujet aux hémorroïdes, elles sont trop dangereuses en ce pays-là, et je veux avoir mal au derrière en toute sûreté [4]. » Le même jour, Voltaire, informé par Chouvaloff, écrit à d'Alembert comme s'il était d'avance sûr de sa réponse : « Vous voilà entre Frédéric et Catherine [...], vous resterez en France. » Mais, mesurant peut-être mieux que d'Alembert lui-même l'importance de la proposition, il ajoute tout aussitôt : « Il est bon de faire connaître que si la superstition et la sottise contristent la face de votre beau pays, les Vandales et les Scythes

1. Charles Henry, *Œuvres et correspondances inédites de d'Alembert*, Slatkine Reprints, 1967 [1887], p. 195.
2. *Les Passions intellectuelles* [dorénavant *P.I.*], II, p. 106.
3. Lettre à Odar du 16 septembre 1762.
4. D. 10731.

se disputent l'honneur de venger les Socrate des Anitus[1]. » Ainsi, l'on fait coup double : le prestige de la philosophie à l'étranger est à la mesure de sa honteuse persécution à Versailles ! D'Alembert comprend et acquiesce : « Il faut que toute l'Europe sache que la vérité persécutée par les Bourgeois de Paris [?] trouve un asile chez des souverains qui auraient dû l'y venir chercher ; et que la lumière, chassée par le vent du midi, est prête à se réfugier dans le nord de l'Europe pour venir ensuite refluer de là contre ses persécuteurs, soit en les éclairant, soit en les écrasant[2]. »

En vérité, le coup est triple. Catherine en perçoit elle aussi le bénéfice. En se posant comme l'alliée des philosophes, elle réussit à faire oublier les conditions de son accession au trône. À peine trois mois plus tard, d'Alembert écrit à Voltaire, non sans quelque naïveté : « La philosophie commence déjà très sensiblement à gagner les trônes. [...] Votre ancien disciple [Frédéric] a commencé le branle, la reine de Suède a continué, Catherine les imite tous deux et fera peut-être mieux encore[3]. » L'affaire aurait pu en rester là, à la satisfaction des deux parties, si Catherine n'avait elle-même relancé la balle en réitérant, le 13 novembre, son invitation à d'Alembert. Cette fois, la lettre est de sa main. Elle répond aux arguments énumérés dans la lettre à Odar et s'emploie à souligner l'incohérence du refus de d'Alembert : « Être né ou appelé pour contribuer au bonheur et même à l'instruction d'un peuple entier, et y renoncer, me semble refuser de faire le bien que vous avez à cœur. Votre philosophie est fondée sur l'humanité ; permettez-moi de vous dire que de ne point se prêter à la servir tandis qu'on le peut, c'est manquer son but[4]. » Cette attaque un peu rude est suivie d'un propos plus plaisant. Puisque d'Alembert se dit trop attaché à ses amis pour les quitter, qu'à cela ne tienne : « Venez avec tous vos amis, je vous promets et à eux aussi tous les agréments

1. D. 10726.
2. 2 octobre [1762]. D. 10740.
3. *Ibid.*
4. Ch. Henry, *op. cit.*, p. 205.

et aisances qui peuvent dépendre de moi et peut-être vous trouverez plus de liberté et de repos que chez vous[1]. » Délicate, elle évite d'aborder les conditions matérielles de l'engagement et fait accompagner sa lettre d'un billet du gouverneur du petit prince, le sieur Panine. Celui-ci se contente d'indiquer que les intentions de l'impératrice répondront aux désirs et aux mérites de d'Alembert. Sous-entendu : vous pouvez exiger ce que vous voulez.

La tentation du philosophe

Avant même de recevoir la lettre de Catherine, d'Alembert voit sa proposition rendue publique début novembre. Ses amis du *Journal encyclopédique*[2] ont publié une « Lettre écrite de Pétersbourg », anonyme, qui justifie le coup d'État de Catherine et annonce l'invitation faite à d'Alembert, le tout accompagné de propos flatteurs du *Journal* pour ce dernier. Peut-être un peu trop au goût de d'Alembert, qui précise à Voltaire : « Les journalistes ont ajouté une note où ils disent assez mal à propos que je suis *aussi cher à la France* qu'à la Russie. [...] *Cher à la France*, tout me prouve que je n'ai pas l'honneur de l'être[3]. » Avec ou sans journal, la rumeur commence à se propager. Trop de personnes sont au courant pour que la proposition reste secrète. Le 27 novembre, Rousseau s'empresse de communiquer à Milord Maréchal, un très proche de Frédéric, la nouvelle reçue de Rulhière. Non sans sarcasme : « D'Alembert [a] de la philosophie, du savoir et beaucoup d'esprit, mais s'il élevait ce petit garçon, il n'en ferait ni un conquérant ni un sage, il en ferait un *Arlequin*[4]. » En un seul mot, l'auteur persécuté de l'*Émile* ne peut mieux dire qu'il considère son ancien collègue de l'*Encyclopédie* comme un bouffon. C'est une des rares notes discordantes connues sur l'événement.

1. *Ibid.*
2. *Journal encyclopédique*, VII, 3e partie, pp. 122 à 131, livraison du 1er novembre 1762. Curieusement, ce texte de Pictet emprunte des phrases entières à la lettre qu'il avait écrite à Voltaire le 15 août 1762, sans en être exactement la copie.
3. Lettre du 17 novembre 1762. D. 10805. Souligné dans le texte.
4. Leigh, XIV, p. 118. Lettre 2345. Souligné par nous.

Au reçu de la lettre de Catherine, d'Alembert s'empresse de répondre. Il maintient son refus tout en la couvrant d'encens. L'impératrice, certes mécontente de la dérobade, a dû apprécier de se voir traitée de « princesse éclairée, courageuse et philosophe (phénomène si rare sur le trône)[1] ». Obstinée, elle tente un dernier assaut avec des arguments sonnants et trébuchants. Elle charge son ambassadeur, Soltikov, de proposer à d'Alembert 100 000 livres de traitement, les fonds, au bout de six années que devait durer le préceptorat, étant assurés à perpétuité en terres, maisons ou autres effets qu'on achèterait en France au gré du bénéficiaire, un traitement semblable en tout à celui des ambassadeurs, avec franchises et privilèges ; et, pour terminer, « un hôtel magnifique[2] ». D'Alembert eut-il un regret, ou fut-il, comme on l'a dit, l'objet de pressions de la part du ministre Choiseul[3] ? Toujours est-il qu'avant et après avoir reçu l'offre chiffrée de Soltikov[4] il demande l'avis de deux de ses plus anciens amis (et non celui de Voltaire) : le président Hénault et l'abbé de Canaye. Le premier, homme de Cour, lui conseille vivement d'accepter. Il lui rappelle qu'il est un homme seul (sans protecteur), pauvre, entouré d'ennemis et d'envieux. C'est une excellente occasion de se mettre à l'abri tant des méchants que de la précarité. Il sera libre de se marier s'il le désire, et surtout ce choix illustre le mettrait « hors de pair[5] ». Le second est son intime, l'un des mentors de sa jeunesse, un homme désintéressé, fin, cultivé, qui préfère l'ombre à la lumière[6]. C'est à lui que d'Alembert a dédié son *Essai sur la société des gens de lettres et des grands*, véritable code d'honneur des intellectuels

1. Lettre [fin décembre 1762 ou début janvier 1763]. Ch. Henry, *op. cit.*, p. 206.
2. *Mémoires secrets de Bachaumont*, I, p. 198, 31 janvier 1763.
3. Le 15 février 1763, Lenieps écrit à Rousseau : « Le prince Galitsyne [ambassadeur à Vienne] a employé toute son éloquence et a engagé M. de Choiseul à lui parler pour le déterminer. Cela a été fait et M. d'Alembert a [sic] resté ferme dans son refus. » Leigh, XV, p. 189.
4. La lettre de Soltikov étant perdue, on ignore la date à laquelle elle fut rédigée. On ne connaît que la réponse négative de d'Alembert, non datée, probablement de fin janvier 1763.
5. Fin décembre 1762 ou début janvier 1763. Ch Henry, *op. cit.*, pp. 208-209. L'allusion à un mariage possible affaiblit la rumeur de l'impuissance ou de l'homosexualité de d'Alembert.
6. Voir *P.I.*, I, pp. 455-457, et *P.I.*, II, pp. 103 et 142.

de la seconde partie du XVIIIe siècle. Cette fois, d'Alembert a évoqué à son correspondant les propositions mirifiques faites par Catherine, via Soltikov. La réponse affectueuse de Canaye est négative. Après avoir souligné l'instabilité de la Russie (« le pays du monde le plus en proie aux révolutions »), l'abbé en vient à l'essentiel : l'éthique. « N'ayant pas cédé aux instances infiniment honorables d'une impératrice [...], vous vous rendriez à des offres qui n'ont jamais triomphé que des âmes vaines et intéressées. » Il explicite ce que signifierait un revirement : « Je ne cède qu'à l'argent et à l'étalage après avoir tenu bon contre les seules prières ; je ne pouvais soutenir le climat tant qu'on n'a point parlé de fortune, et tout d'un coup ce même climat n'a plus rien qui m'épouvante ; à qui dois-je un si heureux changement ? À cent mille livres de rentes, à beaucoup de valets [1]. » Et de conclure qu'on le traitera peut-être d'extravagant s'il a la sagesse de résister, mais qu'on ne pourra lui reprocher ni vénalité ni indignité. Bref, il lui faut rester fidèle à la déontologie de la république des lettres qu'il a lui-même énoncée dix ans plus tôt et qui lui valu l'admiration de ses pairs.

Il semble que d'Alembert n'ait pas attendu la lettre de Canaye pour exprimer son ultime refus à Soltikov [2]. Il connaissait mieux que personne les arguments de son ami. De plus, l'homme qui n'avait jamais déménagé de chez sa nourrice détestait l'idée de changer ses habitudes. S'installer à « huit cents lieues » de Paris dut lui paraître insurmontable. D'autant que, parmi les « amis » qui le retiennent dans la capitale, il y a sa chère Julie de Lespinasse, dont il est secrètement amoureux. Depuis déjà plusieurs années, c'est elle qui fait le principal attrait du salon de Mme du Deffand. Sans sa présence, il aurait déjà espacé ses visites [3]. Quand il refuse l'offre de Catherine II, il n'est pas interdit de

1. Lettre du 31 janvier 1763. Ch. Henry, *op. cit.*, pp. 209-212.
2. Lettre de [janvier ou février 1763]. *Ibid.*, p. 212.
3. D'Alembert était lié à Mme du Deffand depuis près de vingt ans. Elle l'avait aimé presque comme un fils, l'avait présenté à ses amis et lui avait appris les rudiments du monde. Mais son engagement philosophique et sa participation à l'*Encyclopédie* déplaisaient à la sensibilité aristocratique de la vieille dame. Insensiblement, leur amitié s'effrita pour cause d'incompatibilité d'idées. Si d'Alembert continua à fréquenter aussi assidûment le salon de la rue de Bellechasse jusqu'en 1764, ce n'était plus pour elle, mais pour profiter de la présence et de la conversation inimitable de Julie de Lespinasse.

penser que ce sont sa tendresse pour sa nourrice et son amour pour Julie qui ont été les plus sûrs gardiens de sa vertu !

Une publicité considérable.

Elle fut à la mesure de l'exceptionnelle proposition déclinée et à l'avantage conjoint des protagonistes. Le 24 janvier 1763, l'Académie française rend publique l'invitation de l'impératrice en décidant de transcrire intégralement la lettre de Catherine dans ses registres[1]. L'initiative est suffisamment rare pour supposer l'intervention amicale de Duclos, le secrétaire perpétuel, fraîchement réconcilié avec d'Alembert. Les registres se contentent d'indiquer : « M. d'Alembert a communiqué à l'Académie une lettre qu'il a reçue de la tsarine. La Compagnie a jugé à propos de la faire transcrire dans ses registres comme honorable à un de ses membres et aux lettres. » La lettre est suivie de ce seul commentaire : « M. d'Alembert a refusé. »

Dès lors, la lettre de Catherine est copiée et reproduite à de multiples exemplaires. L'ami Grimm a même grillé la politesse à l'Académie en la publiant dès la première livraison de la *Correspondance littéraire* (il est vrai secrète !) du mois de janvier 1763. Il y ajoute ces propos aimables : « Il paraît par cette lettre qui fait tant d'honneur à la philosophie et qui doit faire un grand honneur à tous ceux qui la cultivent que M. d'Alembert a allégué parmi les motifs de ses premiers refus les obligations qu'il avait au roi de Prusse [qui lui avait déjà proposé d'être le président de son Académie de Berlin]. [...] Au reste, M. d'Alembert persiste dans son refus ; mais il ne lui aura pas été aisé de répondre à la lettre de l'impératrice. Cette princesse a signalé les premiers moments de son avènement au trône de Russie par son goût pour les lettres et pour la philosophie[2]. » Outre que le rédacteur a complètement oublié les conditions sanglantes de

1. *Les registres de l'Académie française*, III, pp. 169-170.
2. *Correspondance littéraire*, V, p. 199.

l'accession au pouvoir de la tsarine (il est vrai que cette *Correspondance* ne s'adresse qu'à des princes et à des rois), il semble ignorer les prodigieuses conditions énumérées par Soltikov au nom de Catherine. De quoi faire pâlir d'envie toute la république des lettres de France et d'ailleurs. Il ignore donc aussi le troisième refus de d'Alembert, qui fait toute sa gloire. Si Bachaumont attend le 20 janvier pour publier la fameuse lettre du 13 novembre, il est l'un des rares [1] à annoncer à ses lecteurs, dès le 31 janvier, les avantages liés à l'invitation. Apparemment, il ignorait encore la décision finale de d'Alembert, puisqu'il attendra le 15 février pour donner l'information : « M. d'Alembert s'est décidemment refusé aux instances de l'impératrice des Russies [2]. »

Le troisième refus connu, chacun y va de son appréciation. Bachaumont, qui n'aime pas d'Alembert, pense qu'il a eu tort : « Bien des gens croient qu'il aurait dû accepter et que le gouvernement même aurait pu lui insinuer l'utilité dont il nous aurait été dans cette Cour [les relations entre Catherine et la France n'étaient pas des meilleures]. Mais d'Alembert a-t-il les talents nécessaires pour l'éducation d'un prince ? Est-ce un politique, un homme fait pour vivre auprès des rois ? C'est un Diogène qu'il faut laisser dans son tonneau [3]. » À l'opposé, Lenieps apprécie la fermeté du philosophe et fustige ceux qui le critiquent : « Des hommes qui ne connaissent que l'intérêt [...], dont les mœurs sont dépravées, qui ne connurent jamais le prix de la vie, de la santé, de l'indépendance et de l'amitié [4]. » Rulhière pense de même en apprenant la nouvelle à Moscou [5]. Si toute la Cour à Versailles ne parle que de cela [6], c'est Voltaire, une fois encore, qui donne le ton. Après quatre mois de silence sur cette affaire, il écrit à d'Alembert une lettre ostensible, destinée à publication. Elle a pour objet de mettre à l'honneur la philosophie et Catherine, mais aussi de donner un coup de griffe aux

1. On ne trouve aucune allusion à cette affaire dans la *Gazette de France*.
2. *Mémoires secrets*, I, pp. 191, 198, 203.
3. *Ibid.*
4. À Rousseau, 15 février 1763. Leigh, 2485.
5. À Rousseau, 20 février 1763. Leigh, 2502.
6. Thieriot à Voltaire, 2 février 1763. D. 10978.

autorités françaises qui persécutent les hommes de lettres. « Il me semble, dit-il, que si quelques pédants ont attaqué en France la philosophie, ils ne s'en sont pas bien trouvés, et qu'elle a fait une alliance avec les puissances du Nord. Cette belle lettre de l'impératrice de Russie vous venge bien. Cela ressemble à la lettre que Philippe écrivit à Aristote, à la différence près qu'Aristote eut l'honneur d'accepter l'éducation d'Alexandre, et que vous avez la gloire de la refuser. » En plaçant d'Alembert au-dessus d'Aristote pour avoir refusé l'offre de la souveraine, Voltaire réaffirme la nécessaire indépendance du philosophe à l'égard du pouvoir. Ce qui ne l'empêche pas de louer la souveraine de rechercher le philosophe : « Je n'aurais pas imaginé qu'on écrirait un jour de pareilles lettres de Moscou à un académicien de Paris. [...] La belle lettre que celle de Catherine ! [...] Si les princesses se mettent aussi à cultiver leur esprit, la loi salique n'aura pas beau jeu. Ne remarquez-vous pas que les grands exemples et les grandes leçons nous viennent souvent du Nord [1] ? »

D'Alembert est aux anges et entonne à son tour l'hymne à Catherine : « Je commence à croire, mon cher et illustre maître, que le fanatisme pourrait bien avoir le même sort que l'Empire romain, d'être détruit par les Tartares. Les souverains de la zone glaciale donneront ce grand exemple aux princes des zones tempérées ; et Fontenelle eût dit à Catherine qu'elle est destinée à être l'aurore *Boréale* de l'Europe. [...] Au midi la philosophie persécutée, vilipendée sur le théâtre ; au fond du nord, une princesse qui la protège et la cultive [2]. »

De son côté, Catherine devrait être satisfaite. Les hommes de lettres n'ont que son éloge à la bouche. Oubliés, le coup d'État et le régicide ! On ne parle plus que de ses lumières et de sa générosité ! À Paris, on suppute qui sera le remplaçant de

1. 4 février 1763. D. 10980. Bachaumont s'empressa de publier tout le passage de la lettre concernant d'Alembert et Catherine, I, pp. 212-213. Le *Journal encyclopédique* fit de même, 1763, II, 1re partie, pp. 138-141. De son côté, Thieriot signale à Voltaire que sa lettre « emporte tous les suffrages partout où elle se lit », 25 février 1763. D. 11044.

2. À Voltaire, 12 février 1763. D. 10997. La philosophie vilipendée au théâtre est une allusion à la pièce de Palissot, *Les Philosophes*, jouée avec grand succès au printemps 1760. Voir *P.I.*, II, pp. 346-348.

d'Alembert en Russie. Les noms de Saurin et Marmontel sont évoqués, deux hommes vraisemblablement moins vétilleux que le savant. Mais c'est mal connaître l'impératrice. Elle voulait attirer à elle le plus prestigieux et n'a que faire des seconds couteaux. En vérité, la tsarine est vexée du refus de d'Alembert, et lui en veut. Même si elle le remercie courtoisement de ses nouveaux ouvrages, chacune de ses lettres renferme ici ou là un reproche ou une froideur. De 1763 à 1767, une petite dizaine d'entre elles sont parvenues jusqu'à nous, qui manquent toutes de la chaleur dont Catherine est capable. Dix ans après sa dérobade, d'Alembert paiera l'addition sous la forme d'un refus sèchement exprimé à une demande de grâce pour des officiers français retenus en Sibérie. Comme si elle n'avait attendu que cette occasion pour remettre le philosophe à sa juste place.

Pour l'heure, d'Alembert ne soupçonne pas le ressentiment de la tsarine. D'autant que ce glorieux chapitre à peine clos, un autre s'ouvre dans la foulée. La guerre de Sept Ans vient de prendre fin et d'Alembert peut enfin tenir la promesse faite à Frédéric de venir le voir à Berlin. Le roi de Prusse s'étant toujours montré d'une rare élégance à son égard [1], il est temps de lui prouver sa gratitude. Et sa préférence. Mais on ne quitte pas la France à son gré quand on est académicien, surtout pour rendre hommage au vainqueur.

La mode des voyages à l'étranger

Avant les années 1750, les intellectuels, et en particulier les académiciens, voyagent peu à l'étranger. Les voyages sont chers et inconfortables. À l'exception de Montesquieu, de Voltaire ou du président de Brosses, rares sont ceux qui s'aventurent sur les mauvaises routes sans y être expressément invités, voire obligés. Ce fut le cas de l'astronome impécunieux Joseph Nicolas Delisle

1. *P.I.*, I et II.

(et de son cadet Louis), qui s'exila plus de vingt ans à l'Académie de Saint-Pétersbourg (1725-1747), et celui du célèbre Maupertuis, qui accepta en 1745 de présider l'Académie de Frédéric à Berlin. À partir des années 1750, les mentalités changent. Le voyage à l'étranger est paré de vertus pédagogiques et culturelles. De grands aristocrates veulent parfaire l'instruction de leurs fils en les faisant voyager, dûment accompagnés, dans le nord ou le sud de l'Europe. Tous deux académiciens, le maréchal de Belle-Isle et le duc de Nivernais décident d'un commun accord, en 1754, d'envoyer leur fils et gendre, le comte de Gisors, visiter l'Angleterre, l'Autriche, l'Allemagne et les pays scandinaves. Dix ans plus tard, c'est la duchesse de La Rochefoucauld d'Enville qui prépare avec soin le voyage de son fils en Italie. Il est vrai qu'entre-temps le grand tour d'Italie est devenu un impératif non seulement pour les fils des grandes familles, qui voyagent avec une escorte impressionnante[1], mais pour tous ceux qui se piquent de curiosité, c'est-à-dire de culture. La Condamine, Mme du Boccage, Grosley, l'abbé Morellet et quelques autres traversent les Alpes et tissent un réseau de connaissances qui accueilleront les suivants. À charge de revanche quand les Italiens viendront à Paris, à partir des années 1760 et 1770.

En cette année 1763, c'est moins l'Italie qui attire les académiciens français que l'Angleterre, rendue accessible depuis que notre ambassadeur, le duc de Nivernais, y a négocié le traité de paix signé le 10 février. Pour des motifs d'ordre scientifique ou simplement touristique, plusieurs membres de l'Académie des sciences ont décidé de traverser la Manche. Tout comme Duclos, secrétaire perpétuel de l'Académie française, qui a également choisi cette époque pour se « guérir de l'envie de voir l'Angleterre[2] » en compagnie de la comtesse de Boufflers. D'Alembert, qui appartient aux deux académies, doit s'entendre avec l'une et

1. Outre les domestiques, les jeunes nobles étaient accompagnés de leur gouverneur, comme La Galaizière avec l'abbé Morellet, ou d'une sorte de mentor, comme Auguste-Guy Guinement Kéralio pour le comte de Gisors. Le jeune duc Louis-Alexandre de La Rochefoucauld voyagea en Italie en compagnie du jeune frère de Morellet, Jean-Jacques de Boissieu, dessinateur, et Jean Nicolas Desmarest, minéralogiste.

2. Lettre à Rousseau, 12 avril 1753. Leigh, 2619.

l'autre pour partir à son tour en Prusse, aux convenances du roi. D'autant que l'Académie des sciences en particulier n'aime pas voir trop de ses membres s'éloigner en même temps. Bien que d'Alembert y soit beaucoup moins présent qu'à l'Académie française, il doit mettre les formes avec Fouchy, son secrétaire. En revanche, c'est probablement Duclos qui lui a demandé d'être présent à l'Académie française durant sa propre absence, de la mi-avril à la fin mai. Remplacer le secrétaire perpétuel pendant six semaines est une aubaine qui ne se refuse pas si l'on a la secrète envie de lui succéder un jour.

Le 7 mars 1763, d'Alembert écrit à Frédéric qu'il n'attend que ses ordres pour venir lui exprimer sa reconnaissance et trouver les encouragements nécessaires pour compléter ses *Éléments de philosophie*[1]. À ses yeux, il est l'unique roi philosophe de l'Europe, le seul avec lequel on peut parler d'égal à égal, du moins pour ce qui regarde la philosophie. Le 14 avril, Frédéric lui donne rendez-vous en juin ou juillet au pays de Clèves[2] pour faire route ensemble vers Berlin. D'Alembert répond aussitôt qu'il se rendra à Wesel au premier signal du roi. Il ajoute non sans quelque flagornerie : « Il y a des rois dont *les philosophes se moquent*, la philosophie, sire, respecte qui elle doit, estime qui elle peut, et s'en tient là. Mais quand [...] elle oserait quelque fois rire en silence aux dépens des maîtres de ce monde [...], la philosophie me paraîtrait bien peu *philosophe*, si elle avait la bêtise de se moquer d'un roi tel que vous[3]. »

En attendant cette rencontre au sommet du roi et du philosophe, d'autres académiciens qui n'appartiennent pas à la « secte » philosophique bouclent leurs malles pour se rendre en Angleterre. Leur voyage n'a ni le sens ni l'éclat de celui de d'Alembert en Prusse.

1. Frédéric II, *Œuvres* (éd. Preuss), XXIV, pp. 377-378.
2. *Ibid.*, p. 378.
3. *Ibid.*, p. 379, lettre du 29 avril 1763. Souligné dans le texte.

Virées anglaises

L'encre du traité de paix à peine sèche, l'astronome Jérôme Lalande est le premier à quitter Paris. Le 4 mars, muni d'une quarantaine de recommandations, cet homme curieux de tout met le cap sur l'Angleterre. Son objectif est triple : voir un maximum de choses et de gens, s'instruire des progrès de la science et de la technique anglaises, acheter des instruments de mesure, réputés les meilleurs du monde. Grâce au journal[1] qu'il tient quotidiennement, on connaît presque heure par heure ce qu'il fait et qui il voit. Sa renommée l'a précédé à Londres auprès du monde savant qui l'accueille comme un des siens. Reçu *fellow* de la Royal Society et membre de la Société des arts, Lalande est invité à dîner et à souper par ses prestigieux collègues : lord Morton, Maskelyne, directeur de l'observatoire de Greenwich, les célèbres Pringle et Bevis, le physicien Lespinas, le docteur Maty, Wilson, « premier électrisant d'Angleterre[2] », l'astronome mathématicien Walmesley, qui séjourna en France en 1749, Knight, le spécialiste du magnétisme, et l'opticien Short. Il visite les ateliers des fabricants d'instruments (Short, Sisson, Bird), à la recherche du meilleur micromètre, chronomètre marin et quart de cercle. S'il fréquente l'hôtel de Nivernais, qui fait office d'ambassade de France, il loge chez l'habitant et rencontre peu de grands aristocrates anglais. À part lord Morton et le comte Macclesfield, liés à la Royal Society et à l'Académie des sciences, Lalande rencontre surtout ses pairs et visite Londres en simple touriste. Ses visites à la cour du roi ou à celle de la princesse de Galles[3] ne sont en rien différentes de celles des particuliers qui y viennent en nombre à date fixe. C'est seulement à la veille de son retour que le chevalier d'Éon, attaché d'ambassade, le présente officiellement au souverain[4], le temps

1. *Journal d'un voyage en Angleterre* (4 mars-17 juin 1763), publié par H. Monod-Cassidy, *S.V.E.C.*, n° 184, 1980.
2. *Ibid.*, p. 46.
3. *Ibid*, pp. 28, 32, 39, 40, 43, 59, 64.
4. *Ibid.*, p. 77. Mercredi 1er juin 1763.

pour Lalande de lui offrir un exemplaire de la *Connaissance des temps*[1], accompagné d'un compliment.

L'arrivée de Duclos, le 23 avril, dans la suite de la comtesse de Boufflers, anglophile et anglophone, ne fait guère plus de bruit. Le secrétaire perpétuel loge modestement à Picadilly, où il loue vingt-six shillings par semaine deux petites pièces et un grenier pour son domestique. Il n'est venu à Londres que pour le plaisir de la découverte. Mme de Boufflers l'emmène aux spectacles et Lalande le promène en ville et à la Cour. Les deux hommes, qui ne fréquentent pas la même société à Paris, ne se sont sûrement jamais autant entretenus qu'en quelques semaines à Londres. Il est vrai que l'Académie française et l'Académie des sciences ne recrutent pas exactement dans le même milieu, à quelques rares exceptions près. Mais, quelle que soit l'aubaine pour Lalande de resserrer ses liens avec le puissant secrétaire perpétuel, son intérêt immédiat est ailleurs. Il sait depuis le 10 avril[2] – probablement par Nivernais ou d'Éon – que l'Académie des sciences a désigné Camus, mathématicien et habile mécanicien, et le génial horloger Ferdinand Berthoud pour examiner l'horloge marine de Harrison, qui avait découvert (comme d'ailleurs Berthoud lui-même[3]) le moyen de mesurer le degré de longitude en pleine mer. Cette découverte fondamentale pour la navigation, en particulier pour la marine de guerre, explique la célérité inaccoutumée du gouvernement et de l'Académie à désigner nos observateurs et à les expédier à Londres. Officiellement nommés le 16 avril, ils arrivent dans la capitale anglaise le 1er mai et sont immédiatement reçus à l'ambassade par le duc de Nivernais.

1. Dont Lalande était encore le responsable, sinon l'auteur.
2. *Journal...*, p. 39. Que Lalande connaisse le 10 avril le nom des deux hommes désignés par l'Académie des sciences le 16 avril (cf. P.V. de l'Académie) s'explique par le fait que son secrétaire, Fouchy, avait choisi Berthoud dès le 3 avril (lettre à Lemonnier). Nivernais avait saisi le duc de Praslin le 21 mars de l'urgence d'envoyer des observateurs français, lequel Praslin avait écrit le 28 mars à Choiseul, qui avait lui-même saisi l'Académie le 31 mars. Le choix des deux observateurs s'est donc fait bien avant le 16 avril (Pochette du 16 avril 1763).
3. En avril 1760 et 1761, Berthoud avait déposé sous plis cachetés un projet d'horloge marine, cf. Catherine Cardinal, *Ferdinand Berthoud (1727-1807)*, 1984, et Danielle Fauque, « Une élégante solution au problème des longitudes : les horloges marines de Ferdinand Berthoud », *Revue d'histoire des sciences*, 1986, XXXIX, 4.

À lire le journal de Lalande, on s'aperçoit que Berthoud l'intéresse bien davantage que Duclos ou même que son collègue Camus. En attendant le grand jour de la démonstration de Harrison, l'astronome, passionné par les problèmes de navigation, ne quitte plus l'horloger. Il le promène partout, l'emmène chez les artisans et les savants de sa connaissance. Quand, à son tour, La Condamine débarque à Londres, le 11 mai [1], c'est un commando d'académiciens français qui fréquente la Royal Society et ses membres. Malheureusement, la mission scientifique de Camus et Berthoud est rendue nulle et non avenue par la mauvaise humeur de Harrison. Ce dernier, vexé que son gouvernement conditionne la rémunération promise à un nouvel examen devant ses rivaux français, décide de ne rien montrer du tout. Lalande ne laisse rien voir de sa déception ni de celle de ses collègues (Camus, Berthoud et La Condamine), et continue de mener avec eux une vie sociale et touristique à un train d'enfer. Alors que La Condamine provoque un beau scandale, recensé par les gazettes, en introduisant deux filles dans la chambre qu'il occupe chez sa logeuse, laquelle l'accuse même de l'avoir menacée d'un canif [?], Lalande et ses deux compères quittent Londres vers le 10 juin, trois semaines après Duclos, nantis d'un nouveau réseau de correspondants scientifiques hors pair. Berthoud s'est même fait élire à la Royal Society sur la recommandation de savants amis anglais et français, comme c'était l'usage [2]. Honneur qui ne lui sera rendu en France par l'Institut qu'en 1795.

Ce voyage des savants français, même accompagnés du secrétaire perpétuel de l'Académie française, n'eut guère de retentissement à Paris. Aucun d'eux n'est à proprement parler un « philosophe », ni ne bénéficie donc de l'aura qui entoure ce titre. Côté anglais, la méfiance héréditaire envers les Français et surtout un mépris souverain pour l'inutile métaphysique n'inclinaient pas à l'admiration des philosophes. Le pragmatisme anglais n'avait que faire de la pensée, de la culture et de l'art

1. Arrivé le 11 mai, il ne rentrera à Paris que fin juillet 1763.

2. La lettre du 19 mai 1763 en faveur de son élection est signée par La Condamine, Duhamel du Monceau, Nollet, Clairaut, d'Alembert, Short, Pringle, Maty, Wilson. Cf. C. Cardinal, *Ferdinand Berthoud, op. cit.*

français de la conversation. Ce dont se plaint Caraccioli, ministre plénipotentiaire de Naples à Londres de 1764 à 1771, à son ami le père Frisi. À la veille de quitter Londres pour rejoindre son nouveau poste à Paris, il constate que la vie intellectuelle anglaise est bien ennuyeuse. Ce qui n'a rien d'étonnant quand on s'intéresse si peu à l'histoire et encore moins à la théologie, à la métaphysique, à l'Antiquité et aux langues savantes. Les Anglais se passionnent pour « l'histoire naturelle et la partie de la physique qu'on estime *utile*, par exemple la chimie [1] ». « Utile », c'est-à-dire rentable en termes de commerce et de gains. Les tenants de cette science appliquée ne montrent donc aucune attirance particulière pour les recherches sophistiquées et abstraites des Euler, d'Alembert ou Bernoulli, privant ces derniers du prestige qu'on leur accorde sur le continent. Ce qui explique aussi que le philosophe et mathématicien d'Alembert ait eu si peu de correspondants anglais et n'ait jamais manifesté la moindre envie de traverser la Manche.

Pour l'heure, le bilan de l'expédition londonienne des Français n'est pas glorieux. Si l'on excepte Duclos, qui n'avait d'autre but que son plaisir, aucun des quatre savants n'a véritablement rehaussé la réputation nationale. Camus et Berthoud sont venus pour rien, et même, au dire de Lalande (qu'on ne peut accuser ici de médisance !), ils sont tous l'objet de critiques « parmi les horlogers, surtout M. Berthoud [2] ». Plus gênantes pour l'honorabilité de nos savants furent les frasques de La Condamine, qui firent les délices des gazettes ici et là-bas. Avant même ses démêlés avec sa logeuse, ses déambulations londoniennes suscitaient l'hilarité : « M. de La Condamine se promenait dans les rues muni d'un parapluie, d'un cornet à mettre dans l'oreille [3], d'un télescope, d'un compas et d'un plan de Londres toujours déployé. Ses questions étaient d'autant plus multipliées qu'il n'entendait pas la langue du pays. [...] On prétend que, dans les théâtres de Londres qui servent à l'amusement de la

1. Giuseppe Rutto, « La corrispondenza scientifica e letteraria di Paolo Frisi e Domenico Caraccioli, *Rivista storica italiana*, n° 96, 1984, p. 181. Souligné par nous.
2. *Journal...*, *op. cit.*, p. 80. Le 8 juin 1763.
3. La Condamine avait perdu l'ouïe lors de sa célèbre expédition au Pérou, de 1735 à 1744.

populace, on le représenta dans l'accoutrement et avec tout l'attirail qu'il traînait après lui dans les rues de Londres[1]. » Mais le comble du ridicule fut atteint quand La Condamine, outré des procédés de son aubergiste, fit paraître un *Appel à la nation anglaise* dans plusieurs journaux d'outre-Manche, lequel fut immédiatement traduit et publié en France : « Rien de plus fol que cette pièce : l'auteur y met cette nation au-dessous des sauvages et des barbares chez lesquels il a voyagé. Il est à craindre qu'il ne lui en reste un ridicule ineffaçable[2]. » La riposte ne tarda pas. Quelques jours plus tard, les *Mémoires secrets* annoncent à ses lecteurs : « Les Anglais ont fait imprimer une *Réponse à l'Appel de M. de La Condamine* où son incartade est traitée ainsi qu'elle le mérite. Tout le monde a regardé cette démarche de ce Français comme une extravagance[3]. »

Lalande lui-même n'échappa pas aux critiques. Alors qu'il pensait avoir noué de vrais liens d'amitié avec milord Morton – devenu président de la Royal Society en 1764 –, celui-ci dit pis que pendre de l'astronome français. Lors de son voyage à Londres, à l'été 1766, Frisi note à deux reprises les récriminations de Morton contre Lalande[4] : un homme négligent, sur lequel on ne peut pas compter[5].

Le moins que l'on puisse dire, c'est que les Français n'avaient pas fait grande impression à Londres.

1. *Correspondance littéraire*, VI, avril 1765, p. 252.
2. *Mémoires secrets de Bachaumont*, I, 3 juillet 1763, p. 280. Le ridicule de cette histoire court l'Europe, puisque d'Alembert et Frédéric en rient ensemble à Sans-souci dès la fin juin.
3. *Ibid.*, 10 juillet 1763, p. 283.
4. Extrait du journal de voyage de Frisi, publié par F. Venturi, *Illuministi italiani*, III, 1958, p. 311 : « [Morton] ha detto molto male di Lalande. »
5. Lettre de Frisi à Boscovich, 26 août 1766, publiée par G. Costa, « Il rapporto Frisi-Boscovich alla luce di lettere inedite di Frisi, Boscovich, Mozzi, Lalande e Pietro Verri, » *Rivista storica italiana*, sept.-déc. 1967, pp. 861-862.

D'Alembert fêté par Frédéric (été 1763)

D'Alembert n'aime pas voyager. Cela dérange ses habitudes, et l'angoisse. Il lui faut un impératif catégorique pour se décider à quitter ses pénates. L'envie et la curiosité ne suffisent pas à lui faire prendre la route, sauf pour des vacances estivales chez des amis près de Paris. Même son réel désir de visiter l'Italie ne parviendra pas à l'arracher à son bureau. Par trois fois l'occasion lui aura été donnée de faire ce voyage avec des intimes (Morellet en 1758, Watelet en 1763 et Condorcet en 1770), et, à chaque fois, il trouve les meilleurs prétextes pour ne pas y aller. Les deux seuls voyages qu'il ait effectués jusque-là datent des années 1755 et 1756. Le premier avait déjà pour but de remercier Frédéric de ses multiples attentions, et notamment de sa pension de 1 200 livres, qui l'aidait à vivre. Il était donc parti en juin pour retrouver le roi à Wesel et passer quelques jours auprès de lui[1]. Le second, l'année suivante, fut pour rencontrer Voltaire aux Délices. Voyage amical et stratégique qui pèsera dans ses orientations futures et qui marque le début d'une amitié très étroite entre le citoyen de Ferney et lui[2]. Alors que ces deux voyages aux frontières de la France n'avaient duré que quelques semaines, celui qu'il s'apprêtait à faire s'annonçait plus long et plus lointain. Une fois arrivé chez Frédéric, il faudra vivre à son heure et obtenir son autorisation de rentrer. Pour un esprit indépendant tel que lui, le projet ne va pas de soi.

En attendant le retour de Duclos, prévu pour la fin mai, d'Alembert ne rate pas une séance de l'Académie française et prépare son départ. Voltaire, qui a eu vent du voyage, l'invite à repasser par Genève[3], apparemment sans grand espoir d'être entendu. Le 17 mai, d'Alembert demande la permission à

1. *P.I.*, II, pp. 172-173.
2. *Ibid.*, pp. 212-223.
3. D. 11182. 1er mai 1763.

Louis XV de retrouver Frédéric à Wesel et de rester trois mois auprès de lui. Permission accordée, comme l'indique la lettre de Saint-Florentin, ministre de la Maison du roi, dont dépendent les académies[1]. Enfin, le 31 mai, une lettre de Frédéric lui donne rendez-vous le 8 juin. Une véritable anxiété perce dans le mot qu'il envoie aussitôt à son ami Watelet :

« Je reçois à l'instant, mon cher Watelet, une lettre du roi de Prusse, qui sera le 8 à Wesel ; ainsi je suis contraint de partir au pied levé sans pouvoir vous embrasser, car je n'ai pas trois jours pour faire mes préparatifs. J'ai fait (en cas d'accident) mon testament, par lequel je vous fais mon légataire universel. Madame Rousseau [sa nourrice, chez laquelle il vivait toujours] vous le remettra sur-le-champ si je venais à mourir, ce que j'espère qui n'arrivera pas. Vous y verrez mes dispositions, qui ne sont pas considérables. Je doute que vous trouviez de quoi y satisfaire, mais je compte sur votre amitié ; j'espère que vous remplirez les instructions de votre ami et que vous ne laisserez pas dans le besoin, lorsque je n'y serai plus, les personnes que je vous recommande ; ma seule inquiétude serait de mourir sans leur laisser de pain. Adieu, je vous écrirai encore un mot avant de partir[2]. »

Au moment de s'en aller, l'angoisse de mourir le gagne. Il n'a qu'une obsession : ne pas laisser sa mère adoptive, la seule qu'il ait jamais aimée, dans le besoin. Heureusement, Watelet est un ami fidèle, riche de surcroît, en qui il a toute confiance.

La rencontre

On ignore la date exacte de son départ de Paris[3], mais on sait qu'il arriva à son rendez-vous dans la nuit du 9 au 10 juin. Ce que nous savons de son voyage et de son séjour vient essentiellement de sa correspondance avec Julie de Lespinasse[4] : plus

1. Lettre de Saint-Florentin à d'Alembert du 21 mai 1763. A.N. 01405, p. 229.

2. [31 mai 1763]. Lettre publiée par J. Pappas, « Inventaire de la correspondance de d'Alembert, » *S.V.E.C.*, n° 245, 1986, p. 165.

3. Si les P.V. de l'Académie des sciences sont exacts, il assista à la séance du 4 juin et ne put donc quitter Paris avant le 5.

4. Publiées par Ch. Henry, *Œuvres et correspondances inédites de d'Alembert*, *op. cit.*

d'une trentaine de lettres purement descriptives, comme si on avait pris le soin d'en ôter tous les détails personnels et intimes. Lettres qui ressemblent davantage à un carnet de voyage à fins ostensibles qu'à un échange amical et même tendre.

La première lettre est datée de Gueldre, 10 juin. Frédéric et sa suite sont attendus avec des arcs de triomphe dans la ville. Il a donné des ordres pour qu'on reçoive d'Alembert avec toutes les politesses possibles[1]. Le lendemain, la rencontre tant attendue provoque une véritable émotion chez le philosophe : « Enfin je l'ai vu, ce grand et digne roi, encore au-dessus de l'idée que vous en avez. [...] Je ne puis vous exprimer le sentiment que j'éprouvai en [le] voyant : les larmes me vinrent aux yeux[2]. » Frédéric déploie tous ses charmes : les attentions, la simplicité, l'intelligence. D'Alembert paraît surpris et touché d'être traité presque en égal par le roi et ses frères. Ignoré, voire méprisé par le roi de France, malmené par les autorités, on sent qu'il a peine à croire ce qu'il vit : dîner durant trois heures avec Frédéric (qui d'habitude ne reste qu'une demi-heure à table !), longs entretiens particuliers où l'on cause de tout sans façons, y compris de philosophie et de politique, promenades en tête à tête... Le plus grand guerrier de l'Europe, le monarque le plus brillant de son époque, séduit le philosophe en lui prodiguant son temps et son intérêt sans compter. Il le traite en ami, presque en familier, quand ils prennent ensemble la route de Potsdam. Ils séjournent quelques jours chez le duc et la duchesse de Brunswick – elle est la sœur du roi –, qui le comblent « de toutes les marques de bonté possibles. Il n'y a point d'accueil qu'ils ne m'aient fait. La duchesse m'a fait placer à dîner et à souper à table vis-à-vis d'elle et du roi, son frère. Il n'y avait à ce dîner que la famille ducale, le roi et le prince de Prusse avec son gouverneur[3]. »

D'Alembert est ébloui et déploie tout l'esprit dont il est capable – Dieu sait qu'il en a ! – pour séduire ses hôtes : « J'ai tâché d'être de la meilleure compagnie qu'il m'a été possible et il m'a paru

1. Frédéric avait devancé d'Alembert en arrivant à Wesel, le 6 juin. Il était ensuite allé voir le site d'une bataille gagnée durant la guerre qui venait de s'achever trois mois plus tôt.
2. Lettre à Julie de Lespinasse, Clèves, 13 juin 1763. Ch. Henry, p. 263.
3. 22 juin. Ch. Henry, p. 267.

qu'on n'était pas mécontent de moi. » C'est un enchantement qui effacerait presque la différence des rangs. Lorsque les princesses l'invitent elles-mêmes à danser – ce qu'il décline –, Jean Le Rond en oublierait même sa bâtardise. De toute évidence, il vit là des moments inoubliables. Impensables en France.

Arrivé à Sans-Souci, d'Alembert est logé au château, « très beau et de très bon goût ». Il a « la plus belle chambre du monde, entouré de beaux meubles et de beaux tableaux, [avec] la plus belle vue du monde ». Le roi est de bonne humeur. Il lui fait découvrir sa bibliothèque, « peu nombreuse, mais bien choisie », sa galerie de tableaux, « d'une rare beauté », et lui donne un concert de flûte admirable. Frédéric demande des nouvelles de Paris et de Voltaire, il évoque Maupertuis et Mme du Deffand. Les deux hommes se gaussent de la dernière « sottise française », à savoir l'arrêt du parlement de Paris contre l'inoculation, déjà adoptée par toute l'Europe protestante. Milord Maréchal et le marquis d'Argens, qui partagent l'intimité du roi, en rajoutent : bientôt le Parlement défendra de se faire faire la barbe, parce que cela est contre la nature et contre la religion ! Les quatre hommes sont sur la même longueur d'onde : excellente compagnie et « vrais philosophes ». Le roi n'épargne rien pour séduire, y compris une certaine hypocrisie dont d'Alembert paraît la dupe : « Je voudrais que vous pussiez entendre ce prince : vous seriez enchantée de la justesse de son esprit, de celle de son goût et surtout *de la manière dont il parle de ses ennemis* [en particulier les Français], dont il *excuse les fautes* et dont il cherche même à motiver, par des apparences honnêtes, les mauvaises dispositions à son égard[1]. » Quand on connaît le cynisme, l'ironie, voire la cruauté de Frédéric, on ne peut qu'admirer la performance de l'acteur.

La vie menée chez le roi est fort simple : « Nous nous levons quand nous voulons ; le matin, nous écrivons, lisons ou nous promenons ; à midi et demie le roi dîne avec son neveu, un ou deux généraux, Milord Maréchal, le marquis d'Argens et moi ;

1. 24 juin. *Ibid.*, p. 270. Souligné par nous. À lire la correspondance privée de Frédéric II, on constate qu'il parle tout autrement de ses ennemis.

nous sommes à table environ deux heures, dont il en cause [sic] plus d'une sans manger ; il se retire ensuite et se promène quelque fois l'après-midi avec celui de nous qu'il rencontre, ou se promène tout seul ; on soupe à neuf heures et on va se coucher à onze ou à minuit au plus tard, selon que la conversation se prolonge[1]. » Régime austère, aux antipodes de celui de la cour de Versailles, qui ne va pas tarder à peser à d'Alembert. Cette société restreinte, cette solitude qui n'en est pas une, ce confinement à Sans-Souci, distillent l'ennui. Pour peu que le roi reste dans sa chambre sans daigner paraître aux repas, celui-ci est bien réel.

Pourquoi Frédéric déploie-t-il tant de grâces à l'égard du philosophe ? Pourquoi lui fait-il l'honneur insigne de l'accueillir dans son intimité ? Contrairement à Catherine II, il n'a nul besoin d'un précepteur. D'Alembert sait bien ce que le roi a en tête, mais plus de deux semaines se sont déjà écoulées sans que ni l'un ni l'autre n'abordent le sujet. Une première allusion a lieu lors d'une promenade en tête à tête : « [Le roi] cueillit une rose et me la présenta en ajoutant *qu'il voudrait bien me donner mieux*, vous sentez ce que cela signifie. [...] Je m'attends à des propositions plus sérieuses et plus détaillées. Du moins j'ai tout lieu de le croire par différents propos que le marquis d'Argens et le secrétaire du roi, M. de Catt, m'ont déjà jetés en avant. Vous savez d'avance quelles sont mes dispositions[2]. » Voilà plus de dix ans que Frédéric rêve de voir d'Alembert présider son Académie de Berlin à la place de Maupertuis. Quand ce dernier avait été donné comme mourant, en 1752, le roi n'avait pas tardé à faire savoir à d'Alembert qu'il lui offrait sa succession[3]. À l'époque, le philosophe avait eu beau jeu de décliner l'invitation en arguant qu'il ne pouvait spéculer sur la mort de son collègue et ami. Cette fois, la situation a changé. Maupertuis est bel et bien mort depuis quatre ans[4], et sa place de secrétaire

1. 24 juin. *Ibid.*, p. 271.
2. À Sans-Souci, le 27 juin. *Ibid.*, pp. 272-273. Souligné dans le texte.
3. *P.I.*, II, p. 106.
4. Maupertuis est décédé à Bâle le 27 juillet 1759.

de l'Académie est restée vacante. Certes, Frédéric, en guerre, avait eu d'autres chats à fouetter, mais il n'avait pas renoncé à d'Alembert, qui restait inaccessible avant que la paix ne soit signée. Durant ces dix dernières années, le prestige de celui-ci n'a cessé d'augmenter. Non seulement parce qu'il est devenu membre des deux grandes académies, mais parce qu'il personnifiait, à lui seul, le savant et le philosophe, le progrès et la sagesse, autrement dit les deux piliers d'une vie meilleure. Or nul autre en Europe ne peut prétendre à une double incarnation aussi éclatante : génie mathématique et fondateur de l'*Encyclopédie*. Il est donc devenu une proie encore plus désirable pour le monarque prussien qui rêve de moderniser son pays et de le faire entrer dans l'ère des Lumières.

Pour l'heure, le roi s'en tient aux allusions, évitant ainsi de se voir signifier un refus qui jetterait une ombre sur leur rencontre. Il préfère prendre le temps de la séduction, dans l'espoir de faire changer d'avis son interlocuteur. Il compte sur la longueur du séjour et sur l'approfondissement de leurs liens, lors de fréquents tête-à-tête, pour le convaincre de rester auprès de lui. D'Alembert est flatté et reste lucide. Il n'est pas venu en Prusse pour tester cette possibilité, mais pour faire acte de reconnaissance et peut-être aussi pour mesurer l'étendue de son ascendant et de son attrait. L'entourage du roi lui prête un pouvoir qu'il n'a jamais connu en France. Pourquoi mettrait-il fin prématurément à une expérience aussi douce qu'exceptionnelle ?

Le séjour

Après deux semaines de solitude à Sans-Souci, Frédéric emmène d'Alembert à Potsdam pour assister aux manœuvres de ses bataillons. Même s'ils se retrouvent le soir pour de longues conversations sur Rousseau ou sur les *Éléments de philosophie*, même si d'Alembert ne cesse de louer le roi dans ses correspondances, « sa manière de vivre, son application à ses affaires, son affabilité, sa gaîté, les lumières qu'il a sur tout[1] », il n'en reste pas moins privé d'une vie sociale qui lui est indispensable. À plusieurs reprises, il souligne ce manque. Frédéric « est presque la seule personne de son royaume avec qui on puisse converser, du moins de ce genre de conversation qu'on ne connaît guère qu'en France et qui est devenu nécessaire, quand on le connaît une fois. Sans Milord Maréchal, je vivrais ici presque seul avec mes papiers et mes livres[2]. » Quelques jours plus tard : « Je mène ici une vraie vie de chanoine, mais la société (si on en excepte celle du roi, qu'on ne peut voir qu'à certaines heures) serait à la longue fort insipide et comme nulle. J'y supplée par la promenade et par la lecture[3]. » Cela ne l'empêche pas d'apprécier la beauté du château de Potsdam et de s'intéresser à la bonne administration du pays : « J'ai trouvé dans ses États [du roi] très peu de pauvres [...], les paysans travaillent, mais ils sont bien vêtus et ont l'air contents et nourris[4]. » Raison de plus de trouver Frédéric supérieur à Louis XV dans l'art de régner.

Avant même d'aller visiter l'Académie, tout Berlin bruit de la nomination de d'Alembert. Les gazettes impriment la nouvelle, mais l'intéressé dément : « Je ne puis même pas dire qu'il m'ait offert la place, mais je ne saurais douter qu'il ne désire beaucoup qu'elle me convienne, et je ne lui en ai que plus d'obligation de la discrétion qu'il a de ne m'en point parler[5]. » Pourtant Frédéric continue le petit jeu des allusions, lui demandant s'il n'aura pas « pitié de ses pauvres orphelins[6] », ainsi qu'il appelle ses académiciens. D'Alembert reste sur ses positions, mais le roi espère encore qu'il changera d'avis. Le 14 juillet, jour de la visite à l'Académie, le savant-philosophe déploie tous ses charmes pour séduire ses collègues de Berlin. Il sait bien les réticences de certains à l'idée d'être dirigés par un Français,

1. À Julie, le 1er juillet 1763. Ch. Henry, p. 276. À Grimm, il écrit : « Je ne vous parle point de ce prince, si ce n'est pour vous assurer qu'il est encore au-dessus de sa gloire et de sa réputation, et plus aimable encore qu'il n'est grand. » *Correspondance littéraire*, X, pp. 407-408.
2. *Ibid.*
3. 5 juillet 1763. *Ibid.*, pp. 280-281.
4. 2 juillet 1763. *Ibid.*, p. 279.
5. 5 juillet 1763. *Ibid.*, p. 281.
6. 16 juillet, 1763. *Ibid.*, p. 283.

d'autant plus que Maupertuis n'a pas laissé que de bons souvenirs. L'intelligentsia allemande n'apprécie pas l'arrogance et la toute-puissance françaises. Pour désarmer cette méfiance, d'Alembert prend d'abord soin de rendre visite aux académiciens qu'il connaissait déjà « par lettres ». Sans les citer, on devine qu'il s'agit d'Euler et de Formey. Démarche qui ne manque pas de panache quand on se rappelle que d'Alembert et Euler, rivaux depuis longtemps, sont brouillés et ont cessé toute correspondance depuis douze ans [1]. Le savant allemand, mécontent de sa situation en Prusse, est sensible à ce geste de courtoisie. D'Alembert ne vient ni en maître ni en vainqueur, mais en simple confrère épris d'apaisement et désireux de rendre service, s'il le peut. Au cours de leur entretien, il est probable qu'Euler l'aura mis au courant de son projet de s'installer à Pétersbourg, à l'invitation de Catherine. De son côté, d'Alembert lui a sûrement confirmé sa décision irrévocable de refuser la présidence de l'Académie. « Le grand Euler m'a régalé d'un très beau mémoire de géométrie, qu'il a lu à l'assemblée et qu'il a bien voulu me prêter sur le désir que je lui ai marqué de lire ce mémoire à mon aise [2]. » Quelques jours plus tard, d'Alembert entérine la réconciliation par ces mots : « Ma profonde estime pour vos talents et pour votre personne a toujours été si grande que j'aurais cru me manquer à moi-même en manquant à vous rendre tout ce que je vous dois [3]. »

Au soir de cette journée académique, le roi lui demande si « *le cœur [lui] en disait* ». D'Alembert répond que « tous ces Messieurs m'[ont] reçu avec toute la bonté possible et qu'assurément le cœur m'en dirait beaucoup, s'il ne me disait pas avec une force invincible pour les amis que j'avais laissés en France, que cela ne m'[empêchera] pas de m'intéresser, comme je le devais, au bien et à la gloire de l'Académie. Comme j'entrais avec lui dans quelques détails à ce sujet, sur les différentes

1. *P.I.*, I, pp. 410-415.
2. À Julie de Lespinasse, 16 juillet 1763. Ch. Henry, p. 284.
3. Lettre du 20 juillet 1763, in *Correspondance de Léonhard Euler*, t. V, édité par A.P. Jüskevic et R. Taton, 1980, p. 316.

choses dont l'Académie me paraît avoir besoin », le roi l'interrompt : « Je suis bien aise de l'intérêt avec lequel vous me parlez de tout cela. J'espère que cela ira plus loin [1]. » À le lire, d'Alembert ne lui laisse aucun espoir. Il est bien décidé à rentrer à Paris fin août pour être en mesure de faire le voyage en Italie avec Watelet avant de se « renfermer dans sa coquille » parisienne.

Déjà on devine l'impatience du philosophe de retrouver son cabinet. Le château de Charlottenburg [2], pillé par les Russes, est bien inconfortable. « Je suis couché dans une chambre où il n'y a que trois chaises, une table et un lit sans rideaux. Les cousins m'y dévorent et m'importunent encore plus par leur bourdonnement que par leurs piqûres. Joignez à cela l'inquiétude [?] où j'ai été depuis quinze jours, et vous ne serez pas étonnée si je dors mal [3]. » Les dîners l'ennuient parce que le roi y reçoit beaucoup d'officiels, ministres, généraux et conseillers qui n'ouvrent pas la bouche. Les soupers sont un peu mieux, mais sans Milord Maréchal et lui-même qui s'emploient à les égayer, « on y garderait le silence ». Les détails ne sont que pour Julie, car, dans une lettre du même jour à son ami Morellet, d'Alembert ne parle que de la grandeur du roi philosophe, grand admirateur des œuvres de l'abbé, et de ses marques de bonté. Il conclut « qu'il est impossible d'avoir fait jusqu'à ce moment un voyage plus agréable à tous égards [4] ».

Frédéric s'est-il aperçu de l'ennui de son invité ? Il redouble d'attentions et d'entretiens qui roulent sur la philosophie (stoïcienne), la littérature et la poésie. Il le fait assister aux manœuvres de son régiment des gardes à cheval, « admirables malgré la poussière qu'il faut avaler », et le présente à la reine, qui lui fait le meilleur accueil. Le monarque pousse même la bonté jusqu'à lui dire *« que je fais du bien à son âme* (c'est l'expression dont il s'est servi) *et qu'il se trouvera fort dépourvu quand il ne m'aura*

1. À Julie de Lespinasse, 16 juillet 1763. Ch. Henry, p. 284. Souligné dans le texte.
2. À une lieue de Berlin. C'est là que Frédéric logeait avec d'Alembert et quelques membres de sa Cour.
3. 16 juillet 1763. Ch. Henry, p. 285. On ignore le motif de son inquiétude.
4. À l'abbé Morellet, du 16 juillet 1763, *Mémoires*, I, pp. 63-65. Au dire de d'Alembert, Frédéric avait beaucoup apprécié les *Si* et les *Pourquoi*. Il avait surtout été impressionné par le *Manuel des inquisiteurs*. Cf. *P.I.*, II.

plus[1] ». À quoi d'Alembert aurait répondu que leurs destinées respectives les éloignent : « La sienne est d'être roi et la mienne est d'être libre. » Julie de Lespinasse a dû s'inquiéter et du *spleen* de son ami, et de son maintien, car il s'emploie à la rassurer : « Ne vous flattez pourtant pas que j'en sois ni moins polisson à mon retour, ni de meilleure contenance à table. Il est vrai que je ne polissonne pas ici, mais, par cette raison même, j'aurai grand besoin de me dédommager, et à l'égard du maintien de la table, c'est la chose du monde dont le roi est le moins occupé[2]. »

Milord Maréchal retourné en Écosse, d'Alembert, de nouveau à Potsdam, se plaint d'être « absolument isolé et sans aucune ressource », malgré les bontés dont le roi continue à le combler. Ses lettres sont axées sur les événements parisiens et sur les inconvénients de sa vie quotidienne. Deux choses le contrarient : les conversations avec Frédéric se prolongent parfois jusqu'après minuit, et il supporte mal de faire sans cesse « son paquet » pour aller de Sans-Souci à Potsdam et de Potsdam à Sans-Souci[3]. D'autant que le roi décide de tout au dernier moment. Il n'apprécie pas davantage les soupers de cérémonie et les bals donnés en l'honneur de l'arrivée de princes et princesses allemands, les visites qu'il faut rendre et recevoir... Il note le 1er août : « Quoique ma santé se soit assez bien soutenue, j'appréhenderais qu'un plus long séjour ne la dérangeât. Je commence à sentir dans les jambes une espèce de pesanteur qui vient vraisemblablement du peu d'exercice que je fais, par comparaison à celui que je fais à Paris. De plus, quelque sobre que je sois à la table du roi, cependant, comme il faut manger et que tout est épicé et farci, cette cuisine m'incommoderait infailliblement à la longue. Je n'ai encore mangé qu'une seule fois du bouilli franc sans ragoût, et une seule fois du vrai potage ; voilà de beaux détails[4]. »

Princes et margrave repartis, d'Alembert retrouve Frédéric en tête à tête. Malgré ces moments de plaisir, il ne songe qu'à son

1. À Julie de Lespinasse, 18 juillet 1763. Ch. Henry, p. 287. Souligné dans le texte.
2. 22 juillet 1763. *Ibid.*, p. 289. On sait que d'Alembert adorait faire rire sa société en imitant et mimant avec un rare talent les personnes connues.
3. 28, 29 et 30 juillet 1763. *Ibid.*, p. 294.
4. À Julie de Lespinasse, 1er août 1763. Ch. Henry, p. 298.

retour et ne sait pas comment l'annoncer au roi. D'autant que ce dernier se plie avec grâce à ses demandes. D'Alembert a plaidé avec succès la cause d'Euler, qui veut quitter la Prusse pour la Russie. Frédéric lui accorde donc une augmentation de son traitement[1] pour garder cet ornement génial de son Académie qu'il n'a pas su estimer à sa juste valeur. Il accepte également la proposition d'y nommer, à titre d'associé étranger, le mathématicien Bézout et les philosophes Helvétius et Jaucourt. En revanche, il ne veut pas entendre parler de l'abbé de Prades, exilé en Silésie, et refuse de lever sa condamnation. Le 15 août, d'Alembert se décide à demander son congé au roi par « une lettre courte, tendre et respectueuse ». Dès le lendemain, Frédéric lui donne son accord avec tristesse. Il a vu, dit-il, un authentique philosophe, et lui conserve la place de président de son Académie. Il pense que l'ingratitude de son pays (quelles confidences d'Alembert lui a-t-il faites ?) l'obligera à en choisir un autre[2]. Bien entendu, il offre de payer les frais du retour, indépendamment des cent louis d'or déjà donnés. Il n'est pas douteux que le philosophe ne quitte la Prusse avec plaisir : « Le climat de ce pays me serait funeste à la longue. L'air y est épais, marécageux, lourd, et le serein très mal sain[3]. » Il est très pressé de retrouver Paris pour « mille raisons dont vous n'aurez pas l'esprit de deviner une seule », c'est-à-dire son amour pour elle, mais il n'en est pas moins affligé d'abandonner le roi à sa solitude : « Il ne lui restera pour ainsi dire personne avec qui causer, et c'est le seul délassement qu'il ait. » Or d'Alembert a pris un réel plaisir à leurs conversations à bâton rompu où l'on parle de l'essentiel à cœur ouvert. Il a beaucoup appris du monarque, qui a évoqué la guerre et la gloire militaire en termes inaccoutumés[4], qui lui

1. À Julie de Lespinasse, 9 août 1763. *Ibid.*, p. 299.
2. 16 août 1763. Frédéric II, *Œuvres complètes*, éd. Preuss, XXIV, p. 381.
3. À Julie de Lespinasse, 18 août 1763. Ch. Henry, p. 304.
4. « Loin de mettre ses victoires sur le compte de sa propre valeur, il les explique par la mauvaise tactique de ses ennemis. Il dit avoir passé d'épouvantables nuits, en danger de tout perdre, mais qu'il avait déjà fait ses comptes et qu'il était disposé à vivre avec trente sous par jour. » Confidences de Frédéric rapportées par d'Alembert à Alexandre Verri lors de son séjour à Paris. Lettre des 18-21 novembre 1766 de A. Verri à son frère Pietro, in *Voyage à Paris et à Londres*, 2004, p. 115.

a parlé à merveille du métier de roi, de philosophie et de littérature [1]. Les adieux sont à la mesure de leurs regrets mutuels.

Le 25 août au soir, veille du grand départ, le roi « me fit appeler et me dit qu'il voulait encore causer un moment avec moi, qu'il me regrettait infiniment, qu'il espérait pourtant me revoir encore et qu'il me priait de lui en donner ma parole, qu'il me priait aussi de vouloir bien recevoir cette marque de son amitié et de son estime (en me présentant une boîte d'or garnie de son portrait), qu'il en avait infiniment pour moi et encore plus pour mon caractère que pour mes talents, que j'emportais les regrets de tout le monde, etc. Les larmes me vinrent aux yeux [2]. »

Retour et bilan

De retour à Paris le 10 ou le 11 septembre, d'Alembert siège à l'Académie française dès le 12. Son confrère l'abbé Trublet raconte qu'il a montré à tous la belle boîte que lui avait donnée le roi [3]. Nul doute qu'il a raconté aux académiciens toutes les bontés de Frédéric pour lui, ainsi que la grandeur et autres vertus de ce dernier. Dans les quelques lettres parvenues jusqu'à nous, d'Alembert dresse le même bilan enthousiaste de son voyage : à la gloire du roi de Prusse et tout à son avantage [4]. Aux yeux de Voltaire, qui connaît bien son Frédéric, c'est surtout d'Alembert qui en ressort grandi : « Vous avez refusé une présidence et un grand gouvernement. Tous les gens de lettres doivent vous montrer du doigt comme un homme qui leur apprend à vivre [5]. » En tournant le dos par deux fois en quelques mois à la gloire, aux honneurs et à l'argent, d'Alembert a donné une sacrée leçon de philosophie à ses confrères. Mieux, il est resté fidèle aux principes

1. À Julie de Lespinasse, 18 août 1763. Ch. Henry, p. 304.
2. À Julie de Lespinasse, 3 septembre 1763. *Ibid.*, p. 305.
3. Lettre à Formey, 14 septembre 1763, *in Correspondance passive de Formey*, éd. par H. Duranton, F. Moureau, D. Schlobach, 1996, p. 348.
4. Lettre à Louis Necker, 21 septembre 1763. Genève, Archives privées. Lettre à Grimm, 16 juillet 1763, in *Correspondance littéraire*, XVI, pp. 407-408. Lettre à Voltaire, 7 août 1763. D. 11345.
5. 28 septembre 1763. D. 11433.

de son manifeste de 1753, l'*Essai sur les gens de lettres*[1] : liberté, vérité et pauvreté. Certains peuvent souligner que la pauvreté du philosophe est relative et que Frédéric lui verse depuis dix ans une pension de douze cents livres[2], chacun reconnaît cependant qu'il a peu de besoins et vit modestement chez sa nourrice. En déclinant les offres de Catherine et de Frédéric, d'Alembert n'a pas augmenté une fortune dont il n'a que faire, mais il a consolidé son bien le plus précieux : sa réputation d'intégrité.

Vu de Berlin, le voyage du Français est un franc succès. D'abord parce qu'il a réussi à s'imposer auprès de Frédéric comme l'incarnation du philosophe ; ensuite parce qu'il n'a pas manqué de le séduire. Grimm, qui n'a jamais aimé d'Alembert, l'explique banalement : « M. d'Alembert est fort gai, fort polisson, faisant de bons contes qui doivent grandement divertir le roi[3]. » Mais l'explication n'est peut-être pas suffisante. Le philosophe est certes de bonne compagnie, mais est surtout un homme estimable et un interlocuteur hors pair. À la duchesse de Saxe-Gotha, Frédéric confie simplement : « Nous avons ici Monsieur d'Alembert qui vaut mieux encore en société qu'en ses livres [...] ; il a un caractère naturel, franc et paisible, beaucoup de mémoire et beaucoup de gaieté dans l'esprit[4]. » De fait, le roi restera l'ami du philosophe jusqu'à la mort de ce dernier. On verra même le monarque, qui n'a guère la réputation d'être un grand cœur, faire preuve de sentiments délicats à son égard.

Par ailleurs, le savant-philosophe a réussi à désarmer la jalousie et la méfiance de ses collègues allemands, très hostiles à l'idée d'avoir encore un Français à la tête de leur Académie. Peut-être d'Alembert est-il naïf lorsqu'il écrit à Julie : « [L'Académie] me paraît vraiment affligée de ne m'avoir pas pour président. Oui, vous aurez beau rire et dire encore que c'est ma folie : tout le monde *m'aime beaucoup* et dit qu'on n'a point encore vu dans ce pays-ci un *Français comme moi*. Je me flatte de les

1. *P.I.*, II, « Le code d'honneur des intellectuels », pp. 96-100.
2. Lettre de Grimm à la duchesse de Saxe-Gotha, 31 juillet 1763, *Correspondance littéraire*, XVI, p. 408.
3. *Ibid.*
4. 22 juillet 1763. *Correspondance de Frédéric II avec Louise-Dorothée de Saxe-Gotha (1740-1767)*, éd. par Marie-Hélène Cotoni, 1999, p. 261.

avoir un peu réconciliés avec la Nation, qu'ils n'aiment pas trop[1]. » Mais il est vrai que son refus de la présidence, sa prévenance et sa modestie avec ses confrères, ses interventions répétées en faveur du grand Euler et de son fils, malgré leurs anciennes dissensions, ont beaucoup joué en sa faveur. D'Alembert n'a plus été regardé comme un intrus qui vient satisfaire ses ambitions personnelles au détriment des nationaux, mais comme un homme désintéressé qui agit pour le bien de l'Académie.

La déclaration de M. de Catt (secrétaire de Frédéric) en réponse aux calomnies répandues à la cour de France ne dit pas autre chose : « Quand M. d'Alembert arriva à Potsdam, plusieurs personnes le craignirent à cause de sa grande réputation. Mais quand le général Bork, gouverneur du prince de Prusse, qui avait voyagé avec lui, dit que ce grand d'Alembert, si fameux par ses talents, était un homme sociable, dont le cœur et les sentiments étaient excellents, tous les esprits furent rassurés : on le vit avec empressement ; chacun trouva que le général Bork avait parlé vrai. Tous ses discours auprès du roi furent sages et tendant à servir les honnêtes gens, les gens de lettres. Aussi S.M. lui a-t-elle rendu le témoignage d'un homme de génie, modeste, doux [...]. On a porté à Berlin le même témoignage ; et moi qui l'ai vu souvent de près, j'ai trouvé qu'il méritait tous les éloges. Je lui ai connu l'âme la plus belle, la plus humaine, la plus tendre, la plus portée à obliger, même des gens [Euler] dont il avait lieu de se plaindre[2]... »

L'aspect officiel de cette déclaration enlève, certes, de la crédibilité à son contenu, mais elle n'est pourtant pas loin de la vérité et du sentiment général porté à l'égard de d'Alembert. Dès lors qu'on renonce ostensiblement à l'ambition du pouvoir, les rivalités s'éteignent, et l'hostilité laisse place à la confiance. Pourtant, dans le cas présent, le statut de d'Alembert par rapport à l'Académie de Berlin n'est pas aussi simple qu'il y paraît. En refusant de nommer un autre président que lui, en laissant entendre qu'il le serait un jour ou l'autre, Frédéric lui a conféré un titre de « président potentiel » qui le dote d'un pouvoir réel.

1. À Julie de Lespinasse, 18 août 1763. Ch. Henry, p. 305. Souligné dans le texte.
2. Ch. Pougens, *Œuvres posthumes de d'Alembert*, t. I, 1799, pp. 479-480.

L'ambiguïté de sa situation joue doublement en sa faveur. D'un côté, il consolide sa réputation en refusant les avantages de sa charge ; de l'autre, il augmente son influence et son prestige de par sa proximité avec le roi, la confiance que celui-ci lui accorde et son statut de président idéal. N'ayant qu'un mot à dire pour devenir président en exercice, d'Alembert se retrouve dans la situation la plus confortable qui soit. Il le sait et en profite. En dépit de ses affirmations répétées et de son désir avéré de rester à Paris, il a toujours laissé cette porte-là entr'ouverte. L'abbé Trublet l'avait bien compris lorsqu'il disait à Formey, secrétaire de l'Académie de Berlin : « Quand on parle de la présidence de l'Académie de Prusse à M. d'Alembert, il ne répond qu'en badinant, et cela m'est arrivé plus d'une fois avec lui, mais je crois qu'il lui faudrait de grands sujets de mécontentement de la France pour accepter cette place, et il n'en a aucun à présent. Il aime beaucoup l'Académie française[1]. » Il est probable que Frédéric éprouvait le même sentiment que Trublet et que la position de d'Alembert lui convenait parfaitement. L'absence d'un président effectif facilitait son pouvoir direct sur l'Académie, et le prestige unique du président potentiel décourageait quiconque de se mettre sur les rangs.

Le voyage en Prusse a donc été extrêmement fructueux pour d'Alembert. Comme le constate Grimm sans plaisir excessif, « c'est, après Voltaire, de tous les philosophes, celui qui a le plus de réputation à Paris et dans le pays étranger[2] ». Non par son talent

1. Lettre du 27 juillet 1761, *Correspondance passive...*, *op. cit.*, p. 328. Au retour de d'Alembert à Paris, Trublet écrit à Formey le 19 septembre 1763 : « Je ne puis croire que M. d'Alembert soit jamais président de votre Académie, ni même qu'il quitte Paris et la France. » *Ibid.*, p. 352.

2. À la duchesse de Saxe-Gotha, 31 juillet 1763, *Correspondance littéraire*, XVI, p. 408. Le propos de Grimm est confirmé par la réponse de la duchesse : « Je suis très mortifiée de n'avoir pu faire connaissance avec M. d'Alembert. Plus je m'en étais flattée, et plus je suis outrée d'avoir manqué une occasion qui ne se retrouvera peut-être jamais. Mais pourquoi aussi ne m'a-t-il pas fait dire un mot en arrivant ici [à Gotha, lors de son retour en France] ? À coup sûr nous lui aurions volontiers fait le sacrifice de notre sommeil et de quelques heures de notre voyage. Je vous trouve inhumain, ainsi que lui, de ne m'en avoir parlé qu'après coup ; j'eusse cent fois mieux aimé ignorer tout à fait qu'il a été ici, que de l'apprendre quand il n'y a plus moyen de rattraper un avantage si désiré. » Lettre du 3 octobre 1763, in Pougens, II, pp. 417-418.

littéraire, qui n'égale pas celui de Voltaire, de Diderot ou de Buffon, ni par son génie scientifique, accessible seulement à quelques dizaines de savants, mais parce que, *Janus bi-frons* de la république des lettres, il a porté haut la dignité de l'intellectuel. Dignité institutionnelle par sa double appartenance aux académies, dont ne peuvent se prévaloir ni Diderot ni Voltaire. Mais, surtout, dignité morale qu'il partage avec Diderot et dont le génial Voltaire est bien éloigné. C'est cette double caractéristique qui fait de d'Alembert « le philosophe » par excellence, connu et reconnu de tous. Même si l'histoire mettra un sérieux bémol à cette appréciation, c'est celle qu'ont portée sur lui ses contemporains. Y compris l'un de ses plus farouches ennemis, Linguet, qui n'aura de cesse de l'attaquer sur sa morale en prétendant démasquer Tartuffe.

Le quotidien du philosophe

À son retour à Paris, les tracasseries quotidiennes reprennent leurs droits. Avec, en prime, des soucis de santé. D'Alembert se plaint de douleurs à l'estomac qu'il impute alors aux nourritures lourdes et trop épicées ingurgitées en Prusse. En fait, c'est le début d'un mal chronique que les régimes et les diètes auxquels il s'astreint ne parviendront pas à guérir définitivement. Ce qui ressemble à un ulcère à l'estomac témoigne de la fragilité physique et psychologique de d'Alembert, qui appelle une vie réglée et les soins attentifs d'une femme aimante, en l'occurrence sa nourrice. Dès lors, il n'est plus question du voyage en Italie qu'il devait faire avec son cher Watelet et sa compagne, la très laide et très spirituelle Mme Lecomte. Du moins est-ce le prétexte invoqué auprès de ses différents correspondants [1] pour en cacher un autre, inavouable : son attachement à Julie de Lespinasse lui ôte l'envie, à peine de retour, de se séparer à nouveau d'elle.

1. À Lagrange, le 1er octobre 1763, *in Correspondance avec d'Alembert, Œuvres*, t. XIV, éd. M.J.A. Serret, 1892, p. 9. À Frisi, le même jour, ainsi qu'à Voltaire, le 8 octobre.

Rentré chez lui, d'Alembert a la surprise de recevoir à domicile un pamphlet insultant contre les philosophes et lui-même en particulier. L'auteur n'en est autre que l'évêque du Puy, Jean-Georges Le Franc de Pompignan, frère de l'académicien du même nom [1], la bête noire de Voltaire et de ses amis. C'est une gaffe de son éditeur qui a fait parvenir à tous les membres de l'Académie française l'*Instruction pastorale de monseigneur l'évêque du Puy sur la prétendue philosophie des incrédules modernes.* Ce texte franchement réactionnaire a été lu et applaudi à la Cour, moins pour ses qualités intrinsèques que par haine des philosophes [2]. D'Alembert se délecte de la bévue de l'évêque et fait courir une double réplique pleine de verve et d'ironie [3]. Cet incident l'amuse plus qu'il ne l'inquiète. Ce qui n'est pas le cas, en revanche, des bruits qui courent sur son voyage en Prusse. Il faut dire que, depuis son retour, d'Alembert n'a que Frédéric à la bouche, sa grandeur, sa simplicité et sa philosophie. Rien de tel pour exaspérer les ennemis du philosophe et tous ceux qui n'ont pas encore digéré les désastres de la guerre. Les sarcasmes de Mme du Deffand résument leur opinion : « Platon est revenu de la Cour de Denys, il en dit des merveilles, il prétend que ce n'est point à ses pieds qu'on doit chercher ses oreilles, enfin il est comblé de gloire en attendant qu'il soit vêtu de moire [4]. » Plus inquiétant est le reproche qu'on lui fait d'avoir dit du mal du gouvernement français (donc du roi) à Berlin : « On m'a prêté des discours que je n'ai jamais tenus et que je n'aurais rien gagné à tenir. J'en ai appelé au témoignage du roi de Prusse lui-même, et le prince vient de m'écrire une lettre qui confondrait mes ennemis s'ils méritaient que je la leur fisse lire [5]. » L'affaire en resta là, mais elle ne fut peut-être pas tout à fait étrangère aux humiliations qu'il essuiera, deux ans plus tard, de la part du ministre chargé des Académies,

1. Le marquis Jean-Jacques Le Franc de Pompignan avait été reçu le 10 mars 1760 à l'Académie française dans un contexte très polémique. Cf. *P.I.*, II, pp. 343-344.
2. Lettre de Mme du Deffand à Voltaire, 30 septembre 1763. D. 11437.
3. Ch. Henry, pp. 32-33, et la lettre de d'Alembert à Voltaire du 29 décembre 1763. D. 11588.
4. À Voltaire, 30 septembre 1763. D. 11437.
5. À Voltaire, 8 décembre 1763. D. 11541.

et donc du roi. En attendant, le philosophe se consacre à de multiples travaux et cultive l'amitié, à défaut de l'amour.

Les académies

Depuis sa réception à l'Académie française, en décembre 1754, d'Alembert donne la priorité à celle-ci sur l'Académie des sciences, à laquelle il appartient depuis 1741. La première se réunit les lundis, jeudis et samedis ; la seconde, les mercredis et samedis. On ne le voit donc plus à l'Académie des sciences que le mercredi, et encore, pas de façon systématique, comme à l'Académie française. Il est vrai qu'il a moins d'ennemis en celle-ci qu'en celle-là, car on y ignore les questions de priorité (d'une découverte) qui engendrent des rivalités et des inimitiés mortelles. Outre ses interminables polémiques avec Clairaut (ils ne s'adressent quasiment plus la parole), d'Alembert compte peu d'amis à l'Académie des sciences. Il déteste Buffon, qui le lui rend bien, et n'a que mépris pour la vieille garde qui ne comprend plus rien, tels Dortous de Mairan, Camus ou La Condamine. Sans parler de Lalande, qu'il compare à de la vermine[1], de Fontaine, qu'il trouve aussi insupportable que méchant, et de Fouchy, qu'il juge incapable de remplir ses fonctions de secrétaire. À part son vieil ami l'astronome Lemonnier et son protégé Bézout, ses savants confrères ne lui offrent guère d'occasions d'échanges amicaux[2]. D'ailleurs, depuis 1761, il refuse de publier ses mémoires scientifiques dans les volumes de l'Académie et préfère les livrer au public par la voie de son propre éditeur, sous forme d'*Opuscules.* Pour autant, il n'a jamais cessé de soumettre, comme c'est l'usage, ses travaux au jugement de ses collègues, ni d'œuvrer pour associer à ce

1. À Lagrange, 18 juin 1765. Ch. Henry, p. 41.

2. À Louis Necker, qui lui avait demandé s'il ne serait pas secrétaire de l'Académie des sciences, d'Alembert répondit le 21 septembre 1763 : « Moi, secrétaire de l'Académie ! il faudrait pour cela quatre choses : que je le voulusse, que le ministre le voulût, que l'Académie le voulût et que la Cour le voulût. Or personne ne le veut. » Archives privées (Genève).

corps toujours prestigieux les éléments les plus brillants de la nouvelle génération.

En revanche, d'Alembert aime l'Académie française. Il y fait preuve d'une assiduité exceptionnelle[1]. C'était pour lui, raconte Pougens, « comme une seconde patrie dont la dignité, les succès, la gloire le touchaient d'aussi près et aussi vivement que ses intérêts les plus chers[2] ». À cette époque, Duclos, le secrétaire perpétuel, est en pleine santé et nul ne songe à sa succession. D'Alembert y pensait-il déjà ? Toujours est-il qu'il se rend indispensable au bon fonctionnement de l'institution. Non seulement il assure l'intérim lors des absences annuelles de Duclos, qui aime à se rendre chez lui en Bretagne[3], mais il est volontaire pour les différentes visites de courtoisie aux confrères en cas de maladie, d'événements heureux ou malheureux. Depuis 1760, il s'offre à faire des lectures lors des séances publiques qui connaissent un succès croissant grâce à ses talents rhétoriques. *Réflexions sur la poésie* le 25 août 1760, pour la Saint-Louis ; *Réflexions sur l'histoire* le 19 janvier 1761 à l'occasion de la réception de Watelet ; une *Apologie de l'étude* le 13 avril de la même année pour celles de Trublet et Saurin ; de nouvelles *Réflexions sur la poésie et en particulier sur l'ode* pour la Saint-Louis de 1762. À chaque fois qu'il peut, il fait l'éloge de Voltaire et de la philosophie. C'est un bon orateur qui sait capter l'attention de son auditoire par une diction et un esprit particuliers, et, le cas échéant, le faire rire. Bachaumont a beau parler de « sa déclamation magistrale et pédantesque [...], de sa parade [...], de mauvaises plaisanteries mêlées de beaucoup d'amertume[4] », il déplore son absence, l'année suivante pour la Saint-Louis : « La séance a fini sèchement, M. d'Alembert, qui est en possession d'égayer l'Académie par quelque caricature du jour,

1. Entre septembre 1763 et fin décembre 1764, il ne manque que cinq séances.
2. *Œuvres posthumes de d'Alembert*, II, p. 408.
3. « M. d'Alembert fait actuellement la fonction de secrétaire dans l'absence de M. Duclos qui est allé faire un petit voyage en Bretagne [...]. M. d'Alembert remplit cette fonction fort au gré de la compagnie. » Lettre de l'abbé Trublet à Formey, 12 juin 1764, *Correspondance passive...*, *op. cit.*, p. 367.
4. *Mémoires secrets*, V, I, 25 août 1762, p. 133.

étant encore auprès du roi de Prusse [1]. » De son côté, Grimm, qui ne l'aime pas davantage, dénonce un ton « burlesque » et par conséquent « extrêmement déplacé à une séance académique où l'on ne doit pas s'attendre à des arlequinades [2] ». Malgré les critiques qui pleuvaient à chacune de ses interventions – lesquelles n'étaient d'ailleurs pas toujours réussies – en séances publiques, on venait de plus en plus nombreux l'écouter. Sa conviction, sa hardiesse, ses sous-entendus sur l'actualité, attisaient la curiosité d'un public qui s'ennuyait lorsqu'il ne prenait pas la parole.

En dehors des séances publiques, d'Alembert prend un intérêt passionné à la promotion de ceux qui se réclament de la philosophie. Il ne cache pas son but : faire basculer l'Académie de ce côté-là en faisant élire un maximum d'amis et de disciples. Chaque élection est donc une véritable lutte entre deux partis irréconciliables : celui des dévots et des traditionalistes contre celui des philosophes, minoritaire en 1763, dirigé par d'Alembert. L'élection de Marmontel, le 24 novembre 1763, marque un tournant décisif. Tous les moyens directs et indirects furent employés pour convaincre une majorité d'académiciens de voter pour lui. Outre d'Alembert, Marmontel bénéficiait de protecteurs très puissants : Voltaire et Mme Geoffrin. Voltaire fit campagne depuis Ferney et Mme Geoffrin dans son salon. À eux deux, ils déployaient une force de frappe peu commune. On persuada les uns, on désarma l'hostilité des autres tout en prenant soin de se gagner les bonnes grâces de la Pompadour.

À cette occasion, d'Alembert découvre l'aile la plus libérale de la haute aristocratie française en la personne du prince Louis de Rohan. Ce prélat de vingt-neuf ans, coadjuteur de Strasbourg, entré à l'Académie deux ans plus tôt, se révélera un partisan des philosophes aussi efficace qu'inattendu. Au dire de d'Alembert, il joua un rôle si décisif dans l'élection de Marmontel qu'il le baptisa « coadjuteur de la philosophie [3] ». Certes, le rival de

1. *Ibid.*, p. 312.
2. *Correspondance littéraire*, IV, avril 1761, p. 373.
3. À Voltaire, 8 décembre 1763. D. 11541.

Marmontel, Thomas, s'était retiré de la compétition, mais le postulant encourait toujours le risque des boules noires qui interdisaient à jamais l'accès à l'Académie. Le rôle du prince Louis fut donc considérable, et l'on s'empressa de le remercier de la manière la plus flatteuse. Le 15 janvier 1764, quelques semaines après l'élection [1], d'Alembert demande à Voltaire d'« écrire une lettre ostensible pour le remercier au nom de nous tous [les philosophes] de la manière honnête dont il se conduit avec les gens de lettres [...] ; si vous pouviez même joindre à votre lettre quelques vers, le tout n'en irait que mieux [2] ». Le prince reçut donc une édition de Corneille revue par Voltaire, accompagnée d'une lettre du maître qui le combla de fierté [3]. D'Alembert resta lié à Rohan pendant de longues années et réalisa peut-être que tous « les Grands » n'étaient pas aussi infréquentables qu'il l'avait affirmé en 1753 [4]. D'autant qu'il aura bientôt l'occasion d'apprécier les qualités et l'esprit d'un autre « Grand » : le duc de Nivernais.

Entre l'une et l'autre des académies, d'Alembert consacre trois à quatre après-midi aux activités du Louvre, sans compter le temps nécessaire pour lire les mémoires intéressants et rédiger ses propres interventions ; il aime les promenades aux Tuileries et s'y asseoir, l'été, sous un arbre, pour d'interminables conversations avec des amis. En fin de journée, il retrouve Julie chez Mme du Deffand, rend souvent visite à sa chère Mme Geoffrin et rentre souper frugalement chez sa nourrice. Chacun sait qu'il aime se coucher tôt. Restent les matinées pour cultiver sa fabuleuse puissance de travail qui s'exerce tous azimuts à condition que les visites inopinées (souvent non désirées) et de multiples correspondances ne l'en empêchent pas. « Pardon de ma brièveté, écrit-il à Louis Necker. On ne saurait être plus occupé que je le suis. Je travaille à la philosophie, à la géométrie, à la littérature, à la grammaire, à l'histoire même, et cela tout à la fois [5]. »

1. Marmontel fut élu le 24 novembre et reçu le 22 décembre 1763.
2. D. 11644.
3. D'Alembert à Voltaire, 22 février 1764. D. 11720.
4. Dans l'*Essai sur la société des gens de lettres et des grands*. Cf *P.I.*, II, pp. 96-100.
5. À Louis Necker, 10 février 1764. Archives privées (Genève).

De retour à Paris, d'Alembert s'est empressé de tenir la promesse faite à Frédéric. Il rédige les *Éclaircissements* aux *Éléments de philosophie*[1] pour répondre aux remarques du roi sur la liberté, longuement discutées lors de leurs tête-à-tête. Le 7 février, il lui écrit que le travail est accompli. Six mois plus tard, Frédéric le remercie de son envoi, « digne d'un grand philosophe », commente le chapitre sur la liberté et lui demande des éclaircissements sur l'analyse en géométrie[2]. En février-mars 1764, d'Alembert paraît moins occupé de mathématiques que du sort des Jésuites, ses adversaires de toujours. Fin février, le Parlement a aggravé le décret du 6 août 1762 qui ordonnait la dissolution de leur ordre. Cette fois, il s'agit de leur bannissement. D'Alembert est troublé. Officiellement, il ne peut que se réjouir de leur disparition, qui met fin à un pouvoir arrogant, redouté des philosophes. Mais leurs ennemis jansénistes, qui tiennent le parlement de Paris, seront encore plus redoutables, une fois restés seuls maîtres du terrain religieux, sans aucun contre-pouvoir. D'Alembert fait part de son sentiment à Catherine II : « La France vient de chasser de chez elle les grands apôtres de l'intolérance, les prétendus compagnons de Jésus, mais, par malheur, ce n'est pas la raison, c'est encore l'intolérance même qui les bannit ; ce n'est pas parce que les jésuites sont turbulents, fanatiques et dangereux, que nos parlements les congédient, c'est parce que les jésuites tiennent pour la *grâce versatile* et les parlements pour la *grâce efficace* ; la philosophie voit tout cela, elle en rit et elle en profite[3]. »

Le clan philosophique a beau se réjouir ostensiblement, il semble, à lire une lettre de d'Alembert à Voltaire, qu'il cherche à le rassurer et à se rassurer lui-même : « Ne craignez rien ; cette canaille [janséniste] ne fera pas fortune. Le dogme qu'ils prêchent et la morale qu'ils enseignent sont trop absurdes pour *étonner* [...]. Les jésuites font une grande sottise de se laisser

1. Les *Éléments de philosophie* formaient la plus grande partie du quatrième volume des *Mélanges de littérature, d'histoire et de philosophie*, publiés en 1759. Les *Éclaircissements* paraîtront dans le cinquième volume des *Mélanges*, publié en 1767.
2. Lettre de Frédéric [août 1764], Preuss, XXIV, pp. 382-383.
3. Lettre du 20 mars 1764. Ch. Henry, p. 220. Souligné dans le texte.

chasser ; et ils peuvent en *conscience* (puisque *conscience* y a) signer le serment qu'on leur demande. Mais je suis si aise de les voir partir que je n'ai garde de les tirer par la manche pour les retenir [...]. Une autre raison qui me fait désirer beaucoup de voir, comme on dit, leurs talons, c'est que le dernier jésuite qui sortira du royaume emmènera avec lui le dernier janséniste[1]. » Telles sont les premières réflexions que d'Alembert a commencé à coucher sur le papier ; elles manifestent un optimisme qui ne paraît pas convaincre Voltaire. C'est le début de son livre *Sur la destruction des Jésuites en France*, qu'il met à l'actif de la philosophie. Le manuscrit achevé en décembre, il le donne à lire à Voltaire, qui l'accueille avec enthousiasme[2] et se charge de le faire imprimer secrètement à Genève par Cramer.

L'année 1764 n'est pas l'une des plus productives de d'Alembert. Il surveille une réimpression des *Mélanges*[3] et attend depuis plusieurs mois la publication du troisième volume de ses *Opuscules mathématiques*, contenant cinq mémoires d'optique[4]. Cette nonchalance est peut-être à mettre au compte de sa santé défaillante et de bouleversements dans sa vie privée.

Intimité et amitiés en 1764

Même si l'on ignore les détails de sa maladie, d'Alembert traverse de mars à septembre 1764 une période physiquement éprouvante. Le 3 avril, l'abbé Trublet nous apprend qu'il « a été incommodé pendant quelques jours d'un débordement de bile[5] », mais que cela va mieux à présent. Le 6 août, d'Alembert confie à Lagrange : « Depuis deux mois, mon estomac est si délabré que je ne puis presque pas me livrer au travail. Les

1. À Voltaire, 2 mars 1764. D. 11745. Souligné dans le texte.
2. À d'Alembert, 26 décembre 1764. D. 12263.
3. D'Alembert à Formey, 6 août 1764. Cracovie, B J. Collection Varnhagen.
4. Le 6 août 1764, d'Alembert annonce à Lagrange qu'il lui fait parvenir ses *Opuscules* par l'ambassadeur de Sardaigne, avec des fautes d'impression corrigées de sa main. Lalanne, 1882, p. 11.
5. À Formey, 3 avril 1764. *Correspondance passive..., op. cit.*, p. 363. Il est absent de l'Académie française le 29 mars.

remèdes que j'ai voulu faire n'ont servi qu'à l'affaiblir encore. Enfin, j'ai pris le parti de n'en plus faire du tout et de m'en tenir au régime [...]. Si cela continue, je finirai par un grand voyage dont je ne reviendrai pas de sitôt. Je prends tout cela fort en patience, et je tâcherai de traîner le moins douloureusement que faire se pourra ce qui me reste de temps à vivre. Adieu, mon cher ami, je n'ai pas la force de vous en écrire plus long, étant, actuellement même, obligé de quitter à chaque instant pour une indigestion considérable, quoique depuis quinze jours je ne mange plus de viande [1]. » À la mi-septembre, il commence à aller mieux [2], et, en octobre, il se regarde comme guéri [3].

Ces maux ont-ils une origine psychologique ? Ce qui est sûr, c'est que sa brouille avec Mme du Deffand n'a pas dû arranger les choses. On sait que, fin avril-début mai, éclata une scène d'une rare violence entre Mme du Deffand et sa parente et dame de compagnie, Julie de Lespinasse. La première reprochait à la seconde de faire salon avec *ses* amis pendant qu'elle-même dormait l'après-midi. La seconde ne supportait plus d'être traitée comme une quasi-domestique par une insomniaque aux horaires délirants et à la dureté légendaire. Les tensions entre les deux femmes n'étaient pas nouvelles, et d'Alembert en voulait depuis longtemps à Mme du Deffand, non seulement pour la façon cavalière dont elle traitait l'amour de sa vie, mais aussi parce qu'il l'avait prise en flagrant délit de trahison amicale et intellectuelle à son endroit. Au lendemain de la scène qui les opposa, les deux femmes décidèrent de se séparer, et Mme du Deffand somma d'Alembert de choisir entre elle et Julie. Sans l'ombre d'une hésitation, il prit congé de celle qu'il avait tant chérie vingt ans auparavant. La plupart des habitués de Mme du Deffand donnèrent raison à Julie et l'aidèrent à emménager – non loin de chez son ancienne maîtresse – rue Saint-Dominique, dans un petit appartement. Grâce à Mme Geoffrin, sollicitée par d'Alembert, elle put s'y installer de façon modeste mais confortable. Ce dernier a-t-il espéré vivre plus étroitement avec elle ? Si tel fut

1. À Lagrange, 6 août 1764, Serret, p. 12.
2. À Frédéric, 17 septembre 1764. *Ibid.*, pp. 385-386.
3. À Lagrange, 16 octobre 1764. *Ibid.*, p. 14.

le cas, aucune trace de sa déception n'est parvenue jusqu'à nous. Au contraire, il cache coûte que coûte ses sentiments. À Voltaire (peut-être mis au courant de sa rupture avec Mme du Deffand par cette dernière) qui fait allusion à son amour pour Julie [1], d'Alembert répond brutalement qu'il n'est pas amoureux et qu'on [Mme du Deffand] veut le rendre ridicule [2]. Il ajoute, non sans ironie : « Ce ridicule-là ne me fait pas grand mal. Je craindrais bien plus le ridicule de ne pas digérer. Digérer un peu et rire beaucoup, voilà à quoi je borne mes prétentions. » En réalité, d'Alembert n'a aucune envie de rire, et l'on sent, dans cette lettre, une colère rentrée dont on ne sait trop si elle vise Mme du Deffand ou bien Voltaire. Celui-ci dut s'en étonner, puisqu'il revint à la charge dans sa réponse : « C'est donc de votre estomac et non pas de votre cœur que vous vous plaigniez ! Vos calomniateurs se sont mépris ! Il semble qu'on vous injurie, vous autres philosophes, quand on vous soupçonne d'avoir des sentiments [3]. »

Le philosophe amoureux n'était déjà pas une situation bien glorieuse [4] dans la république des lettres, mais un savant-philosophe amoureux de quarante-sept ans était un personnage ridicule. Bien que les bruits les plus contradictoires aient couru sur sa vie sexuelle et sentimentale – impuissant au dire de Rousseau et de La Condamine [5], homosexuel selon un rapport de police [6], ou entretenant une obscure liaison avec une demoiselle Noyel demeurant à Montmartre [7] –, d'Alembert lui-même n'a jamais laissé traces que de son amour pour Julie de Lespinasse. Le texte qu'il écrit au lendemain de sa mort, l'un des plus poignants de la littérature amoureuse, révèle l'état de son cœur : « Vous que j'ai si tendrement et si constamment aimée, vous dont j'ai cru être aimé quelques moments, vous que j'ai préférée

1. Le 16 juillet 1764. D. 11987 : « Si vous êtes amoureux, restez à Paris. »
2. Le 29 août 1764. D. 12065.
3. Le 7 septembre 1764. D. 12073.
4. *P.I.*, II, pp. 17-20.
5. *Confessions*, 2e partie, livre IX. BN. Ms fr.22158, f° 125 et 193.
6. *P.I.*, II, p. 103.
7. *Journal de Lalande* (1756-1807), manuscrit vendu à Drouot le 6 décembre 1995, f° 98 v.

à tout, vous qui m'auriez tenu lieu de tout si vous l'aviez voulu [1] »... Quelques lignes plus loin, il donne même la chronologie des sentiments de Julie à son égard, quand il découvre les lettres d'amour du marquis de Mora. Elles lui apprennent « que depuis huit ans au moins [il] n'était plus le premier objet de son cœur », c'est-à-dire depuis 1768. Il ajoute : « Qui peut me répondre que pendant les huit ou dix autres années où je me suis cru tant aimé de vous, vous n'avez pas trompé ma tendresse ? » Ce qui situe l'époque heureuse entre 1758 et 1768. Sentiments partagés quand il rappelle qu'elle lui disait encore dix ans plus tôt (1766) que son amour pour lui la rendait « heureuse jusqu'à être effrayée de [son] bonheur [2] ».

Peut-être à cause de son enfance douloureuse de petit bâtard, d'Alembert éprouve un besoin particulier de tendresse et d'affection. D'en donner autant que d'en recevoir. Fidèle à ses vieux amis comme Watelet, Rémy ou Mme Geoffrin, il est aussi accueillant aux nouvelles relations, et en particulier à tous les jeunes savants méritants, isolés à Paris et souvent désargentés, qui rêvent de faire carrière. Il y a chez lui une paternité frustrée et un souvenir aigu de ses propres difficultés de jeune homme, qui l'amènent à tendre la main à tous ceux qui le sollicitent. Charles Pougens, qui l'a bien connu dans les dernières années de sa vie, en témoigne : « C'était surtout dans les gens de lettres [au sens large] que la vue de l'infortune lui était insupportable. Qu'un malheureux jeune homme qui annonçait des talents vînt lui exposer sa situation, il devenait dès ce moment son ami, son frère, son père : il l'accueillait, le recommandait, s'occupait de lui sans relâche ; son image le poursuivait, le tourmentait dans le sommeil ; et il n'avait point de repos qu'il ne lui eût fait un sort plus doux. C'est ce à quoi lui servaient sa modique fortune, son crédit, sa célébrité, ses relations dans le monde, la confiance universelle, la faveur, l'amitié des rois [3]. »

1. *Aux mânes de Mademoiselle de Lespinasse*, 22 juillet 1776. *Œuvres complètes*, III, p. 728.
2. *Ibid.*, p. 731.
3. *Œuvres posthumes*, II, p. 406.

D'Alembert avait inauguré ce rôle de mentor en 1756 avec un brillant jeune homme venu de Genève à Paris pour parfaire ses connaissances scientifiques : Louis Necker[1], frère de Jacques. En 1764, de nouvelles occasions lui sont offertes d'exercer sa sollicitude paternelle à l'égard de savants parmi les plus brillants de leur temps. Le premier est Louis Lagrange, mathématicien de génie, né à Turin en 1737. À vingt-sept ans, ce n'est plus un débutant. Il a déjà fondé une société scientifique (en 1758) dans sa ville natale, mais, en dépit de mémoires de haute volée qui l'ont fait remarquer de la communauté mathématique européenne, et en particulier de d'Alembert, il végète à Turin sans grand espoir d'amélioration. Raison peut-être pour laquelle il se rend à Paris, fin novembre 1763, pour un séjour de quelques mois[2]. À part d'Alembert, avec lequel il entretenait une correspondance scientifique épisodique depuis 1759, et le marquis Caraccioli, ambassadeur de Naples, qui l'hébergeait, Lagrange ne connaissait pas grand monde à Paris. Le marquis ayant reçu l'ordre de partir pour Londres, le Turinois se retrouve seul à l'hôtel, sérieusement malade de surcroît. D'Alembert le prend sous son aile. Il demande à Mme Geoffrin d'intervenir auprès de l'ambassadeur de Sardaigne[3] (dont dépendait Turin) pour obtenir sa protection et une recommandation auprès de son gouvernement. « C'est un homme, dit-il, du plus rare talent dans la géométrie, fort au-dessus de tout ce que l'Italie renferme en ce genre [...], un trésor que Turin possède sans savoir peut-être de quel prix il est[4]. » Mme Geoffrin exécuta fidèlement sa mission et l'ambassadeur témoigna toute sa bienveillance à son compatriote.

Par ailleurs, Lagrange était l'un des concurrents, en principe anonymes, du prix de l'Académie des sciences pour 1764. La question posée était : « Par quelle raison physique la Lune nous présente à peu près la même face ? » Exceptionnellement,

1. *P.I.*, II, pp. 213-217.
2. Lagrange sera de retour à Turin en mai 1764.
3. Le bailli de Solar de Breille, ambassadeur à Paris depuis 1758.
4. Lettre à Mme Geoffrin, 7 janvier 1764. *Lettres inédites de Lagrange*, éd. par Ch. Henry, 1886, p. 5.

d'Alembert ne faisait pas partie du jury, composé de cinq commissaires, pour cause de voyage en Prusse. Le 6 septembre 1763, l'Académie avait désigné Clairaut, Camus, Lemonnier, Lalande et Bézout. Nul doute que Lagrange attendait avec impatience les résultats du prestigieux concours, qui signifiait une reconnaissance internationale. Nul doute non plus qu'il ait confié son secret à d'Alembert, grand ami de Lemonnier et Bézout. Avec ou sans intervention de d'Alembert auprès de ses amis, Lagrange était le meilleur. À l'assemblée publique du 2 mai 1764, son mémoire n° 4 fut déclaré vainqueur. Lagrange pouvait rentrer à Turin satisfait. Outre le prix de l'Académie, il avait gagné l'admiration et la protection de d'Alembert, qui jouera un rôle déterminant dans sa carrière future. En attendant, ce dernier lui donna une lettre de recommandations auprès de Voltaire, qui l'invita à déjeuner à Ferney, sur le chemin du retour à Turin.

D'Alembert ne rate pas une occasion de venir en aide aux jeunes talents. En dépit de sa brouille avec son rival Daniel Bernoulli, il n'hésite pas à prendre la plume pour rendre service à son neveu, Johann III, recruté par l'Académie de Berlin, fin 1763. Le jeune Bâlois de dix-neuf ans, qui a séjourné à Paris avant de rejoindre la Prusse, a plus fréquenté La Condamine, Clairaut [1] et son petit groupe d'amis (dont Dionis du Séjour) que d'Alembert. Or il semble bien que ce soit grâce à l'intervention de ce dernier que le jeune homme impécunieux a pu enfin bénéficier d'une petite pension. Le 24 avril 1764, d'Alembert répond à une probable lettre de remerciements : « En écrivant à Potsdam [à Frédéric ?] en votre faveur, je n'ai fait autre chose que vous rendre la justice que vous me paraissez mériter, et je voudrais être à portée de vous donner des marques plus efficaces de mon estime pour votre mérite [2]. »

Mais la découverte la plus importante de cette année 1764 est celle d'un jeune mathématicien de vingt ans, le marquis de Condorcet. Celui-ci a envoyé son premier mémoire à l'Académie,

---

1. Lettres de Clairaut à J. III Bernoulli des 28 décembre 1763 et 4 juin 1764, Bâle Ms L I a 684, 813 et 817. Lettre de La Condamine au même du 30 juin 1764, *ibid.*, 819.
2. Bâle, Ms LI a 677, 101-102.

comme le faisaient les savants en herbe, en novembre 1761 [1]. Ce travail d'écolier ne retient pas l'attention de d'Alembert, pas plus que le nouveau mémoire que Condorcet fait parvenir un mois plus tard [2]. Lorsque Condorcet se présente pour la première fois à l'Académie, le samedi 25 juin 1763, pour lire un nouveau travail sur la sommation des suites infinies, d'Alembert est en Prusse. C'est le 25 janvier 1764 qu'a lieu la rencontre décisive. Condorcet est entré à l'Académie pour lire un mémoire concernant un théorème d'Euler sur les équations différentielles. Cette fois, c'est d'Alembert (et non plus Clairaut) qui est nommé commissaire aux côtés de Fontaine.

Le 14 mars suivant, ils font un rapport très élogieux de son travail : « M. de Condorcet a non seulement donné une démonstration très simple et très exacte de ce théorème, mais il l'a extrêmement généralisé [...]. Ce mémoire de M. le marquis de Condorcet nous a paru marquer beaucoup de connaissances et de sagacité dans le calcul infini[tésimal], et nous croyons qu'il est digne d'être imprimé dans le recueil des savants étrangers [3]. » L'honneur de la publication dans les volumes de l'Académie marque le début d'une carrière fulgurante pour le timide Condorcet. C'est aussi le commencement d'une relation étonnante entre d'Alembert et lui. Le savant au faîte de sa gloire devient le père spirituel et le mentor du jeune orphelin [4] qui montre des dons et une vocation irrésistible pour les mathématiques. Dorénavant, d'Alembert s'arrangera toujours pour être l'un des rapporteurs de tous les travaux à venir de Condorcet, devenu son poulain et son préféré, avant d'incarner le fils qu'il n'a jamais eu et dont il fera son légataire universel.

En dépit de ses ennuis de santé, les années 1762-1764 se sont révélées fort riches pour d'Alembert, sur le plan public aussi

1. Sur le P.V. de l'Académie des sciences du 18 novembre 1761, p. 206, on lit de la main de son secrétaire Fouchy : « J'ai lu une lettre de M. de Condorcet et présenté de sa part une méthode générale pour intégrer les équations à deux variables, pour l'examen de laquelle Mrs Clairaut et Fontaine ont été nommés. »

2. P.V. du 23 décembre 1761, p. 235.

3. P.V. du 14 mars 1764, pp. 59-60.

4. Le père de Condorcet était mort le 22 octobre 1743, cinq semaines après la naissance de son fils, le 17 septembre.

bien que privé. Les propositions de Catherine et de Frédéric lui ont prodigué une reconnaissance hors des frontières que bien peu avant lui ont connue. Son double refus lui a même valu un prestige incomparable aux yeux de ses pairs. À travers lui, c'est un peu la philosophie elle-même et ceux qui s'en réclament qui ont pris du galon. Reste à savoir si le vrai pouvoir, qui réside à Versailles et qui l'a toujours traité, lui et les siens, avec un souverain mépris, changera d'attitude.

CHAPITRE II

Le contraste
(1765)

Contrairement à nombre de monarques étrangers qui montrent de l'intérêt pour la philosophie française et une véritable curiosité pour les hommes qui l'incarnent, Louis XV restera jusqu'au bout hostile à ce courant de pensée qu'il juge dangereux. Il oscille entre mépris et animosité à l'égard de ceux que l'on appelle « les philosophes ». Les a-t-il seulement lus ? S'il est vrai que la philosophie est en guerre contre le fanatisme et le pouvoir religieux, que les termes « égalité » et « liberté » n'ont pas bonne presse à Versailles, on sait que le Dauphin a lu Montesquieu et que la marquise de Pompadour était l'amie de Voltaire et d'Helvétius. Moitié par calcul politique, moitié par goût personnel, elle a protégé l'*Encyclopédie* autant qu'il était en son pouvoir. Alors qu'elle décède, le 15 avril 1764, celle qui lui succède n'a que faire de tout cela.

L'année 1765 offre une démonstration éclatante de la différence de considération portée aux philosophes selon que l'on règne à Berlin, Saint-Pétersbourg ou Versailles.

Condamné à Paris, invité à Berlin

Depuis la condamnation de son ouvrage *De l'esprit* par la Sorbonne et le Parlement, et ses rétractations humiliantes de 1758 et 1759, Helvétius est un homme blessé[1]. Même s'il continue d'écrire, il s'est juré de ne plus rien publier. Il préfère sa vie paisible dans ses châteaux de Voré et de Lumigny, entouré d'amis sûrs, à celle de Paris, où il conserve l'hôtel de la rue Sainte-Anne. Les combats à la Voltaire, les polémiques et même les publications sous le manteau, façon d'Holbach, ne sont pas pour lui. Bon père, toujours amoureux de sa femme, Helvétius n'a pas une vocation de martyr. D'autant moins que le livre qui lui a valu d'être persécuté a été presque autant attaqué par ses « amis » que par ses ennemis. En revanche, le philosophe jouit d'un prestige considérable à l'étranger. *De l'esprit*, traduit en anglais et en allemand, a été lu par un public nombreux, et fort apprécié dans l'ensemble. Certains souverains comme Frédéric II, Catherine II ou Louise-Ulrique de Suède l'en ont même complimenté. Frédéric, qui lit presque tout ce qui sort des presses françaises, n'a pas attendu le scandale de l'*Esprit* pour apprécier le philosophe. Au dire de Voltaire, qui lui avait montré l'*Épître sur l'orgueil* du jeune Helvétius lors de son voyage à Berlin, en 1740, « le roi de Prusse en fut extasié[2] ».

On sait qu'après son séjour à Berlin d'Alembert avait entrepris les démarches nécessaires pour faire admettre le chevalier de Jaucourt, bon petit soldat de l'*Encyclopédie*, et Helvétius à l'Académie de Frédéric[3]. Les deux hommes y furent agrégés le 5 janvier 1764. Helvétius remercia l'Académie le 23 janvier et Frédéric II le 1er février[4]. Dans sa lettre à ce dernier, on peut lire : « Il est si glorieux de pouvoir présenter son hommage à un monarque, l'étonnement du siècle présent et peut-être le modèle

1. Cf. *P.I.*, II, pp. 326-332.
2. *Correspondance générale* d'Helvétius, I, p. 53.
3. D'Alembert à Voltaire, 22 février 1764. D. 11720.
4. *Correspondance générale*..., III, pp. 88-90.

inimitable des siècles à venir [...]. La nation des lettres, répandue chez les divers peuples, est une nation conquise par ses bienfaits, [il] en est le chef adoptif [...]. C'est à Votre Majesté que l'univers devra les lumières que les savants répandront peut-être dans ce siècle. Ils sont en butte aux traits de l'envie et du fanatisme ; couvrez-les toujours de votre puissante égide. »

Ce qui paraît aujourd'hui relever de la plus grossière flatterie ne l'était pas tant hier, lorsque l'on s'adressait à un monarque [1]. Surtout lorsqu'il prétendait au titre de despote éclairé. Le message est le suivant : les Lumières et la liberté de pensée sont chez vous, en Prusse, et non pas chez moi, en France, sous la férule d'un monarque borné. Le compliment dut porter ses fruits : Frédéric, déçu et peut-être vexé du refus de d'Alembert, n'a pas renoncé à attirer à lui et à Berlin ce que l'Europe, et en particulier Paris, compte de plus brillant. À la fin dc l'année 1764, il charge Grimm de négocier la venue d'Helvétius à Berlin : « Il a envie de faire venir M. Helvétius, confie celui-ci à la duchesse de Saxe-Gotha, soit pour passer quelque temps avec lui, soit pour y rester si cela lui convenait [...]. Je n'ai pas eu de peine à déterminer M. Helvétius à un voyage si flatteur, et j'ai mandé à Mr. de Catt que, quant au projet de le fixer entièrement à Berlin, ce ne pouvait-être que l'ouvrage du roi même [2]. » Au passage, Grimm, qui connaît son monde, laisse entrevoir une possible rivalité entre d'Alembert et Helvétius : « M. d'Alembert n'ira point [à Berlin] cette année : il n'est point demandé, et sa santé n'est pas trop bonne [...]. Sa Majesté, en habile astronome, ne voudra pas rapprocher deux soleils de trop près ; il vaut mieux les faire venir l'un après l'autre [3]. » Pourtant, d'Alembert manifeste la plus grande chaleur à l'égard d'Helvétius quand il écrit à Frédéric : « M. Helvétius doit partir incessamment [...]. J'ose espérer que Votre Majesté, en connaissant sa personne, ajoutera encore à l'idée avantageuse qu'elle avait déjà de ses

1. Certaines lettres de Voltaire ou de d'Alembert au même Frédéric ne sont pas loin de ce style-là.

2. Lettre de Grimm à Louise-Dorothée de Saxe-Gotha, 26 janvier 1765, in *Correspondance générale* d'Helvétius, III, p. 156.

3. *Ibid.*, 11 février 1765, p. 159.

talents et de ses vertus ; l'accueil qu'il recevra d'elle le consolera des persécutions que lui ont suscitées des fanatiques [...] qui ont trouvé plus court et plus facile de brûler son livre que d'y répondre [1]. »

Le ballet de la séduction

Lorsque Helvétius se met en route, le vendredi matin 15 mars, en compagnie du comte de Podewils, chacun pense, comme d'Alembert, que le philosophe va chercher à Berlin un dédommagement éclatant à son humiliation. Grimm, qui fait de ce voyage une affaire personnelle, lui a concocté à l'aller et au retour des rencontres avec la duchesse de Saxe-Gotha et la princesse de Hessen-Darmstadt, l'une et l'autre abonnées à la *Correspondance littéraire*. Le 21 mars, Helvétius arrive à Gotha, où la duchesse Louise-Dorothée, l'une des rares femmes admirées et écoutées de Frédéric, le reçoit avec toutes les attentions possibles. Grimm s'inquiète de l'impression qu'il a pu faire sur elle, en prévision de celle qu'il fera sur le monarque : « Ce que Votre Altesse présume de son succès auprès du grand roi me fait encore un sensible plaisir, car j'ai craint quelquefois que sa simplicité et sa bonhomie, mises en parallèle avec le sémillant du philosophe d'Alembert, ne fussent exposées à quelque comparaison défavorable près d'un monarque vif comme le salpêtre [...] que je crois peu capable de revenir d'une première impression. Le bon Helvétius n'a pas été lui-même exempt de cette inquiétude, et, connaissant votre bonté, Madame, je lui ai dit que personne ne pouvait le conseiller plus sûrement que Votre Altesse Sérénissime [2]. »

Arrivé à Potsdam le 4 avril, Helvétius trouve le roi à Sans-Souci [3], cloué au lit par une crise de goutte particulièrement douloureuse. Dès le lendemain, il est présenté à Frédéric, qui déploie

1. D'Alembert, 1er mars 1765, *Œuvres complètes*, éd. Belin, *op. cit.*, p. 257.

2. Lettre de Grimm à Louise-Dorothée de Saxe-Gotha, 15 avril 1765, in *Correspondance générale...*, III, p. 174.

3. Le palais de Sans-Souci avait été construit entre 1745 et 1747 sur une hauteur dominant le nord-ouest de Potsdam. Helvétius le compare au Trianon.

tous les charmes dont il est capable : « Il m'a reçu avec toutes les grâces imaginables. Tout le monde sait que c'est un grand homme, mais il faut l'avoir vu pour savoir combien il est aimable et séduisant. Il a dans la conversation toutes les grâces de Voltaire ; c'est à cet égard l'homme que j'ai vu qui lui ressemble le plus[1]. » Une semaine plus tard : « Je dîne tous les jours à Sans-Souci. Je n'ai point vu d'homme avoir autant d'esprit et de toutes les espèces ; il est d'ailleurs plein d'humanité [...]. On ne peut pas se défendre de l'enthousiasme pour ce roi[2]. » Les jours passant, la monotonie commence néanmoins à peser à Helvétius pour les mêmes raisons évoquées deux ans plus tôt par d'Alembert : « Sans l'esprit du roi qui anime, qui féconde et qui vivifie tout, on y serait dans un état de langueur très désagréable. Il n'y a que lui ici[3]. » À lire l'emploi du temps du philosophe, on comprend que l'ennui le gagne : « À onze heures et un quart, un carrosse du roi vient me prendre et me conduire à Sans-Souci. À midi, je dîne avec le roi. À une heure et demie, on sort de table ; je prends mon café chez Milord Maréchal où j'attends les ordres du roi pour savoir si je dois le voir dans l'après-midi et à quelle heure. S'il ne me fait rien dire, à trois heures je rentre chez moi. J'y reste jusqu'à huit. Je vais souper chez le prince héréditaire et je n'y mange point. Je rentre à neuf, je lis jusqu'à onze heures ou minuit [...]. Voilà ma vie[4]. »

Helvétius n'a plus qu'une idée : rentrer à Paris pour retrouver sa femme, qui attend leur troisième enfant[5]. Comme Maupertuis, Voltaire et d'Alembert avant lui, le philosophe souffre du manque de la vie sociale et intellectuelle qui fait le charme inimitable de son pays. À Potsdam comme à Berlin, on ignore l'art raffiné de la vie mondaine et des salons, que les tête-à-tête avec le roi ne peuvent remplacer. Les Prussiens sont un peu lourdauds, et ce ne sont pas la dizaine de jours passés à Berlin qui l'auront fait changer d'avis. Détour obligé pour faire sa cour à

1. À Mme Helvétius [5 avril 1765]. *Correspondance générale...*, III, p. 172.
2. À la même [11 avril 1765]. *Ibid.*, p. 172.
3. *Ibid.*, 22 avril, p. 177.
4. *Ibid.*, 13 mai, p. 187.
5. Mme Helvétius fera une fausse couche en mai ou en juin. *Correspondance générale...*, III, p. 179.

la reine, au frère du roi, le prince Henry, et assister à quelques séances de l'Académie qui lui a fait l'honneur de l'associer un an plus tôt. À en croire Formey[1], qui le fréquente presque quotidiennement à Berlin, Helvétius déçoit ses interlocuteurs. Il le rencontre pour la première fois lors d'un souper chez les princes de Brunswick, qui ont convié avec le Français le gratin de l'Académie : Euler, Marggraf, de Catt, Mérian, Toussaint, Lambert, Castillon, Beausobre, Bernoulli et Thiébault. Euler et Bernoulli sont certes des mathématiciens remarquables, mais ils ne brillent pas par leur conversation. Quant aux autres, le Français Toussaint excepté (Helvétius l'avait connu avant son installation en Prusse, en 1764), Helvétius n'a pas grand-chose à leur dire. Seul le mathématicien Jean-Henri Lambert retient son attention : « Il était extrêmement frappé du génie extraordinaire de M. Lambert, membre de notre Académie [...]. Il l'allait voir tous les jours et ne pouvait se lasser de l'entendre[2]. » Pourtant, le surlendemain, Formey l'invite à dîner chez lui avec certains des mêmes : Thiébault, Toussaint, les Euler père et fils : « Je lui trouvai l'air tout à fait blasé, les yeux éteints, la bouche un peu béante, le teint livide, avec beaucoup d'indices de chagrin et d'humeur, sans qu'il y eût pourtant rien qui dérogeât aux lois de la politesse. Je n'entendis sortir de sa bouche aucun trait saillant [...]. Il témoigna de l'aigreur et du ressentiment contre M. de Maupertuis, l'abbé Trublet, etc. Cela ne fit pas un repas fort gai[3]. »

Quelques jours plus tard, dernière rencontre avec Frédéric avant le départ : « Le roi m'a traité on ne peut pas mieux. J'ai dîné aujourd'hui avec tous les princes et lui. J'ai assisté seul avec lui à son concert, et j'ai eu une conversation tête à tête de deux heures. On me regarde ici comme un homme très puissant [...]. Le Roi m'a fait un magnifique présent : c'est une boîte d'or et d'émail enrichie de diamants et dans laquelle est son portrait.

---

1. Samuel Formey était le secrétaire perpétuel de l'Académie de Berlin. Ce protestant à l'esprit étroit témoignait une antipathie forcenée pour tous les philosophes français.
2. Dieudonné Thiébault, *Mes souvenirs de vingt ans de séjour à Berlin...*, 1804, II, p. 132.
3. Formey, *Souvenirs d'un citoyen*, II, pp. 203-204.

Cette tabatière vaut bien quatre ou cinq mille livres au moins [...]. J'ai tout lieu d'être enchanté du roi, et je le suis[1]. »

À part la tabatière, qui ressemble fort à celle reçue par d'Alembert, Helvétius a pu mesurer qu'il n'avait pas eu tout à fait droit au même traitement que son ami. Contrairement à ce dernier, il n'a jamais été logé chez Frédéric. Ni à Sans-Souci, ni à Potsdam, ni à Berlin. Certes, le roi a payé tous ses frais de loyer et d'auberge, mais il n'a pas suscité les conditions de l'intimité qu'il partagea avec d'Alembert. Helvétius n'a pas rapporté le contenu des conversations qu'il eut avec Frédéric, et l'on ignore donc s'il essaya de le convaincre du bien-fondé de sa philosophie. En fait, on a tout lieu de croire que le roi s'intéressait moins au philosophe et à l'homme d'esprit qu'au financier qu'avait été Helvétius avant de se marier.

Financier, diplomate ou philosophe ?

Helvétius avait passé quatorze ans de sa vie à la Ferme générale, de 1737 à 1751[2]. Il connaissait parfaitement l'administration fiscale et les problèmes afférents à la perception des impôts. La France avait alors la réputation d'être la plus efficace d'Europe en ces matières. Il n'est donc pas étonnant que Frédéric, mécontent des méthodes prussiennes de perception des douanes et des droits indirects, ait voulu consulter un expert en ces questions. Au dire de Formey – toujours hostile aux philosophes français –, tel avait été le vrai motif de son voyage[3]. Mais un motif secret que nul n'avait à connaître. On ignore si Helvétius lui-même le connaissait avant de partir. Ni avant ni pendant son voyage il n'en dit mot dans la correspondance parvenue jusqu'à nous. Ce n'est qu'à son retour en France que l'on apprend le

1. À Mme Helvétius, 28 mai 1765. *Correspondance générale...*, p. 190.

2. Selon les indications données par l'Almanach royal, Helvétius avait acheté une charge à la Ferme générale dès l'âge de vingt-deux ans. D'abord directeur des Fermes à Caen, il est ensuite chargé de la Franche-Comté (1741-1745), puis de la région du Bordelais à partir de 1748. Il démissionne de la Ferme à la veille de son mariage, en juin 1751, et achète à la même époque la charge de maître d'hôtel de la reine.

3. *Souvenir d'un citoyen*, II, *op. cit.*, pp. 204-205.

contenu de sa mission : « Il est vrai que le roi de Prusse pense que ses finances et surtout ses fermes pourraient être mieux administrées, qu'il désirerait qu'une compagnie riche et en état de faire des fonds d'avance [7 à 8 millions] se chargeât de cette administration. J'ai eu ordre d'en parler de sa part à quelques gens riches. Je l'ai fait et il se présente une compagnie [...]. Je n'ai fait quant à cette compagnie des fermes que l'office de commissionnaire. [...] Je n'ai point le ridicule de me donner pour conseiller du roi de Prusse[1]. » Mission accomplie deux mois plus tard. Il a trouvé les fermiers qui partiront pour Berlin, et s'est même chargé de leur obtenir un passeport[2].

Si Frédéric n'avait d'autre but que de consulter un technicien du fisc, Helvétius, de son côté, caressait un autre projet plus avantageux pour sa réputation. Comme Voltaire vingt-cinq ans plus tôt, il se serait bien vu dans un rôle de diplomate. Avant de rejoindre Berlin, il s'en ouvre à son ami le comte d'Argental[3], ministre plénipotentiaire du duc de Parme auprès du roi de France, et surtout grand ami du duc de Praslin, qui secondait Choiseul aux Affaires étrangères. Son idée est de rapprocher la France et la Prusse pour panser les plaies de la guerre de Sept Ans et affaiblir l'alliance entre Londres et Berlin. D'Argental en référa certainement aux deux ministres, qui décidèrent de laisser faire. Helvétius n'était chargé d'aucune mission officielle, mais on ne lui interdisait pas de s'enquérir des intentions du roi.

D'Argental avertit Grimm des vues d'Helvétius, lequel conseilla de passer par le canal de la duchesse de Saxe-Gotha, aussi francophile que bonne négociatrice[4]. Peu de temps après son installation à Potsdam, Helvétius commence ses travaux d'approche : « Vous m'avez recommandé, écrit-il à d'Argental, lors de mon départ de Paris, de profiter de toutes les occasions pour assurer le roi de Prusse de l'estime et du respect que la France a pour lui. Je puis vous certifier qu'il n'est point aigri

1. Lettre au protecteur de Vieilh, 21 juillet 1765. *Correspondance générale...*, p. 216.
2. Lettre au duc de Choiseul [2 septembre 1765]. *Ibid.*, p. 238.
3. Lettre de fin avril 1765. *Ibid.*, p. 280.
4. Grimm à d'Argental, 6 mai 1765. *Ibid.*, pp. 185-186.

contre la nation[1]. » Un mois plus tard, Helvétius, sur le chemin de retour, à Gotha, semble chanter victoire. Visiblement très satisfait de lui, il écrit à d'Argental : « Le résultat de ma conversation [avec Frédéric], c'est que je suis chargé de la part du roi de Prusse de faire à Mrs les ducs de Praslin et de Choiseul une proposition qui, je crois, leur sera agréable et qui ne compromet l'honneur d'aucune des deux cours. Si l'on accepte, l'affaire est finie. Si l'on n'accepte pas, je doute qu'on puisse jamais renouer avec ce roi [...]. Ayez la bonté d'en prévenir Mrs les ducs de Praslin et de Choiseul et les prier de vouloir bien me donner à mon retour à Paris un quart d'heure d'audience[2]. »

Helvétius rencontra les deux ministres, qui firent mine d'acquiescer au projet de rapprochement. À en croire l'ambassadeur d'Angleterre à Paris[3], Helvétius serait même allé jusqu'à proposer d'Alembert ou lui-même pour remplir les fonctions d'ambassadeur à Berlin[4]. Le 25 juin, il informe Frédéric : « J'ai ordre du ministre d'assurer Votre Majesté que le jour même où elle conviendra de nommer un ministre pour Paris, la Cour de France en nommera un pour Berlin[5]. » Il conclut ainsi sa lettre : « Je me féliciterais si j'avais contribué en quelque chose à l'amour de deux nations qu'un intérêt commun lie et doit toujours lier entre elles. » N'étant pas diplomate de profession, Helvétius n'a pas compris qu'une remarque de Praslin, qui dut lui paraître anodine, enterrait la négociation. Le ministre avait fait observer qu'Helvétius n'ayant aucun titre officiel et n'étant porteur d'aucune lettre de Frédéric, il était nécessaire que le roi de Prusse en écrivît une autorisant le philosophe à cette négociation. Or celui-ci ne voulait à aucun prix paraître faire le premier pas ni être demandeur de quoi que ce fût au pays qu'il avait sévèrement

1. À d'Argental, [fin avril 1765]. *Correspondance générale...*, pp. 179-180.
2. À d'Argental, 4 juin 1765. *Ibid.*, p. 194. La proposition évoquée par Helvétius était de faire nommer simultanément son ambassadeur par l'une et l'autre cours sans indiquer laquelle avait pris l'initiative du rétablissement des relations diplomatiques.
3. Lettre du comte de Hertford au secrétaire d'État, le comte de Halifax, 25 juin 1765. *Ibid.*, p. 203.
4. D'après les éditeurs de la *Correspondance* d'Helvétius, ce dernier aurait proposé le comte d'Haussonville pour ce poste.
5. Lettre du 25 juin 1764. *Ibid.*, p. 202.

battu deux ans plus tôt. On en resta donc au *statu quo*, et Helvétius reçut l'ordre de ne plus se mêler de cette affaire [1].

Ses ambitions politiques à l'eau, Helvétius pouvait néanmoins se féliciter de son voyage. Frédéric, satisfait de ses conseils financiers et de l'action qui avait suivi, n'avait rien vraiment attendu de ce diplomate amateur. Dès le 19 avril, il écrivait à son ambassadeur à Saint-Pétersbourg : « Il y a ici un nommé Helvétius, venu de France, mais qui est un homme de lettres et du tout pas capable [sic] de faire le négociateur et, d'ailleurs, très mal avec la cour de France [2]. » En revanche, il avait certainement apprécié l'homme, sinon le philosophe. Il lui aurait proposé de s'installer à Berlin avec son épouse. « Je sais que je lui plais beaucoup, écrit l'intéressé à Mme Helvétius : M. de Catt, secrétaire de ses commandements, l'a mandé à Mrs d'Alembert et Grimm. Enfin, le roi, comme je vous l'ai déjà mandé, voudrait vous avoir ici, quoiqu'il n'aime point, dit-on, prodigieusement les femmes [3]. »

Certes, pas plus que d'Alembert Helvétius n'a envie de s'exiler en Prusse. Mais, en ces temps de disgrâce à Versailles, et après avoir été si mal traité par les autorités de son pays, le cadeau et l'invitation de Frédéric sont d'appréciables compensations. Qu'importe si ce fut le financier plus que le philosophe qui intéressa le roi. L'essentiel était de montrer que, pestiféré à la cour de France, il était honoré par un monarque éclairé.

La bonne affaire de Diderot et de Catherine II

L'été 1762, Catherine II avait invité d'Alembert et Diderot à venir achever l'*Encyclopédie* en Russie. Invitation déclinée par les deux hommes, malgré toutes les promesses d'argent, d'honneurs, de dignités et de liberté. D'ailleurs, Diderot eût-il voulu

1. À d'Argental [septembre 1765]. *Correspondance générale...*, p. 236.
2. Lettre citée dans la *Correspondance générale* d'Helvétius, *op. cit.*, pp. 174-175.
3. À Mme Helvétius, 28 avril 1765. *Ibid.*, p. 178.

échapper au péril encouru en travaillant « au milieu des barbares [1] », il était pieds et poings liés à Paris : le manuscrit de l'*Encyclopédie* était la propriété des libraires. En dépit du double refus opposé par les encyclopédistes aux propositions de la tsarine, son offre spectaculaire avait enchanté la république des lettres, qui en avait oublié, du coup, l'assassinat de son mari. Deux ans plus tard presque jour pour jour, c'est Ivan VI [2], enfermé depuis l'âge de deux ans, qui est poignardé dans la nuit du 5 au 6 juillet 1764 par les officiers chargés de le garder. L'événement servait si clairement les intérêts de Catherine que nul ne fut dupe. La nouvelle prit un peu de temps à se répandre, puisque Voltaire l'évoque pour la première fois le 31 août 1764 [3]. Une semaine plus tard, il en parle à mots couverts à d'Alembert : « Il faut un peu modérer notre enthousiasme pour le Nord [...]. Vous savez bien ce qui s'est passé, et vous avez fait vos réflexions [4]. »

Le 1er octobre, Catherine fait publier son « Manifeste au sujet de la mort du prince Ivan » dans le *Journal encyclopédique.* D'Alembert le commente avec une belle dose de cynisme : « Ma bonne amie de Russie vient de faire imprimer un grand manifeste sur l'aventure du prince Ivan qui était, en effet, comme elle le dit, une espèce de bête féroce [...]. Cependant, il est un peu fâcheux d'être obligé de se défaire de tant de gens, et d'imprimer ensuite qu'on en est bien fâché, mais que ce n'est pas sa faute. Il ne faut pas faire trop souvent de ces sortes d'*excuses* au public. Je conviens avec vous que la philosophie ne doit pas trop se vanter de pareils élèves ; mais que voulez-vous ? Il faut aimer ses amis *avec leurs défauts* [5]. »

Non, personne n'est dupe de ce « Manifeste » en défense, pas même Mme Geoffrin, qui entretient une correspondance affectueuse avec la tsarine depuis 1763. D'ailleurs, avec sa franchise

1. Diderot à Voltaire, 29 septembre 1762. *Correspondance de Diderot*, édition L. Versini, p. 449.

2. Né en 1740, neveu de l'impératrice Anne qui l'avait déclaré son successeur, Ivan fut détrôné par Élisabeth à l'âge de deux ans. Cette dernière le fit emprisonner et il erra de cachot en cachot jusqu'à son assassinat sous Catherine.

3. Lettre au duc de Richelieu. D. 12068.

4. Lettre du 7 septembre 1764. D. 12073.

5. Lettre à Voltaire, 4 octobre 1764. D. 12123. Souligné dans le texte.

habituelle, elle lui a écrit clairement ce qu'elle en pensait [1]. L'impératrice a donc grand besoin d'une diversion pour effacer cette seconde tache de sang et retrouver le chœur de ses admirateurs. C'est Diderot, sans s'en rendre compte, qui lui en offre l'occasion.

Depuis la mort de son père [2] et l'interdiction de l'*Encyclopédie*, qu'il achève dans la clandestinité, le philosophe-père-de-famille s'inquiète à plusieurs reprises de ses ressources. Loin de vivre dans la gêne – son père a laissé une fortune de 200 000 livres [3] à ses trois enfants, et le travail encyclopédique nourrit convenablement son homme [4] –, Diderot semble pourtant très préoccupé d'arrondir son revenu, comme s'il craignait de disparaître en laissant femme et enfant dans le besoin. Début août 1759 [5], il songe déjà à vendre une partie de ses livres, sitôt l'*Encyclopédie* terminée. En 1762, il négocie la vente de sa bibliothèque par l'intermédiaire de son libraire, Pissot. Celui-ci l'a estimée à treize mille quatre cent quatre-vingt-cinq livres [6], mais les acheteurs contestent le prix et l'affaire ne se fait pas [7]. Homère et Platon vont encore lui rester sur les bras quelques années, jusqu'à ce que Grimm ait l'idée de sonder des cours étrangères [8]. Début 1765, Diderot autorise ce dernier à la proposer à Catherine II. Ce qui fut fait le 10 février par une lettre au général Betski, chambellan de l'impératrice. Grimm évoque un

1. Lettre de Mme Geoffrin datée du 6 décembre 1764, aujourd'hui perdue, mais on en devine aisément la teneur par la réponse de l'impératrice du 21 janvier 1765. Le manuscrit de la lettre de Catherine II est à Moscou aux Archives des actes anciens, RGADA, N° 153, f°s 9-11. Elle a été publiée par le marquis de Ségur dans *Le Royaume de la rue Saint-Honoré*, 1925, p. 439.

2. Le 3 juin 1759.

3. R. Mortier et R. Trousson, *Dictionnaire de Diderot*, p. 192.

4. On ignore le montant exact des revenus de l'*Encyclopédie*. Les chiffres avancés varient entre 60 000 et 200 000 livres.

5. À Grimm, 3 ou 4 août 1759, L. Versini, p. 130.

6. À Sophie Volland [14 juillet 1762], *ibid.*, p. 378.

7. À la même [28 juillet 1762], *ibid*, p. 395.

8. Le 21 juin 1762, le P. Paciaudi, qui vient d'être nommé bibliothécaire de l'infant de Parme, écrit de Paris à Du Tillot : « M. d'Argental, pour faire plaisir à l'incrédule Diderot, désirait me faire acheter sa bibliothèque [...] ; l'examen du catalogue m'a fait voir qu'elle ne servirait à rien : tout est frivolité comme la cervelle de Diderot et je n'ai pas vu de livres essentiels. » Bibliothèque Palatine de Parme, Ms 1586, f° 104 V, cité par L. Guerci, *Condillac...*, p. 72.

prix d'ami de 13 000 à 15 000 livres, sans donner le descriptif des ouvrages [1]. Quasiment par retour du courrier, Betski fait connaître à Grimm, dès le 16 mars, l'acceptation de Catherine [2]. Avec élégance, elle propose le prix de 15 000 livres, plus 1 000 livres de traitement annuel pour en être le dépositaire et en prendre soin jusqu'à sa mort. Diderot demanda l'autorisation royale d'accepter cette somme supplémentaire d'une puissance étrangère, ce qui lui fut aussitôt accordé. Apparemment, il n'était venu à l'esprit de personne, à Versailles, de faire une contre-proposition à Diderot...

Au dire de Damilaville, la délicatesse et la grâce avec lesquelles ces bienfaits furent accordés rendirent Diderot « presque stupide pendant vingt-quatre heures [3] ». À d'Alembert, il se dit « heureux, et complètement heureux [...]. J'ai l'obligation de mon bonheur à mon ami et à une souveraine qui a tout fait pour vous appeler auprès d'elle [...] avec un penchant naturel à la bienfaisance [4]. » La bonne nouvelle se répandit aussitôt.

Avant même que Louis XV eût fait donner son autorisation, début mai [5], les *Mémoires secrets* publient la nouvelle le 14 avril [6]. « Les honnêtes gens s'en réjouissent pour lui personnellement, qui ne paraîtra plus du moins à ne tenir à rien et abandonné aux méchants, et pour la cause commune, à qui cela ne peut que faire beaucoup de bien [7]. » Damilaville conclut, comme toute la république des lettres : « Si on a deux sols de pudeur dans ce pays, on doit rougir de voir les souverains du Nord venir de si loin secourir le mérite et la vertu qu'on laisse dans l'indigence [!], et honorer la philosophie que l'on méprise. »

De fait, l'ensemble du monde philosophique et littéraire fut touché du geste gracieux de Catherine pour l'un des leurs. Il

1. Damilaville à Voltaire, 18 avril 1765. D. 12556. La lettre de Grimm à Betski est perdue.
2. *Correspondance littéraire*, VI, pp. 265-266.
3. Damilaville à Voltaire, 18 avril 1765. D. 12556.
4. [10 mai 1765], Versini, p. 491.
5. Lettres du 1er et du 7 mai du comte de Saint-Florentin et du duc de Praslin à Diderot. Éd. Roth, V, pp. 29-30.
6. II, pp. 204-205.
7. Damilaville à Voltaire, 18 avril 1765. D. 12556.

était ressenti comme une sorte de reconnaissance de leur dignité qu'on semblait ignorer en France. La rapidité de la décision et même celle de l'exécution du paiement[1] ajoutaient à la beauté du geste. On se fit un devoir de féliciter l'impératrice. La première fut Mme Geoffrin, elle-même si généreuse avec les hommes de lettres. Après les gronderies contre le « Manifeste », sa lettre du 17 avril 1765 fut qualifiée de « charmante ». Catherine afficha une fausse modestie de rigueur : « Il est bon de faire plaisir aux gens d'esprit [...]. Ce que j'aime le plus dans cette aventure, c'est que mon amie est contente de ma conduite[2]. » Diderot et Damilaville demandèrent à d'Alembert de se manifester : « Si vous avez l'occasion d'écrire à cette cour, lui dit Diderot, joignez, je vous prie, vos remerciements aux miens. Qu'on y voie que tous les honnêtes gens de ce pays-ci sont sensibles au choix qu'elle a fait de moi parmi ceux qui partagent ses grâces[3]. » D'Alembert s'exécuta le 26 octobre suivant : « *Toute l'Europe littéraire applaudit*, Madame, à la marque d'estime et de bonté que V.M.I. a donnée à Diderot ; il en est digne par ses talents, par ses vertus, par sa situation ; l'amitié qui m'unit à lui me fait partager sa reconnaissance et je prie V.M.I. de recevoir mes très humbles remerciements de ce qu'elle a fait à cette occasion *pour lui, pour la philosophie et pour les lettres*[4]. »

À la même époque, Voltaire y va aussi de ses compliments : « Tous ceux qui ont été honorés des bontés de Votre Majesté sont mes amis. Je me tiens redevable de ce qu'elle a fait si généreusement pour les Diderot, les d'Alembert et les Calas. *Tous les gens de lettres de l'Europe doivent être à vos pieds*[5]. » Elle répond à peu près dans les mêmes termes aux deux philosophes : « Jamais je n'aurais cru que l'achat d'une bibliothèque m'attirerait tant de compliments. Tout le monde m'en fait sur celle de M. Diderot, mais avouez [...] qu'il aurait été cruel et

1. Le général Betski précisait dans sa lettre du 16 mars : « Les ordres pour le paiement des seize mille livres sont déjà expédiés au prince Galitsyne, son ministre à Paris. » *Correspondance littéraire*, VI, p. 265.
2. Lettre de Catherine II à Mme Geoffrin, 17 mai 1765. Ségur, p. 446.
3. Diderot à d'Alembert, L. Versini, p. 491. [10 mai 1765].
4. D'Alembert à Catherine, Ch. Henry, p. 242. Souligné par nous.
5. [Novembre 1765]. D. 12973. Souligné par nous.

injuste de séparer un savant d'avec ses livres[1]. » Au-delà des correspondants de Catherine, c'est tout le monde intellectuel qui dit son admiration pour elle, soulignant ici ou là le contraste entre la France et l'étranger, entre Louis XV et ses pairs. D'Holbach annonce la bonne nouvelle au jeune magistrat Servan, ami des philosophes, le 27 avril. Il conclut en ces termes : « Par ce procédé aussi délicat que généreux, vous voyez qu'en Tartarie on pense plus noblement qu'en France[2]. »

De son côté, Toussaint-Pierre Lenieps raconte « la bonne aventure[3] » de Diderot à Rousseau avec une pointe d'envie, mais sans le moindre sarcasme. Plus surprenant encore est le compte rendu de toute l'affaire par Fréron dans *L'Année littéraire*. Le plus constant ennemi des philosophes, et de Diderot en particulier, est presque ému par le sort de ce dernier, obligé de vendre sa bibliothèque. Mais, surtout, il marque son « admiration » et son « attendrissement[4] » pour la belle action de l'impératrice en publiant intégralement et la lettre de Betski du 16 mars, et l'épître en vers du poète Dorat à la gloire de Catherine II. Celui-ci avait accompagné ses vers d'une lettre en prose où l'on peut lire une attaque en règle du mécénat tel qu'il était encore pratiqué en France. « Ces protecteurs subalternes qui ne sont que vains, et se vantent d'être sensibles, qui rendent vil le malheureux qu'ils obligent, lui font boire la lie du bienfait, payent des flatteurs, pensionnent des esclaves, achètent des victimes, et justifieraient presque les ingrats qu'ils font, si le plus bas des vices pouvait trouver une excuse. Entre la plus affreuse indigence et la protection d'un sot, il ne faut pas balancer un moment[5]. »

À l'évidence, l'ampleur des louanges adressées à l'impératrice a aussi pour but de souligner le comportement indigne des puissants de France.

---

1. À Voltaire, 9 décembre 1765. D. 13032. À d'Alembert, 21 novembre 1765. Ch. Henry, pp. 243-244.
2. Lettre du 27 avril 1765, in *Correspondance de Paul Thiry, baron d'Holbach*, éd. H. Sauter et E. Loos, p. 26. D'Holbach considère la nouvelle comme déjà connue à Londres dans une lettre à D. Garrick du 16 juin suivant, p. 28.
3. À Rousseau [18 mai 1765]. Leigh, XXV, n° 4413, p. 292.
4. *L'Année littéraire* de juillet 1765. IV, pp. 338-348.
5. *Ibid.*

Un an plus tard, Catherine II dut à l'incurie de ses services l'occasion de faire un nouveau geste encore plus spectaculaire en faveur de Diderot. Ayant appris que ce dernier n'avait plus touché sa pension depuis mars 1766, et refusant « que les négligences d'un commis pussent causer quelque dérangement à sa bibliothèque [...], elle voulait qu'il fût remis à M. Diderot pour cinquante années d'avance qu'elle destinait à l'entretien et à l'augmentation de ses livres[1] ». Cette lettre de Betski, datée du 30 octobre 1766, était accompagnée d'une lettre de change de 50 000 livres[2], payables immédiatement à Diderot. Les remerciements de celui-ci furent à la hauteur de ce que cherchait l'impératrice :

« Grande Princesse, je me prosterne à vos pieds, je tends mes deux bras vers vous ; je voudrais parler, mais mon âme se serre, ma tête se trouble, mes idées s'embarrassent [...]. Sans doute il y a des souverains bienfaisants ; mais qu'on m'en cite un seul qui ait mis à ses bienfaits cette singulière délicatesse qu'y met votre souveraine [la lettre est adressée à Betski] et la mienne. Oui, monsieur, elle est aussi la mienne, puisque c'est elle qui m'honore, qui me protège et *qui se charge d'acquitter la dette de mon pays.*

« Ô Catherine ! Soyez sûre que vous ne régnez pas plus puissamment sur les cœurs de Pétersbourg qu'à Paris. Vous avez ici une cour et vos courtisans [...]. Depuis que la nouvelle des bienfaits récents de Sa Majesté s'est répandue, voilà les hommes dont je suis entouré. Que ne peut-elle être témoin de leurs embrassements ! Que ne peut-elle entendre les éloges qui les accompagnent ! [...] : "Qu'elle est grande, s'écrient-ils, qu'elle est noble, cette souveraine ! Quelle délicatesse elle met à tout ! Nous autres hommes, continuent-ils, nous n'avons que des vertus d'emprunt [...]. Une femme, quand elle est grande, l'est d'elle-même. Elle ne doit rien qu'au ciel qui la forma [...]." Je jure qu'avant de mourir, j'aurai élevé à sa gloire une *pyramide* qui touchera le ciel, et où dans les siècles à venir les souverains

1. *Correspondance littéraire*, VII, pp. 201-202, 15 janvier 1767.

2. L. Versini estime ces 50 000 livres à trois millions de francs d'aujourd'hui. *Correspondance de Diderot*, p. 709, note 1.

verront, par ce que le sentiment seul de la reconnaissance aura entrepris et exécuté, ce qu'ils auraient obtenu du génie si leurs bienfaits l'avaient cherché [1]. »

Enthousiastes, les philosophes entonnent l'hosannah sans manquer de souligner le contraste entre la sollicitude de l'impératrice étrangère et l'indifférence, voire les mauvais traitements du gouvernement français. Ainsi Voltaire : « Non, vous n'êtes point l'*aurore boréale*, vous êtes assurément l'astre le plus brillant du Nord, et il n'y en a jamais eu d'aussi bienfaisant que vous. Andromède, Persée et Calisthe ne vous valent pas. Tous ces astres-là auraient laissé Diderot mourir de faim. Il a été persécuté dans sa patrie, et vos bienfaits viennent l'y chercher [...]. Nous sommes trois, Diderot, d'Alembert et moi, qui vous dressons des autels [2]. »

En vérité, ils sont bien plus de trois à lui en dresser. Bachaumont [3] et Grimm ayant diffusé la nouvelle, toute la république des lettres chante à nouveau les louanges [4] de Catherine, avec le leitmotiv : « Trente années de travaux n'ont pu attirer [à Diderot] la moindre récompense de sa patrie ; il a plu à l'impératrice de Russie d'acquitter en cette occasion la dette de la France [5]. » Catherine feint toujours la modestie, sans dissimuler son ultime ambition : « Je regarde, dit-elle à Mme Geoffrin, les louanges de vos beaux génies comme des encouragements qu'ils croient nécessaires de donner à ceux qu'ils voient en état de faire le bien. Mais si je ne réussis pas à le faire, malgré tous ces beaux propos, mon nom n'ira pas à la postérité [6]. » Paroles aux antipodes de celles que l'on prête à Louis XV : « Après moi, le déluge ! »

---

1. Diderot au général Betski [29 novembre 1766], L. Versini, pp. 709-711. Souligné par nous. La « pyramide » est une première allusion à l'*Encyclopédie* russe qu'il rêvait de lui offrir.
2. Voltaire à Catherine II, 22 décembre 1766. D. 13756. Souligné dans le texte.
3. *Mémoires secrets*, III, pp. 130-131. 12 décembre 1766.
4. Diderot raconte à Falconet que Galitsyne, ambassadeur de Russie à Paris, « ne saurait faire un pas, il ne saurait entrer dans une seule maison sans y entendre l'éloge d'une souveraine qu'il adore ». 29 décembre 1766. L. Versini, p. 715.
5. *Correspondance littéraire*, VII, p. 202. 15 janvier 1767.
6. Lettre du 28 octobre 1766. Marquis de Ségur, *Le Royaume de la rue Saint-Honoré*, 1897, p. 461.

En attendant le jugement de la postérité, Catherine a réussi un coup de maître. Moyennant quelques dizaines de milliers de livres, non seulement elle a mis fin à une détestable réputation de sanguinaire – il ne sera plus jamais question du pauvre Ivan –, mais elle a réussi à susciter la dévotion des meilleures plumes d'Europe. En ce qui concerne Diderot, le voilà à l'abri de tous les aléas, capable de doter sa fille comme il le souhaitait. Dorénavant, il ne travaillera plus que pour son plaisir. Chacun a fait une bonne affaire, mais le grand perdant est le gouvernement français et, au-delà, le pouvoir absolu qui est le sien. La rupture consommée entre ce dernier et les intellectuels pèsera lourd, vingt ans plus tard.

La mortification de d'Alembert

L'année 1765 est une année noire pour d'Alembert. Pourtant, elle a plutôt bien commencé. Sa santé paraît s'améliorer et *Sur la destruction des Jésuites*, sorti des presses genevoises de Cramer, commence à parvenir en France dès le mois de mars. Calas et sa famille sont enfin réhabilités. Cette grande victoire de Voltaire est aussi celle de tout le clan philosophique, qui a réussi à faire plier l'institution judiciaire à son plus haut niveau. L'Infâme a enfin subi une sévère défaite. Sur un plan plus personnel, le philosophe peut se réjouir des bons rapports qu'il entretient avec Frédéric. Celui-ci le consulte sur les affaires de son Académie. Il lui soumet ses nouveaux règlements et lui dit son contentement de la dernière recrue, Dieudonné Thiébault, chaleureusement recommandé par d'Alembert[1]. Enfin, ce dernier a tout lieu de se féliciter des progrès considérables de son protégé, Condorcet.

1. Frédéric à d'Alembert, 24 mars 1765. Preuss, XXIV, pp. 395-397. D. Thiébault (1733-1807), professeur de grammaire, arriva à Berlin début janvier 1765. Il fait partie de la longue cohorte des protégés de d'Alembert.

Le mercredi 24 avril, Malesherbes, président de l'Académie des sciences pour l'année 1765, a remis à l'assemblée son traité du calcul intégral. D'Alembert et Bézout sont désignés pour examiner le manuscrit. Un mois plus tard, le 22 mai, d'Alembert lit un rapport enthousiaste, comparé au ton habituel de ses comptes rendus. Après en avoir résumé le contenu [1], les deux commissaires saluent la « sagacité, les réflexions utiles et les opérations ingénieuses » de l'auteur. Ils concluent à « la finesse et profondeur des vues que supposent les méthodes dont l'auteur fait usage et qui pour la plupart lui sont propres. Non seulement cet ouvrage suppose dans l'auteur des connaissances de calcul très étendues et qu'il est très rare de trouver à pareil degré dans un âge aussi peu avancé, mais il *annonce encore les plus grands talents et les plus dignes d'être excités par l'approbation de l'Académie* [2]. »

Les académiciens présents à la séance ont compris que d'Alembert et Bézout venaient de prendre acte de la naissance d'un jeune savant avec lequel il faudrait compter. *Le Calcul intégral* est aussitôt imprimé. Un exemplaire est présenté le 12 juin à l'Académie, comme c'est l'usage, avant publication. D'Alembert s'empresse de l'annoncer à Lagrange, autre maître du calcul intégral : « Vous recevrez incessamment un ouvrage de M. de Condorcet sur le calcul intégral, qui me paraît excellent et dont je crois que vous serez très satisfait [3]. » La nouvelle se répand très vite. L'astronome Jérôme Lalande, qui était présent à l'Académie le 22 mai, jour du rapport de d'Alembert, a gagné l'Italie en juin et se fait le héraut du nouveau mathématicien dans chaque ville où il passe. De Parme, le mathématicien-ingénieur Auguste-Guy de Kéralio, sous-gouverneur de don Ferdinand, écrit le 11 novembre au père Frisi : « Je n'ai point encore vu l'ouvrage du marquis de Condorcet, et je suis très curieux de le

1. P.V. de l'Académie des sciences, 1765, pp. 245-248. Le mémoire de Condorcet traite des équations différentielles aux différences finies, puis des différences finies. À la suite de ce travail, Condorcet avait ajouté un *Essai sur les équations différentielles*.

2. *Ibid.*, p. 248. Souligné par nous.

3. 18 juin 1765, Serret, p. 40. Le 6 juillet, Lagrange l'a lu et apprécié. Il lui reproche seulement de négliger les détails, p. 42.

voir par ce que vous m'en dites, mon R.P., par ce que m'en a dit le P. Venini, et par les éloges que m'en a fait M. de Lalande ainsi que de l'auteur[1]. »

L'affaire de la pension

Le 17 mai meurt Alexis Clairaut, cinquante-deux ans, après une semaine de maladie[2]. On évoque une « fièvre maligne » ou « putride » pour expliquer la disparition aussi rapide qu'inattendue d'un des plus grands mathématiciens de ce temps. Cet homme gai, charmant, gourmand et libertin, fut un bon vivant qui ne s'est jamais mêlé de philosophie ou de politique. Il s'est contenté d'être, sa vie durant, l'un des plus solides piliers de l'Académie des sciences[3] et le premier rival de d'Alembert pendant vingt-cinq ans[4]. Tout à ses x et y, Clairaut « jouissait de dix mille livres de rente en pensions et bienfaits du roi[5] », et d'une pension de mille livres qu'il tenait de l'Académie des sciences en tant que pensionnaire mécanicien depuis 1738.

Moins de vingt-quatre heures après sa mort, d'Alembert écrit à Malesherbes, président de l'Académie, pour réclamer la pension de Clairaut : « Il y a neuf ans que je suis pensionnaire surnuméraire dans la classe de géométrie. Je suis l'ancien de tous les associés dans les classes de mathématique. Je ne crois donc faire tort à personne en demandant la place de pensionnaire[6] que M. Clairaut laisse vacante. J'en écris à M. de Saint-Florentin et j'espère que vous voudrez bien appuyer ma demande. Il est

1. *Biblioteca Ambrosiana*, Milan, Ms Y 153 sup., 109/181-182, nº 6. Lalande était passé « comme un éclair » à Parme, fin juin 1765.

2. Selon les P.V. de l'Académie, Clairaut est noté présent jusqu'au 8 mai.

3. L'assiduité de Clairaut depuis son élection en 1731 jusqu'à sa mort est très exceptionnelle.

4. Pour la rivalité et la brouille entre les deux savants, cf. *P.I.*, I et II.

5. *Correspondance littéraire*, VI, p. 288.

6. En tant que pensionnaire « surnuméraire », d'Alembert ne touchait aucune pension de l'Académie. D'où sa demande d'être pensionnaire effectif, à la place de Clairaut, pour recevoir la pension qui allait avec.

temps, ce me semble, Monsieur, que je recueille enfin quelque fruit de mes travaux, de mes sacrifices et des marques d'estime que les étrangers m'ont données[1]. »

On peut s'étonner d'une réaction si rapide de d'Alembert, qui frise l'indélicatesse. Mais celui-ci a peu d'amis à l'Académie, et il sait déjà que certains confrères cherchent à lui contester ses droits. « L'illustre M. Guettard prétend, à ce qui m'est revenu, que quand on m'a fait pensionnaire surnuméraire, on a mis pour condition que je resterais attaché à la classe de géométrie. Cela est très faux, il a seulement été stipulé que je n'aurais la pension qu'après mes anciens, et tous mes anciens sont aujourd'hui pensionnaires. Je n'imagine pas qu'on voulût sous ce prétexte me faire une injustice criante et absurde ; en tout cas, ce serait la dernière que j'essuierais[2]. »

L'objection soulevée par Guettard et quelques autres proches du pouvoir n'est qu'un faux prétexte. Même La Condamine, qui n'est pas en bons termes avec d'Alembert, le reconnaît volontiers. « Rien n'est plus aisé dans notre Académie que le changement de classe. De 18 pensionnaires, 13 en ont changé [...], des classes de physique aux classes de mathématiques et réciproquement. Les classes de géométrie et de mécanique ont toujours été ensemble[3]. » Pourtant, il dut y avoir quelques contestations, puisqu'à la séance du 18 mai le secrétaire, Fouchy, soulève la question et la met en délibération. La majorité se range du côté de d'Alembert : « Il a été décidé que M. le comte de Saint-Florentin serait prié d'obtenir du roi de faire passer M. d'Alembert de la classe de géométrie, où il est pensionnaire surnuméraire, dans la classe de mécanique, et de vouloir bien informer l'Académie de l'intention de S.M.[4]. »

Habituellement, le ministre responsable des académies répond

1. Lettre à Malesherbes du 18 mai 1765. B.M. de Nantes, Ms 2212, Fr. 2059.
2. *Ibid.*
3. La Condamine à Formey, 19 septembre 1765. Cracovie, Biblioteka Jagiellonska, collection autographes, dossier La Condamine.
4. P. V. de l'Académie des sciences, 1765, pp. 241-242.

en moins de deux semaines à ce genre de courrier. Cette fois, la réponse va se faire attendre des semaines et des mois, sans aucune raison plausible. Pourtant, le 24 mai suivant, les *Mémoires secrets*, bien informés à la Cour, publient ces lignes : « Le ministre a répondu aux députés de cette compagnie que S.M. était trop mécontente des derniers ouvrages de M. d'Alembert pour lui accorder aucune grâce. On croit que ce discours tombe sur le livre concernant la *Destruction des Jésuites*[1]. »

Le temps passant, le refus de répondre se fait chaque jour plus humiliant pour d'Alembert, lequel devient de plus en plus nerveux. Le premier auquel il s'en ouvre est Lagrange : « Depuis un mois, le ministre ne fait aucune réponse, et ce qui prouve sa mauvaise volonté, c'est qu'il a répondu à l'Académie sur d'autres objets dont elle lui parlait dans la même lettre où il était question de moi. De vous dire la cause d'un pareil traitement, je l'ignore, et je crois qu'on y serait bien embarrassé. Je sais seulement que le ministre a dit que je venais de recevoir une pension de la tsarine (ce qui est faux ; il n'en a pas seulement été question, et puis, quand cela serait, voyez un peu la belle raison !). Il a ajouté que le roi était très mécontent de mes écrits [...]. Le roi ne connaît point mes ouvrages, et s'il les a lus, surtout le dernier sur la destruction des Jésuites, il n'a pu ni dû en être mécontent [...]. Voilà où j'en suis après vingt-quatre ans de travail dans l'Académie des sciences et tous les ouvrages et les sacrifices que vous connaissez. Le public jette les hauts cris ; j'espère que les étrangers s'y joindront [...]. Quand le roi de Prusse [le] saura (il doit [le] savoir à présent), il ne manquera pas de dire : *Vous l'avez voulu, George Dandin*, et il aura raison[2]. »

Effectivement, d'Alembert fait savoir son mécontentement *urbi et orbi.* Au père Frisi, à Milan, il demande « de vouloir bien apprendre cette nouvelle à tous les savants d'Italie [...]. J'espère

1. *Mémoires secrets*, II, p. 224.
2. À Lagrange, 18 juin 1765, Serret, pp. 39-40. Souligné dans le texte.

qu'ils en seront un peu surpris et scandalisés [...]. J'espère qu'on sera honteux de la manière dont on me traite [1]. »

Voltaire, mis au courant par un tiers, lui dit son indignation : « Il y a injustice, ingratitude ridicule à refuser une modique pension à celui qui a refusé cent mille livres d'appointements pour continuer à faire honneur à sa patrie. » Mais il tente de le rassurer : « Vous voyez qu'on ne donne point votre pension à d'autres. On vous fait seulement attendre. On veut peut-être que vous fassiez quelque démarche [2]. » Sachant combien son ami a la nuque raide et marchant sur la pointe des pieds, il laisse entendre qu'il n'a qu'un mot à dire pour qu'il s'en charge lui-même. Réplique immédiate de d'Alembert, qui se partage entre la colère, l'humiliation et l'anxiété : « Vouloir me faire attendre et me faire valoir ce qui m'est dû à tant de titres est un outrage presque aussi grand que de me le refuser [...]. J'approche de cinquante ans, je comptais sur la pension de l'Académie comme la seule ressource de ma vieillesse ; si cette ressource m'est enlevée, il faut que je songe à m'en procurer d'autres, car il est affreux d'être vieux et pauvre [...]. Sans la pension du roi de Prusse qui m'a toujours été très exactement payée, j'aurais été obligé de me retirer à la campagne [3]. » Pour l'heure, il en appelle à l'opinion publique. Il veut faire de son humiliation celle du parti philosophique et en rejeter la honte sur les ministres. « Ma seule consolation est de voir que l'Académie, le public, tous les gens de lettres [4], à l'exception de ceux qui sont l'opprobre de la littérature, ne sont pas moins indignés que vous du traitement

1. Lettre du 21 juin 1765. Baron Delbeke, *La Franc-Maçonnerie et la Révolution française*, p. 172. Avant même de recevoir cette lettre, le P. Frisi avait été mis au courant de cette affaire par Lalande, alors à Milan, et par une lettre de Kéralio datée du 25 juin. Ambrosiana, *op. cit.*, n° 4.

2. 24 juin 1765. D. 12655.

3. 30 juin 1765. D. 12664. Outre la pension de Frédéric (de 1 200 livres), d'Alembert touchait une pension de Mme Destouches (l'épouse de son père) du même montant, des jetons des académies... Mais, en plus de sa logeuse, Mme Rousseau, et de sa famille, d'Alembert entretenait de petites gens qui le servaient ou l'avaient servi par le passé. Dans son testament, on lit entre autres : « Je laisse à Mme Voituvet, qui m'a élevé, 360 livres de rente viagère, telles que je les lui faisais pendant ma vie. » Au dire de Pougens, il dépensait plus de la moitié de son revenu en charités.

4. Y compris le prince Louis de Rohan, son collègue de l'Académie française, qui avait tenté – en vain – une démarche auprès du ministre Saint-Florentin.

que j'éprouve. J'espère que les étrangers joindront leurs cris à ceux de la France ; et je vous prie de ne laisser ignorer à aucun de ceux que vous verrez le nouveau genre de persécution qu'on exerce contre les lettres. » Pour ce qui est des démarches, il a déjà écrit au ministre « une lettre simple et convenable, sans bassesse et sans insolence », restée sans réponse. « Si on attend que je fasse d'autres démarches, on attendra longtemps[1]. »

En effet, d'Alembert ne pouvait solliciter une grâce sans paraître renier son célèbre *Essai sur les gens de lettres*, qui lui avait valu le respect général. Lagrange le lui rappelle innocemment : « Vous n'avez jamais sacrifié aux idoles ; voilà, si je ne me trompe, votre crime. Le silence qu'on s'obstine à garder sur votre article me paraît n'avoir d'autre but que de vous engager à quelque espèce d'humiliation [...]. Je vous crois incapable de démentir votre caractère un seul moment[2]. »

Voltaire, qui a des oreilles à la Cour, dévoile à d'Alembert le secret de sa pénible situation et lui propose son aide. La plupart des lettres sont ouvertes à la poste, lui apprend-il, et « les vôtres l'ont été depuis longtemps[3]. » Les propos peu amènes contre les ministres dont d'Alembert truffe ses lettres ont été lus par ceux-ci, non sans irritation. Ils ont également ouvert la lettre où d'Alembert écrivait à Catherine II que « la France ressemble à une vipère : tout est bon, hors la tête[4] ». Propos qu'il aurait également tenu au roi de Prusse. D'Alembert doit savoir que les ministres en veulent toujours aux philosophes de la mort de Mme de Robecq à la suite du pamphlet de Morellet contre Palissot, en 1760[5]. « Depuis ce temps des trésors de colère se sont amassés contre nous tous, et vous ne l'ignorez pas. » Mais il se trouve que Voltaire est resté très lié avec Choiseul, le puissant ministre des Affaires étrangères, qui est aussi le plus remonté contre d'Alembert. Il propose ses bons offices : « Il n'est pas

1. D'Alembert à Voltaire, 30 juin 1765. Serret, 12664.
2. Lagrange à d'Alembert, 6 juillet 1765. Serret, p. 42.
3. Lettre du 8 juillet 1765. D. 12790.
4. Cette phrase citée par Voltaire figure effectivement dans la lettre de d'Alembert à Catherine II du 16 juin 1764.
5. *La Vision de Charles Palissot*. Cf. *P.I*, II, pp. 348-349. La princesse de Robecq n'aurait appris sa mort prochaine qu'en lisant ce texte, par ailleurs insultant pour elle.

impossible que son ressentiment ait influé sur le refus ou sur le délai de la justice qu'on vous doit. Permettez-vous que je prenne la liberté de lui écrire ? Je suis sans conséquence, je ne compromettrai ni lui ni vous. Je lui proposerai une action généreuse. Il est très capable de la faire, très capable aussi de se moquer de moi, mais j'en courrai volontiers les risques, et rien ne retombera sur vous. Je ne ferai rien assurément sans avoir vos instructions [1]. »

La réponse de d'Alembert, portée par Mlle Clairon, en route pour Ferney, sent son Tartuffe : « L'homme en place dont vous me parlez est parvenu à se rendre l'exécration des gens de lettres [...]. Je crois bien qu'il me hait et je me pique de reconnaissance [...]. Je n'imagine pas qu'il influe beaucoup dans le refus [...]. Au reste, je vous laisse le maître de faire les démarches que vous jugerez utiles, pourvu que ces démarches ne m'engagent à rien ; ce qui est bien certain, c'est que je n'en ferai pour ma part aucune [2]. » Autrement dit : faites, faites, mais je n'en veux rien savoir. Meilleur moyen de sauver sa réputation tout en sollicitant la pension. Mais d'Alembert ne dit pas toute la vérité à Voltaire. S'il est vrai qu'il n'a plus écrit directement au ministre des Académies, il demande deux jours plus tard à Malesherbes d'intervenir auprès de celui-ci. Arguant du cas, identique au sien, du chimiste académicien Jean Hellot [3], pour lequel il n'y avait eu nul besoin de délibération de l'Académie ni de lettre au ministre, d'Alembert prie Malesherbes de « faire sentir à M. de Saint-Florentin l'injustice et le ridicule même de ces délais et de ses objections ». J'espère, conclut-il, « que vous ferez finir incessamment et à ma satisfaction une affaire dont il me paraît que le succès dépend à présent de votre réponse [4] ».

1. Lettre du 8 juillet. D. 12790. À partir de cette date, leur correspondance passera par la voie d'amis sûrs et non plus par la poste. Dès le 5 août, c'est Damilaville qui se fera leur intermédiaire.

2. Lettre du 16 juillet 1765. D. 12803.

3. Jean Hellot (1685-1766), nommé pensionné surnuméraire chimiste le 15 septembre 1739, avait été promu pensionnaire le 13 juin 1743, soit quatre jours après la mort de Louis Lemery, dont il prenait la place.

4. Deutsches Museum, München, Ms. HS 1953-38. Lettre à Malesherbes, 18 juillet 1765.

D'Alembert se trompe. L'affaire dépasse la sphère d'influence de Malesherbes. En attendant, Frédéric II pousse son pion et lui renouvelle une fois de plus son invitation à venir présider l'Académie de Berlin. Ce que d'Alembert s'empresse de faire savoir à tous, sans émouvoir le pouvoir, qui observe le plus profond silence. La situation semble sans issue, et chaque jour qui passe mortifie un peu plus le philosophe.

« *Aux portes du tombeau* »

La mortification faillit lui être fatale. Sa santé est fragile depuis Berlin : on connaît ses douleurs d'estomac qui vont et viennent en dépit de diètes sévères. Cette fois, l'épisode ne ressemble pas aux précédents. Il s'est cru « un pied dans la barque à Caron[1] ». Il n'y a là nul effet de dramatisation. Ses proches ont bien cru qu'il allait mourir. L'abbé Trublet raconte cette semaine de tous les dangers. D'Alembert était absent de l'Académie française dès le samedi 20 juillet (il y était d'une exceptionnelle assiduité). « La dangereuse maladie [...] fut causée ou occasionnée par une indigestion, le 21 juillet. Le danger ne se déclara pourtant que la nuit du 23 au 24 par la colique la plus violente et la plus douloureuse. Le chirurgien appelé le premier, parce qu'il était voisin du malade, et craignant une inflammation d'entrailles, n'hésita point à saigner le malade, ce qui fut approuvé par M. Bouvard qui vint ensuite [...]. La saignée produisit de très bons effets, et calma les douleurs et la fièvre. Cependant, le danger a continué jusqu'au 28. Alors le malade fut transporté chez M. Watelet, son ami et son confrère à l'Académie française. Je l'y vis le 30 et le trouvai bien. Il était encore mieux hier, et on le croit hors d'affaire[2]. »

Même compte rendu de Diderot à Sophie Volland. Le 25 juillet, au plus fort de la crise, il le dit « à toute extrémité[3] ». Alors que leurs relations sont fort distendues depuis plusieurs années,

1. À Voltaire, 13 août 1765. D. 12826.
2. L'abbé Trublet à Formey, 2 août 1765. *Correspondance passive..., op. cit.*, p. 382.
3. L. Versini, p. 503.

Diderot recouvre toute l'affection qu'il lui portait naguère. « Nous avons tâché, Mme Diderot [!] et moi, à témoigner à d'Alembert tout l'intérêt que nous prenons à sa situation. Depuis que nous l'avons su malade, régulièrement tous les jours Madame y a été le matin, et moi l'après-midi. On le dit hors de danger. J'en accepte l'augure, comme de l'événement qui me surprendra le plus et qui me sera le plus agréable [...]. Le jour que je le vis, il m'effraya. Il avait le visage bouffi, les yeux hagards, les lèvres brûlées et le teint d'un noir livide et plombé. Cependant, il avait conservé son ton plaisant[1]. »

À son chevet se relaient les plus intimes : Bourgelat, Watelet, Morellet, l'abbé Bon « et une Mlle d'Espinasse qui s'y établit le matin à huit heures et qui n'en sort qu'à minuit[2] ». Le 29 juillet, Bouvard ayant recommandé de l'enlever de sa petite chambre trop mal aérée chez Mme Rousseau, Watelet l'installa dans son hôtel « sur un boulevard[3] ». Le 30, Trublet lui rendit visite et le trouva mieux. Le 1er août, on le déclara hors d'affaire, et Diderot eut un tête-à-tête « fort tendre[4] » avec lui. À défaut de pension, d'Alembert pouvait se prévaloir d'un double bénéfice de sa maladie : il avait renoué avec Diderot et il était enfin sevré de sa nourrice, Mme Rousseau[5]. Bientôt il emménagera au-dessus de chez sa chère Julie de Lespinasse, rue de Bellechasse[6]. Le 12 août, encore convalescent, il fit un saut à l'Académie française pour remercier ses confrères des attentions qu'ils avaient eues pour lui.

Côté pension, rien n'a avancé. Voltaire n'a pas écrit à Choiseul, puisque d'Alembert ne le croit pas la cause de sa situation. D'ailleurs, d'Alembert s'en dit soulagé. En revanche,

1. L. Versini, p. 510. À Sophie Volland [28 juillet 1765].
2. *Ibid.*
3. Thieriot à Voltaire, 5 août 1765. D. 12821. Il s'agissait du boulevard du Temple.
4. L. Versini, 1er août 1765, p. 515.
5. À Voltaire, 13 août 1765. D. 12826 : « Savez-vous que je vais être *sevré* ? À 47 ans, ce n'est pas s'y prendre de trop bonne heure. *Je sors de nourrice* où j'étais depuis 25 ans ; j'y prenais d'assez bon lait, mais j'étais renfermé dans un cachot où je ne respirais pas, et je sens que l'air m'est absolument [nécessaire]. Je vais chercher un logement où il y en ait. » Souligné dans le texte.
6. À Voltaire, 7 octobre 1765 : « Je suis actuellement dans les embarras et les dépenses d'un emménagement. »

Saint-Florentin a trouvé de nouveaux prétextes pour retarder sa décision. Trois académiciens associés peuvent prétendre eux aussi à la place et à la pension de Clairaut. L'un deux, le marquis de Courtivron[1], associé mécanicien depuis 1749, fait très vite savoir qu'il n'est pas demandeur et qu'au contraire il souhaite la vétérance. Les deux autres, en revanche, sont des candidats qui arrangent bien le ministre. Le 7 août, ce dernier écrit à l'Académie que Vaucanson[2] (associé mécanicien) et d'Arcy[3] (associé géomètre) contestent les prétentions de d'Alembert. En conséquence, « le roi souhaite que l'Académie délibère sur ces prétentions respectives[4] ». Une semaine plus tard, l'Académie redélibère et décide que la place de Clairaut doit revenir à d'Alembert, « sans nouvelle élection[5] ».

Dès le lendemain, tout Paris dit la chose faite, et la *Correspondance littéraire*[6], dans sa livraison du 15 août, se croit en droit de l'annoncer[7]. Voltaire félicite son ami de la restitution de sa pension[8], laquelle continue pourtant à se faire attendre de semaine en semaine. Pour expliquer ce retard, on invoque l'accident de chasse de Saint-Florentin, le 5 septembre, qui lui a valu d'être amputé de la main gauche. Le 28 septembre, découragé et en colère, d'Alembert apporte même un démenti aux rumeurs qui courent à Paris et en Italie. Non, il n'a jamais reçu la pension que l'Académie a demandée par deux fois au ministre. Non, sa dangereuse maladie n'a pas été la conséquence de ce refus ou de ce délai. « Ce qui me pique et m'impatiente, écrit-il à Frisi, c'est l'impertinence de quelques gazettes qui ont dit que cette maladie m'avait été

1. 1715-1785.
2. 1709-1782. Célèbre inventeur des automates, fort riche au dire de Diderot.
3. 1725-1779. Le chevalier d'Arcy appartenait au clan des ennemis de d'Alembert.
4. P.V. de l'Académie des sciences, 7 août 1765, p. 342.
5. *Ibid.*, 14 août 1765, p. 345. Les P.V. ne mentionnent plus le nom du chevalier d'Arcy. Ne reste en piste contre d'Alembert que Vaucanson. On notera que d'Alembert, bien qu'encore convalescent, s'était déplacé à l'Académie des sciences pour la circonstance.
6. VI, p. 343.
7. Le *Journal encyclopédique* l'annonce, lui, dans sa livraison du 25 août.
8. Lettre du 28 août 1765. D. 12854.

causée par le chagrin que j'ai ressenti de ne pas obtenir la pension qui m'est due. Il est vrai que j'ai été blessé de l'outrage qu'on me fait, mais non jusqu'à en être malade, ni même affligé [1]. » Dans le *Journal encyclopédique*, il précise que tous ses amis « savent que depuis près de deux ans, ma santé a éprouvé des dérangements considérables, qui semblaient m'annoncer cette maladie et qui subsistent encore, malgré ma convalescence [2] ». Dans les deux lettres, il insiste sur le désintéressement dont il a donné de multiples preuves et demande au père Frisi de publier dans la *Gazette de Modène* « le démenti à ces impertinents gazettiers qui prétendent que le refus de 4 à 500 l. de pension m'a mis à la mort. [...] Il est bon que les savants de l'Europe soient informés de ces circonstances et de la manière dont on me traite ici, après tant de travaux et de sacrifices [3] ».

Le mois d'octobre se passe sans réponse du ministre. Même Voltaire commence à douter. « Je rougis quand je songe qu'on vous a refusé chez vous la vingtième partie de ce qu'on vous a offert dans les pays étrangers [4]. » D'Alembert fait une ultime démarche auprès de Malesherbes. Il lui demande de bien vouloir « représenter à M. de Saint-Florentin combien le *non serait injuste, malhonnête* pour l'Académie, qui doit savoir ce qui lui convient le mieux, et on ose dire *odieux* après les travaux et les sacrifices de M. de d'Alembert [5] ». Sans grand espoir du côté de Versailles, il se tourne vers Saint-Pétersbourg. Le 26 octobre, il raconte tous ses malheurs à Catherine II, peut-être dans l'espoir qu'elle se substitue à Louis XV. Il insiste lourdement sur cette modique pension « que le dépérissement de ma santé, mon peu de fortune et des charges considérables me rendent nécessaire [6] ». Mais la tsarine fait la sourde oreille et se contente d'une allusion à son invitation en Russie, où la persécution n'a pas de

1. Lettre du 28 septembre 1765. Delbeke, *op. cit.*, p. 146.
2. Lettre au *Journal encyclopédique* du 28 septembre 1765, publiée dans la livraison du 1er octobre, VII, 1re partie, pp. 130-131.
3. À Frisi, *ibid.*, pp. 146-147.
4. 16 octobre 1765. D. 12937.
5. À Malesherbes, s.d. [mi-octobre 1765]. Bibliothèque nationale, Ms n.a.f. 9544 fos. 2-3. Souligné dans le texte.
6. Lettre du 26 octobre 1765. Ch. Henry, pp. 240-241.

prise. Entre-temps, le ministre Saint-Florentin s'est enfin décidé à écrire la lettre tant attendue. Le samedi 16 novembre, en l'absence de d'Alembert, qui siège à l'Académie française comme tous les samedis, Fouchy, secrétaire de l'Académie des sciences, lit ces quelques mots à l'assemblée : « S.M. a bien voulu agréer M. d'Alembert pour remplir la place de pensionnaire qui vaque par le décès du sieur Clairaut[1]. ».Il aura dû attendre six mois ce que les autres obtenaient en trois jours !

Quand il annonce la nouvelle à Voltaire, on sent bien que la colère du nouveau pensionnaire ne s'est pas apaisée : « On a enfin accordé, mon cher maître, non à mes sollicitations, car je n'en ai fait aucune, mais aux démarches réitérées de l'Académie, aux cris du public et à l'indignation de tous les gens de lettres de l'Europe, la magnifique pension de 3 à 400 livres (car elle ne sera pas plus forte pour moi[2]) qu'on jugeait à propos de me faire attendre depuis six mois. Vous croyez bien que je n'oublierai de ma vie cet outrage atroce et absurde ; je dis cet outrage, car le délai m'a plus offensé que n'aurait fait un prompt refus, qui m'aurait vengé en déshonorant ceux qui me l'auraient fait[3]. »

D'Alembert voyait juste. Le pouvoir croyait avoir bien joué en humiliant un homme qu'il détestait. Pis encore : Choiseul laissa entendre qu'il était intervenu personnellement auprès de son collègue Saint-Florentin pour le décider. D'Alembert dut se fendre d'une lettre à chacun d'eux pour les remercier[4]. Même « succinctes et très sèches », ces lettres lui ont sûrement coûté.

En vérité, le philosophe ne sort pas grandi de cette affaire, et sa réputation en a souffert. On ne peut pas se dire indépendant et désintéressé tout en tendant la main à un pouvoir qu'on affirme mépriser. De plus, il a eu tort de prendre toute l'Europe à témoin de ce qui n'était finalement que le refus d'une maigre pension. Catherine II ne cache pas à Voltaire qu'elle trouve tout cela bien

1. Lettre du 10 novembre. P.V. de l'Académie des sciences, 16 novembre, p. 383.
2. Il est vrai que le montant des pensions pouvait varier selon le bénéficiaire. Mais entre les 300 à 400 livres évoquées et les 2 400 livres annoncées par les *Mémoires secrets* (20 août 1765, II, p. 257), il y a une marge !
3. 22 novembre 1766. D. 12998.
4. À Lagrange, 28 décembre 1765, Ch. Henry, p. 48. À Frédéric, 29 mars 1766, Preuss, XXVII, pp. 312-314.

médiocre : « Empêchez, je vous prie, M. d'Alembert d'être aussi sensible au refus de la pension qui lui est due. C'est une inconséquence qu'il doit mépriser[1]. » Mais la plus rude leçon lui vient de Frédéric, qui lui écrit en plein mois d'août : « Je suis bien fâché d'apprendre la mortification qu'on vient de vous faire essuyer, et l'injustice avec laquelle on vous a privé d'une pension qui vous revenait de droit. Je me suis flatté que vous seriez sensible à cet affront pour ne pas vous exposer à en souffrir d'autres. Nous autres militaires ne sommes pas gens à tendre l'autre joue quand on vient de nous frapper. Ce qu'on appelle honneur dans le monde est sans doute un préjugé ; mais il est établi, et c'est par cette règle que l'on juge les actions des hommes[2]. »

Aux yeux des deux souverains qui lui ont offert une hospitalité dorée, d'Alembert a failli. Il vient de montrer qu'il préfère rester à Paris au prix de son humiliation plutôt qu'être indépendant et respecté à Berlin ou à Moscou. Alors, qu'il n'attende pas qu'on le plaigne. D'Alembert se défendra mollement auprès de Frédéric en insistant sur sa maladie qui, seule, l'empêche de changer de climat[3]. Mais le roi, peu ému, envoie une nouvelle volée de bois vert : « Votre esprit est aussi malade que votre corps [...]. Une comparaison doit consoler un grand homme de l'injustice qu'il souffre, en se rappelant que d'autres grands hommes ont été encore plus infortunés [...]. On ne vous donne point de ciguë à boire [...]. Je suis persuadé que vous prendrez votre parti sur ce qui vient de vous arriver et que vous ne voudrez pas donner à vos ennemis la joie de soupçonner qu'ils vous tuent par leurs persécutions[4]. »

La leçon dut porter. Il ne fut plus question de pension.

Si d'Alembert laissait de sa superbe dans cet épisode médiocre, le pouvoir aurait eu tort de s'en réjouir. Sa façon méprisante de traiter les philosophes offrait un terrible contraste avec celle des souverains étrangers. C'est à ces derniers qu'allaient les louanges,

1. À Voltaire, 9 décembre 1765. D. 13032.
2. 20 août 1765. Preuss, XXIV, p. 398.
3. D'Alembert à Frédéric, 28 octobre 1765, *ibid.*, p. 400.
4. Frédéric à d'Alembert, 23 novembre, *ibid.*, pp. 404-402.

et au premier les critiques. Personne n'avait compris à Versailles cette vérité très simple énoncée par Diderot : « Que les souverains ne feraient-ils pas de nous, s'ils daignaient en prendre la peine [1] ! »

1. À Betski [29 novembre 1766]. L. Versini, p. 713. D'Holbach ne dit pas autre chose à Servan, le 24 avril 1765 : « Que les rois seraient aimables, si on leur apprenait qu'ils ont intérêt à l'être. » Sauter et Loos, *op. cit.*, p. 26.

CHAPITRE III

Un nouveau territoire
(1766-1767)

Au cours de la décennie 1760-1770, la philosophie étend son territoire. On délaisse la métaphysique au profit « des vérités les plus utiles aux hommes [1] ». Il ne s'agit plus seulement des sciences et des techniques promues par l'*Encyclopédie*, mais, comme l'écrit l'abbé Mably en 1764, « des principes du bonheur des hommes [2] » qui, seuls à ses yeux, méritent le nom de « vraie philosophie ». Celle-ci tourne le dos aux valeurs de la monarchie absolue fondée sur Dieu et le roi pour tracer les contours d'une société dont l'homme est le centre. Renversement copernicien qui, comme le note encore Mably, « embrasse tout » et incline les philosophes à se saisir de questions jusque-là restées dans l'ombre. Sujets tabous qui appartiennent de droit au pouvoir théologico-politique, ou préoccupations inédites qui témoignent d'un nouvel anthropocentrisme. Après le politique (*Du contrat social*, 1762) et la pédagogie (*Émile*, 1762), qui valent condamnation et exil à Rousseau, les philosophes s'emparent de la question judiciaire et la mettent sur la place publique. Davantage que l'économie, elle aussi nouveau thème de réflexion, la justice est le sujet brûlant par excellence, puisqu'il porte sur les droits

1. Promouvoir ces vérités était l'ambition de la jeune Société patriotique de Berne, fondée durant hiver 1761-1762, et celle de bien des sociétés philanthropiques.
2. Lettre de l'abbé Mably à Daniel Fellenberg, Paris, 2 janvier 1764. Bürgerbibliothek, Berne, F.A. Fallenberg, 154.

respectifs de l'État et du citoyen, sur l'utilité sociale et la liberté individuelle. Pour la première fois, l'arbitraire du souverain et du juge est mis sur la sellette.

De l'émotion à la réflexion

L'intérêt des philosophes pour la justice et le système judiciaire prend corps dans un contexte peu banal. Non seulement parce que l'émotion précède la réflexion, mais surtout parce que les philosophes français reçoivent alors une leçon magistrale d'un jeune Milanais de vingt-six ans. Reprenant à son compte les concepts essentiels de la philosophie des Lumières, Beccaria offre à ses pairs et au public cultivé européen une réponse éblouissante à des questions que l'on peine encore à formuler à Paris ou à Ferney. Dorénavant, tous ceux qui s'intéressent à la justice, de Londres à Berlin ou de Paris à Copenhague, se contenteront du rôle de commentateurs de la philosophie et des propositions beccariennes.

L'émotion née de l'injustice

Sans doute le système judiciaire organisé par l'ordonnance criminelle de 1670 avait-il suscité ici ou là quelques critiques et indignations. De l'abbé Fleury, précepteur du duc de Bourgogne, à Montesquieu, certains avaient déjà dénoncé les procédures arbitraires et les châtiments pratiqués. Mais, contrairement aux Anglais, qui jouissaient de l'*habeas corpus* depuis le XIIIe siècle et de procédures inconnues du reste de l'Europe, les Français étaient restés longtemps indifférents à l'état de leur justice criminelle. Les philosophes eux-mêmes ne s'étaient guère émus en 1757 de l'effarante disproportion entre le crime et le châtiment de Damiens, pas plus d'ailleurs que de son effroyable supplice [1]. On sait combien l'émergence de la question judiciaire doit à Voltaire et à sa campagne exemplaire pour la réhabilitation de Calas et la défense d'autres malheureux. Mais l'écrivain fut davantage l'éveilleur des consciences que le philosophe de la justice, un avocat plutôt qu'un théoricien.

À chaque fois que Voltaire se mobilise pour une cause judiciaire, de Calas au comte de Morangiés en passant par les Sirven, Lally-Tollendal, le chevalier de La Barre ou Étallonde, il s'agit toujours de lutter contre l'injustice et de faire reconnaître l'innocence d'un homme accusé à tort et (ou) victime du fanatisme religieux. C'est pourquoi il ne se lance jamais dans la bataille sans s'être préalablement renseigné sur les faits et les charges qui pèsent sur l'accusé. Lorsque cela est possible, il rencontre les intéressés ou leurs proches, et lit les mémoires de l'accusation pour se faire sa propre opinion. Dès qu'il est convaincu d'être face à une injustice judiciaire, il alerte amis et relations utiles, se met au service de la défense, rédige mémoires et pamphlets, paie les avocats si nécessaire, et subvient aux besoins des victimes. Certes, au cours des différentes affaires dont il eut à connaître, Voltaire est devenu un familier de la procédure. Il a pu mesurer l'arbitraire et l'inconséquence des juges en apprenant à décrypter leurs arrêts. Après l'exécution de Lally-Tollendal, qu'il a toujours cru innocent, il écrit à son neveu, le magistrat d'Hornoy, qu'il n'a pas encore compris le motif de sa condamnation : « Les mémoires ne contiennent que des injures assez vagues et des récits confus d'opérations militaires dont un conseil de guerre aurait bien de la peine à juger. Il faut qu'il y ait eu des concussions, et cependant ses nombreux ennemis n'en articulent aucune. Le terme de concussion ne se trouve pas même dans l'arrêt. Vous avez, Dieu merci, la coutume de ne jamais motiver vos jugements, et vous êtes, je crois, les seuls dans l'Europe qui soyez dans cet usage [2]. »

1. *P.I.*, II, pp. 266 à 273.
2. 30 mai 1766. D. 13327.

Reste que ce fin connaisseur du lamentable système judiciaire français n'eut pas l'idée – ou les moyens – de produire l'œuvre révolutionnaire d'un Beccaria. Il est resté dans le registre de l'indignation et de la dénonciation, s'attachant en bon avocat à des causes particulières sans s'attaquer aux racines du mal. Alors que Voltaire lutte toujours pour faire reconnaître l'innocence de Calas, Beccaria publie en juillet 1764 son petit livre *Dei delitti e delle pene* à Livourne, sans nom d'auteur. L'ouvrage connaît un grand retentissement en Italie, mais Voltaire ne le découvre que seize mois plus tard : « Je commence à lire aujourd'hui, écrit-il le 16 octobre 1765, le livre italien *Des délits et des peines*. À vue de pays, cela me paraît philosophique ; l'auteur est un frère[1]. » Ce qui ne peut manquer d'étonner quand on sait que Voltaire lit couramment l'italien et qu'il est toujours rapidement averti des nouvelles productions littéraires et philosophiques. En fait, d'Alembert est le premier philosophe lecteur de Beccaria, grâce au père Frisi, savant milanais et ami de l'auteur, qui lui a fait parvenir l'œuvre du jeune homme. D'Alembert en accuse réception le 21 juin 1765 et le lit début juillet : « On ne saurait être plus enchanté, dit-il à Frisi, plus enthousiasmé, même, que je le suis de cet ouvrage ; je l'ai fait lire à plusieurs bons philosophes qui en ont porté le même jugement que moi. Ce livre, quoique d'un petit volume, suffit pour assurer à son auteur une réputation immortelle. Que de philosophie, que [de] vérité, que de logique, de précision et en même temps de sentiments et d'humanité dans son ouvrage ! [...] Un de mes amis, philosophe et bon écrivain[2], a été si transporté de cet ouvrage qu'il s'est mis sur-le-champ à en faire une traduction française qui paraîtra incessamment[3]. »

1. À Damilaville. D. 12938.
2. Il s'agit de l'abbé Morellet, qui a donné deux versions différentes de l'origine de sa traduction. Dans sa lettre à Beccaria du 3 janvier 1766, il affirme que c'est d'Alembert qui l'a pressé de suspendre ses travaux pour traduire immédiatement les *Delitti* ; dans ses *Mémoires* (II, p. 286) rédigés quelques décennies plus tard, il écrit que c'est Malesherbes, au cours d'un dîner avec d'Alembert et Turgot, qui l'invita à faire cette traduction.
3. Lettre de d'Alembert au P. Frisi du 9 juillet 1765, in Delbeke, *La Franc-Maçonnerie et la Révolution française*, *op. cit.*, pp. 143-144.

En attendant la traduction, la version italienne circule de main en main, soulevant le même enthousiasme chez tous ceux que Voltaire a sensibilisés à la question judiciaire, autrement dit le clan philosophique dans son ensemble. D'autant que l'affaire Calas vient à peine de trouver son heureux dénouement[1] et que Voltaire se consacre à présent à la défense des Sirven[2]. Très vite, dans la livraison du 1er août 1765 de la *Correspondance littéraire*, Grimm publie une longue analyse des *Delitti*, qui revêt les accents d'un panégyrique[3]. Il salue en Beccaria « un des meilleurs esprits qu'il y ait actuellement en Europe », et conclut qu'« il serait à désirer que tous les législateurs d'Europe voulussent prendre les idées de Monsieur Beccaria en considération et remédier à la barbarie froide et juridique de nos tribunaux ». Comme le souligne Robert Badinter, « Beccaria apportait le premier une réponse cohérente à une interrogation devenue brûlante : sur quels principes, fondés en raison et en humanité, construire une nouvelle justice criminelle[4] ? »

Curieusement, pendant que tous les amis de Voltaire discutent et commentent l'œuvre révolutionnaire de l'Italien, l'ermite de Ferney n'en dit plus un mot dans la correspondance parvenue jusqu'à nous entre le 16 octobre 1765 et la fin juin 1766. Alors que la traduction de l'abbé Morellet paraît dans les derniers jours de décembre 1765, suscitant des critiques acerbes de Grimm et Diderot, Voltaire n'en fait une mention élogieuse qu'à l'occasion d'une visite de l'abbé à Ferney, et à quelques jours de l'exécution du chevalier de La Barre[5]. Obsédé par l'affaire Sirven et prêt à repartir en campagne contre l'ignominie des juges du jeune chevalier, Voltaire n'a pas compris d'emblée quel coup mortel le traité de Beccaria portait à la justice d'Ancien Régime. L'émotion du philosophe humaniste et l'indignation de l'avocat

1. Turgot fut l'un des quarante maîtres des requêtes qui vota le 9 mars 1765 la révision de l'affaire Calas. L'arrêt de réhabilitation, rendu sur le rapport de De Crosnes, fut unanimement prononcé.

2. C'est le 27 février 1765 que Voltaire écrit à l'avocat Élie de Beaumont pour le charger des intérêts de la famille Sirven, laquelle fut reçue à Ferney début avril.

3. VI, pp. 329 à 335.

4. Préface à *Des délits et des peines*, Flammarion, « GF », 1991, pp. 13-14.

5. À Damilaville, 23 juin 1766. D. 13371. Le chevalier de La Barre sera supplicié le 1er juillet.

de la tolérance le tenaient à l'écart du registre froid et distancié du théoricien du système judiciaire.

De Paris à Milan

La légende veut qu'au tout début des années 1760 Pietro Verri, désireux de diffuser les lumières en Italie et « de rendre les Milanais européens [1] », ait d'abord demandé à Giambattista Biffi, qui avait étudié le droit à Parme, d'écrire un livre sur le thème des *Délits*. Apparemment sans succès, puisqu'il renouvela sa proposition à son jeune ami Beccaria quelque temps plus tard. Ce dernier, conseillé et stimulé par Verri, son aîné de dix ans [2], se mit au travail en mars 1763 et termina en janvier 1764. Doté d'une solide culture philosophique, Beccaria [3] a bénéficié d'un environnement exceptionnel. Un fragment de Mémoires de Verri du 1er novembre 1765 contient un exposé circonstancié de la naissance et de la rédaction des *Délits* : « Je lui indiquai [ce thème], sachant qu'il convenait parfaitement à un homme éloquent et d'imagination très vive. Mais il n'était nullement au courant de notre pratique criminelle. Alessandro [Verri], qui avait été *Protecteur des prisonniers*, lui promit son assistance. Beccaria commença à jeter quelques idées sur des feuillets de papier détachés. Nous le secondâmes avec enthousiasme, nous l'échauffâmes [...]. Après dîner, on faisait une promenade, on causait des abus de la jurisprudence criminelle, on discutait, on se questionnait ; le soir arrivé, il écrivait [4]. » La collaboration de

1. F. Venturi, « Un amico di Beccaria e di Verri : profilo di Giambattista Biffi », *Giornale storico della litteratura italiana*, 34, fasc.405, 1957, pp. 37-76.

2. Pietro Verri (1728-1797), administrateur et auteur passionné par la politique, avait créé une sorte de petite Académie avec son frère Alessandro et ses amis, l'Accademia dei Pugni, pour diffuser les lumières anglaises et françaises en Italie durant l'hiver 1761-1762. Puis Verri fonda avec les mêmes, dont Beccaria, la Société du *Caffe* et le périodique du même nom, qui vit le jour le 1er juin 1764 et disparut en mai 1766.

3. 1738-1794.

4. Texte cité par Eugène Bovy, *Le Comte Pietro Verri*, 1889, p. 94. Les *Protecteurs des prisonniers* étaient une institution milanaise qui avait pour objet la défense des accusés en justice et le patronage des détenus.

Verri et la confiance absolue de Beccaria dans ses compétences en matière criminelle ne font pas de doute lorsqu'on lit, sous la plume de ce dernier, à l'occasion d'une nouvelle édition des *Délits* : « Aux corrections du livre et au livre même, retranche, ajoute, corrige librement. Tu me rendras un grand service et tu me feras plaisir[1]. »

Quels que soient l'information et les conseils techniques de Verri, l'œuvre est avant tout celle du philosophe Beccaria. Par deux fois il a rendu compte de ses sources d'inspiration : les philosophes des Lumières. Dans la lettre qu'il adresse à d'Alembert pour le remercier de ses éloges, le 24 août 1765, Beccaria lui dit : « C'est vous, Monsieur, qui avez été mon maître ; c'est dans vos ouvrages que j'ai puisé l'esprit de philosophie et d'humanité qui vous a plu dans mon livre, il est à vous plus que vous ne le pensez. Je ne me rassasie jamais de lire la préface de l'*Encyclopédie*, les *Éléments de philosophie* ; vos ouvrages, enfin, Monsieur, sont la nourriture ordinaire de mon esprit[2]. » Contrairement à ce que l'on pourrait croire, il ne s'agit pas là de flagornerie ou de simple échange de politesses. Sa dette à l'égard des philosophes est largement confirmée quand il accuse réception à Morellet de sa traduction : « L'époque de ma conversion à la philosophie date d'il y a cinq ans en lisant les *Lettres persanes*. Le second livre qui acheva la révolution dans mon esprit est celui de Monsieur Helvétius. C'est lui qui m'a poussé avec force dans le chemin de la vérité et qui a, le premier, réveillé mon attention sur l'aveuglement et les malheurs de l'humanité. Je dois à la lecture de *L'Esprit* une grande partie de mes idées[3]. » Après avoir rendu hommage à Buffon, Diderot et Hume, « un politique, un philosophe et un historien de premier ordre », il revient sur l'influence que d'Alembert a exercée sur lui. Non seulement l'auteur philosophique mais aussi les découvertes majeures du « plus grand géomètre de ce siècle ». C'est de tous ces grands esprits, ainsi que de Condillac, que Beccaria

1. Lettre de Beccaria à P. Verri, 13 décembre 1764. *Carteggio*, parte I, Edizione nazionale delle opere di Cesare Beccaria, 1994, p. 88.
2. *Carteggio, ibid.*, p. 113.
3. Lettre du 26 janvier 1766. *Carteggio*, pp. 219-228.

s'est nourri pour pouvoir rédiger son chef-d'œuvre. Curieusement, il ne cite ni Voltaire ni Rousseau. Or on le sait profondément rousseauiste, plus inspiré par le *Contrat social* que par toute autre œuvre. Prudence politique, peut-être, à une époque où ses ennemis lui en font reproche et où Rousseau a maille à partir avec tant de ses amis français.

Certes, les *Délits* ont emprunté l'idée du pacte social au Genevois, l'idéologie humaniste, aux Encyclopédistes, la nomination, les pouvoirs et les devoirs du juge, à Montesquieu, et peut-être l'indignation devant la torture, aux cris de Voltaire en faveur de Calas, mais nul avant Beccaria n'a su montrer avec cette force l'inadéquation des législations pénales européennes. Nul, surtout, n'a offert à la communauté intellectuelle un modèle aussi cohérent d'une nouvelle justice criminelle. En outre, personne avant lui n'avait eu l'idée de remettre en question la légitimité de la peine de mort.

De Milan à Paris

La traduction française des *Délits et des peines*, bien que fort critiquée[1], contribua à la diffusion de la pensée beccarienne. Toute l'Europe des Lumières se mit à réfléchir à la réforme du système judiciaire en fonction des idées du Milanais. Les philosophes français d'abord, unanimement enthousiastes, invitèrent le jeune prodige italien à se rendre à Paris. Reçu avec tout l'empressement imaginable dans les salons philosophiques, Beccaria, sombre et peu loquace – il ne pensait qu'à rentrer à Milan pour retrouver son épouse –, déçut beaucoup le petit monde parisien[2]. Ce qui n'empêcha pas les philosophes de méditer plus avant sur son livre. Cette fois, Voltaire fut le plus rapide. À peine connue l'abomination du supplice de La Barre, au début de juillet 1766, Voltaire s'empare des *Délits* pour en faire son

1. Sur la traduction de Morellet, voir l'article de Jean Pandolfi, « Beccaria traduit par Morellet », *Dix-huitième siècle*, n° 9, 1977, pp. 291-316.

2. Beccaria arriva à Paris en compagnie d'Alessandro Verri le 18 octobre 1766 et en repartit dès les premiers jours de décembre.

miel, la plume à la main[1]. Publié en septembre sous le titre *Commentaire sur le livre « Des délits et des peines » par un avocat de province*[2], ce texte est encore une dénonciation de l'intolérance institutionnelle et de la barbarie du « code d'horreur ». Contre la torture et la peine de mort – il reviendra plus tard sur cette question –, et pour une juste proportionnalité entre le délit et la peine, Voltaire s'inscrit dans le droit fil des idées de Beccaria. Pourtant, son « commentaire » n'a rien de l'œuvre d'un juriste. Accumulant les exemples concrets qui frappent l'imagination du lecteur, il semble peu sensible « au projet philosophique de l'auteur, qui voulait déduire sa théorie des peines d'une conception contractualiste de la société politique[3] ». Pragmatique et obsédé par l'intolérance religieuse, Voltaire n'a que faire des discussions philosophiques beccariennes. Néanmoins, c'est à lui qu'il adresse publiquement sa *Relation de la mort du chevalier de La Barre* comme un premier hommage à l'incontournable Italien.

Au-delà du cas de La Barre, Beccaria interpelle tous les philosophes. Dans le cinquième volume de ses *Mélanges de littérature, d'histoire et de philosophie*, imprimé dès l'automne 1766[4], d'Alembert consacre pour la première fois quelques pages à la jurisprudence, qui relève de l'art de conjecturer. Pointant la sévérité des lois criminelles françaises et le peu de cas fait des preuves de la culpabilité d'un accusé, il penche lui aussi pour l'abolition de la peine de mort. Si les auteurs de la jurisprudence ont pris pour principe qu'il est moins dangereux de punir un innocent que d'épargner un coupable, ce principe, dit-il, « répugne à la nature, dont la loi parlait aux hommes avant qu'il y

1. La première mention de ce travail figure dans une lettre à Damilaville du 28 juillet 1766. D. 13456.

2. Voltaire attribue officiellement ce texte à un jeune avocat de Besançon, dénommé Christin, qui séjourne chez lui en mai 1766 en tant que nouveau bailli de Ferney. Comme d'habitude, cette attribution fantaisiste ne trompa personne.

3. S. Goyard-Fabre, « Commentaire sur le livre *Des délits et des peines* », *Dictionnaire général de Voltaire*, H. Champion, 2003, pp. 225-227.

4. Voltaire en accuse réception le 2 décembre 1766 (D. 13710), bien que l'édition indique « Amsterdam, 1767 ». Cette édition se trouve à la bibliothèque de l'Arsenal sous la cote 8-BL-34954 (5).

eût des États[1] ». Et de renvoyer « à l'excellent traité » de Beccaria, « ouvrage que la philosophie et l'amour des hommes semblent avoir dicté et qui mérite d'être [...] le bréviaire des souverains et des législateurs[2] ».

De son côté, le jeune Condorcet – il a vingt-trois ans – abandonne un moment ses équations pour réfléchir aux lois pénales. C'est la conjonction de l'assassinat de La Barre et de la lecture de Beccaria qui l'y a incité. Bien qu'il n'ait pas rencontré ce dernier à Paris[3], il est en relation avec ses proches, Alessandro Verri et le père Frisi. C'est à ce dernier qu'il confie l'impression que les *Délits* ont faite sur lui. Il y a puisé de précieuses connaissances : « Quoique je sois géomètre, je ne suis pas de l'avis de Halley qui disait qu'il y avait bien plus de mérite à trouver les lois du système du monde qu'à en donner de bonnes à ses concitoyens. J'avais prié M. le comte de Verri de remettre à son ami notre ordonnance criminelle et notre code pénal afin qu'il puisse juger par lui-même de la bonté et de la douceur de nos lois[4]... » On ignore si Beccaria prit la peine de lui répondre, mais on sait en revanche que Condorcet commença de rédiger un ouvrage sur les lois criminelles en France, dont B. Bru et P. Crépel soupçonnent à juste titre qu'il date de cette époque[5]. Il dit s'inspirer des principes de Montesquieu et de Rousseau, « ayant à côté de moi le traité des délits et des peines[6] ». Car Condorcet, après Beccaria, se passionne pour les questions de justice mettant en jeu le calcul des probabilités : les témoignages, les indices des délits, etc. Quelques années plus tard, sa correspondance avec Turgot sur les jurys, la procédure criminelle, les décisions de justice (février-septembre 1771), révélera à quel point la question judiciaire est devenue une préoccupation majeure des philosophes.

1. *Mélanges...*, p. 79.
2. *Ibid.*, pp. 80-81.
3. Alessandro Verri ne mentionne Condorcet pour la première fois que le 4 mars 1767, trois mois après le départ de Paris de Beccaria.
4. Condorcet à Frisi, 10 juin 1767, in B. Bru et P. Crépel, éditeurs de Condorcet, *Arithmétique politique. Textes rares ou inédits*, 1994, p. 29.
5. *Ibid.*, pp. 229-235.
6. *Ibid.*, p. 233.

Passé le premier enthousiasme suscité par la lecture de l'édition italienne, les *Délits* font l'objet de discussions serrées chez les philosophes. Avant même que ne paraisse la traduction de Morellet, Diderot est impressionné par les objections du peintre et philosophe anglais Allan Ramsay lors d'un dîner avec Suard chez d'Holbach. Ramsay prendra la peine de les coucher noir sur blanc sous la forme d'une lettre adressée à Diderot en janvier 1766[1]. Imprégné de la philosophie de Hobbes, l'Anglais récuse l'abstraction du *Contrat social* et les déductions artificielles que l'on en tire : « Les questions de politique ne se traitent point comme des questions d'arithmétique et de géométrie [...]. Partout elles découlent des besoins, des circonstances particulières, des sociétés[2]. » Diderot se laisse convaincre, ainsi qu'en témoignent ses notes sur le traité des *Délits* et celles, plus tardives, concernant les *Recherches sur le style* de Beccaria, en 1771. Il admire, dit-il, l'inépuisable humanité de l'Italien, mais tout son raisonnement découle d'une idée fausse : la loi suprême n'est pas le salut des peuples, mais la sécurité des maîtres. Et le doux Diderot de justifier non seulement la torture – tourment dont on ne saurait se passer « pour arracher [au criminel], outre l'aveu de ses complices et le moyen de les saisir, l'indication des preuves nécessaires pour les convaincre[3] » –, mais aussi la peine de mort. Cette dernière tue moins de trois cents hommes par an en France, « c'est-à-dire qu'elle est moins funeste qu'une tuile, un grand vent, les voitures, une catin malsaine [...]. Celui qui tombe sous le glaive de la justice est au moins un homme suspect, presque toujours un homme convaincu et dont le retour à la probité est désespéré[4]. » En outre, Diderot juge la peine de mort moins cruelle que « l'esclavage perpétuel » que Beccaria veut lui substituer. Pourtant, le fait que Diderot n'ose pas publier ses réflexions et en réserve la teneur à quelques amis sûrs indique peut-être qu'un changement de sensibilité s'est déjà opéré. À coup sûr grâce aux campagnes voltairiennes, mais aussi

1. *Œuvres complètes de Diderot*, éd. Assezat-Tourneux, IV, pp. 52-60.
2. *Ibid.*, p. 55.
3. *Ibid.*, p. 65.
4. *Ibid.*, p. 62.

grâce au livre de Beccaria, qui propose des solutions radicales déduites de la philosophie des Lumières. Quelles que soient les critiques [1] émises au sein du clan philosophique, chacun se sent tenu de prendre position par rapport à lui. Les discussions ne sont pas près d'être closes : si un certain consensus s'opère sur la condamnation de la torture, on ne peut en dire autant de la peine de mort. Ni Condorcet ni Dupont de Nemours ne parviennent à convaincre Turgot du bien-fondé de sa suppression totale [2].

Aux yeux de ce dernier, comme à ceux de sa génération, là n'est pas le sujet majeur de la réforme judiciaire. Mais, grâce à Beccaria, le débat sur la justice criminelle ira en s'amplifiant jusqu'à la fin de l'Ancien Régime. Sujet de concours pour les académies provinciales ou de mémoires à l'occasion de procès retentissants, la justice est devenue un enjeu majeur du débat philosophico-politique.

Les magistrats philosophes

Dès sa parution, le traité *Des délits et des peines* connut un retentissement considérable dans toute l'Europe. À l'automne 1766, Catherine II fait connaître à Beccaria son intérêt. Début 1767, elle lui propose de venir à Saint-Pétersbourg, collaborer à la grande réforme législative qui lui tient à cœur [3]. Un instant tenté, Beccaria décline l'invitation, l'expérience parisienne lui ayant enseigné qu'il n'était guère fait pour les voyages. Un peu plus tard, le roi de Danemark, impressionné par sa lecture, décide de limiter l'application de la peine de mort afin de mieux respecter la proportionnalité entre les crimes et les châtiments [4].

1. Voir Duclos, *Voyage en Italie*, *Œuvres*, II, 1820, p. 680.
2. *Œuvres de Turgot*, éd. G. Schelle, III, Correspondance de l'année 1771, pp. 477, 482, 517.
3. *Carteggio*, p. 482 et pp. 529-531.
4. *Ibid.*, pp. 607-609. Lettre d'Otto Frederik Müller, Copenhague, 30 décembre 1767.

Les monarques qui se réclament des Lumières voient l'œuvre milanaise comme le symbole de la modernité qu'ils rêvent d'incarner. Ils prétendent l'imposer à leurs sujets, qui n'en peuvent mais. En France, rien de tel. Les tyrans et fanatiques en tout genre ne lisent pas, comme le rappelle l'abbé Morellet à Beccaria : « C'est sur l'opinion publique qu'il faut compter. » Or, lui dit-il, « je ne crois pas qu'il y ait aucun exemple d'un succès plus rapide et plus étendu [...]. Puisqu'il y a sept éditions [de votre livre] [1], il y a donc au moins sept mille personnes qui lisent ce livre, et croyez que la plus grande partie de ceux qui le lisent en goûtent et en adoptent les principes [...]. Voilà bien des disciples de la raison qui en feront d'autres [...]. Ni Monsieur de Voltaire, ni Monsieur d'Alembert, ni Rousseau, ni vous, ni aucun philosophe ne produiront sur l'esprit de ceux qui gouvernent un effet immédiat. On agira sur l'opinion publique, et l'opinion publique subjuguera enfin les fanatiques et même les tyrans [2]. » C'est-à-dire les prêtres, les magistrats et les corps constitués : « Le particulier hors de sa compagnie est ou paraît plus raisonnable, plus instruit, plus humain ; mettez-le, lui, dixième dans une salle, il extravague, il est ignorant, il est féroce. »

Morellet a raison d'accuser le conservatisme des corps constitués et la cruauté de certains magistrats, d'autant plus que l'on commence à connaître les détails de l'ignoble jugement du chevalier de La Barre. La relation de Voltaire, puisée aux meilleures sources, un mémoire censuré d'avocats, des indiscrétions de parlementaires horrifiés, ont permis de reconstituer la série d'aberrations qui ont mené un jeune blasphémateur à l'échafaud. Mais il sous-estime le profond changement idéologique qui est en train de s'opérer au sein même du monde judiciaire. Notamment dans la nouvelle génération d'hommes de loi, lecteurs convaincus des philosophes avant même de lire Beccaria.

1. Il s'agit des réimpressions successives de la traduction de Morellet, publiée six mois plus tôt.
2. Lettre des 17-30 juillet 1766. *Carteggio*, pp. 348-349.

L'anti-Bœuf-Tigre

« Bœuf-Tigre » est l'aimable surnom dont Voltaire a affublé le conseiller Pasquier, devenu après son intervention au procès de La Barre le symbole même d'une magistrature fanatique et cruelle. D'Alembert l'avait d'abord comparé à une tête de veau [1] doté d'un cœur de tigre. Voltaire avait parlé d'« arlequins anthropophages » et de « bourreaux en robe » [2] pour s'en tenir finalement à Bœuf-Tigre, qui devint un nom commun.

Les philosophes surent très vite l'écrasante responsabilité de Pasquier dans l'arrêt du parlement de Paris confirmant la sentence d'Abbeville : deux jeunes gens soupçonnés de propos impies et de prétendues profanations avaient été condamnés à avoir la langue et le poing coupés puis à être brûlés vifs. L'un, Étallonde, est contumace, mais l'autre, La Barre, comparaît seul, sans l'assistance d'un avocat, devant vingt-cinq juges du parlement de Paris, hors de tout regard public, comme c'était l'usage. Le rapporteur Pellot, enclin à l'indulgence, fut suivi par une dizaine de conseillers, mais l'intervention véhémente du dénommé Pasquier emporta l'adhésion des quinze autres juges : « Il a ouvert l'avis de la rigueur, a péroré avec beaucoup de violence contre les philosophes et contre M. de Voltaire, qu'il a nommé ; il a présenté les profanations d'Abbeville comme un effet funeste de l'esprit philosophique qui se répand en France [3]. » Il fallait donc confirmer la sentence d'Abbeville pour y donner un coup d'arrêt. Comble de l'hypocrisie, Pasquier n'est même pas dévot et lit les livres de philosophie avec plaisir [4]. Mais, conservateurs jusqu'à la moelle des os, lui et les siens pouvaient se servir de la religion comme d'un bouclier pour préserver leurs privilèges [5]. De Toulouse à Paris, tous les juges

1. D. 13424.
2. D. 13420 et D. 13430.
3. *Correspondance littéraire*, VII, pp. 74-79 : livraison du 15 juillet 1766.
4. D'Alembert à Voltaire, 16 juillet 1766. D. 13424.
5. R. Pomeau, « Écraser l'Infâme », *Voltaire en son temps*, IV, p. 299.

qui s'étaient signalés par leur fanatisme religieux, leur incompétence criminelle ou leur cruauté étaient désignés comme « bœufs-tigres » par Voltaire et ses amis. Ils incarnaient cette justice barbare dont ils ne voulaient plus.

Mais, contrairement à ce que Voltaire laisse entendre dans sa correspondance ou dans son *Histoire du parlement de Paris* [1], tous les magistrats de cette époque ne sont pas les instruments aveugles de la répression. Selon d'Alembert, « la plupart des conseillers du Parlement de Paris sont honteux de ce jugement [contre La Barre], plusieurs sont indignés et le disent à haute voix, entre autres le Président comte abbé de Guesbriant qui regrette beaucoup de ne s'être pas trouvé ce jour-là à la Grand'Chambre, et qui est persuadé qu'il lui aurait épargné cette infamie [2] ». Dans la même lettre, d'Alembert rappelle que des hommes comme Malesherbes, qui préside à la Cour des aides, ou Dionis du Séjour [3], conseiller au parlement de Paris, font honneur à leur robe. Le premier venait de débouter un des juges d'Abbeville de sa demande de promotion tandis que le second avait empêché qu'on rendît un jugement similaire à celui de La Barre dans une affaire semblable.

Le plus réconfortant pour les philosophes est à coup sûr l'émergence d'une nouvelle génération de magistrats nourris de leurs idées. Le premier à se faire connaître est Antoine Servan, nommé avocat général au parlement de Grenoble en 1764. Né à Romans en 1737, il est venu achever ses études de droit à Paris. Grâce à un ami [4] qui le présente à d'Alembert en 1764, le jeune homme entre en contact avec tout le gratin philosophique – Diderot, Helvétius, d'Holbach, Morellet – et Voltaire sur le chemin du retour. Le prosélytisme a porté ses fruits. Après son passage à Ferney, le maître des lieux écrit : « Il est venu chez moi un jeune petit avocat général qui ne ressemble point du tout

1. Publiée en mai 1769.
2. Lettre à Voltaire, 9 septembre 1766. D. 13544.
3. Ce magistrat était aussi un mathématicien apprécié de d'Alembert, son confrère à l'Académie des sciences comme associé libre depuis le 26 juin 1765.
4. Un certain M. Gervason évoqué dans la lettre de Servan à d'Alembert du 11 avril 1765. Ch. Henry, pp. 39-41.

aux Omers[1]. Il a pris quelques leçons des Da et des Di. C'est un bon enfant et une bonne recrue[2]. » Le « bon enfant », qui correspond avec d'Holbach et d'Alembert, fait un coup d'éclat dès sa première rentrée judiciaire, à l'automne 1765, en discourant sur *Les Avantages de la vraie philosophie.* Mais c'est surtout le discours de la rentrée 1766, *Sur l'administration de la justice criminelle*, qui lui vaut un succès considérable et fait de lui le modèle de la nouvelle magistrature, l'anti-bœuf-tigre par excellence.

Inspiré par Montesquieu et surtout par Beccaria, Servan s'en prend au secret de la procédure, à l'isolement de l'accusé, au régime cruel des prisons et à la torture. Les philosophes sont aux anges, d'autant que, sans les nommer, il se réclame d'eux, « ces hommes qui ont fait du bien à l'humanité » – et « chacun a lu clairement dans mon esprit d'Alembert, Voltaire, Diderot, Buffon, etc.[3] ». D'Alembert, qui en a pris le premier connaissance, lui dit, par retour de courrier, son « plaisir inexprimable [...]. Je l'ai trouvé, tel qu'il est, très beau et très bon, plein de philosophie et de sensibilité ; vous pouvez être bien sûr que je lui rendrai hautement la justice qu'il mérite. Je l'ai fait voir à quelques amis qui en sont aussi enchantés que moi[4]. » Parmi eux, Morellet, qui partage le même enthousiasme : « Je l'ai trouvé comme vous très beau et très bon. L'auteur paraît avoir beaucoup profité de l'ouvrage de Beccaria, mais il y a ajouté un grand nombre d'idées neuves [...]. J'ai éprouvé en le lisant une très grande émotion. Cet avocat général me paraît avoir une âme plus sensible que celle de M. Omer Joly de Fleury et on peut croire qu'il ne sera jamais l'avocat général d'Abraham Chaumeix, mais celui de la raison et de l'humanité[5]. »

1. L'avocat général persécuteur de l'*Encyclopédie* et des philosophes.
2. À Damilaville, 8 avril 1765. D. 12532. Les Da et les Di sont d'Alembert et Diderot.
3. Servan à d'Alembert, 5 janvier 1767. Ch. Henry, pp. 42-43.
4. D'Alembert à Servan, 15 janvier 1767, in *The Princeton University Library Chronicle*, XVIII, 1956, pp. 189-190.
5. Morellet à d'Alembert, [10] janvier 1767, in *Lettres de Morellet*, éd. D. Medlin, I, p. 77.

D'Holbach, chez lequel Servan séjourne lors de ses voyages à Paris, en recommande la lecture à Beccaria[1], et d'Alembert fait de même avec Voltaire[2]. Ce dernier, qui n'a reçu le discours qu'en février, se dit bouleversé : « Vous êtes, lui répond-il, le premier homme public qui ait joint l'éloquence touchante à l'instructive : c'est, ce me semble, ce qui manque à M. le Chancelier d'Aguesseau ; il n'a jamais parlé au cœur. Il peut avoir défendu des lois, mais a-t-il jamais défendu l'humanité ? Vous en avez été le protecteur dans un discours qui n'a jamais eu de modèle ; vous faites bien sentir à quel point nos lois ont besoin de réforme. Elles seraient intolérables s'il ne se trouvait pas tous les jours dans les tribunaux des âmes éclairées et honnêtes [...] qui en adoucissent la barbarie[3]. »

Le discours de Servan peut-il avoir la moindre influence sur le corps judiciaire ? Grimm ne le pense pas. Il parle avec beaucoup de condescendance du petit magistrat de province, « fort jeune et dont la santé est très faible ». Certes, on ressent la bonté de son cœur, mais que pèse un discours prononcé par un jeune inconnu au fin fond de la France ? « S'il l'avait été par Maître Omer Joly de Fleury devant le Parlement de Paris, je pourrais me réjouir avec eux [les philosophes] ; mais un jeune magistrat qui se meurt de la poitrine, élevant sa voix du fond d'une province, n'a pas assez d'autorité sur les esprits pour faire la moindre impression... J'ai peine à me persuader que les enfants, même les mieux intentionnés, fassent jamais grand bien[4]. » Grimm est d'autant plus pessimiste que sont publiés dans la foulée de celui de Servan deux ouvrages talentueux, fort réactionnaires, qui ne passent pas inaperçus. Le premier, de Muyard de Vouglans, avocat au Parlement et bon criminaliste, est une critique solide des principes de Beccaria[5]. Le second est l'œuvre

1. 15 mars 1767, *Carteggio*, p. 527.
2. Le 26 janvier 1767 (D. 13883), d'Alembert lui écrit : « Avez-vous lu un très bon discours sur l'Administration de la Justice Criminelle... ? »
3. 14 février 1767. D. 13955.
4. *Correspondance littéraire*, VII, p. 224.
5. *Réfutation des principes hasardés dans le Traité des délits et des peines*, 1767.

de l'avocat Linguet [1], qui s'en prend hardiment à ceux de Montesquieu.

En vérité, Grimm se trompe. Il sous-estime l'influence des idées philosophiques sur la bourgeoisie éclairée et surestime celle des pouvoirs parisiens. Servan lui a répondu indirectement dans une lettre à d'Alembert : « Ce qui doit vous toucher, c'est de voir un parlement de province écouter sans murmure des vérités qui auraient soulevé tout celui de Paris ; c'est de trouver aux extrémités du Royaume plus de justice pour les hommes célèbres que dans la capitale même qui doit mieux les connaître. En vérité, Monsieur, vous seriez étonné des progrès de la philosophie dans ces régions barbares, vous n'imagineriez jamais combien vous êtes lu, compris, goûté, admiré [2]. » Et, de fait, d'autres magistrats de province véhiculent les mêmes idées. À la rentrée d'octobre 1765, Le Blanc de Castilhon, avocat général au parlement d'Aix, a prononcé un discours incendiaire contre le fanatisme et le despotisme, dans la ligne de Montesquieu [3]. Qu'importe qu'il ait dû se rétracter par la suite, le mal – ou plutôt le bien – était fait. Quelques années plus tard, ce sera le tour de Dupaty, jeune avocat général au parlement de Bordeaux, de monter au créneau pour faire entendre la voix de la tolérance et des libertés. Ce qui lui vaudra une lettre de cachet et la prison d'Encise, mais aussi le surnom flatteur de « jeune Socrate de Bordeaux [4] » dont le gratifiera Voltaire.

Quoi qu'en pense Grimm, l'heure des bœufs-tigres et des Omer est déjà passée. Une nouvelle génération de magistrats et d'avocats, imprégnés de philosophie, diffuse ses idées dans le corps judiciaire et plus généralement dans le corps social. Du moins est-ce l'opinion de Voltaire dès le milieu de l'année 1767. À propos de l'affaire des Sirven, qui va être soumise au Conseil du roi, il écrit : « Ils gagneront leur procès. Tous les jeunes maîtres des requêtes sont philosophes, tous sont tolérants. Une

1. *Théorie des lois civiles, ou Principes fondamentaux de la société*, 1767.
2. 5 janvier 1767.
3. Discours de M. Le Blanc de Castilhon, avocat général au parlement de Provence, le jour de la rentrée de cette Cour le 1er octobre 1765, au palais d'Aix, in *Mémoires de Bachaumont*, II, 10 octobre 1765, pp. 278 à 281.
4. À d'Alembert, 5 novembre 1770. D. 16743.

grande révolution commence dans les esprits[1]. » C'est aussi l'avis de Morellet, qui affirme dans ses *Mémoires*, rédigés longtemps après : « Le *Traité des délits* avait tellement changé l'esprit des anciens tribunaux criminels en France que, dix ans avant la Révolution, ils ne se ressemblaient plus. Tous les jeunes magistrats des cours, et je puis l'attester puisque j'en étais moi-même, jugeaient plus selon les principes de cet ouvrage que selon les lois[2]. »

Jugement peut-être par trop optimiste, mais qui a le mérite de désigner l'origine de la révolution judiciaire. En toute justice, Morellet aurait dû souligner aussi ce que la jeune magistrature devait à la lecture de Voltaire et des encyclopédistes. Le premier avait modifié les sensibilités, les seconds avaient rendu possible un Beccaria.

1. À Paul Rabaut, 16 mai 1767. D. 14185.
2. *Mémoires inédits*, I, p. 166.

CHAPITRE IV

Lune de miel entre princes et philosophes
(1767-1768)

Depuis les gestes spectaculaires de Frédéric et de Catherine en direction des philosophes, ceux-ci regardent les souverains étrangers comme leurs meilleurs alliés. Leurs idées, discutées dans les salons parisiens et condamnées à Versailles, font le miel, croient-ils, des princes et des rois. Ces derniers ne se contentent pas d'applaudir à chacune de leurs nouvelles productions, ils proclament leur allégeance à la philosophie. Et l'on veut les croire sincères. Mieux, les philosophes ne sont plus les seuls à se déplacer dans les cours étrangères ; princes et rois du nord de l'Europe font le voyage à Paris pour rencontrer ceux que leurs journaux favoris et leurs ambassadeurs mentionnent régulièrement. Les philosophes ne sont pas loin de se prendre pour les pédagogues des rois, tout en sachant bien qu'ils sont leurs obligés. La protection des uns se paie du service des autres. Mais, pour l'heure, on s'en tient aux applaudissements réciproques qui bénéficient aux deux parties.

Au secours de Marmontel

Une œuvre médiocre servie par la censure

Marmontel (1723-1799) est de ces auteurs dénués de génie qui font une carrière sans commune mesure avec leurs talents littéraires. De ceux qui savent humer le vent et se placer au bon endroit au bon moment. Son charme et son entregent lui ont valu, très jeune, la double protection de Voltaire et de Mme Geoffrin, suivie bientôt de celle de d'Alembert et de ses amis. Après avoir donné quelques tragédies [1], une trentaine d'articles à l'*Encyclopédie*, et dirigé le *Mercure de France* pendant dix-huit mois [2], Marmontel est reçu à l'Académie française [3] grâce à une campagne sans précédent du clan philosophique. Jusque-là, son plus grand succès est la publication dans le *Mercure* de récits dont le recueil aura pour titre *Contes moraux*.

En janvier 1767 paraît *Bélisaire*, un roman pseudo-biographique qui sert de prétexte à Marmontel pour propager les doctrines des philosophes. Il n'y stigmatise pas seulement le fanatisme, l'intolérance et la censure, il demande aussi aux princes de ne plus se mêler de disputes théologiques et de cesser de persécuter les hommes pour leurs opinions religieuses. Le tout est une longue homélie sur les devoirs du bon souverain, qui n'épargne ni lieux communs ni envolées philosophiques. Du Voltaire sans le génie. À peine paru, avec approbation et privilège [4], l'ouvrage est la cible des délicats censeurs de la Sorbonne. Le syndic de la faculté de théologie le soupçonne de déisme « et de faire regarder le christianisme comme une religion odieuse

1. *Denys le Tyran* (1748) et *Aristomène* (1749) connurent la faveur du public, mais les suivantes, *Cléopâtre* (1750), *les Héraclides* (1752) et *Egyptus* (1753), furent des échecs complets.

2. D'août 1758 à janvier 1760.

3. Élu le 23 novembre 1763, il fut reçu le 22 décembre suivant.

4. L'approbation du censeur fut accordée le 20 novembre 1766, et le privilège du roi, le 16 décembre 1766.

ou au moins fort indifférente[1] ». Est visé son chapitre XV sur la tolérance – celui qui plaît tant à Voltaire –, et en particulier cette phrase : « La vérité luit de sa propre lumière, et on n'éclaire pas les esprits avec la flamme des bûchers. » Dès le mois de mars, la seconde édition est suspendue.

Aussitôt, tout le clan philosophique est en émoi. D'Alembert fustige « la canaille sorbonique[2] ». Puis c'est au tour de Turgot d'ironiser sur les *Trente-Sept Impiétés de Bélisaire* dénoncées par la Sorbonne[3]. Un texte « salé[4] », au dire de Voltaire, publié anonymement par l'intendant de Limoges. Alors que l'abbé Coger, sous l'autorité de Riballier, publie son *Examen du Bélisaire* pour faire condamner Marmontel, ce dernier trouve plus prudent de quitter la France sous prétexte d'aller prendre les eaux à Aix-la-Chapelle. Mais Voltaire, mis en cause par Coger, accable l'abbé de sarcasmes dans une « satire d'une gaieté d'enfant, mais d'une méchanceté effroyable[5] », intitulée *Honnêtetés théologiques.*

Pendant que l'échange de libelles se poursuit, à la plus grande joie du public, un événement sans précédent embarrasse les autorités. L'un après l'autre, les monarques étrangers font savoir leur totale adhésion aux thèses de *Bélisaire* et leur soutien à son auteur. Occasion pour eux, comme le note Diderot, « de nasarder un peu notre ministère[6] ».

Applaudissements princiers

Non sans habileté, Marmontel a pris soin, dès la sortie de son livre, d'en envoyer un exemplaire dédicacé aux différents monarques susceptibles de l'apprécier. Il compte bien trouver

1. L'abbé Riballier à Marmontel [19 février 1767], *Correspondance* de Marmontel, éd. Renwick, I, p. 143.
2. Lettre à Voltaire, 11 mars 1767. D. 14030.
3. *Les Trente-Sept Vérités opposées aux trente-sept impiétés de Bélisaire*, par un bachelier ubiquiste.
4. Voltaire à d'Alembert, 19 juin 1767. D. 14230.
5. Diderot à Sophie Volland [11 octobre 1767], L. Versini, pp. 788-789.
6. *Ibid.*, p. 788. Nasarder signifie donner une chiquenaude sur le nez.

des appuis du côté de Catherine II, de Frédéric II, du prince héréditaire de Brunswick – devant lequel il a déjà lu un extrait de *Bélisaire* lors d'une visite à Paris [1] –, du prince royal de Suède (probablement sur les conseils de son ami intime Creutz, ambassadeur de Suède à Paris), de la mère de celui-ci, la reine Louise-Ulrique, et enfin du roi Stanislas de Pologne, qu'il a fréquenté dans le salon de Mme Geoffrin. Si Frédéric II, amateur éclairé de bonne littérature, se contente d'un accusé de réception, en revanche la tsarine ne ménage pas ses compliments : « *Bélisaire* m'a confirmée dans l'opinion qu'il n'y a de vraie gloire que celle qui résulte des principes que Bélisaire soutient avec autant d'agrément que de solidité [...]. C'est un livre qui mérite d'être traduit dans toutes les langues [2]. » Joignant le geste à la parole, l'impératrice, qui navigue sur la Volga, entreprend cette traduction en russe avec quelques familiers. Dès le 10 juin, elle annonce au baron de Munich : « La besogne est faite. On le lit à présent pour voir si la traduction est exacte, et puis nous le ferons imprimer. [...] Jugez après cela si *Bélisaire* nous a plu [3]. » Elle s'empresse alors de le faire savoir à Voltaire [4], sûre qu'il ne manquera pas de répandre la bonne nouvelle *urbi et orbi*. De fait, il répand mille louanges sur la souveraine « dont la gloire retentit dans ma petite retraite comme dans toute la terre [5]. » À l'occasion d'un texte sur la Pologne [6] rédigé à la demande de Catherine, Voltaire lui offre un panégyrique en bonne et due forme : « Pour moi, dit-il, si elle vient à bout d'inspirer la tolérance aux autres princes, je l'appellerai la bienfaitrice du genre humain [7]. »

La réaction des autres princes fut à l'unisson de celle de Catherine. Sans parler du prince héréditaire de Brunswick, « du

1. À la séance de l'Académie française du 24 mai 1766.
2. À Marmontel, 18 mai 1767. Renwick, p. 169.
3. *Ibid.*, p. 174. Catherine s'était réservé de traduire le chapitre IX, « Sur les vrais intérêts d'un Souverain ». La traduction fut publiée en 1768.
4. 9 juin 1767. D. 14219.
5. Au comte Vorontsov, 31 juillet 1767. D. 14322.
6. *Essai historique et critique sur les discussions des églises de Pologne*, publié à l'automne 1767 sous le pseudonyme de Bourdillon. Cf. Lettre du 25 août 1767. D. 14393. Voir aussi *Lettre sur les panégyriques*.
7. Au prince Galitsyne, 7 octobre 1767. D. 14470.

nombre des vrais croyants à la saine philosophie[1] », toute l'Europe prend fait et cause pour *Bélisaire*. Le roi Stanislas[2], cela va de soi, mais aussi l'impératrice d'Autriche, peu coutumière de ces polémiques et dont nul n'avait d'ailleurs songé à solliciter le suffrage. Le baron van Swieten informe Marmontel : « *Bélisaire* a été élu par nos augustes maîtres. Je vous félicite, Monsieur, d'avoir eu de tels juges. Comment n'auraient-ils pas approuvé un ouvrage où ils doivent se reconnaître à chaque trait qui caractérise le bon souverain ? *Bélisaire* va être imprimé ici et il sera bientôt dans les mains de tout le monde[3]. »

Plus spectaculaires encore sont le cadeau et les lettres de la famille royale de Suède. Louise-Ulrique avait fait faire une boîte de valeur où étaient peintes les principales scènes de *Bélisaire*. Elle l'avait accompagnée de ces mots : « Malgré les XXXVII propositions de la Sorbonne, je ne puis refuser mon estime à l'auteur de *Bélisaire*. Je l'ai lu avec un plaisir infini et je le félicite sincèrement d'avoir si bien réussi[4]. » Y est jointe une lettre du prince héritier, le futur Gustave III, qui n'hésite pas à écrire que *Bélisaire* est une grande leçon donnée aux rois, dont il saura profiter. Imprudent, mais c'est révélateur de l'état d'esprit et de la culture du prince, il ajoute : « Si la Sorbonne vous condamne, vous êtes bien vengé par la voix publique qui condamne la Sorbonne. Après cela, le bien que produira votre ouvrage durera encore lorsque la censure ecclésiastique sera oubliée, et le plaisir d'avoir contribué au bonheur des hommes vaut mieux que celui d'avoir contenté quelques docteurs en théologie. Voilà, Monsieur, ce qui me paraît devoir vous consoler de l'espèce de persécution que vous essuyez pour avoir consacré vos talents à publier les vérités les plus utiles qui aient jamais été dites[5]. »

1. Marmontel à Voltaire, Aix-la-Chapelle, 7 août 1767. D. 14343.
2. Lettre à Marmontel, 26 août 1767. Renwick, pp. 197-198.
3. Lettre du 27 juin 1767, reproduite dans celle de Marmontel à Voltaire du 7 août. D. 14343.
4. Lettre du 14 août 1767. Renwick, p. 196.
5. Lettre du 19 juin 1767. *Ibid.*, p. 213. Ce propos contre les théologiens (catholiques) de la Sorbonne lui fut vivement reproché par ceux (protestants) de Stockholm.

Marmontel, flagorneur, répondit au jeune prince de vingt et un ans : « Ce n'est point pour vous que j'ai osé écrire [...]. Des écrivains plus éclairés et plus profonds que moi vous prendraient pour modèle, et jamais pour disciple [...]. Votre vie est déjà, pour vos pareils, une haute leçon de justice, de bienfaisance, d'application, de dévouement au bien public, et les princes n'auront jamais de meilleur livre que votre exemple [1]. »

Désireux de faire connaître l'hommage immodéré du prince suédois, Marmontel en envoie copie à ses amis, notamment à Voltaire, et la lit à l'Académie française. Au dire de Creutz, « elle a excité une admiration générale. On a versé des larmes d'attendrissement et de plaisir [2]. » Mais cet auditoire choisi ne lui suffit pas. Il s'arrange pour faire savoir qu'il a perdu tout le dossier des lettres princières sur *Bélisaire* pour pouvoir les publier sous le voile de l'anonymat sans risquer d'être accusé d'indiscrétion par ses correspondants. Parallèlement, les philosophes rassemblent tous les documents et pamphlets relatifs à *L'Affaire Bélisaire* pour en faire une édition complète. Comme par hasard, l'ouvrage est imprimé à Genève... Sartine, qui a succédé à Malesherbes à la tête de la censure, demande au lieutenant de police, Hemery, de rechercher les colporteurs, de les arrêter et de saisir les exemplaires [3]. Celui-ci lui répond : « Il n'a été vendu par aucun colporteur [...]. Ce sont Mrs Dargental, d'Alembert, Delamilaville [sic] et l'abbé Morellet qui le distribuent et qui en disposent 6 ou 12 exemplaires chez des personnes de leur connaissance qui les vendent ensuite [4]. »

En attendant, la Sorbonne est la risée de tout Paris et de l'Europe entière, d'autant qu'elle ne sait plus sur quel pied danser : « La Sorbonne est dans la fange, se réjouit Voltaire, et elle y restera, soit qu'elle écrive des sottises, soit qu'elle n'écrive rien

1. 8 octobre 1767. D. 14471.

2. Lettre de Creutz au prince royal de Suède [5-6 octobre 1767]. Renwick, p. 209. Seul Creutz rapporte cette lecture à l'Académie, laquelle ne l'a pas consignée dans ses registres. Il est probable que Marmontel l'a lue de façon informelle à ses confrères, n'ayant pas demandé l'autorisation de la rendre publique.

3. Lettres des 28 et 31 octobre 1767. *Ibid.*, II, Appendices, p. 193.

4. Lettre du 5 novembre 1767. *Ibid.*, p. 194.

[...]. Les théologiens, qui ne sont aujourd'hui que ridicules, n'ont servi autrefois qu'à troubler le monde ; il est temps de les punir de tout le mal qu'ils ont fait[1]. » Finalement, la faculté de théologie publie une censure restreinte sur le chapitre XV concernant la tolérance civile. Le gouvernement, conscient que le ridicule ne l'épargne pas, censure à son tour les sorbonnards.

C'est Grimm qui tire la meilleure leçon de l'histoire : « Le bonhomme Bélisaire a de grandes obligations à la Sorbonne d'avoir bien voulu se couvrir de ridicule à son égard. Sans cette circonstance, son succès à Paris n'aurait pas été fort solide, et il serait actuellement oublié. Mais les pamphlets et les coups d'étrivières partis de Ferney ont tenu les yeux du public ouverts sur cette production qu'il avait d'abord froidement accueillie ; et le suffrage dont divers princes et têtes couronnées l'ont honoré a rendu ce livre agréable à la nation[2]. » Ce qu'il ne dit pas, peut-être par prudence, c'est que les souverains étrangers viennent d'administrer une magistrale leçon de tolérance au monarque français. Alors que Louis XV s'obstine à mépriser, voire à combattre la république des lettres, celle-ci suscite une immense curiosité aux quatre coins de l'Europe et exerce son influence en conséquence.

Princes et rois à Paris

La domination culturelle française

Au XVIIIe siècle, le français n'est pas seulement la langue diplomatique de l'Europe, il est aussi le moyen de communication des hommes et des femmes éclairés. La puissance militaire et économique de la France n'explique pas tout. « Ce qui fait le

1. À Marmontel, 14 octobre 1767. D. 14480.
2. *Correspondance littéraire*, VII, livraison du 1er décembre 1767, p. 501.

grand mérite de la France, son seul mérite, son unique supériorité, explique Voltaire à Mme du Deffand, c'est un petit nombre de génies sublimes, ou aimables, qui font qu'on parle aujourd'hui français à Vienne, à Stockholm et à Moscou. Vos ministres, vos intendants et vos premiers commis n'ont aucune part à cette gloire[1]. »

À part Londres et Vienne, où l'on se méfie de l'esprit français[2], la plupart des cours européennes qui se piquent de modernisme ont le regard tourné vers Paris. De Frédéric à Catherine, on parle, on lit et on écrit en français. Le premier s'est nourri de la prose voltairienne, la seconde ne jure que par Montesquieu. Les petites cours allemandes et celles du Nord sont elles aussi à l'affût des nouveautés parisiennes. Toutes veulent lire ce qu'on lit à Paris, et savoir ce qu'on en dit. Les ambassadeurs ont donc également pour mission d'être chroniqueurs de la vie culturelle[3]. Ce qui ne suffit pas à Frédéric II, qui entretient chèrement, depuis les années 1740, des correspondants personnels pour assumer cette tâche, envoyer les livres, etc. Les autres se contentent de lire les journaux français, qui offrent à leurs lecteurs une chronique culturelle de plus en plus importante. Les plus riches souscrivent un abonnement à la *Correspondance littéraire* de Grimm, dont on ne dira jamais assez le rôle important qu'elle a joué dans la diffusion de la culture française en Europe dans la seconde moitié du XVIIIe siècle. Dès qu'il monte sur le trône, Frédéric peuple sa cour de Français ; la margrave de Bayreuth fait venir le marquis d'Adhémar, ami de Voltaire, de Diderot et de d'Alembert, « pour remplir les vides de la conversation[4] »,

1. Lettre du 13 octobre 1759. D. 8533.

2. Pour des raisons différentes, les cours de ces deux pays gardaient leurs distances avec la culture française. La première, protestante et pragmatique, pensait n'avoir rien à apprendre de ce côté du continent ; la seconde, catholique, redoutait son influence. À l'occasion de l'affaire *Bélisaire*, Grimm se moque de la cour de Vienne qui veut faire croire qu'elle a du goût pour la philosophie « tandis que personne n'ignore que dans ce pays-là, l'inquisition contre le péché de la lecture et contre celui de la chair est exercée avec la dernière rigueur, et qu'un *Esprit des lois* ou un tome de Voltaire n'a jamais pu franchir la barrière de Vienne ». *Correspondance littéraire*, VII, p. 503. Propos un peu caricatural d'un Allemand contre l'Autriche.

3. Voir entre autres les correspondances de Gleichen, Creutz, Galitsyne, ambassadeurs respectifs du Danemark, de la Suède et de la Russie.

4. Cité par Edgar Mass, « Le Marquis d'Adhémar... » *S.V.E.C.*, n° 109, 1973, p. 13.

et l'on se distrait en jouant sur scène les dernières pièces de Voltaire.

Pour mesurer l'influence intellectuelle de la France sur les princes étrangers, rien n'est plus éloquent que l'exemple de la cour de Suède sous le règne de la reine Louise-Ulrique. La sœur de Frédéric II partageait avec son frère un grand intérêt pour les lettres françaises et correspondait avec Voltaire depuis 1743. Elle confia l'éducation de son fils aîné, le futur Gustave III, au plus français des Suédois. En effet, Carl Frédéric, comte de Scheffer, qui avait vécu treize ans à Paris, dont neuf comme ambassadeur de Suède [1], disait volontiers qu'il avait choisi la France pour patrie culturelle. Après avoir appris au prince à rédiger ses lettres en s'inspirant de Mme de Sévigné [2], Scheffer développa son esprit par la lecture et le commentaire des philosophes français. Gustave n'a pas quatorze ans quand il discute avec son gouverneur des mérites comparés de l'*Esprit des lois*, du *Discours sur les sciences et les arts* et de la *Lettre à d'Alembert sur les spectacles* [3]. Fervent lecteur de *La Henriade*, le prince lit tous les ouvrages de Voltaire avec délectation. Comme Scheffer lui met entre les mains aussi bien les classiques que les écrits contemporains qui font parler d'eux, on ne s'étonnera pas que l'adolescent ait dévoré *Les Philosophes* de Palissot, *L'Écossaise* et tous les pamphlets qui suivirent [4], ni qu'il ait pris fait et cause pour Calas. En outre, le prince a une passion pour le théâtre français et connaît par cœur des tirades de Corneille, de Racine ou de l'art dramatique le plus récent. Il partage cet engouement avec sa mère, qui entretient une troupe française pour jouer à la Cour tant le répertoire classique que les toutes dernières nouveautés. Au détour d'une lettre de Gustave, on apprend même

1. Scheffer (1715-1786) avait d'abord servi le comte de Tessin lors de son ambassade en France de 1739 à 1742, avant d'être ambassadeur lui-même de 1743 à 1752. Rappelé en Suède pour devenir sénateur, il fut nommé gouverneur du prince royal en 1756, quand ce dernier eut dix ans.
2. *Gustave III par ses lettres*, éd. de G. von Proschwitz, 1986, p. 23.
3. *Ibid.*, pp. 26-28.
4. *Ibid.*, p. 31.

que la tragédie de Belloy, *Gaston et Bayard*, fut donnée à Stockholm avant même d'être jouée à la Comédie-Française[1]. La même année, la reine Louise-Ulrique accueille son frère, le prince Henri de Prusse, également grand amateur du théâtre français, avec une flopée de spectacles. En moins d'un mois on a représenté *Iphigénie en Tauride* de La Touche, *L'Aveugle de Palmyre* de Desfontaines, *Eugénie* de Beaumarchais, *Le Procureur arbitre* de Poisson, *Mahomet* de Voltaire, *Phèdre* de Racine, *La Manie des arts ou La Matinée à la mode* de Rochon de Chabannes. La reine étant souffrante, un soir, on décommande le *Tancrède* de Voltaire, mais on se rattrape les jours suivants avec *Gaston et Bayard*, *L'Anglais à Bordeaux* de Favard, *La Jeune Indienne* de Chamfort et *Le Comte de Comminges* de Baculard d'Arnaud[2].

À Stockholm comme à Berlin, à Gotha ou à Moscou, on vit à l'heure culturelle de Paris. Pas une pièce, pas un pamphlet, pas une œuvre qui échappe à l'attention de Leurs Majestés, et donc à leur entourage. Comment s'étonner dès lors que l'on brûle de rencontrer tous ces acteurs de la vie intellectuelle et artistique qui sont l'expression de la société la plus polie du monde, « ce Paris tant vanté, tant désiré, tant aimé[3] » ? Mais, depuis Pierre le Grand, les grands monarques ne voyagent presque plus hors de leurs frontières, et ce sont les Allemands qui relancent la mode du voyage princier en Europe. Ils seront bientôt imités par le jeune roi de Danemark, les princes de Suède et Joseph II.

À la rencontre des philosophes

Certes, les princes ne voyagent pas comme les rois. Libres de leurs mouvements, ils échappent au protocole qui contraint les monarques, même s'ils choisissent l'incognito. En juillet 1765,

1. Proschwitz, p. 75. La pièce fut publiée au début de 1770, jouée à la cour de Suède dès mai 1770, et à Paris le 24 avril 1771.
2. Lettre du prince royal à son frère Charles, 14 septembre 1770. *Ibid.*, pp. 86-89.
3. Lettre du prince Charles au prince royal, 20 septembre 1770. *Ibid.*, p. 90.

la princesse de Nassau-Saarbruck inaugure la « visite au philosophe ». De passage à Paris pour vingt-quatre heures, elle choisit de passer une matinée en compagnie de Grimm et de Diderot. Rien de plus naturel, dira-t-on, de la part d'une fidèle abonnée à la *Correspondance* de Grimm, à laquelle Diderot avait dédié en 1758 son *Père de famille*[1]. Ce qui surprend les philosophes, c'est le ton de simplicité et de familiarité de la princesse. « C'est une femme charmante de figure et de caractère [...], et je l'aurais vue cent fois auparavant, raconte Diderot, que je n'aurais pas été plus à mon aise. Après les premiers compliments, la conversation est devenue tout à fait intéressante [...]. Elle m'a promis son portrait et, quand je l'ai quittée, elle m'a présenté sa main à baiser avec une affabilité qui ne se rend pas[2]. »

La plupart des visiteurs ne sont pas aussi pressés et passent volontiers entre un et deux mois à Paris. L'objectif est de découvrir les merveilles de la capitale (Bibliothèque royale, Gobelins, Jardin du Roi, Savonnerie, fabrique de Sèvres, Invalides, etc.) et de rencontrer tout ce qui compte dans les salons de la haute aristocratie ou dans celui de Mme Geoffrin. Seules les personnalités les plus prestigieuses sont reçues dans les académies, où on les régale d'expériences, de mémoires et de discours en tout genre. C'est l'occasion pour elles de rencontrer le monde intellectuel dans sa diversité et d'échanger quelques mots avec les plus célèbres, prélude à des entretiens privés.

Le prince héréditaire Ferdinand de Brunswick, neveu de Frédéric II, a droit à tous les honneurs réservés aux hôtes de marque. Lors de son double séjour à Paris aux printemps de 1766 et de 1767[3], il est reçu par Louis XV, le duc d'Orléans et les plus grands noms de la noblesse, qui lui donnent fête sur fête[4].

1. Diderot lui avait envoyé une lettre sur l'éducation qui servit d'épître dédicatoire au *Père de famille*.
2. Lettre à Sophie Volland [25 juillet 1765], L. Versini, p. 507.
3. Il arriva à Paris le 20 avril 1766 et en repartit fin juin pour visiter l'Italie en passant par Ferney. Il y reviendra en mars 1767 et y restera encore trois semaines avant de gagner l'Angleterre.
4. Mme du Deffand s'en fait l'écho auprès de Walpole : « On ne parle ici que du prince héréditaire ; tout le monde le verra et on est passionné du désir de le voir » (24 avril 1766). Et encore, trois semaines plus tard : « Nous sommes assourdis de tout ce qu'on dit du prince héréditaire, des fêtes qu'on lui donne, des agréments qu'on lui trouve » (14 mai 1766). *Horace Walpole's Correspondence With Madame du Deffand*, I, pp. 16 et 38.

Il est arrivé précédé de la flatteuse réputation de prince philosophe[1], ce qui lui vaut l'intérêt et la sympathie de tous. Grimm, qui se flatte d'avoir eu avec lui un long tête-à-tête, se dit enchanté : « Il pense en philosophe. Il a une grande simplicité dans ses manières qui va toujours avec la véritable élévation[2]. » Reçu à sa demande dans les trois académies[3], le prince fait connaissance de d'Alembert, qui dit de lui le plus grand bien à Frédéric : « Le Prince est ici estimé, aimé et recherché par tout le monde [...]. Tout le monde s'empresse tant à l'avoir, que je n'ai pu jouir que quelques moments de l'entretenir[4]. » Pourtant, le prince s'est employé à charmer d'Alembert. Au sortir de la séance de l'Académie des sciences où celui-ci avait lu un savant mémoire[5], il l'a « comblé d'éloges et de caresses[6] ». Il a même demandé à M. de Paulmy, qui donnait un dîner en son honneur quelques jours plus tard, d'y convier le philosophe. Le prince tient à sa réputation et le voyage à Ferney ne la démentira pas. Voltaire confirme : « J'ai trouvé le Prince de Brunswick tel que vous me l'aviez annoncé [...]. Il me paraît fait pour la guerre, pour les lettres, pour la philosophie et pour l'amour[7]. »

De retour à Paris, le prince héréditaire cultive ses relations avec les philosophes. Grimm rapporte qu'il a demandé à dîner chez le sage Trudaine pour y parler ponts et chaussées et finances. Mais il a surtout accepté l'invitation d'Helvétius à un

1. Constant Rebecque écrit à Voltaire le 27 avril 1766 [D. 13270] : « Je viens de passer quelques jours avec le prince héréditaire de Brunswick [...] ; ce prince porte dans toutes ses actions et ses discours le caractère d'un grand homme. Il voit tout et voit tout très bien ; son voyage est plutôt celui d'un philosophe que celui d'un grand seigneur. »

2. À la princesse Caroline de Hessen-Darmstadt, 30 mai 1766, in Schlobach, *F.M. Grimm*, 1972, p. 55.

3. Le 14 mai à l'Académie des sciences et le 24 à l'Académie française. Entre les deux, il alla à l'Académie des inscriptions. Sur les registres de l'Académie française, on lit que le prince a désiré être admis à une des séances et que l'Académie y a consenti. III, p. 216.

4. Lettre du 26 mai 1766. Preuss XXIV, pp. 404-405. D'Alembert renouvelle ses compliments dans sa lettre à Voltaire du 25 juin. D. 13372.

5. Nouvelles Recherches sur les verres optiques, in *Mémoires de l'Académie*, 1765, p. 53.

6. Mme du Deffand à Walpole, 21 mai 1766. *Correspondence...*, p. 49.

7. À Constant Rebecque, 25 juillet 1766. D. 13448.

repas avec les philosophes. Ni Grimm ni Marmontel, qui y participèrent, n'ont donné la liste exhaustive des invités[1]. Mais on devine sans peine que, outre Diderot et d'Alembert, le baron d'Holbach et Morellet étaient de la fête. Pourtant, d'après une anecdote rapportée par deux sources différentes, Diderot avait bien failli refuser ce qu'il considérait comme une mondanité inutile. Selon Grimm, le prince, qui voulait absolument voir Diderot en tête à tête, l'avait prié de le mener jusque chez lui, au troisième étage de la rue Taranne. Le philosophe a rapporté la suite à G.L. Schmid, homme de lettres suisse qui séjournait à Paris : « Diderot nous a raconté en riant de bon cœur le tour que lui avait joué la visite du prince héritier de Brunswick. Ce dernier, amené par M. Gr[imm], se présente chez lui sous le nom du comte de Schulenburg, en gardant l'incognito. Alors que le prince se dispose à partir, on en vient à parler d'un dîner devant avoir lieu chez Helvétius, auquel Diderot était invité en même temps que le prince héritier. Diderot se refusait à s'y rendre : "Je n'aime pas beaucoup ces grands personnages, dit-il. On ne fait qu'être mal à l'aise avec eux, et une fois qu'ils sont partis, on se rend compte que cela ne valait pas la peine de les voir[2]." »

Grimm précise qu'après qu'il eut mis fin au quiproquo, le philosophe se confondit en excuses. Mais, auparavant, l'entrevue, sérieuse et gaie, avait duré une heure et demie. Diderot « avait été si charmé de sa conversation qu'il alla l'embrasser et le serrer dans ses bras avec la plus grande cordialité, disant qu'il était enchanté d'avoir fait connaissance avec un homme aussi instruit et aussi aimable[3] ».

La visite du prince héréditaire de Brunswick fut immédiatement suivie de celle de sa cousine, la princesse Caroline de Hessen-Darmstadt. Elle était l'une des premières abonnées de Grimm[4], et entretenait une correspondance privée avec lui. Celui-ci s'empressa de lui servir de guide, comme il le fera, un

1. *Correspondance littéraire*, VII, p. 296. Grimm n'évoque que « plusieurs hommes célèbres » dans ses lettres. Cf. aussi les *Mémoires* de Marmontel, I, p. 238.
2. Georg Ludwidg Schmid, Zschokke, n° 24, p. 94. Traduit et cité dans la *Correspondance générale d'Helvétius*, éd. D. Smith, III, pp. 284-285.
3. *Correspondance littéraire*, VII, p. 297.
4. Depuis 1754. La princesse passa trois semaines à Paris en mai 1767.

an plus tard, pour le prince héréditaire de Saxe-Gotha[1]. À chacun il ménageait des rencontres avec Diderot, d'Holbach, Mme Geoffrin[2], etc.

Le séjour du jeune roi de Danemark, fin 1768, fut d'une tout autre portée. Monté sur le trône deux ans auparavant, ce roi minuscule[3] ne brillait guère par son esprit ni par sa prestance. Mais, prince régnant, il eut droit à tous les égards[4] de Louis XV et de sa Cour. Sous la houlette du duc de Duras, il fut accablé durant six semaines de visites, fêtes, spectacles et festins. Pourtant, à peine arrivé à Fontainebleau, il n'avait pas hésité à dire que Voltaire lui avait appris à penser et qu'il souhaitait rencontrer les gens de lettres pour converser avec eux[5]. Comme Duras avait fait la sourde oreille, le roi chargea son ambassadeur, le baron de Gleichen, fort lié aux philosophes, d'organiser un dîner à l'hôtel d'York, où il était descendu. Tout le gratin des sciences et des lettres y prit part : Mairan, Cassini, Duhamel, d'Alembert, Duclos, l'abbé Barthélemy, d'Holbach, Crébillon, Condillac, Morellet, Grimm, Gentil-Bernard, Diderot, Saurin, Helvétius, Marmontel, Watelet et La Condamine[6]. Le roi parla à chacun et s'attarda auprès de d'Alembert[7], Diderot, Helvétius et Marmontel. Selon Grimm, la Cour apprécia peu cette rencontre : « Pour purifier Sa Majesté danoise de l'air pestilentiel que la philosophie pouvait avoir répandu autour d'elle, M. le duc de Duras la mena, trois jours après cette audience, en Sorbonne et au collège du Plessis. »

1. À Paris du 2 octobre 1768 au 3 janvier 1769.

2. Diderot à Sophie Volland [22 novembre 1768], L. Versini, pp. 919-920 : « Le prince [de Saxe-Gotha] est venu passer deux heures chez moi, en cheville. C'était le mercredi. Le jeudi, je passai toute la journée avec lui chez le baron [d'Holbach]... » Voir aussi les lettres de Grimm à la princesse Caroline de Hessen-Darmstadt concernant le voyage de son fils à Paris, fin 1771. Schlobach, pp. 159-162.

3. Dans ses lettres à Walpole, Mme du Deffand le traite successivement de « petite pagode », « petit oiseau », « poupée », « imbécile », « linotte ». *Correspondence...*, II, pp. 159-166. Christian VII (1749-1808) se révéla très vite atteint d'une maladie mentale.

4. Arrivé à Paris le 21 octobre 1768, il en repartit le 10 décembre.

5. D'Alembert à Voltaire, 12 novembre 1768. D. 15309.

6. *Correspondance littéraire*, VIII, pp. 212-215. Grimm rapporte précisément les détails de cette rencontre du 20 novembre 1768.

7. Au dire de d'Alembert, le roi lui parla beaucoup de Voltaire, « des services que vos ouvrages avaient rendus, des préjugés que vous avez détruits, des ennemis que votre liberté de penser vous avait faits ». 6 décembre 1768. D. 15352.

Vers la fin du séjour du roi de Danemark, le duc de Duras l'escorta, comme c'était l'usage, aux trois académies pour assister à des séances particulières [1]. À l'Académie française comme à celle des inscriptions, on rivalisa de compliments. Le duc de Nivernais lut quelques fables de son invention, dont l'une sur *Le Roi voyageur*, qui fit bon effet. La surprise, probablement peu goûtée du duc de Duras, vint de l'Académie des sciences. D'Alembert, chargé de prononcer le discours en l'honneur du roi, choisit de parler de *L'Influence et l'utilité réciproques de la philosophie envers les Princes et des Princes envers la philosophie* [2]. Ses propos furent unanimement appréciés des hommes de lettres [3]. Il n'est guère étonnant de lire sous la plume de Grimm que d'Alembert « sait parler avec un noble courage aussi éloigné de la licence cynique que de la bassesse. De tout ce que le séjour du roi du Danemark a fait faire, ce discours est le seul morceau qui mérite d'être conservé. » En revanche, le commentaire des *Mémoires secrets* de Bachaumont dut surprendre plus d'un de ses lecteurs : « M. d'Alembert, peu louangeur de son naturel [...], a enchâssé naturellement dans sa dissertation l'éloge du roi présent, et, par cette tournure oratoire, a évité ce que pouvait avoir de fade un éloge direct dans la bouche d'un encyclopédiste [4]. »

Le clan philosophique exulte, et le sobre compte rendu de cette séance par d'Alembert est on ne peut plus exact : « Je lui ai fait de mon mieux les honneurs [de l'Académie] des sciences par un discours dont mes confrères m'ont fort remercié, et où j'ai tâché de faire parler la philosophie avec la dignité qui lui convient [5]. » De fait, la philosophie se fait de mieux en mieux entendre en

1. Le 3 décembre, le roi assista successivement à celles de l'Académie française, de l'Académie des inscriptions et de l'Académie des sciences.

2. Entièrement reproduit dans la *Correspondance littéraire*, VIII, pp. 216-220.

3. En revanche, Mme du Deffand écrit à Walpole : « Le discours de d'Alembert au petit Danois est, dit-on, de la dernière insolence. » *Correspondence...*, II, pp. 168-169, 17 décembre 1768.

4. IV, p. 186. Ces propos mesurés de Bachaumont, qui ne ratait pas une occasion de se moquer de d'Alembert, valent compliment.

5. À Voltaire, 6 décembre 1768. D. 15352. Et à Frédéric II, 19 décembre 1768. Preuss, XXIV, pp. 445-446.

France, en dépit de l'hostilité intacte des autorités politico-religieuses. La sympathie des monarques étrangers – en majorité protestants – et l'intérêt qu'ils ont montré pour elle ne sont pas indifférents. En s'affichant avec les philosophes, ils ne les ont pas seulement parés d'un éclat supplémentaire, ils ont aussi cautionné, volontairement ou non, l'idée d'égalité entre eux.

La lune de miel entre princes et philosophes connut son acmé en 1771 lors du voyage de Gustave III et de son jeune frère à Paris [1]. À l'opposé de son beau-frère [2], le roi de Danemark, Gustave était grand, bien fait de sa personne et spirituel à souhait. Une personne aussi difficile que Mme du Deffand, qui eut l'occasion de lui parler plusieurs fois, le décrit comme « le plus aimable du monde, d'une politesse aisée et facile, avec beaucoup de gaîté [...]. Ils réussissent fort à la Cour, ils s'y conduisent avec toute la bonne grâce et prudence possibles. » Enfin, elle se dit fâchée que Gustave ne puisse se rendre, comme prévu, en Angleterre, où Walpole l'aurait rencontré : « Ce roi vous plairait beaucoup [3]. » Si Gustave III réussit à séduire aussi bien Louis XV, Mme du Barry et les dames de la Cour [4] que Mme du Deffand, cela ne l'empêche pas de déployer tous ses charmes en direction des philosophes. Moins parce que « l'usage d'accueillir les gens de lettres avait déjà reçu force de loi ou du moins d'étiquette [...] et que les gens de lettres étaient comptés au rang de ces objets de curiosité qu'il faut avoir vus [5]... », que parce que le nouveau roi était à la fois leur enfant et leur disciple. Il n'hésite pas, un jour, à défendre vivement Voltaire contre le maréchal de Broglie qui l'accusait de tous les maux [6] ; il ne craint pas non plus de se montrer « presque toujours entouré des

1. Les deux princes Gustave et Frédéric arrivèrent à Paris incognito sous les noms respectifs de comte de Gotland et de comte d'Oland, le 4 février, et repartirent pour la Suède le 25 mars 1771. Entre-temps, Gustave avait appris la mort de son père (le 12 février) à l'Opéra, le 1er mars. Il était devenu roi.

2. Gustave avait épousé la sœur de Christian VII, Sophie Madeleine, en 1766.

3. Lettres à Walpole, 16 et 27 février, 7 et 10 mars 1771. *Correspondence...*, III, pp. 26 à 40.

4. Il entretiendra un commerce épistolaire suivi avec les comtesses de Boufflers, d'Egmont, et avec Lamarck.

5. *Correspondance littéraire*, IX, p. 275.

6. *Ibid.*, p. 284. Ce que d'Argental s'empressa de rapporter à Voltaire, qui répondit par des vers à la gloire du roi de Suède.

philosophes encyclopédistes[1] ». Dès son arrivée, son ambassadeur, Creutz, lui a organisé un dîner avec Marmontel, Grimm, Thomas, Morellet et Helvétius. À part Grimm, « ils sont plus aimables à lire qu'à voir », note-t-il. Il attend avec impatience de rencontrer Diderot, d'Alembert, qu'on lui « a dit aussi modeste que grand philosophe », et Rousseau, avec lequel « on [lui] a promis de [lui] ménager une entrevue[2] ». L'expression est à prendre au pied de la lettre : c'est le roi qui est demandeur, pas le philosophe. Il rencontra Rousseau, mais pas Diderot, qui pourtant l'aurait bien reçu chez lui, même si un « homme de lettres se doit de préférer "la société de ses égaux" à celle des grands qui lui font perdre son temps[3] ». En revanche, s'il dîne fréquemment avec Grimm[4], « d'Alembert est celui qu'il a distingué le plus et qu'il a particulièrement admis à son intimité[5] ».

D'Alembert lui rendit deux hommages successifs, à l'Académie des sciences et à l'Académie française[6]. Le premier était un discours sur le sage et la philosophie, le second, un *Dialogue entre la reine Christine et Descartes aux champs Élysées*. Ce dernier avait pour but de remercier le prince suédois d'avoir fait élever un mausolée au philosophe mort dans son pays, mais également d'aborder de façon élégante et ferme la délicate relation entre le prince et le philosophe. Ce qui fera dire à Voltaire : « Personne n'a rendu la philosophie et la littérature plus respectables[7]. »

Le roi quitta Paris couvert d'éloges et de regrets. « Il n'y a qu'une voix sur ce jeune monarque, note Bachaumont, qui ne peut manquer d'être adoré de ses sujets. Il a capté le suffrage de

1. *Mémoires secrets* de Bachaumont, V, 2 mars 1771, p. 263.
2. Lettre à sa mère Louise-Ulrique, 17 février 1771. Proschwitz, p. 107. Selon R.A. Leigh, le « on » qui aurait servi d'intermédiaire serait Rulhière, dont on reparlera. Cf. *Correspondance de J.-J. Rousseau*, t. XXXVIII, note a, p. 181.
3. Serguei Karp, « Diderot et la cour de Suède », in *La Culture française et les Archives russes*, éd. G. Dulac, p. 189.
4. Lettre de Grimm à la princesse Caroline de Hessen-Darmstadt [23 février 1771], in Schlobach, p. 130.
5. *Mémoires secrets*, V, p. 263.
6. Les 6 et 7 mars 1771.
7. À d'Alembert, 8 avril 1771. D. 17129. Mme du Deffand, qui ne rate plus une occasion de se moquer des philosophes et d'égratigner d'Alembert, avec lequel elle est brouillée, écrit pourtant, de son discours à l'Académie des sciences : « On dit qu'il est admirable. » À Walpole, 7 mars 1771. *Correspondence...*, V, p. 36.

tous ceux qui ont eu le bonheur de le connaître ici [1]. » De leur côté, les philosophes, courtisés par les grands de ce monde, admis dans leur familiarité, ont vu leur dignité reconnue, sinon accrue.

Espérances parmesanes

Elles tiennent à deux hommes au destin atypique : un valet de chambre devenu Premier ministre et un adolescent monté sur le trône à quatorze ans. Pour toute l'Europe des Lumières, le duché de Parme est un modèle de sagesse politique où se joue une partie de la crédibilité des philosophes.

Le Premier ministre et le prince

Né en 1711 à Bayonne, Guillaume-Léon Dutillot était le fils du valet [2] de Philippe V, roi d'Espagne. Après des études à Paris, il fut mis au service du fils du roi, l'infant don Philippe. Quand les Bourbons recouvrèrent la possession du duché de Parme, en 1748, grâce au traité d'Aix-la-Chapelle, Dutillot, qui avait la confiance du prince et de son épouse, Louise-Élisabeth [3], les suivit tout naturellement à Parme avec le titre de secrétaire des commandements. Intendant général de la maison de l'infant, il se révèle remarquable gestionnaire, fonctionnaire intègre et diplomate de haute volée. Nommé secrétaire d'État au Trésor en 1756, il devient Premier ministre de don Philippe en juin 1759, avec l'accord conjoint des rois d'Espagne et de France. L'infant don Philippe, tout à ses goûts pour la chasse, la musique, le

1. *Mémoires secrets*, V, p. 263.
2. Comme le souligne H. Bédarida, « valet » n'est pas laquais. Le valet n'est pas un domestique. Il vient tout de suite après le gentilhomme de la Chambre. Dutillot fit de bonnes études au collège des Quatre-Nations, à Paris, avant de rejoindre son père à Madrid. Cf. *Parme et la France*, 1928, p. 75.
3. Louise-Élisabeth, sœur jumelle d'Henriette, était la fille aînée de Louis XV, sa préférée. Elle mourut à Versailles en décembre 1759 des suites de la variole, à trente-deux ans.

théâtre et les arts, laissa son Premier ministre gouverner à sa guise. Et ce fut une réussite exemplaire. Grand lecteur de la revue milanaise *Il Caffé*, admirateur de Gournay [1], convaincu des bienfaits des arts et des sciences, Dutillot croyait aux vertus du despote éclairé. Sous son règne, Parme connaît « une époque de paix, de réformes et de progrès qui lui vaudra l'admiration générale et la fera regarder comme un État modèle en miniature [2] ». Artistes, artisans, commerçants affluent à Parme et développent une industrie de luxe fort lucrative. Parmi eux, beaucoup de Français, sans parler des savants et des médecins. En douze ans de règne, Dutillot transforme une ville endormie et arriérée en un petit Versailles doté d'Académies, d'un théâtre, d'un musée et d'une bibliothèque, la célèbre Biblioteca Palatina créée par le père Paciaudi [3]. « Bientôt la renommée du ministre se répandit dans toute l'Europe », on le qualifia de « Sully de Parme » ou de « nouveau Colbert [...]. Il devint un mythe [4] ».

Si Parme attire les regards des philosophes, ce n'est pas seulement à cause de sa rapide transformation intellectuelle, politique et économique. C'est aussi pour deux autres raisons qui les concernent au premier chef. Sous Dutillot, la cour de Parme est en lutte avec le Saint-Siège. Le Premier ministre a pris nombre de mesures qui contrecarrent l'influence de Rome, notamment un édit qui soumet les biens de mainmorte à l'impôt, un autre qui fixe l'âge et les conditions pour entrer en religion, un autre encore qui limite les legs faits aux couvents, un autre enfin qui borne les pouvoirs de l'Inquisition. En 1767, la rupture avec Rome est consommée, et l'opposition du clergé de Parme croît en proportion de celle de Dutillot envers les Jésuites. Le 16 janvier 1768, l'interdiction faite à tous les sujets – y compris ecclésiastiques – de plaider devant les tribunaux de Rome sans

1. Gournay, mort en 1759, fut aussi un des maîtres de Turgot. Moins dogmatique que Quesnay, fondateur de la physiocratie, Gournay est à l'origine du perfectionnement de l'agriculture, de l'industrie et du commerce en France. Bédarida, *Parme et la France*, pp. 89-90.

2. E. Sanger, *Isabelle de Bourbon-Parme*, 1991, p. 106.

3. (1710-1785). Savant, philosophe et archéologue de renom, ce théatin avait enseigné pour la première fois le système de Newton à Gênes avant de se consacrer à ses travaux de fouilles de 1747 à 1758. En correspondance avec le comte de Caylus de 1757 à 1765. Ce dernier servit d'intermédiaire entre Dutillot et lui pour sa nomination de bibliothécaire et antiquaire de l'infant de Parme. Il s'y installa en 1762 et y mourut.

4. E. Sanger, *Isabelle de Bourbon-Parme*, p. 109.

l'autorisation ducale est la goutte d'eau qui fait déborder le vase. Clément XIII [1] riposte le 30 janvier par un bref contre le duc de Parme et son gouvernement, qui casse tous les édits pris depuis 1764. Ce qui amène l'infant à exécuter le projet de Dutillot d'expulser les Jésuites hors de Parme [2]. Dans la nuit du 7 au 8 février, ils sont arrêtés et expulsés ; quelques jours plus tard, le père Paciaudi, qui préside à l'enseignement, publie la *Costituzione per i nuovi regi studi*, « une importante tentative pour créer un enseignement coordonné et contrôlé par l'État, de l'école élémentaire à l'université [3] ».

Les philosophes ne pouvaient qu'applaudir à cette politique courageuse qui entrait si bien dans leur programme. L'excommunication du duc de Parme, jugée inepte, fait l'objet de leurs moqueries. Voltaire renvoie Clément XIII à l'exemple de ses prédécesseurs, plus sages. Eux auraient dit à l'infant :

> *Petit cadet d'infant, vous aurez cent nasardes ;*
> *Car me devant respect et l'ayant mal gardé,*
> *Le moindre châtiment c'est d'être nasardé* [4].

Mais c'est la saillie de Frédéric II qui fait mouche chez les philosophes, lorsqu'il compare le pape « à un vieux danseur de corde qui, dans un âge d'infirmité, veut répéter ses tours de force, tombe et se casse le cou [5] ». D'Alembert s'empresse de rapporter le mot, qui court bientôt de bouche en bouche. « Le grand Lama du Vatican » ridiculisé, voilà une victoire non négligeable due à l'action de Dutillot.

Le second motif d'intérêt pour Parme est la personne du jeune duc Ferdinand. Monté prématurément sur le trône [6], il porte les

---

1. (1693-1769). Grand défenseur des Jésuites, le pape condamna « l'esprit philosophique » en 1766.

2. Ce que Choiseul avait fait en France en 1764, et l'Espagne, en 1767.

3. F. Venturi, *Settecento Riformatore*, II, 1976, p. 223.

4. À d'Argental (ambassadeur de Parme à Paris depuis 1759), 6 mai 1768. D. 15003. Plus sérieusement, Voltaire entreprit une vraie campagne contre le pouvoir des papes en publiant en juin 1768 *Les Droits des hommes et les usurpations des autres*.

5. D'Alembert à Frédéric, 15 avril 1768. Preuss, XXIV, pp. 434-435 ; et d'Alembert à Voltaire, 13 mai 1768. D. 15016.

6. (1751-1802). Son père mourut des suites de la variole, le 18 juillet 1765, alors que lui-même n'avait que quatorze ans et demi.

espoirs de tout ce qui compte de libéral en Europe, et surtout ceux du clan des philosophes. Il a en effet été instruit selon leurs principes et leurs valeurs, non pour être un encyclopédiste militant, mais pour incarner ce despote éclairé dont rêvent encore les Voltaire, d'Alembert et Condillac[1] en 1768. Tout a été mis en œuvre pour obtenir le résultat souhaité. Succès ou échec, l'enjeu est d'importance pour tous ceux qui croient à l'*imperium* de l'éducation, au primat de la culture sur la nature.

Parme, laboratoire des philosophes

Par la volonté de sa mère, l'infant de six ans fut confié aux soins d'un gouverneur français, Auguste-Guy Guinement de Kéralio, chaudement recommandé par le duc de Nivernais. Ce Breton de quarante-deux ans avait déjà fait ses preuves auprès du jeune comte de Gisors[2] et avait en outre servi de secrétaire au duc lors de sa mission auprès de Frédéric II, en 1756. Militaire de carrière, Kéralio est bon mathématicien et ingénieur de l'armée. Grand admirateur de d'Alembert, qu'il a peut-être rencontré chez Nivernais, lié à Duclos, c'est un homme d'une haute culture, qui parle plusieurs langues et lit toutes les nouveautés tant scientifiques que littéraires. Proche des philosophes, amateur des polémiques voltairiennes, ouvert même aux expressions les plus affirmées des Lumières[3], Kéralio est loin d'être lui-même un radical. Arrivé à Parme au printemps 1757, il succède à un jésuite, le père Fumeron, qui s'était contenté d'inculquer les premières notions de catéchisme à son élève. Kéralio lui fait lire Ovide, Tite Live, Cicéron, César et Tacite, et commence à l'initier aux mathématiques et à la géographie. Plus tard, il lui enseignera la physique, l'astronomie et même le génie militaire avec du matériel venu de France.

1. L. Guerci, *Condillac Storico*, 1978, p. 67.
2. Kéralio (1715-1805) avait accompagné ce jeune homme, fils du maréchal de Belle-Isle et gendre de Nivernais, dans son tour d'Europe, en 1754-1755.
3. Il portera un jugement positif sur le *Système de la nature* de d'Holbach. Cf. lettre à Frisi, 29 avril 1770. Biblioteca Ambrosiana de Milan, Ms Y 153. sup., n° 35.

Un an plus tard, en mars 1758, Kéralio est rejoint par Condillac, nommé à la charge supérieure de précepteur. Également recommandé par le duc de Nivernais, dont il est l'ami, Condillac[1] doit non seulement développer l'esprit de son élève en lui apprenant l'art de raisonner, d'écrire et de parler, mais aussi veiller à son éducation morale et politique. Il lui enseignera donc, outre la logique et la grammaire, l'histoire ancienne et moderne, celle de la religion et surtout les devoirs d'un prince éclairé. C'est l'occasion rêvée pour l'abbé philosophe de mettre en pratique ses principes pédagogiques : partir du niveau et des intérêts de l'enfant pour l'amener progressivement à étendre ses connaissances tout en respectant sa personnalité et son propre rythme d'évolution. Contrairement à la rumeur, il ne cherche pas à faire de l'infant un pur rationaliste ou le rejeton modèle de l'*Encyclopédie*. L'abbé est respectueux des traditions, et son enseignement religieux n'a rien d'hétérodoxe.

Kéralio et lui s'entendent fort bien et s'accordent à ravir sur l'éducation à prodiguer à leur élève. Ils accueillent aimablement Deleyre[2], arrivé de Paris en novembre 1760, lui aussi sur la recommandation de Nivernais, pour remplir la fonction de bibliothécaire. Cet admirateur de Rousseau, longtemps lié à Diderot, athée militant, appartient au courant matérialiste. Il est un peu trop exalté et radical aux yeux de Kéralio et Condillac, mais ceux-ci se contentent de le tenir à une certaine distance du prince héritier. Ce qui les unit, ainsi qu'au père Paciaudi, pourtant hostile aux philosophes parisiens[3], c'est leur commune aversion pour la politique pontificale, l'Inquisition et les Jésuites[4].

1. (1715-1780).

2. Alexandre Deleyre (1726-1797), auteur de l'article « Fanatisme » pour l'*Encyclopédie*, éditeur du *Journal étranger* pendant un an, puis collaborateur du *Journal encyclopédique*, fut secrétaire du comte de Choiseul-Praslin à Vienne de 1759 à 1760. Revenu à Paris pour s'y marier, il s'installa à Parme de 1760 à 1768.

3. Très jaloux de la pureté de la foi catholique, il n'avait que mépris pour la secte philosophique, qu'il qualifiait de « bande de mécréants ». Il appelait Voltaire « Belzébuth » et avait évité de rencontrer Diderot et d'Alembert lors de son voyage à Paris, traitant le premier de « frivole » et le second, d'« orgueil personnifié ».

4. Kéralio reprochera d'ailleurs à d'Alembert de n'avoir pas été assez sévère avec eux dans la *Destruction des Jésuites*. Cf. lettres à Frisi des 6 mai et 25 juin 1765, n°s 4 et 7, Ambrosiana.

En outre, ils partagent le même intérêt pour la réforme de l'enseignement, et surtout une adhésion solide à la politique libérale du Premier ministre. En 1767-1768, la guerre menée contre le Vatican au nom de l'infant a été en partie rendue possible par cet environnement réformateur, même si l'on peut juger un peu excessive l'affirmation selon laquelle tout l'enseignement de Condillac « avait tendu à légitimer aux yeux du jeune souverain les réformes ecclésiastiques de Dutillot accomplies déjà ou à accomplir [1] ».

Quand Ferdinand succéda à son père, précepteur et gouverneur n'avaient plus de raison d'être. Mais, vu son jeune âge, son grand-père Louis XV lui recommanda de conserver Kéralio auprès de lui. Après un voyage en Italie et en France, Condillac [2] comme Kéralio furent rappelés à Parme pour parachever l'éducation entreprise. À cette époque, « le jeune duc dit lui-même tout hautement que, s'il fait bien les choses, l'on en sera redevable aux soins de son gouverneur et de son précepteur [3] ».

Vu de Paris ou de Ferney, l'infant semble tenir les promesses annoncées. Le premier signe positif des effets de son éducation fut son inoculation, en octobre 1764. Contrairement à ce qu'on a dit, c'est moins sous la pression de son entourage que par sa propre volonté qu'il fut inoculé par Tronchin, venu spécialement de Genève pour cela. Traumatisé par la mort de sa mère et de sa sœur aînée des suites de la variole, il en avait lui-même demandé l'autorisation [4] à son père. À une époque où les autorités françaises et espagnoles condamnaient cette opération contre toute raison [5], notamment celle des philosophes, la décision de la cour

1. Bédarida, *Parme et la France*, p. 416.

2. Condillac, de retour à Paris au printemps 1767, continuera à dispenser par lettres ses conseils à son élève jusqu'au mariage de celui-ci.

3. Lettre du P. Paciaudi à Caylus, 17 août 1765. Éd. Sérieys, 1802, p. 322.

4. Cf. l'autobiographie de don Ferdinand, *Storia della sua vita*, un manuscrit de 27 pages dont quelques extraits ont été publiés ici ou là, Biblioteca Palatina de Parme, Ms Pal. 464, f°s 15 à 17.

5. Alors qu'elle se pratiquait depuis longtemps et avec succès en Angleterre, en Suisse et dans la plupart des pays protestants.

de Parme paraissait un gage donné à la modernité. Partout fut célébré le courage du jeune prince.

Le second signe encourageant fut sa volonté de poursuivre ses études. Non seulement avec Kéralio, qui lui apprenait à présent la tactique, l'art des fortifications et autres éléments de la science militaire, mais également avec les pères Jacquier et Le Seur, minimes, qui enseignaient les mathématiques et la physique expérimentale à Rome. Bien connus de d'Alembert et de Voltaire, ceux-ci étaient admirés du monde intellectuel pour avoir, les premiers en France, commenté l'œuvre de Newton[1]. Ils vinrent à Parme dispenser des cours à l'infant deux années universitaires de suite, de 1766 à 1768[2], tout en se réservant de rentrer à Rome aux vacances d'été. Comme les deux pères mettaient la dernière main à leurs *Éléments du calcul intégral*[3], qu'ils devaient faire imprimer à Parme sous la houlette de Kéralio, on en inféra peut-être un peu rapidement qu'ils avaient initié l'infant à cette branche difficile des mathématiques modernes.

Les nouvelles de Parme qui parviennent à Paris par le truchement des voyageurs ou par lettres sont élogieuses. Après le duc de La Rochefoucauld, accompagné de Desmarest, et le savant Lalande[4], c'est Duclos, secrétaire perpétuel de l'Académie française, qui se rend en Italie. Il séjourne à Parme du 21 au 27 mai 1767, ratant de peu son ami Condillac, rentré en France quelques semaines plus tôt. Ayant eu l'occasion de converser plusieurs fois en privé avec Ferdinand, il confie : « J'ai trouvé dans l'Infant beaucoup plus de connaissance des belles-lettres et des sciences que dans nos seigneurs d'un âge plus avancé, et qu'on suppose les mieux élevés, si j'en excepte un Gisors, un Montmirail, un La Rochefoucauld, les jeunes Noailles et très peu

1. *Philosophiae Naturalis Principia Mathematica...*, Genève, 4 volumes, 1739-1742, rédigés en latin, raison pour laquelle Condillac préféra enseigner Newton à son élève dans la traduction française de Mme du Châtelet.

2. Contrairement à ce que l'on a dit, les deux pères ne passèrent pas seulement l'année scolaire novembre 1766/juin 1767 à Parme, ils y revinrent en novembre 1767 jusqu'à fin juin 1768. Pour s'en assurer, on peut lire la correspondance de Kéralio avec Frisi, qui signale régulièrement leur présence.

3. Ce traité fut publié en deux volumes en 1768.

4. Lalande passa à Parme « en coup de vent » fin juin 1765, et le duc de La Rochefoucauld s'y arrêta à l'automne 1765.

d'autres [...]. À l'égard du caractère de l'Infant, les lettres que M. de Lomellini en avait reçues, et qu'il m'avait communiquées à Gênes, durent me prévenir favorablement ; et je ne remarquai rien, dans ce prince, en lui faisant ma cour, qui ne fortifiât mon opinion[1]. » Prudent, Duclos ajoute : « En fait d'éloges les plus justes donnés à des princes, il faut prendre des dates et fixer les époques... »

De retour à Paris un mois plus tard, Duclos, tant à l'Académie que dans les salons, se répand en échos les plus favorables sur le prince et ses instituteurs. De son côté, Condillac fait tout pour entretenir la bonne réputation de son élève. Dans le salon du duc de Nivernais, que Duclos et lui fréquentent assidûment, il est souvent question du prince. Condillac y lit les lettres de Ferdinand, qui « font penser avantageusement sur [son] compte[2] ». Et lorsque Louis XV l'appelle à Versailles pour avoir des nouvelles de son petit-fils, Condillac confirme le succès de sa mission : « Votre éducation, écrit-il au prince, a fait ici le plus grand bruit et on a une grande idée de vous. J'ai entretenu cette opinion en disant de vous le bien que j'en pense, parce qu'en effet j'en pense. Mais[3]... » En vérité, Condillac dissimule à ses interlocuteurs qu'il n'est pas encore totalement satisfait de son élève. Il l'encourage à progresser et lui recommande moult lectures édifiantes, tant pour améliorer son caractère que pour perfectionner son raisonnement et ses connaissances[4]. Les lettres de Condillac révèlent une certaine anxiété, la crainte d'une désillusion. Il continue à le guider à distance, à le corriger en lui prodiguant des conseils et en l'invitant à penser à sa réputation. Ce qu'il ne lui dit pas, c'est que de la réputation du prince dépend celle de son précepteur, et, par suite, celle du bien-fondé de son éducation philosophique.

1. *Voyage en Italie*, in *Œuvres* de Duclos, II, 1820, p. 702.
2. G. Drei, « Lettere inedite del Condillac al suo principe », in *Miscellanea Historica in honorem Leonis van der Essen*, 1947, II, p. 886.
3. Lettre du 5 mai 1767. *Ibid.*, p. 884.
4. Lettres du 5 mai, 3 août et 27 octobre 1767. *Ibid.*, pp. 884-887.

L'année suivante, en 1768, les angoisses de Condillac semblent dissipées. Il n'a que des félicitations à adresser à l'infant. Pour son futur mariage, d'abord, mais également pour sa conduite. On l'a informé de la touchante sensibilité du prince lors de la maladie de Dutillot et des succès que lui a valus son voyage à Mantoue pour y rencontrer la reine Marie-Caroline de Naples. « Vous vous êtes conduit comme un ange, et j'en ai été enchanté[1]. » Mais l'apogée de la réputation du prince est encore à venir. Peut-être à l'instigation de Condillac[2], et certainement avec l'aide de Kéralio[3], l'infant de Parme traduisit en italien le beau discours que d'Alembert avait prononcé à l'Académie des sciences, le 3 décembre, en l'honneur du roi de Danemark. Que Ferdinand ait pris la peine de traduire ce texte-là, qui traitait de l'utilité réciproque des princes et de la philosophie, et qu'il l'ait fait parvenir très vite à d'Alembert, accompagné d'une lettre d'hommage, fit grand effet dans le milieu philosophique.

D'Alembert s'empressa de remercier par une lettre ostensible qui n'oubliait pas de souligner l'œuvre des instituteurs : « Les lumières naturelles et supérieures de Votre Altesse Royale, fortifiées par la plus excellente éducation que peut-être aucun Prince ait jamais reçue, vous ont fait, Monseigneur, connaître de bonne heure l'utilité des sciences [...]. Pour montrer à vos sujets à quel point vous en êtes persuadé vous-même, vous avez voulu les exprimer dans la langue naturelle à la nation que vous gouvernez. Que cette nation est heureuse, Monseigneur, d'avoir en V.A.R. un souverain éclairé ! [...] L'Europe vous rend déjà ce témoignage, et ma faible voix ne fait que le répéter ; il ne vous

1. Lettre du 9 octobre 1768. Drei, p. 888. L'informateur de Condillac était probablement Kéralio, qui avait accompagné Ferdinand à Mantoue. Cf. lettre de Kéralio à Frisi du 29 avril 1768, n° 18, Ambrosiana.

2. Il venait juste d'être élu à l'Académie française (le 28 novembre 1768), et d'Alembert, qu'il voyait souvent, lui avait certainement fait lire ce discours qui fit beaucoup de bruit.

3. Dans sa lettre du 27 janvier 1769, Kéralio dit à Frisi le grand bien qu'il pense du discours de d'Alembert. N° 24, Ambrosiana.

manque que des années pour ajouter encore à ce que la renommée publie déjà de vous [1]. »

Un prince qui chantait les louanges de la philosophie et un philosophe qui applaudissait le prince : on pouvait espérer l'heure venue d'une collaboration heureuse.

1. Lettre [janvier 1769] publiée par Drei, p. 889, et par Ch. Henry, p. 566.

CHAPITRE V

Le dur principe de réalité
(1769-1770)

Les bulletins de victoire qui émaillent la correspondance de Voltaire et les hommages princiers à la philosophie dissimulent mal les multiples déconvenues infligées par la réalité. Publics ou privés, les échecs et surtout les désillusions relâchent les énergies. En cette fin de décennie, l'union des philosophes s'effrite. Les grands combats contre l'injustice, qui les tenaient unis depuis l'affaire Calas, ne sont plus d'actualité. L'ambition personnelle a repris le dessus, avec ses inévitables petites bassesses et les règlements de comptes qui s'ensuivent. Plus grave encore est le différend idéologique et tactique qui apparaît au grand jour : Voltaire et d'Alembert sont débordés sur leur gauche, sans grands moyens de faire rentrer les dissidents dans le rang. La mort de Damilaville, en décembre 1768, qui réunissait autour de lui toutes les têtes philosophiques, n'arrange rien [1]. Si l'on ajoute à cela les déboires personnels des uns et des autres, on a le sentiment d'être entré dans une période délétère dont la philosophie ne sort pas grandie.

1. Étienne-Noël Damilaville (1723-1768), premier commis du bureau du vingtième, jouissait de la franchise postale, dont il faisait profiter ses amis. Intime de Diderot mais aussi de Voltaire, de d'Alembert et de d'Holbach, il rendait mille services à ses amis et servait de point de rencontre informel aux uns et aux autres. Voltaire faisait passer par lui ses messages à Diderot ou à d'autres sans en avoir l'air.

Déceptions

À Parme

Après les éloges de d'Alembert, la renommée de l'infant Ferdinand ne dura que neuf mois. Son mariage avec Marie-Amélie, fille de l'impératrice d'Autriche, conclu en juillet 1768 (mais effectif en juillet 1769[1]), révéla au grand jour un caractère et un comportement bien différents de ceux espérés. Marie-Amélie, de cinq ans son aînée, est une femme mal élevée que tous, y compris sa mère, s'accordent à trouver capricieuse, autoritaire, blessante – bref, insupportable. On la surnommera « la *matta* », la folle. Dotée d'une forte sensualité et superstitieuse, elle prend vite l'ascendant sur son mari, faible et puéril, déchiré entre ses pulsions sexuelles et sa bigoterie. À peine arrivée à Parme, elle n'aura de cesse de faire congédier Dutillot, dont elle sait qu'il aurait préféré une autre épouse pour Ferdinand.

Pourtant, en septembre 1769, ni Kéralio ni Condillac ne se doutent du désastre annoncé. Le premier, qui demeure encore à Parme, a décidé d'attendre les cérémonies du mariage pour s'en retourner en France. Quant à Condillac, il a décidé de venir de Paris pour y assister. Ils ont prévu de faire ensemble le chemin de retour après avoir accompli leur devoir à l'égard de leur ancien pupille. À peine les festivités terminées, les meilleurs échos parviennent à Milan sur le prince et ses épousailles : « Poche corti sono tanto edificanti come quelle dell' Infant dopo il matrimonio. L'abate di Condillac e Keralio sono *attoniti dei*

1. Selon Ch. Nisard, le mariage ne fut consommé que le 4 novembre, car l'infant, empêché, avait dû se faire opérer. Cf. *Guillaume Du Tillot, un valet ministre et secrétaire d'État*, 1887, pp. 123-124. Voir aussi les *Lettres de Louis XV à l'infant Ferdinand de Parme*, 1930, 28 août 1769 et 25 septembre 1769. Mais, selon Juan Balansõ, l'empêchement n'était pas dû à un phimosis, mais à une saleté repoussante, à laquelle on mit fin par un bon bain. Cf. *Les Bourbons de Parme*, Y & D Éditions, Biarritz, 1996, p. 56. Le 16 avril 1770, Louis XV se félicite d'apprendre que l'infante est enceinte.

progressi che ha fatto nel bene il loro augusto alunno[1]. » Quelques jours plus tard, Kéralio est prié de quitter Parme sans même faire ses adieux au prince[2]. On apprendra que Condillac, « *disgustato*[3] », en a fait autant de son propre chef. Arrivé à Paris le premier, Kéralio raconte ses cruelles désillusions à son groupe d'amis, notamment à d'Alembert, qui note, écœuré : « J'espérais un peu de l'Infant, duc de Parme, attendu la bonne éducation qu'il a eue ; mais où il n'y a point d'âme, l'éducation n'a rien à faire. J'apprends que ce prince passe la journée à voir des moines, et que sa femme autrichienne et superstitieuse sera la maîtresse. Ô pauvre philosophie ! Que deviendrez-vous[4] ? »

Dissimulé, paresseux, confit en une dévotion puérile, le duc croyait à l'action miraculeuse des reliques et avait transformé son cabinet particulier en une sorte d'oratoire tapissé d'images de saints et de martyrs[5]. Sa vraie nature avait-elle échappé à ses éducateurs ? Et, dans ce cas, quelle foi accorder à la pédagogie de Condillac, centrée sur la connaissance de l'enfant ? Dans les lettres de celui-ci à son élève (enfant et adolescent) perce l'inquiétude vis-à-vis de son caractère. On a vu que, de retour à Paris, il avait dit du bien de lui à son grand-père. Il avait cependant ajouté dans sa lettre au prince : « Mais vous sentez bien qu'il m'a fallu taire le mal [...]. J'espère, Monseigneur, que vous vous corrigerez si bien qu'on ne se doutera pas que j'ai menti. Si vous ne veillez pas sur vous, vous perdrez votre réputation [...]. L'histoire de votre éducation, qui sera publiée, sera votre condamnation, et on

1. *Carteggio di Pietro e di Alessandro Verri* (éd. Greppi et Giulini), III, p. 65 : lettre de Pietro à son frère, du 20 septembre 1769. Souligné par nous : « Peu de cours sont aussi exemplaires que celle de l'Infant depuis son mariage. L'abbé de Condillac et Kéralio sont *stupéfaits des progrès en bien de leur auguste élève.* »

2. Selon Nisard, le renvoi brutal de Kéralio serait le fait de Marie-Amélie, furieuse que l'ancien gouverneur ait rétabli la confiance de l'infant envers Dutillot. Pour calmer la colère de son épouse, il lui sacrifiera Kéralio. Nisard signale la lettre tendre et sévère de ce dernier à son élève, du 3 octobre 1769, aux Archives des Affaires étrangères.

3. Alessandro à Pietro Verri, 21 février 1770, *Carteggio*, p. 197. Pietro répond le 28 février : « Condillac e Keralio sono partiti malcontenti, del duca, il quale non osava quasi riguardarli in viso, dopo l'ultima amicizia che aveva avuta con essi » (Condillac et Kéralio sont partis mécontents du duc, lequel n'a quasiment pas osé les regarder en face, après la grande amitié qui l'avait unie à eux »), *ibid.*, p. 198.

4. À Voltaire, 15 octobre 1769. D. 15955.

5. Voir son autobiographie, *Storia della sua vita.*

demandera plus de vous que d'un autre prince, parce qu'en effet vous devriez valoir plus [1]. »

Malheureusement, les craintes de Condillac furent justifiées. L'infant abandonna son autorité à son épouse. Celle-ci provoqua le plus grand désordre à Parme et souleva les mécontents contre Dutillot, notamment les ecclésiastiques et ceux que sa politique fiscale, plus égalitaire, atteignait. Hostile à la présence française qui se manifestait dans tous les domaines, elle suscita une vague de xénophobie en multipliant satires et libelles contre les Français, au premier chef contre Dutillot. Il y eut des manifestations dans les rues et même des appels au meurtre. Dutillot fut destitué en septembre 1771 sans que la triple opposition du roi de France, du roi d'Espagne et de Marie-Thérèse ait pu désarmer la fureur de Marie-Amélie. Parme se vida rapidement de sa colonie française et fit allégeance au nouveau pape. Elle retomba dans son sommeil.

Ne resta que l'amertume des philosophes. Quand parut en 1775 le *Cours d'études* de Condillac pour le prince de Parme, Diderot eut ce mot cruel : « Cet excellent ouvrage d'un excellent instituteur [...] n'a pourtant fait qu'un sot élève [2]. » Curieusement, on s'épargna toute critique sérieuse des précepteurs. Pourtant, Louis XV écrivait dès 1769 à son petit-fils : « Il est très naturel que votre jeunesse vous ait égaré au moment où vous êtes sorti d'une *éducation trop rigide* [3]. »

Des philosophes aux ordres

Après ses éloges publics de Catherine II, renouvelés dans une lettre, cette fois agrémentés d'une touche d'humour cynique [4],

1. Lettre à Ferdinand, 11 mai 1767. Drei, p. 884.
2. Lettre à Catherine II, 6 décembre 1775, L. Versini, p. 1266.
3. Lettre du 1er novembre 1769. Souligné par nous.
4. À Mme du Deffand, 18 mai 1767. D. 14187 : « Je suis son chevalier envers et contre tous. Je sais bien qu'on lui reproche quelques *bagatelles* au sujet de son mari, mais ce sont des affaires de famille dont je ne me mêle pas [...]. Assurément son vilain mari n'aurait fait aucune des grandes choses que ma Catherine fait tous les jours. » Mme du Deffand, indignée par ce cynisme, s'empressa d'envoyer copie de la lettre de Voltaire à sa chère « Grand-Maman », la duchesse de Choiseul, qui admirait Voltaire sans l'aimer.

Voltaire avait provoqué une belle colère de Mme de Choiseul. Traiter l'assassinat d'un mari – de surcroît un régicide – de « bagatelle » était parfaitement intolérable, et plus encore sous la plume du philosophe. Dans un texte remarquable de lucidité, elle s'en prend à la fois à Catherine et à ses thuriféraires qui se piquent de donner des leçons. En les protégeant, l'impératrice de Russie « a eu l'esprit de sentir qu'elle avait besoin de la protection des gens de lettres. Elle s'est flattée que leurs bas éloges couvriraient d'un voile impénétrable, aux yeux de ses contemporains et de la postérité, les forfaits dont elle a étonné l'univers et révolté l'humanité [...]. Flattés, cajôlés, caressés par elle, [les gens de lettres] sont vains de la protection qu'ils lui accordent, dupes des coquetteries qu'elle leur prodigue. Ces gens qui se disent, qui se croient les instituteurs des maîtres du monde, s'abaissent jusqu'à s'enorgueillir de la protection que ce monstre à son tour paraît leur accorder, parce qu'il est sur le trône. Que des écrivains obscurs, vils, bas, mercenaires, lui louent leurs plumes abjectes, je leur pardonne ; mais Voltaire ! Voltaire, l'honneur et la merveille de son siècle [1] !... »

Que dire alors de Diderot et du rôle peu reluisant qu'il joua dans l'affaire Rulhière ? Claude-Carloman de Rulhière, secrétaire du baron de Breteuil, ambassadeur de France à Saint-Pétersbourg, avait assisté de près au coup d'État de juillet 1762 [2]. De retour à Paris quelques années plus tard [3], il écrivit, à la demande de son amie la comtesse d'Egmont, des *Anecdotes sur la révolution de Russie* qui offraient un témoignage de première main. Écrivain élégant et mesuré, il avait dressé un tableau lugubre du despotisme russe et tracé un portrait sans concession de l'impératrice. Chroniqueur prudent, il s'était toutefois gardé d'affirmer qu'elle était criminelle. Il se contentait de laisser peser un lourd soupçon sur cette habile comédienne.

1. À Mme du Deffand, 14 juin 1767. D. 14226.

2. (1734-1791). Rulhière, protégé du maréchal de Richelieu, arriva en Russie en avril 1762. Au moment des faits, il avait fait la connaissance de proches de Catherine II, notamment de la princesse Dachkoff, d'Odar et du valet de chambre de l'impératrice.

3. Il avait retrouvé Breteuil à Stockholm en juillet 1763 et fut de retour le 20 janvier 1765 à Paris, où il mena une vie mondaine et littéraire. Selon la rumeur, il devint l'amant de Mme d'Egmont, fille de Richelieu, peu après son retour.

Ce texte écrit pour le plaisir de la comtesse d'Egmont n'était pas destiné au public. Mais l'auteur en donna lecture chez le duc de Choiseul et chez Mme du Deffand vers la fin de l'année 1767 [1]. Peu après, Mme Geoffrin le pria d'en faire une troisième dans son salon devant une vingtaine de personnes triées sur le volet [2]. Lecture faite, d'Alembert et d'autres applaudirent, mais les amis de Catherine se montrèrent pour le moins circonspects. Diderot raconte que Rulhière lui ayant demandé son avis, il lui répondit « qu'il était infiniment dangereux de parler des souverains ; qu'il n'y avait sous le ciel que l'Impératrice même qui pût juger jusqu'où elle pourrait être offensée ou flattée d'un pareil ouvrage ; que la calomnie était indigne d'un honnête homme, et que *toute vérité n'était pas bonne à dire* ; qu'on ne pouvait avoir trop d'égards pour une princesse qui faisait l'admiration de l'Europe et les délices de sa nation ; et que je pensais que, pour lui-même, quelque gloire qu'il se promît de son ouvrage, le plus honnête, le plus sûr et le meilleur était qu'il le supprimât [3]. »

Persuadé qu'un jour ou l'autre Rulhière, en dépit de ses promesses, publierait son récit, Diderot s'empresse de faire demander ses ordres à l'impératrice. Il suggère de proposer à l'auteur quelques modifications qui conviennent à Catherine, en échange d'un poste de diplomate à Pétersbourg. Mais, dit-il, « le point est de savoir comment il faudrait s'y prendre. Je suis là-dessus sans vue. L'affaire est délicate, très délicate [...]. Parlez à l'Impératrice ; faites-moi passer ses ordres, et ne l'assurez pas de mon entier dévouement : elle en est sûre. »

Mme Geoffrin, doublement outrée par ce qu'elle avait entendu – non seulement on s'en prenait à la vertu de sa chère Catherine, mais on évoquait sans détour la liaison de son protégé Stanislas Poniatowski avec le chevalier Williams, ministre d'Angleterre

1. La chronologie précise des événements est difficile à établir, faute de repères précis et à cause de l'incertitude de certains témoignages.

2. Ségur mentionne la présence du comte de Creutz, ambassadeur de Suède, du baron de Gleichen, envoyé du Danemark, du prince Adam Czartoryski, parent du roi de Pologne, auxquels il faut ajouter Grimm, Diderot et d'Alembert. Cf. *Le Royaume de la rue Saint-Honoré*, 1897, p. 221, et *Correspondance littéraire*, III, pp. 493-494. Voir aussi la lettre de Diderot à Falconet [mai 1768]. L. Versini, p. 820.

3. *Ibid.* Souligné par nous. Cette lettre à Falconet était en réalité destinée à Catherine.

en Russie –, prit une initiative sans attendre la moindre consigne. Elle rencontra Rulhière chez sa protectrice, la comtesse d'Egmont, et, en présence de quelques témoins, lui proposa de but en blanc 30 000 livres s'il consentait à modifier certains passages ou, mieux, à détruire son manuscrit. Devant le silence de Rulhière, elle lui aurait alors demandé s'il en voulait davantage. Furieux, l'auteur se serait levé et aurait quitté la pièce [1].

Entre-temps, Catherine avait envoyé ses ordres à son nouveau chargé d'affaires à Paris, Khotinski [2] : acheter le manuscrit en prenant conseil de Diderot et remplir cette mission avec le moins de bruit possible. Khotinski rendit une première visite, seul, à l'intéressé, le 7 août. Il fit mine d'agir pour son compte et lui proposa à son tour l'achat de l'ouvrage. En vain. Le lendemain, il revint à la charge, accompagné de Diderot, sans plus de succès [3]. Rulhière n'entendait ni publier ni se séparer de son ouvrage [4], à moins que l'impératrice n'en exprimât le désir. Ce qu'elle ne voulait faire à aucun prix. Après cette accumulation de maladresses, on en resta là. Diderot expliqua ainsi l'échec de la négociation : « C'était une affaire à traiter de littérateur à littérateur, et non de littérateur à ministre [...]. L'argent s'accepte ou se refuse selon l'homme qui le propose [5]. »

Mais Diderot, craignant toujours une indiscrétion, ne perdait pas l'affaire de vue. La princesse Dachkoff raconte dans ses *Mémoires* que, durant son séjour à Paris, en novembre 1770, elle fréquenta beaucoup le philosophe. Au cours d'un de leurs tête-à-tête, on annonça l'arrivée de Rulhière, qu'elle avait bien connu en Russie. Diderot lui déconseilla vivement de le recevoir, pour ne pas accréditer ses *Anecdotes*. Selon la princesse, Diderot

---

1. Anecdote rapportée par la comtesse d'Armaillé dans *La Comtesse d'Egmont, 1740-1773, d'après ses lettres à Gustave III*, 1890, pp. 127-128. Elle serait puisée dans les archives de la famille d'Egmont.

2. Lettre du 24 juin 1768, signée de A. Galitsyne, vice-chancelier, et publiée par M. Tourneux, *Diderot et Catherine II*, 1899, pp. 32-33. Cette lettre était déjà partie lorsque Falconet lui fit parvenir celle reçue de Diderot, datée [mai 1768].

3. Toutes les démarches de Khotinski sont rapportées en détail dans la dépêche du 14 août 1768 qu'il fit parvenir à Pétersbourg. Cf. M. Tourneux, pp. 34-39.

4. Rulhière tint parole, puisque ses *Anecdotes* ne seront publiées qu'en 1797, après sa mort et celle de Catherine II.

5. Lettre à Falconet, 6 septembre 1768. L. Versini, p. 862.

aurait écrit à l'impératrice, après son départ de Paris, « qu'à la suite de [son] refus absolu de voir M. de Rulhière l'authenticité de son livre avait été bien autrement mise en question que par toutes les paroles ou tous les écrits de dix Voltaire ou quinze pauvres Diderot [1] ».

Faute d'avoir fait disparaître l'objet compromettant, Diderot et Grimm s'employèrent à discréditer qui l'ouvrage, qui l'auteur. Dans un de ses contes dialogués, le premier fit connaître son jugement sur les *Anecdotes* : « C'est un roman historique, assez bien écrit et très intéressant, un tissu de mensonges et de vérités que nos neveux compareront à un chapitre de Tacite [2]. » Le second s'attaqua à l'homme dans une livraison de sa *Correspondance littéraire*, qui comptait Catherine II parmi ses lecteurs. Rendant compte de la lecture faite deux ans plus tôt chez Mme Geoffrin, il décrit Rulhière comme un benêt, certes non dénué de talent, mais à l'esprit détraqué : « Il s'en faut bien que ce soit un bon esprit. Il est de ces gens qui vont toujours droit devant eux, sans regarder jamais ni à leur droite ni à leur gauche : ce chemin mène souvent droit aux petites maisons. » Après avoir mis en doute l'authenticité de ses propos, il conclut ainsi son article : « Je crois M. de Rulhière à peu près le seul homme en Europe qui ait foi à la vérité de sa relation [3]. »

Grimm et Diderot ne sortaient pas grandis de cette histoire. « Que dire de ces amis de la vérité ligués contre elle et s'efforçant de l'étouffer ? » Car, poursuit A. Lortholary, « ils n'ignoraient pas que Rulhière disait vrai [4] ». Encore ignorait-on à cette époque la pièce essentielle versée par G. Dulac [5] au dossier Diderot/Rulhière. Il s'agit d'une lettre du prince Galitsyne au vice-chancelier du même nom, datée de La Haye, 16 juin 1771. Elle rapporte en détail le contenu d'une lettre de Diderot du

1. *Mémoires de la princesse Dachkoff*, 1966, pp. 108-110.
2. Satire première, in *Œuvres de Diderot*, éd. Versini, II, p. 591.
3. *Correspondance littéraire*, VIII, livraison du 1er avril 1770, pp. 493-494.
4. *Le Mirage russe en France au* XVIIIe *siècle*, 1951, p. 191. On est un peu étonné que d'importants biographes de Diderot, comme A. Wilson et R. Trousson, se soient contentés de qualifier cette histoire, l'un, « d'étrange situation » (1985, p. 454), l'autre, de « situation délicate » (2005, p. 427).
5. G. Dulac, « Politique, littérature et mystification. Échec à Rulhière, », *Dix-huitième siècle*, n° 23, 1991, pp. 213-222.

1er juin proposant à l'impératrice une de ces mystifications dont il avait le secret et qui revenait tout simplement à fabriquer un faux. En voici la genèse :

« Cette relation de Rulhière qui m'a tant soucié, eh bien, je lui ai portée un coup mortel. Je l'ai travestie en un conte faux de tout point, faux d'événements, faux de caractère ; et savez-vous comme quoi ? À l'aide des 5 ou 6 conversations nocturnes que j'ai eues avec la princesse Dachkoff. J'ai écrit ces 5 ou 6 conversations, j'en ai fait un petit manuscrit que j'ai lu à quelques amis, à quelques grands ; et ce petit papier a eu le plus grand succès. »

Informé de ces lectures, Rulhière demande à un ami commun d'organiser un dîner avec Diderot. Devant « sept ou huit personnes du grand monde », le philosophe se targue de ses conversations avec la princesse Dachkoff pour faire apparaître Rulhière comme un menteur. « J'ai conclu, dit-il, que personne ne savait mieux faire que vous un roman intéressant... Si la princesse Dachkoff m'a dit vrai, je vous conseille de brûler votre papier, car il n'y a presque pas un mot qui le soit. » Bien entendu, Diderot se garde de lire son manuscrit en présence de Rulhière et attend son départ pour le faire. « Puis, lecture faite, je le brûlai devant eux ; et je les laissai aller répandre par la ville que je leur avais lu une relation charmante ; que le papier de Rulhière n'était qu'un barbouillage sans vérité [...]. Et voici où la chose en est : c'est qu'on méprise la relation de Rulhière et que l'on regrette la mienne. »

Si Diderot a brûlé publiquement son manuscrit, ce n'est pas seulement pour éviter toute contestation de Rulhière, c'est aussi parce qu'il redoute le jugement de Catherine II[1] : « Qui sait si l'Impératrice n'aurait pas été plus blessée de ma véracité que des mensonges de Rulhière ? » Bon courtisan, il ajoute : « Il ne nous appartient pas, bien ou mal instruits, de parler des souverains. » C'est alors qu'il suggère « le coup de maître qu'il y

1. On sait que Catherine II était furieuse du rôle important que s'attribuait la princesse Dachkoff dans la révolution de 1762, ce qui avait valu à celle-ci sa disgrâce.

aurait à faire, et le moyen sûr d'achever le Rulhière pour le présent et pour l'avenir. Ce serait de me procurer une relation telle que l'Impératrice la désirerait, et que j'arrangerais ensuite pour le style à ma façon [...]. Rêvez à cela, mon Prince [...]. S'il ne reste rien de moi, on s'en tiendra au papier de Rulhière [...]. Au reste, quand les choses en demeureraient où elles sont, j'aurais toujours donné un violent échec à Rulhière, mais je voudrais achever notre ouvrage [1]. »

Le roman de Diderot ne vit pas le jour, car Catherine ne donna pas suite à sa proposition. Reste que G. Dulac a bien raison de s'interroger « sur l'attitude du philosophe, apparemment si désireux d'employer les ressources de sa plume à truquer l'histoire au profit de sa bienfaitrice [2] ». On est bien loin du code d'honneur des intellectuels, rédigé par d'Alembert presque vingt ans auparavant. Dans l'*Essai sur les grands* [3], il dénonçait les liaisons dangereuses de l'homme de lettres avec les puissants, qui n'engendraient que dépendance et avilissement. À tout le moins l'exigence de vérité dont se targuaient les philosophes fut-elle cette fois jetée aux oubliettes.

Dépression

Depuis l'automne 1763, d'Alembert se plaint régulièrement de sa santé. Douleurs d'estomac, « débordement de bile », perte du sommeil, affaiblissent, dit-il, ses capacités intellectuelles. « Ma pauvre tête n'est guère capable d'application » – la plainte revient comme un leitmotiv dans sa correspondance avec Lagrange. En dépit d'un strict régime alimentaire, il traîne une

1. G. Dulac, « Politique ... », pp. 220-221.
2. *Ibid.*, p. 218.
3. Publié en 1753. Cf. *P.I.*, II, pp. 96-100.

santé chancelante qu'il impute à son voyage en Prusse, « et surtout au séjour à Potsdam dont l'air humide et marécageux m'a été fort nuisible[1] ».

Autre motif invoqué – comme souvent à l'époque –, l'excès de travail intellectuel, censé mettre en péril la santé physique. Mais jamais ni d'Alembert ni ses proches n'utilisent avant 1770 le vocabulaire qui désigne des troubles psychologiques. À défaut du mot « dépression », qui nous est familier aujourd'hui, les termes « mélancolie », « vapeurs » ou « idées noires » ne sont pas non plus utilisés pour décrire le mal dont souffre le savant-philosophe. Apparemment, il donne le change à ceux qui l'approchent. La vivacité de son regard, « ses qualités remarquables dans la société », le fait qu'il « raconte avec beaucoup d'agrément et est tout rempli des anecdotes instructives et amusantes[2] », trompent son monde. Jusqu'en 1770, d'Alembert, en dépit de ses plaintes, continue de montrer l'énergie et la drôlerie qui le caractérisent. Pourtant, dès le début de l'année 1770, la dépression est là, envahissante, incontrôlable, qui terrasse le philosophe sans possibilité de dissimulation. L'effondrement spectaculaire[3] de l'« intellectuel » le plus prestigieux de Paris est un événement suffisamment rare pour que l'on s'interroge sur ses causes.

Fatigue et mécontentements

Quand d'Alembert est élu sous-directeur de l'Académie des sciences pour l'année 1768[4], il sait qu'il devra assumer les lourdes charges de directeur l'année suivante. Responsable du

1. À Lagrange, 16 juin 1768. Serret, p. 113.
2. Lettre de l'astronome suédois Lexell à J. A. Euler, 7 janvier 1781, in « L'Académie royale des sciences en 1780... », publiée par A. Birembaut, *Revue d'histoire des sciences*, X, 1957, p. 154.
3. D'Alembert dépérit visiblement. Mme d'Épinay avertit Galiani, qui espère le voir en Italie : « Vous le trouverez bien changé. » Lettre du 15 août 1770. Galiani, *Correspondance avec Louise d'Épinay*, éd. G. Dulac, 1992-1997, I, p. 236.
4. L'élection avait lieu à chaque première séance de l'année, ici le 9 janvier 1768. L'usage voulait que le sous-directeur élu une année devienne directeur l'année suivante.

bon fonctionnement de l'institution, le directeur organise le travail de l'Académie, décide de la lecture des mémoires et de l'ordre des débats. Il se doit d'être présent à chaque séance, sauf exception : il peut être alors remplacé par le sous-directeur.

On ignore si d'Alembert s'est réjoui ou non de cette élection, mais il n'avait guère la possibilité de la refuser. Cela faisait longtemps qu'un représentant de la classe de mathématique n'avait pas occupé la fonction [1]. Cette surcharge de travail n'était pas non plus sans avantage. Le directeur jouissait d'une certaine influence pour promouvoir ses disciples ou émettre des propositions. Or d'Alembert ayant délaissé depuis bien longtemps l'Académie des sciences au profit de l'Académie française [2], c'était une excellente occasion d'y reprendre pied. Comme, de surcroît, il venait de publier les tomes IV et V de ses *Opuscules mathématiques* [3], il avait décidé de s'accorder six mois de repos intellectuel.

L'année 1769 commença par une grande satisfaction : l'élection de Condorcet, le 25 février, à la place d'adjoint mécanicien. Depuis son brillant ouvrage sur le *Calcul intégral*, publié en 1765, Condorcet est le jeune espoir des mathématiques ; il a séduit d'Alembert tant par ses capacités intellectuelles que par ses qualités de cœur. Il aurait probablement déjà été élu si sa famille ne s'y était pas opposée [4]. La chose faite, d'Alembert a maintenant deux disciples et amis au sein de l'institution. Avec Condorcet et l'abbé Bossut [5], tardivement élu en août de l'année

1. Clairaut avait été élu sous-directeur en 1765, mais sa mort, cette même année, avait privé la classe de mathématique du directorat l'année suivante.

2. Sa présence aux séances de l'Académie des sciences s'était spectaculairement espacée, depuis le début des années 1750. Il n'y venait plus que le mercredi et, certaines années, à peine un mercredi sur trois.

3. Il avait remis à l'Académie le tome IV (P.V. de l'Académie, p. 380) en janvier 1768, et le tome V (p. 520) en août de la même année.

4. Lettre de d'Alembert à Lagrange, 10 avril 1769 : « Nous avons enfin reçu M. de Condorcet, la famille ayant jugé à propos de ne plus mettre d'obstacle à ce qu'il fût de l'Académie, car beaucoup de nos gentilhommes croient que le titre et le métier de savant dérogent à la noblesse. » Serret, p. 130.

5. Charles Bossut (1730-1814), nommé correspondant de d'Alembert en 1753, dut attendre le 6 août 1768 pour être élu adjoint mécanicien. Avec une formation de mathématicien et d'ingénieur, il se consacre à l'hydrodynamique et à l'hydraulique. Il était très lié à d'Alembert. Celui-ci tentera en vain de le faire nommer à l'Académie de Berlin en 1767. Cf. A. Coste et P. Crépel, « Comment imaginer un mathématicien au XVIIIe siècle ? », *Matapli*, n° 39, juillet 1994, pp. 43-49.

précédente, ils forment un petit clan solide qui peut influer sur les élections à venir. Un autre motif de contentement concerne un changement dans les modalités des élections[1] : rien de bien révolutionnaire, mais cela laisse cependant espérer à d'Alembert de pouvoir faire adopter une réforme beaucoup plus importante. Le 7 juillet, il remet un mémoire à Saint-Florentin[2], ministre des Académies, proposant rien de moins que de supprimer la classe des adjoints pour la réunir à celle des associés et d'accorder le droit de vote à tous les académiciens. Bref, d'unifier la république des savants comme l'est celle des lettres à l'Académie française. Et, surtout, d'améliorer son fonctionnement en privilégiant la compétence au détriment du principe de hiérarchie. De quoi susciter un grand débat au sein de l'Académie, toujours divisée entre anciens et modernes. La discussion eut lieu entre le 6 décembre 1769 et le 31 janvier 1770. On en ignore la teneur, mais on devine qu'elle fut rude. « M. d'Alembert a même lu un mémoire à ce sujet à l'Académie, mais le plus grand nombre des académiciens n'a pas pensé comme lui et l'abbé Nollet a été chargé de lui dire les inconvénients dans un mémoire. Le roi a tranché en disant de laisser les choses en l'état[3]. »

C'est pour d'Alembert un échec dont il porte une part de responsabilité. Le ministre l'avait laissé faire sa proposition, mais il n'a pas su convaincre ses confrères. Certes, son projet « égalitariste » ne pouvait que déplaire à l'aile conservatrice de l'assemblée, mais il n'a pas su rallier les modérés ni les indécis. L'une des raisons de cet échec réside dans sa personnalité et dans son comportement. Ce n'est pas un homme aimé de ses pairs savants, comme l'étaient l'affable et charmant Dortous de Mairan ou l'aimable Clairaut. « Il a un grand défaut, raconte Lexell, c'est ce ton tranchant et positif qu'il affecte en tout, et, au contraire, un excès de critique par rapport à des matières traitées par d'autres. Je suis presque sûr que, pour la plupart, les querelles qu'il a eues viennent ou d'un jugement trop hasardé,

1. Le 26 avril 1769, l'Académie décide qu'on ne mettra plus qu'un nom sur chaque bulletin de vote... Cf. Bru et Crépel, p. 33.
2. Ch. Henry, pp. 67-68.
3. P.V. de l'Académie des sciences, 31 janvier 1770, f° 15.

ou d'une critique mal fondée [1]. » Depuis près de trente ans qu'il siège à l'Académie, querelles et critiques n'ont pas manqué. Avec une obstination qui étonne même son ami Lagrange [2], il gratte les vieilles plaies qui ne se referment jamais. On se souvient de ses interminables polémiques avec Clairaut et Bernoulli. Il en est ainsi avec tous ses contradicteurs, et surtout avec ses rivaux en matière de priorité. Le résultat n'est guère brillant pour sa popularité auprès de ses confrères, d'autant qu'il ne dissimule pas son mépris envers nombre d'entre eux. À commencer par Fouchy, le secrétaire, qu'il juge inapte à remplir ses fonctions. Mais aussi Lalande, un intrigant qu'il compare à de « la vermine [3] ». À l'égard de Fontaine, son collègue mathématicien, ce n'est pas le mépris qui l'anime mais l'hostilité, surtout depuis que celui-ci a traité par-dessous la jambe ses objections à sa méthode de résolution des équations numériques [4]. Il exhorte Lagrange à ne pas laisser Fontaine impuni, car il n'y en a pas « de plus orgueilleux et de plus méchant [5] ». Comme, par ailleurs, il s'entend mal avec Buffon et méprise la classe d'astronomie dans son ensemble [6], il ne lui reste pas grand monde avec qui nouer des alliances, compte tenu qu'il est aussi en froid avec Vaucanson, son rival pour la pension de Clairaut, et en mauvaises relations avec le comte d'Arcy [7]...

À notre connaissance, ses amis de l'Académie des sciences se comptent sur les doigts de la main. À part Lemonnier, Condorcet et Bossut, il entretient des relations amicales avec Dionis du

1. Birembaut, p. 155.

2. Lagrange à d'Alembert, 15 juillet 1769, Serret, p. 138 : « Vos remarques sur la théorie des cordes vibrantes de M. Bernoulli me paraissent décisives. J'admire la constance avec laquelle vous êtes capable de poursuivre un même objet pendant si longtemps. »

3. Lettres à Lagrange du 18 juin 1765, *ibid.*, p. 41, 6 décembre 1773, p. 276, et 1er juillet 1774, p. 288.

4. Objections formulées par d'Alembert dans l'article « Équation » de l'*Encyclopédie.*

5. 9 mars 1770. Serret, p. 167. Fontaine venait d'attaquer « grossièrement » Lagrange sur la question des *maxima* et *minima.*

6. « [Les astronomes] que nous avons ne sont ni observateurs ni géomètres. » À Lagrange, 16 octobre 1769. *Ibid.*, p. 152. La Condamine s'est souvent plaint de la façon méprisante dont le traitait d'Alembert.

7. Patrick d'Arcy (1725-1779), associé géomètre depuis 1757, était mathématicien et astronome.

Séjour, conseiller au Parlement et associé libre [1], un peu plus distantes avec Malesherbes [2], encore plus avec Bailly et maintenant avec Bézout [3] : le premier depuis qu'il fait sa cour à Buffon, le second parce qu'il a été le rival de Bossut aux élections de 1768. Au total, des soutiens bien insuffisants pour emporter un aussi gros morceau.

Reste un sujet de mécontentement plus personnel qui a pour nom le chevalier de Borda [4]. Ce brillant mathématicien a un itinéraire et une formation atypiques. Militaire, il a participé à la guerre de Sept Ans dans le corps du génie et s'est intéressé de près aux problèmes de balistique. Par ailleurs, il a exercé les fonctions d'ingénieur dans le port de Dunkerque en 1756-1757. C'est l'occasion pour lui de se pencher sur la question de la résistance des fluides, le sujet de prédilection de d'Alembert, ou du moins celui qui lui a valu la gloire [5]. À chaque fois que l'on s'approche de son territoire, celui-ci est aux aguets, toutes griffes dehors. Or les expériences répétées de Borda sur la résistance que l'air et l'eau opposent au mouvement l'amènent à rectifier les résultats de théoriciens aussi éminents que Newton, Bernoulli et d'Alembert. Il découvre entre autres que les équations des fluides de d'Alembert, complétées par Euler, reposent sur une hypothèse erronée, et que sa méthode exige d'être modifiée. En mars 1766, Borda lit à l'Académie des sciences un mémoire sur l'écoulement des fluides corrigeant les erreurs de d'Alembert, qui a négligé la perte de force vive. Les commissaires chargés d'examiner son travail sont particulièrement élogieux, car la

1. Achille Pierre Dionis du Séjour (1734-1794) avait été élu associé libre en mathématique et astronomie en juin 1765. D'Alembert en parle deux fois à Voltaire durant l'année 1769 avec estime et amitié. Cf. D. 15848 et D. 15992.

2. Chrétien-Guillaume de Lamoignon de Malesherbes, académicien honoraire depuis 1751 et président de la Cour des aides, avait également présidé l'Académie en 1752, 1760 et 1765. D'Alembert lui avait soumis le mémoire sur la réforme qu'il allait présenter pour recueillir son avis.

3. Étienne Bézout (1730-1783), adjoint mécanicien depuis mars 1758, avait été élu le 18 juillet 1768 associé mécanicien géomètre contre Bossut.

4. (1733-1799). Adjoint géomètre le 27 juin 1756 et associé géomètre le 30 juin 1768.

5. Cf. le *Traité de dynamique* en 1743, l'*Essai d'une nouvelle théorie de la résistance des fluides* en 1752 et la nouvelle édition revue et augmentée du *Traité de dynamique* en 1758.

solution de Borda exigeait « une sagacité infinie et l'emploi d'une géométrie extrêmement fine[1] ».

D'Alembert ne manifeste aucun mécontentement particulier, mais informe Lagrange dès mai 1766 de son intention de publier un second volume de son *Traité des fluides*[2]. Au cours des années suivantes, il tente en vain de triompher des objections de Borda. Quand le mémoire critique de Borda est enfin publié, fin 1769, d'Alembert prend le mors aux dents. Certes, il n'a pas le ton agressif qu'il réserve à son vieux rival Daniel Bernoulli. Contrairement à ce dernier, Borda ne l'a pas réfuté avec « une trogne trop impérieusement magistrale[3] ». Mais on sent qu'il s'énerve. Bientôt, il va demander à Condorcet puis à Lagrange de l'aider à se défendre contre les attaques de Borda. En attendant, le coup est rude. Se voir contesté par un brillant cadet sans pouvoir lui clouer le bec est pour d'Alembert une épreuve pénible.

Au total, cette année de directorat s'est révélée aussi épuisante que frustrante. Non seulement il n'a jamais manqué une séance à l'Académie des sciences, mais il a été aussi présent que possible à l'Académie française, courant souvent le même jour d'une enceinte à l'autre. En dépit d'un mois passé à la campagne en septembre, sa santé n'est pas bonne, et ses capacités intellectuelles s'en ressentent. Il confie à Lagrange qu'il est très fatigué et qu'il a perdu le sommeil[4], mais cela ne suffit pas à expliquer l'effondrement qui va suivre.

1. Cf. Jean Mascart, *La Vie et les travaux du chevalier J. Ch. de Borda*, 2000, pp. 91-96, et l'article d'A. Coste et M. Massot, « La notion de fluide chez d'Alembert... », in *Mélanges offerts à A.M. Chouillet*, 2002, pp. 83 à 91.

2. Cette deuxième édition augmentée du *Traité des fluides* est présentée à l'Académie le 15 juillet 1769. Les commissaires Lemonnier et Bossut font le rapport le 19 août. Le livre est achevé d'imprimer fin 1769, en même temps que le mémoire critique de Borda.

3. À Lagrange, 16 juin 1769. Serret, p. 136.

4. 27 décembre 1769. *Ibid.*, p. 161.

Raisons inavouables

À partir de janvier 1770, les remarques sur son état se font de plus en plus alarmantes : « Des étourdissements et un affaiblissement de la tête qui m'annoncent le détraquement de la machine[1] », dit-il à Voltaire. Un mois plus tard : « Je suis obligé depuis six semaines de renoncer à toute espèce de travail, grâce à une faiblesse de tête qui me permet à peine de vous écrire[2]. » Les mêmes plaintes se répètent dans ses lettres à Voltaire et à Lagrange, jusqu'en juin, où il mentionne pour la première fois un nouveau symptôme : la tristesse. « À mon imbécillité continue s'est jointe, depuis quelques jours, une profonde mélancolie[3]. » Le 13 juillet, il indique à Lagrange : « Je suis toujours dans ce malheureux état, et il se joint à cela *d'autres sujets de chagrin* qui me conduisent lentement où vous savez[4]. »

Ses amis sont inquiets, Julie de Lespinasse en premier lieu. Elle le presse de quitter Paris pour faire ce voyage en Italie dont il a toujours rêvé, et supplie le fidèle Condorcet d'être son accompagnateur : « Notre ami, M. d'Alembert, est dans un état le plus alarmant ; il dépérit d'une manière effrayante ; il ne dort plus et ne mange que par raison ; mais ce qui est pis que tout cela, c'est qu'il est tombé dans la plus profonde mélancolie ; son âme ne se nourrit que de tristesse et de douleur ; il n'a plus d'activité ni de volonté pour rien ; en un mot, il périt si on ne le tire par un effort de la vie qu'il mène [...]. *Mon amitié*, celle de ses autres amis, ne suffisent pas pour faire la diversion qui lui est nécessaire. Enfin, nous nous réunissons tous pour le conjurer de changer de lieu et de faire le voyage en Italie [...]. Jamais il ne se déterminera à faire ce voyage seul [...]. Vous seul pouvez nous l'arracher à un état qui nous fait tout craindre[5]. »

1. 25 janvier 1770. D. 16112.
2. 22 février 1770. D. 16176.
3. 30 juin 1770. D. 16642. 2 juillet 1770. D. 16486.
4. 13 juillet 1770. Serret, p. 178. Souligné par nous.
5. 27 juillet 1770. *Lettres inédites de Julie de Lespinasse*, éd. Ch. Henry, 1887, pp. 54-55. Souligné par nous.

Deux questions se posent : quels sont les sujets de chagrin dont il s'est plaint à Lagrange, et pourquoi Julie de Lespinasse ne l'accompagne-t-elle pas elle-même en Italie ? La réponse à ces deux questions semble appartenir à cette dernière. C'est elle, la cause de ses chagrins, et elle éprouve un grand désir de l'éloigner d'elle. Contrairement à ce qu'ont soutenu nombre de commentateurs, notamment le marquis de Ségur[1], d'Alembert n'est peut-être pas le grand niais, sourd et aveugle, que l'on s'est plu à décrire. Pour conforter cette hypothèse, il faut revenir à la chronologie des amours de Julie avec le marquis de Mora.

Mora est un jeune veuf de vingt ans[2] quand il s'installe à Paris chez son père, le comte de Fuentès, ambassadeur d'Espagne. C'est un militaire de carrière, un homme séduisant doté d'une solide culture française. Il ne rencontre Julie de Lespinasse, de onze ans son aînée, qu'en décembre 1766. Pour elle, c'est le coup de foudre[3]. Apparemment pas pour lui. Il quitte Paris quelques semaines plus tard pour rejoindre son régiment à Madrid et ne sera de retour en France qu'en octobre 1767. Il est probable qu'ils se revoient début 1768[4] et que, cette fois, la passion soit réciproque. Furent-ils amants ? Les avis sont partagés. Pour les uns c'est une évidence, mais d'autres invoquent des arguments solides qui tendent à prouver le contraire[5]. Toujours est-il qu'ils vivent les premiers feux d'un grand amour, visible pour ceux qui les approchent[6]. Mais le congé de Mora expirant, il lui faut à nouveau quitter Paris à la fin avril 1768. Ils ne se reverront plus avant la fin juin 1769. C'est entre cette date et février 1770 que le couple connaît la période la plus douce et exaltante de son histoire. Ils veulent se marier et se

1. *Julie de Lespinasse*, 1905, p. 336.

2. Le marquis de Mora (1744-1774) appartenait à l'une des plus anciennes et des plus illustres familles d'Espagne, les Pignatelli d'Aragon.

3. Elle le raconte dans une lettre adressée au « Baron » (Gleichen ?) datée du 19 décembre 1766.

4. Dans une autre lettre adressée au « Baron », du 3 janvier 1768, son ton désabusé pour parler de sa vie laisse à penser qu'elle n'a pas encore abordé la phase passionnelle.

5. Notamment Ségur, *Julie de Lespinasse*, pp. 343 à 346. Il se fonde, entre autres, sur les témoins de l'époque : Marmontel, Mme Suard, etc.

6. Marmontel, cité par Ségur, p. 333 : « Nous le vîmes plus d'une fois en adoration devant elle. »

considèrent comme liés l'un à l'autre, quoi qu'il puisse en coûter. Mais la famille de Mora ne l'entend pas ainsi. Il est impensable d'unir leur fils à une femme mûre, bâtarde et sans le sou, quelle que soit la sympathie que l'on éprouve pour elle. Le comte de Fuentès s'inquiète d'un tel projet (preuve que celui-ci était sérieux) et prend prétexte de la mauvaise santé de Mora pour le renvoyer en Espagne. Nommé général de brigade et doté d'un emploi à la cour madrilène, le jeune homme est censé oublier ses amours de jeunesse[1].

C'est, semble-t-il, dans ce contexte qu'il faut replacer la dépression de d'Alembert. Toujours amoureux d'elle, vivant à l'étage au-dessus, il partage son salon et son intimité. Comment n'aurait-il pas vu Julie dépérir de chagrin après le départ de Mora, qu'elle pouvait craindre définitif[2] ? Marmontel, proche du couple, témoigne qu'elle « n'était plus la même avec d'Alembert, et non seulement il en essuyait les froideurs, mais souvent des humeurs chagrines, pleines d'aigreur et d'amertume. *Il dévorait ses peines et n'en gémissait qu'avec moi*[3]. » Il ne sait plus que faire pour la consoler et retrouver ses bonnes grâces. Dès le matin, raconte encore Marmontel, il court à la poste chercher les lettres de Mora pour les lui apporter à son réveil. Mais plus il montre son dévouement, plus Julie se sent coupable, et plus elle le rejette. Processus classique des amours mortes, aggravé par le fait qu'elle lui cache la vérité. Elle l'aime bien, mais elle ne l'aime plus et n'ose le lui avouer. Se voyant la cause de son dépérissement, il est hors de question d'envisager l'intimité d'un voyage à deux qui les ferait souffrir encore davantage l'un et l'autre. Rongée par la douleur que lui cause l'absence de Mora et par le remords que lui inspire sa cruauté envers d'Alembert, Julie lui impose une séparation qu'il finit par accepter.

1. Il n'en sera rien, puisque Mora démissionnera de l'armée en décembre 1770 pour pouvoir rejoindre Julie. Atteint d'une tuberculose pulmonaire, il ne pourra rentrer à Paris qu'en août 1771. De nouveau très malade, il quitte Paris le 7 août 1772 et meurt le 27 mai 1774 à Bordeaux sur le chemin qui l'y ramène.

2. Parce qu'en avril 1770 elle apprend sa nomination comme général de brigade, ce qui peut laisser penser qu'il fera carrière en Espagne. Mais surtout parce qu'elle le sait très malade et en danger de mort.

3. *Mémoires*, I, p. 223. Souligné par nous.

Influencés par le texte « Aux mânes de Mademoiselle de Lespinasse », écrit au lendemain de sa mort, nous avons cru que d'Alembert n'avait découvert sa liaison avec Mora qu'en lisant les lettres qu'il aurait dû brûler. Mais, à y regarder de près, on voit qu'il distingue deux périodes dans leur vie commune : « les huit ou dix [premières] années [où] je me suis cru tant aimé de vous », et les huit dernières où « je n'étais plus le *premier* objet de votre cœur, malgré l'assurance que vous m'en aviez si souvent donnée[1]. » Il n'est pas interdit de penser que la cruelle découverte de d'Alembert est moins la relation de Julie avec Mora que sa profondeur et son intensité. En dépit de ses assurances répétées[2], il n'était plus « *le premier* », ce qui ne signifie pas qu'il se croyait le seul. Au contraire...

Si les proches de d'Alembert, et nombre de commentateurs avec eux, ont pu penser qu'il ignorait les amours de Julie, c'est peut-être simplement parce qu'il n'en parlait jamais. Il faut se rappeler qu'à cette époque la posture du philosophe amoureux était ridicule, et plus encore celle du philosophe cocu, ravagé par la jalousie. On se souvient de son agacement lorsque Voltaire avait évoqué son possible mariage avec Julie, en 1764, comme si un tel sujet était indigne d'être mentionné. N'était-ce pas lui qui se moquait de Lagrange en apprenant qu'il avait épousé une de ses parentes ? « On m'écrit de Berlin que vous avez fait ce qu'entre nous autres, philosophes, nous appelons le *saut périlleux*[3]... »

En ce printemps-été 1770 où il découvre qu'il n'est plus le seul dans le cœur de Julie, d'Alembert se meurt d'amour et se tait. Pour ne plus affronter l'enfer de la rue de Bellechasse, et peut-être par instinct de survie, il se résout à quitter Paris avec son cher Condorcet. Grâce à la générosité de Frédéric II, qui lui offre 6 000 livres pour faire le voyage d'Italie, les deux amis,

1. *Œuvres complètes de d'Alembert*, III, p. 731. Souligné par nous.
2. Ce qui tend à prouver qu'il l'avait souvent interrogée sur la place qu'occupait Mora dans son cœur...
3. Lettre du 21 septembre 1767. Serret, p. 100. Souligné dans le texte.

qu'on pourrait croire père et fils[1], se mettent en route le 16 septembre 1770. Direction Genève, donc Ferney. C'est certainement une vraie joie pour d'Alembert de revoir son ami après quatorze ans de séparation. Ils ont tant de choses à se dire qu'ils ne peuvent confier aux lettres, et Voltaire est si gai...

Scission

Depuis quatre ans, une guerre souterraine oppose Voltaire aux tenants du matérialisme[2]. La visite de Damilaville à Ferney, en 1765, l'avait alerté sur l'athéisme militant du clan Diderot-d'Holbach. Désormais, la lutte contre l'Infâme oppose la manufacture de d'Holbach à celle de Voltaire, resté fidèle au théisme. Guerre souterraine parce que anonyme – on ignore alors l'auteur ou les auteurs des pamphlets holbachiens –, mais aussi parce que l'adversaire n'est jamais nommé. Chacun fait mine de défendre ses idées en se gardant bien d'attaquer frontalement. Mais l'on sait aujourd'hui, par la *Correspondance littéraire* de Grimm et par celle, privée, de Voltaire, ce que les deux clans pensaient l'un de l'autre. Dès 1766, Voltaire s'en prend aux « modernes spinozistes » en publiant son *Philosophe ignorant*, qui n'est certes pas son meilleur ouvrage. Réponse immédiate de Grimm, qui l'accuse d'être superficiel et puéril[3]. Il est peu probable que Voltaire ait eu connaissance de cette critique méprisante, mais la lecture du *Christianisme dévoilé*[4], qui met en cause son credo, à savoir la nécessité des principes religieux

1. D'Alembert a alors cinquante-trois ans, et Condorcet, vingt-sept.
2. Pour toute cette affaire, voir R. Pomeau, *La Religion de Voltaire*, 1974, chapitre V, et l'article de J. Pappas, « Voltaire et la guerre philosophique », *R.H.L.F.*, octobre-décembre 1961, pp. 526 à 549.
3. *Correspondance littéraire*, VII, livraison du 1er juin 1766, pp. 49 à 54. Cette correspondance secrète étant à l'usage exclusif de ses clients princiers, Grimm et ses collaborateurs, Diderot et Mme d'Épinay, se payaient le luxe d'exprimer librement leur avis.
4. Pour la délicate question de la datation des éditions de ce livre, cf. Jeroom Vercruysse, *Bibliographie descriptive des écrits du baron d'Holbach*, 1971.

pour une bonne conduite en société, appelle une réponse. Ce sera sa première *Homélie*, contre les dangers de l'athéisme. Les lois, dit-il, sont insuffisantes pour retenir le criminel ; seule l'idée d'un Dieu vengeur et rémunérateur peut l'empêcher d'agir ou, à défaut, lui permettre de se réformer. Nouveaux ricanements de la *Correspondance littéraire* [1] traitant Voltaire de « capucin », plus une pluie de pamphlets publiés en 1767 [2], qui enfoncent le clou de l'athéisme. L'année suivante, le patriarche publie sa *Profession de foi des théistes*, que Grimm qualifie tout simplement de radotage [3]. Comme le vieillard a entrepris de faire ostensiblement ses pâques à Ferney, les philosophes, indignés, ne sont pas loin de croire à sa trahison. D'Alembert lui-même n'apprécie guère ces simagrées, même s'il partage l'opposition de Voltaire à l'athéisme. Pourtant, en 1769, Voltaire et d'Alembert, le théiste et le sceptique, font un pas vers les matérialistes. Dans *Tout en Dieu*, Voltaire en appelle à Spinoza et accepte une bonne partie de la métaphysique des athées. Mais il reste inflexible sur l'existence du Créateur.

De son côté, d'Alembert traverse « une crise de conscience [4] ». Impressionné par les arguments matérialistes, il abandonne son déisme sceptique pour se réfugier dans le pur scepticisme. Comme son maître Voltaire, il refuse de faire le pas ultime vers l'athéisme, du moins publiquement. Mais ce recul des déistes ne suffit pas aux militants du clan adverse, les d'Holbach, Diderot, Naigeon ou Grimm [5].

Quand d'Alembert et Condorcet se mettent en route pour Ferney, une véritable bombe a éclaté, tout droit sortie de la fabrique holbachique. Il s'agit du *Système de la nature*, « un *compendium* [6] » de tous les arguments que la philosophie matérialiste pouvait réunir à cette époque, y compris sur le plan scientifique. Il

1. VII, livraison du 15 juin 1767, pp. 344-345.
2. *L'Esprit du clergé, Les Prêtres démasqués, La Théologie portative* et *Le Militaire philosophe.*
3. *Correspondance littéraire*, VIII, livraison du 1er juin 1768, p. 97.
4. J. Pappas, « Voltaire et la guerre philosophique », p. 542.
5. Grimm traite *Tout en Dieu* de « galimatias théologique » aussi inintelligible qu'absurde. *Correspondance littéraire*, VIII, livraison du 1er novembre 1769, p. 364.
6. René Hubert, *D'Holbach et ses amis*, 1928, p. 74.

tendait à démontrer que Dieu est aussi inutile que dangereux. Inutile parce que les lois du monde physique suffisent à produire la vie et la pensée [1]. Dangereux, car source inéluctable de fanatisme. Cette fois, la synagogue de la rue Royale s'attaque directement à Voltaire et à tous les monarques censés faire alliance avec les prêtres.

Le feu aux poudres

Le brûlot, imprimé en novembre 1769, commence à se répandre dans Paris dès février 1770 [2]. C'est un immense succès de scandale, puisqu'il connaît dix éditions successives en quelques mois. Voltaire en prend connaissance à la mi-mai et y répond sur-le-champ par un texte qui sera publié vers le 10 août [3]. Pourtant, lui, d'habitude si susceptible à la moindre attaque, ne paraît pas relever les insinuations presque injurieuses qui le concernent. Le *Système de la nature* se moque ouvertement de son « imagination inquiète », qui en appelle à Dieu, et de ces théistes vieillissants qui croient n'importe quoi, au point de sombrer dans la superstition. Au contraire, dans un premier temps, Voltaire ne cache pas son admiration pour cette œuvre hardie. Il la dit d'abord « admirable dans sept ou huit chapitres [4] ». Le 16 juillet, il se fait plus précis : « Il me paraît qu'il y a des choses excellentes, une raison forte et de l'éloquence mâle, et que, par conséquent, il fera un mal affreux à la philosophie. Il m'a paru qu'il y avait des longueurs, des répétitions et quelques inconséquences ; mais il y a trop de bon pour qu'on n'éclate pas contre ce livre avec fureur [5]. » Quelques jours plus tard, il ajoute : « Si l'ouvrage eût été plus serré, il aurait fait un

1. Thèse iconoclaste soutenue avec brio par Diderot dans *Le Rêve de d'Alembert*, rédigé en 1769.
2. *Mémoires secrets*, V, 19 février 1770, p. 83.
3. Il demande à Cramer, le 1er juin 1770 [D. 16374], d'imprimer son texte *Dieu, réponse au Système de la nature*, qui prendra place dans ses *Questions sur l'Encyclopédie*, à l'article « Dieu »
4. À Cramer [10 juin 1770]. D. 16399.
5. À d'Alembert. D. 16523.

effet terrible ; mais, tel qu'il est, il en fait beaucoup. Il est bien plus éloquent que Spinoza[1]. » Le ton change subitement lorsqu'il prend connaissance de la réponse de Frédéric II au *Système*, outré d'être accusé, en tant que roi, de faire alliance avec les prêtres. Voltaire comprend le danger de s'aliéner de si puissants alliés et assure Frédéric qu'il lutte comme lui à la fois contre la superstition et contre l'athéisme[2]. Le même jour, il regrette cette « guerre civile entre les incrédules[3] ». Il n'est plus question de reconnaître les qualités du brûlot, mais de réconcilier les deux partis pour préserver l'unité de façade du clan philosophique. C'est d'Alembert qu'il charge de cette mission. Loin de Paris, il ignore que ce dernier n'en a plus ni les moyens ni la volonté.

Le 18 août, la foudre parlementaire s'abat et sur le *Système de la nature*, et sur la réponse de Voltaire, qu'il pensait pourtant « fort honnête[4] » et propre à apaiser la colère du clergé et de la Cour. Les deux ouvrages sont condamnés au feu avec cinq autres livres irréligieux. Aux yeux de Voltaire, la situation est la pire qui soit. Le voici associé à ceux qui le combattent sans merci, contraint de s'en démarquer au risque d'une irréparable scission du mouvement philosophique. Encore ne sait-il pas tout...

L'éclatement du clan philosophique

Lorsque d'Alembert et Condorcet arrivent à Ferney, vers le 23 septembre[5], Voltaire n'a pas mesuré l'ampleur du fossé qui sépare « les frères ». Les voyageurs qui s'installent chez « l'ermite » pour plus de deux semaines vont avoir tout le temps de lui raconter ce que l'on ne peut confier aux lettres. D'abord, Voltaire découvre que d'Alembert est beaucoup plus fâché

1. À Grimm, 23 juillet 1770. D. 16540.
2. 27 juillet 1770. D. 16549.
3. À d'Alembert, 27 juillet 1770. D. 16548.
4. À d'Alembert, 11 août 1770. D. 16574.
5. A-M. Chouillet et P. Crépel, « Un voyage d'Italie manqué ou trois encyclopédistes réunis », *Recherches sur Diderot et sur l'Encyclopédie* [*R.D.E.*], n° 17, octobre 1994, pp. 9-53. Les auteurs suggèrent que les voyageurs, arrivés vers le 23 septembre, seraient repartis le 9 octobre.

contre la synagogue de d'Holbach qu'il y paraissait dans sa correspondance. Non seulement il n'apprécie pas la tactique destructrice des matérialistes [1], qui engendre de la violence et coupe les philosophes de leurs alliés, mais il ne se reconnaît plus dans cette coterie radicale qu'il n'hésite pas à qualifier de « faquins [2] » : « On peut dire de tous nos écrivailleurs contre la superstition et le despotisme, a-t-il confié à Frédéric, ce que le P. de la Rue disait de son confrère Le Tellier : Il nous mène si grand train qu'il nous versera [3]. »

Au-delà du désaccord sur la méthode, qui est grand, et sur le fond, qui l'est beaucoup moins, d'Alembert révèle à Voltaire, qui l'ignorait [4], la profondeur de la dissension entre les hommes. Encore faut-il distinguer entre ce qu'il ignore vraiment et ce qu'il feint d'ignorer. Depuis longtemps, celui qui ne cesse d'appeler à l'unité des philosophes pour mieux lutter contre l'Infâme fait mine de ne pas s'apercevoir des réticences, voire de l'hostilité de son aile gauche. Ni Diderot ni d'Holbach n'ont daigné mettre le pied à Ferney malgré plusieurs invitations. Et lorsqu'il proposa la migration des « frères » à Clèves, redoutant la persécution des philosophes après l'assassinat du chevalier de La Barre, nul n'a même daigné lui répondre. Diderot l'admire, mais ne l'aime pas. Lui et ses amis de la rue Royale regardent avec suspicion l'homme qui n'a jamais rompu avec leurs ennemis, les Palissot, les Choiseul ou le duc de Richelieu. On l'accuse de jouer double jeu et de manger à tous les râteliers. De tout celà, Voltaire est pleinement conscient, d'autant que d'Alembert ne s'est jamais privé de lui en faire reproche. En revanche, il ignore certainement à quel point son étoile a pâli, et avec quelle condescendance ses derniers ouvrages ont été accueillis. Même si d'Alembert n'a pas accès à la *Correspondance littéraire*, il a dû entendre Grimm et le salon de d'Holbach ironiser méchamment sur les productions de Ferney. On se

1. Dans sa lettre à Frédéric du 9 mars 1770, il plaide pour une méthode progressive de dévoilement de la vérité. *Œuvres complètes*, V, pp. 290-291.

2. À Frédéric, 8 juin 1770. *Ibid.*, p. 294.

3. *Ibid.*

4. « J'ai appris bien des choses que j'ignorais. » À d'Argental, 26 septembre 1770. D. 16665.

moque du vieux radoteur qui « raisonne comme un enfant » et ne sait opposer aux matérialistes qu'une « kyrielle de pauvretés [...] avec une petite physique écourtée, aussi mesquine dans ses principes que pitoyable dans ses conséquences[1] ». Il est certain que d'Alembert a raconté à son hôte comment la synagogue holbachienne a fait ce qu'elle pouvait pour étouffer sa réponse au *Système de la nature*. Dès le 1er octobre, Voltaire s'en plaint à Cramer en soupirant que « tous sont pour ce malheureux système[2] ».

D'Alembert a-t-il évoqué ses propres relations avec Diderot ? Après les retrouvailles à son chevet, en 1765, leurs rapports sont à nouveau tendus depuis l'été 1769. Diderot n'a pas digéré qu'après l'avoir abandonné en rase campagne, en 1758, en lui laissant le fardeau de l'*Encyclopédie*, d'Alembert ait accepté de participer à la nouvelle édition de Panckoucke. Ce *Supplément* à l'*Encyclopédie*[3], alors que la première édition n'est pas épuisée, est un véritable coup de Jarnac. D'ailleurs, Diderot, également sollicité par Panckoucke, l'avait carrément jeté dehors avec un : « Allez vous faire f ..., vous et votre ouvrage[4] ! » Il ne pouvait qu'être ulcéré que d'Alembert et Voltaire trahissent leur œuvre commune pour des honoraires que l'éditeur lillois distribuait généreusement[5]. Par ailleurs, un autre sujet de friction dut surgir quand Diderot, convaincu d'avoir démontré la quadrature du cercle, voulut publier ses mémoires de mathématiques[6]. Quand on sait le mépris de d'Alembert pour les quadrateurs, on imagine sans peine les rebuffades et vexations qui accablèrent alors Diderot.

En dehors de ces contentieux personnels, d'Alembert ne pouvait plus supporter la compagnie de la synagogue ni les discussions qui les opposaient de plus en plus rudement sur les

1. *Correspondance littéraire*, IX, livraison du 1er septembre 1770, pp. 117-120.
2. D. 16682.
3. Dès 1769, le bruit s'était répandu que Panckoucke allait publier une édition de l'*Encyclopédie* corrigée et augmentée de plusieurs volumes.
4. À Sophie Volland, 31 août 1769. L. Versini, p. 968.
5. Voltaire, pour sa part, avait refusé dès le départ toute rémunération, avant de se retirer du projet pour se consacrer à ses *Questions sur l'Encyclopédie*.
6. À Mme de Maux [début novembre 1769]. L. Versini, p. 991.

questions politiques et philosophiques. La condescendance de Grimm, l'entêtement et l'étroitesse de vues du factotum de d'Holbach et de Diderot, Jacques-André Naigeon [1], fanatique de l'athéisme, enfin l'ironie de Diderot [2], ont eu raison de la patience de d'Alembert. D'autant plus que celui-ci ne peut ignorer que toutes les remarques désobligeantes envers Voltaire le visent également. Chacun sait bien qu'il est l'allié et le représentant du patriarche à Paris, et qu'ils partagent pour l'essentiel les mêmes convictions. Après la publication du *Système*, lorsqu'il réalise qu'il n'y a plus de conciliation possible avec le clan d'Holbach qui rejette tout compromis, d'Alembert rompt avec ses amis. J. Pappas [3] a raison de fixer la date de la rupture à 1770. Il est même probable qu'elle a eu lieu avant l'arrivée à Ferney, ce qui expliquerait le changement d'attitude de Voltaire tout de suite après : si la rupture est consommée entre les ailes modérée et radicale du mouvement philosophique, non seulement il n'y a plus à prendre de gants contre ceux qui vous accablent, mais il est urgent de marquer votre opposition pour vous démarquer d'eux.

Dès le 26 septembre, Voltaire se lance dans l'une de ces campagnes de démolition dont il a le secret. Rien, dans le *Système de la nature*, ne trouve plus grâce à ses yeux. Dans ses lettres à Mme Necker, à Chabanon, à Schomberg, à la duchesse de Choiseul, à Mme du Deffand, à Saurin, etc., il n'est plus question que de l'ennui que dégage ce livre, rempli de fadaises à ne pas prendre au sérieux. Du coup, Spinoza a recouvré toute sa supériorité ! Voltaire attaque bille en tête cet ouvrage « maudit » qui fait un mal irréparable [4]. Il le ridiculise sans merci [5] en se moquant des expériences de Needham, de ses anguilles et de sa farine, dont font tant de cas Diderot et d'Holbach. Mais il a beau s'agiter, le retentissement du *Système* est considérable. Même

1. (1738-1810). C'est Diderot qui le présenta en 1765 à d'Holbach, lequel en fit son secrétaire. Leur relation fut si étroite et confiante que Naigeon fut dès lors l'éditeur constant du baron et le légataire des manuscrits de Diderot.
2. Que l'on perçoit fort bien dans *Le Rêve de d'Alembert*, rédigé à l'été 1769.
3. « Voltaire et la guerre civile philosophique », p. 546.
4. À Grimm, 10 octobre 1770. D. 16693.
5. À Delisle de Sales, 25 novembre 1770. D. 16786.

son fidèle d'Argental en a pris « un grand goût[1] ». En dépit de ses coups d'épingle, des attaques de d'Alembert et des violentes réactions tant de Frédéric II que des autorités françaises, les matérialistes incarnent une nouvelle ère philosophique. Comme le note R. Mortier, « le symbole de la philosophie militante des Lumières [Voltaire] est devenu, pour d'Holbach, Diderot, Naigeon et consorts, le tenant d'une philosophie dépassée, tant politiquement que théoriquement. On comprend la tristesse et l'amertume du vieux lutteur[2]. »

Pappas a raison de remarquer que c'est la fusée à retardement des *Lettres philosophiques* (de 1734) « qui a fait sauter la bombe du *Système de la nature* en 1770[3] », mais l'heure n'est plus à la reconnaissance. Non seulement le roi des philosophes est détrôné, mais les satellites de la maison d'Holbach se préparent à le déchirer. Georges Leroy[4] publie en 1772 des *Réflexions sur la Jalousie pour servir de commentaire aux derniers ouvrages de M. de Voltaire* qui dénoncent sa sénilité, sa mesquinerie envers les Montesquieu, Buffon et Helvétius, et sa servilité à l'égard des puissants. Naigeon, peut-être tenté d'y ajouter sa pierre, se fait durement rabrouer par Diderot : « Cet homme, dites-vous, est né jaloux de toute espèce de mérite [...]. Mais ce jaloux est un octogénaire qui tint toute la vie son fouet levé sur les tyrans, les fanatiques et autres grands malfaiteurs de ce monde [...]. Un jour, cet homme sera bien grand, et ses détracteurs seront bien petits[5]. »

La clairvoyance de Diderot ne l'empêche pas de voir aussi les faiblesses du grand ancien, qu'il aurait même été jusqu'à traiter de « cagot ». En attendant, il s'est joint à l'hommage général rendu à Voltaire. Son nom figure parmi la liste des souscripteurs qui ont commandé sa statue à Pigalle au printemps 1770, à la

1. À la comtesse d'Argental, 9 mars 1771. D. 17066.
2. *Les Combats des Lumières*, 2000, p. 203.
3. Pappas, « Voltaire et la guerre philosophique », p. 544, et Pomeau, *La Religion de Voltaire*, p. 389.
4. [1723-1789], G. Leroy, lieutenant des chasses à Versailles, est l'auteur d'une vingtaine d'articles de l'*Encyclopédie* tant sur la chasse et l'agriculture que la philosophie (articles « Homme » et « Instinct »).
5. À Naigeon [avril ou mai 1772]. Versini, pp. 1107-1108.

différence de ceux de « Naigeon et du baron qui brillent par leur absence[1] ». Mais Voltaire peut se consoler de cette double défection par la recrue de poids que lui a présentée d'Alembert. Le jeune Condorcet, passionné par les questions de justice, indigné par les atrocités qu'à dénoncées Voltaire, est un nouveau disciple de rêve pour le solitaire de Ferney. Ils ont longuement parlé des thèses de Beccaria[2], et Condorcet se sent prêt à participer au combat contre les injustices judiciaires. Dorénavant, Raton-Voltaire n'a plus un, mais deux Bertrand : le fidèle d'Alembert et l'enthousiaste Condorcet. Jusqu'à la mort du maître et même au-delà, ce dernier se montrera d'une fidélité exemplaire. Quoique résolument athée et rationaliste radical, Condorcet n'a jamais rejoint le clan Diderot-d'Holbach. Ce qui prouve une fois de plus l'importance des sympathies, du hasard des rencontres et donc de l'irrationnel dans les combats philosophiques de chacun.

Ayant renoncé à l'Italie, les deux voyageurs sont de retour à Paris vers le 20 novembre. D'Alembert se porte mieux, Voltaire se sent moins seul, mais le plus heureux des trois est sans conteste Condorcet. Outre les plaisirs de son premier grand voyage, il a été vivement impressionné par le patriarche, qu'il trouve « si plein d'activité et d'esprit qu'on serait tenté de le croire immortel, si un peu d'injustice pour Rousseau et trop de sensibilité aux sottises de Fréron ne faisaient apercevoir qu'il est homme[3] ». C'est peut-être grâce à cette rencontre qu'il décide de s'engager dans le débat public. Le jeune homme timide, qui semblait voué aux arcanes du calcul intégral, s'est découvert un tempérament batailleur et un goût de la polémique qu'on ne lui soupçonnait pas. Bien davantage que d'Alembert, c'est Condorcet, le véritable héritier des engagements de Voltaire. On n'a pas fini d'en entendre parler.

1. Pappas, « Voltaire et la guerre philosophique », p. 547.

2. Voir les lettres de Mazzucchelli et de Gorani à Beccaria du 26 septembre 1770 et du 12 mars 1771, qui témoignent que Voltaire, d'Alembert et Condorcet parlaient très élogieusement de l'auteur des *Délits*. D. 16668 et 17075.

3. À Turgot, 27 novembre 1770. *Correspondance inédite de Condorcet et de Turgot*, éd. Ch. Henry, 1883, p. 20.

DEUXIÈME PARTIE

Le goût du pouvoir

(1771-1776)

CHAPITRE VI

L'irruption de la politique
(1771)

Dans une monarchie absolue fondée sur l'origine divine du pouvoir, la politique appartient au roi et aux ministres qu'il choisit. Les Montesquieu, les Rousseau, les Mably, édités à Genève ou en Hollande, suscitent réflexions et débats théoriques sans la moindre conséquence sur la pratique royale. Les sujets de Sa Majesté savent que leur sort se décide à Versailles et n'imaginent pas encore qu'il puisse en être autrement. Lorsque, en 1771, éclate la grande crise qui oppose le roi à la magistrature, l'opinion publique réagit en fonction de ses intérêts, sans mesurer l'enjeu de ce débat d'autorité. Plus surprenante, en revanche, est la réaction presque identique de ceux qui se disent philosophes. La plupart regardent cela de loin, sans y attacher d'importance, comme si cela ne les concernait pas. D'autres prennent parti en fonction des sentiments qu'ils portent aux uns et aux autres. Rares sont ceux qui fondent leur opinion sur une analyse de fond. À l'exception de certains juristes comme Malesherbes, parti prenante au débat, nul n'a bien compris les conséquences d'un conflit trop souvent assimilé à une fronde du passé.

La magistrature renversée

La résistance des parlements [1]

Elle est constante depuis le rétablissement de leur droit de remontrances par le Régent, en 1715. Après le conflit des années 1750 à l'occasion de la Bulle *Unigenitus*, qui se solda par l'exil des parlementaires parisiens en 1753 et leur rétablissement l'année suivante, on assiste entre le gouvernement et les cours souveraines à un nouveau combat qui a pour objet la levée des impôts. Raison pour laquelle la Cour des aides, présidée par Malesherbes depuis 1750, est cette fois en première ligne à côté du Parlement. La guerre de Sept Ans (1756-1763), qui exige de nouveaux impôts, aggrave les rapports entre le roi et ses magistrats. Parlement et Cour des aides protestent contre presque tous les édits fiscaux. L'impôt sur le revenu – le vingtième, créé en 1749 – est doublé en 1756, triplé en 1760 et prorogé jusqu'en 1763. Le public, qui s'émeut de cette fiscalité dévorante, applaudit aux remontrances de plus en plus dures des cours qui soulignent les abus et l'arbitraire de l'administration. Cette guérilla incessante sur les impôts donne l'occasion aux magistrats de remettre en cause la monarchie absolue et de soulever la question des droits de la nation. Ils se fondent sur la coutume moyenâgeuse du libre octroi de l'impôt, qui reconnaissait aux états généraux le droit de le refuser, pour légitimer leur résistance. Puisque les états généraux n'ont plus été réunis depuis

1. La France comptait douze parlements qui siégeaient à Paris, Toulouse, Grenoble, Bordeaux, Dijon, Rouen, Aix, Rennes, Pau, Metz, Douai, Besançon. Celui de Paris couvrait le tiers de la France, de Dunkerque à Lyon. Ces cours souveraines établies par le roi avaient une double fonction : elles enregistraient les nouvelles lois après avoir exercé leur droit de remontrances, jugeaient en dernier ressort les différends entre particuliers et prononçaient sur les appellations des sentences rendues par les juges inférieurs. Cf. Jean Égret, *Louis XV et l'opposition parlementaire*, 1970, p. 10. Au-dessous des parlements, les cours des aides enregistraient en second les mesures fiscales et statuaient sur le contentieux en matière d'impôts.

1614, ils revendiquent avec Montesquieu le statut d'intermédiaires entre le roi et ses sujets. Prétention illégitime, puisque les cours n'ont jamais eu ni droit de veto ni pouvoir de représenter le peuple. Depuis Louis XIV, l'État et le roi ne font qu'un, et aucun pouvoir intermédiaire ou représentatif ne peut se targuer de troubler cette belle unité. Ce que Louis XV rappelle brutalement à ses cours, en mars 1763, par le discours bien nommé de « la flagellation ». Malgré cela, appuyés par l'opinion publique, les parlements continuent à se prétendre les représentants de la nation pour le consentement aux impôts « dans l'intervalle » entre deux convocations des états. Ce qui explique leur peu d'empressement, avant les années 1780, à réclamer leur convocation. Si les états étaient réunis, les cours eussent dû leur remettre le pouvoir de consentir à ces lois.

De ce point de vue, Malesherbes se distingue de ses collègues parlementaires. La solidarité dont la Cour des aides fit preuve courageusement à l'égard du Parlement en 1771 a trop souvent masqué les différences politiques entre les deux corps. S'ils étaient d'accord pour revendiquer la fonction de « dépositaires des lois », souscrire ensemble au titre d'« intermédiaires » entre le roi et le peuple et au rôle « d'organes » de la nation, là s'arrêtaient les aspirations de la Cour des aides. Sous l'égide de Malesherbes, elle n'a jamais prétendu représenter le peuple ni se substituer aux états généraux. Au contraire, Malesherbes est le tout premier président d'une cour souveraine à réclamer la convocation des états généraux, et ce dès 1761. Cette position originale et fort en avance sur son temps ne fut pas tout de suite entendue par l'opinion éclairée. Bien qu'il l'ait exprimée à plusieurs reprises entre 1761 et 1775, notamment dans les remontrances de 1763, nul ne reprit la balle au bond.

À lire les correspondances parvenues jusqu'à nous des différents « encyclopédistes » et la presse de l'époque, la Cour des aides est peu mentionnée avant 1771. Même à cette date, on ne prend guère la peine de discuter les idées de son président, par ailleurs vieil ami des philosophes. Il est vrai que cette cour est d'un rang plus modeste que le Parlement, qui tient le premier rôle. Or les remontrances incessantes des différents parlements lassent le public, très conscient qu'ils plaident moins la cause du peuple que la leur propre. Leurs grèves, cessations de services ou insolences à l'égard du gouvernement ont trop souvent pour but d'affermir les pouvoirs de leur corps. Ce qui ne plaît pas plus au roi qu'aux particuliers qui ont affaire à eux en tant que justiciables. En outre, les cris de Voltaire ont déshonoré le parlement de Toulouse avec l'affaire Calas, et celui de Paris est l'objet de la haine des philosophes après l'abominable sentence rendue contre le chevalier de La Barre. Si l'on ajoute à cela les persécutions permanentes des écrits philosophiques par ce même Parlement, lieu du pouvoir janséniste, on comprend que leurs auteurs s'abstiennent de prendre parti dans un conflit qui oppose leurs deux ennemis. Cela explique en partie l'indifférence des intellectuels à l'égard des combats de Malesherbes. Apparemment plus docile que le parlement de Paris – Malesherbes n'a jamais recouru aux différents procédés de chantage des parlementaires –, la Cour des aides, par la voix de son président, dira de rudes et cruelles vérités au roi [1]. En dénonçant les abus de pouvoir et dénis de justice dont se rendent coupables des fermiers ou autres commis de l'État, elle se fait l'avocat des libertés publiques et individuelles. Mais, tout à leur obsession antiparlementaire, les philosophes, qui ont peu affaire à elle, ne l'entendent pas.

L'exaspération du roi

L'année 1770 mit à rude épreuve les nerfs royaux. Tant la Cour des aides que le parlement de Paris défient ses ordres. Dans un cas, il s'agit de la liberté bafouée d'un marchand forain de Limoges ; dans l'autre, du procès d'un grand de ce monde, le duc d'Aiguillon.

Le premier, Guillaume Monnerat, arrêté sous l'inculpation de contrebande, avait passé vingt mois dans les cachots de Bicêtre

1. Cf. E. Badinter, *Les « Remontrances » de Malesherbes, 1771-1775*, Flammarion, « Champs », 1985.

sans pouvoir s'expliquer sur son innocence. Quand celle-ci fut reconnue, il intenta devant la Cour des aides un procès à la Ferme générale, réclamant des dommages et intérêts. Le 10 février, un arrêt du Conseil[1] évoque la demande de Monnerat devant la Cour des aides, autrement dit la retire de sa juridiction. La Cour s'obstine, malgré les arrêts d'évocation et de cassation, à garder connaissance de l'affaire. Elle ordonne le 13 juillet l'arrestation de l'employé des Fermes qui a appréhendé Monnerat et décrète d'ajournement personnel le directeur du Tabac et le fermier général chargé de réprimer la fraude dans Paris. Deux jours plus tard, nouvel arrêt du Conseil qui défend à la Cour des aides de poursuivre la procédure sous peine d'interdiction. Le roi convoque une grande députation de la Cour pour la réprimander. Ulcéré, Malesherbes rédige les remontrances du 14 août 1770, qui dénoncent le despotisme de l'administration royale. Rappelant les droits imprescriptibles de tout individu, notamment celui de n'être jamais condamné avant d'être entendu, et celui de se plaindre quand on a été victime d'une injustice, il stigmatise des procédés dont personne ne semble mesurer les dangers pour les libertés : délation, lettres de cachet, détention illégale, tortures dans les prisons, conditions de détention inhumaines. Il concluait ainsi : « Il en résulte, Sire, qu'aucun citoyen, dans votre royaume, n'est assuré de ne pas voir sa liberté sacrifiée à une vengeance ; car personne n'est assez grand pour être à l'abri de la haine d'un ministre ni assez petit pour n'être pas digne d'un commis des Fermes[2]. »

Sans illusion sur le sort qu'on réserve à sa Cour et à lui-même, Malesherbes refuse de se taire. Le 17 août sont élaborées de nouvelles remontrances qui envisagent la réduction à néant de la Cour des aides. Quel peut être désormais son rôle, alors que tous ses actes sont frappés de nullité ? Dans une page remarquable de courage et de vigueur, Malesherbes s'élève aux plus hautes considérations politiques. Il rappelle à Louis XV les droits de la nation et le principe de la nécessaire représentation

1. Cet arrêt émanait de l'abbé Terray lui-même, contrôleur général, prouvant ainsi la collusion entre l'administration et les financiers.

2. *Mémoires pour servir à l'histoire du droit public de la France*, 1779, p. 512.

des citoyens, dont le consentement est indispensable à l'établissement de l'impôt. En développant les thèmes d'un droit naturel des peuples, limitatif de l'autorité du monarque, des droits de l'humanité contre lesquels aucun intérêt d'État ne saurait prévaloir, en se présentant enfin en « interprètes et défenseurs du peuple opprimé [1] », Malesherbes et sa Cour lancent à la monarchie absolue un défi insupportable aux oreilles de Louis XV.

Dans le même temps, une autre affaire exaspère les relations entre le roi et les parlements. À l'origine, il ne s'agissait que d'un conflit localisé en Bretagne, mettant aux prises l'avocat général du parlement, La Chalotais, et le commandant en chef de la région, le duc d'Aiguillon. En mars 1770, le parlement ouvre une information contre ce dernier pour sollicitations de témoin dans un procès contre les magistrats bretons. Le duc d'Aiguillon obtient d'être jugé à Paris par la Cour des pairs. Mais, en juin, Louis XV donne un coup d'arrêt au procès, qui risque de compromettre son gouvernement. Il déclare le duc irréprochable. Le 2 juillet, le parlement de Paris rend un arrêt excluant le duc d'Aiguillon des fonctions de la pairie, en dépit de l'absence des princes et des pairs. À partir de là, les événements se précipitent. Deux magistrats bretons [2] sont arrêtés à Versailles au sortir d'une audience que le roi venait de leur accorder. La Cour des aides proteste le 31 août par de nouvelles et très dures remontrances qui se terminent de façon cinglante : « Quand on veut faire servir la puissance souveraine à satisfaire des passions particulières, on menace de l'autorité ceux qui gémissent déjà sous l'injustice et on les réduit à l'alternative de faire des actes qui puissent être imputés à la désobéissance [...]. Suivez les mouvements de votre cœur, Sire, vous régnerez par la justice et vos peuples tomberont à genoux ; vous connaîtrez alors qu'il est inutile de régner par la terreur [3]. »

Le 3 septembre, le roi fait défense au parlement de Paris de s'occuper de l'affaire du parlement de Bretagne, et se fait

1. Pierre Grosclaude, *Malesherbes, témoin et interprète de son temps*, 1961, p. 234.
2. Ces deux magistrats, MM. de La Noue et de Goyon de Lohelac, appartenaient au parlement de Bretagne, qui faisait aussi office de cour des aides. *Ibid.*, p. 235.
3. *Ibid.*, p. 236.

remettre toutes les pièces concernant l'affaire du duc d'Aiguillon. Le 6, avant de partir en vacances, les Chambres assemblées renvoient leur délibération au lundi 3 décembre. La rentrée judiciaire du 28 novembre laisse augurer d'un affrontement décisif. Le chancelier Maupeou, général en chef dans cette guerre entre le monarque et ses cours, prend le Parlement de vitesse et lui adresse le 3 décembre un édit anodinement intitulé « Règlement de discipline », qui met le feu aux poudres. Le préambule, qui dresse le catalogue des récentes entreprises parlementaires, constitue une brutale remise au pas de la magistrature. Il leur interdit d'user des termes d'« unité », d'« indivisibilité » ou de « classes » par lesquels les parlements prétendaient être un seul et même corps, et de correspondre entre eux (1er article) ; de cesser leur service et de donner des démissions combinées (2e article) ; de retarder l'enregistrement des édits après leurs premières remontrances (3e article). Le tout, sous peine de forfaiture et de confiscation d'offices. L'édit est imposé par lit de justice le 7 décembre. Le parlement de Paris met fin à ses remontrances et suspend l'exercice de ses fonctions.

Le coup de force de Maupeou

Le 20 décembre, des lettres de jussion ordonnent au Parlement de reprendre son service. Quatre jours plus tard, Choiseul, son allié, est disgracié. Après quelques jours de flottement, le roi fait savoir qu'il maintiendra le règlement de discipline. Le 15 janvier, les parlementaires se réunissent pour opposer un refus formel d'obéissance. Dans la nuit du 19 au 20 janvier, chaque parlementaire reçoit une lettre de cachet lui enjoignant de faire savoir sur l'heure s'il reprend ou non son service. La plupart répondent non, et, le 21 janvier, cent trente d'entre eux sont exilés, et leurs charges, confisquées. Les exils furent d'une sévérité inégale. Les uns furent envoyés dans leurs terres ; les autres, les plus coriaces, dans la ligne de mire de Maupeou, aux quatre coins de la France, dans les lieux les plus inhospitaliers. Selon l'abbé de Véri, pourtant favorable au coup de force, Maupeou n'était pas dénué d'intentions malignes : « Il y mêla des accessoires qui empoisonnèrent cette bonne opération. Ces accessoires furent un mélange de haine, d'injustice et de persécution. Il exila plusieurs membres dans des lieux déserts et malsains ; il manifesta le plaisir qu'il avait de les savoir dans la souffrance. Il n'eut aucun égard aux raisons de famille et de santé qui firent demander aux exilés des changements [1]. »

Après la disgrâce du tout-puissant Choiseul et l'éclatante mise au pas des parlementaires, le chancelier Maupeou, garde des Sceaux, est devenu l'homme fort du ministère et le plus redouté de France après le roi. Cet homme de robe (1714-1792), prénommé René Nicolas, est le fils de René Charles, premier président du Parlement de 1743 à 1757. Il fut aussi son bras droit avant de devenir à son tour premier président de 1763 à 1768. Lorsque Lamoignon, père de Malesherbes, démissionne de sa charge de chancelier, en septembre 1768, c'est lui, René Nicolas, qui lui succède. « C'était un homme petit, avec de gros yeux proéminents sous d'épais sourcils noirs [...], le teint jaune et bilieux. Il était sévère, pénétré de ses devoirs, infatigable au travail, abattant en se jouant une besogne considérable, capable de conduire une entreprise sans dévier, l'esprit toujours tendu sur les affaires. Ses défauts étaient l'excès de chaleur et la précipitation [2]. »

C'est à un homme du sérail qu'il est donc échu de faire taire ses collègues. Certains se firent une joie de rappeler que son père, alors premier président, avait lui-même mené la fronde contre le gouvernement en 1756 avec une hardiesse remarquée [3]. Mais le fils n'en a cure, et il est bien placé pour connaître les faiblesses mais aussi les abus et prétentions de ses anciens pairs. Nul n'était donc mieux à même d'opérer ce spectaculaire coup

1. *Journal de l'abbé de Véri*, 1928, I, p. 73.
2. Jean Égret, *Louis XV et l'opposition parlementaire*, p. 137.
3. *Mémoires du cardinal de Bernis*, 1980, p. 196 : « Lorsqu'il s'aperçut que cette place importante [celle de garde des Sceaux] était destinée à M. de Machaut, il comprit que n'ayant plus rien à attendre de la Cour, il ne lui restait d'autre moyen de se rendre considérable et de se faire rechercher que de s'attacher entièrement à sa compagnie, et de mettre la fermeté du magistrat à la place de la souplesse du courtisan. »

de force – d'autres diront « coup d'État » – pour reprendre en main le pouvoir judiciaire et prévenir tout retour en arrière.

Le 23 février, le Conseil, tenant lieu de Parlement, enregistre une loi d'une audace réformatrice sans pareille. Cet édit démantèle le trop puissant parlement de Paris en divisant son ressort en plusieurs zones. Le parlement ne conservait plus que l'Île-de-France, l'Orléanais, la Picardie, les régions de Reims et de Soissons, et six conseils supérieurs étaient créés dans les régions plus éloignées [1]. Plus important encore : la vénalité des offices n'existera plus pour les nouveaux tribunaux, et, surtout, la justice y sera gratuite. On a prévu que les nouveaux magistrats, n'achetant plus leurs offices, recevraient des gages et bénéficieraient, s'ils en avaient besoin, d'un anoblissement graduel. À la suppression de la vénalité des offices s'ajoute celle des épices et des vacations, ainsi que de certains tribunaux d'exception. Les tribunaux sont rapprochés des justiciables et les charges des justices seigneuriales, notablement allégées. Ce projet avait donc de quoi séduire. J. N. Moreau, partisan de Maupeou, rapporte : « Lorsque tout Paris vit l'édit, les gens sensés convinrent qu'il était le commencement d'un vaste et beau plan [2]. »

On ignore précisément qui étaient « les gens sensés », mais Voltaire fut l'un des premiers à applaudir. Tout à sa haine des bœufs-tigres, il se réjouit d'abord de l'humiliation des assassins du chevalier de La Barre [3], avant de se féliciter de leur exil [4]. Il approuve le projet des conseils supérieurs, qui faciliteront la vie des justiciables de province, et déclare sans attendre qu'il faut « préparer une couronne civique pour M. le Chancelier [5] ». Il est vrai que ce dernier ne lui est pas totalement étranger. Dès sa nomination, en 1768, Voltaire a pris soin de lui envoyer ses œuvres, histoire d'établir une relation avec le puissant du jour. Il s'est même fendu d'une lettre d'une rare obséquiosité pour

1. À Arras, Blois, Châlons-sur-Marne, Clermont-Ferrand, Lyon et Poitiers.
2. *Mes souvenirs*, 1893, II, p. 67.
3. À d'Alembert et à Richelieu, 21 décembre 1770. D. 16854 et D. 16855.
4. À d'Alembert, 2 février 1771. D. 16998.
5. À Marin, 27 janvier 1771. D. 16989.

accompagner l'envoi de sa réfutation du *Système de la nature*[1]. Bref, il a déjà fait ce qu'il faut pour se faire bien voir. Le bruit court dès janvier que Maupeou a secrètement fait appel à la plume de Voltaire pour contrebalancer les épigrammes qui courent Paris sur son compte[2]. Notamment celui-ci, d'un membre du Parlement, à l'occasion de la remise du cordon bleu au chancelier :

Ce noir vizir, despote de France,
Qui pour régner met tout en feu,
Méritait un cordon, je pense,
Mais ce n'est pas le cordon bleu[3].

On ignore si Maupeou a réellement demandé son appui à Voltaire, mais on est frappé de l'enthousiasme montant de celui-ci. Il se rit du sort de ses neveux, d'Hornoy et Mignot, qui se retrouvent l'un en exil, l'autre siégeant dans un nouveau conseil supérieur, et commence dès février une campagne en faveur du chancelier. Il le qualifie d'« homme très éclairé et très ferme ; s'il persiste, il se couvrira de gloire[4] », son « nom sera béni[5] ». Il se dit « extrêmement content de l'Édit » du 23 février et juge le discours du chancelier « parfaitement beau[6] ».

En l'absence des réponses de d'Alembert, on ne connaît pas l'appréciation de la rue de Bellechasse ni sur le coup de force, ni sur la réforme, ni sur l'attitude de Voltaire. En revanche, l'ami Turgot, depuis son intendance de Limoges, paraît exprimer un point de vue répandu dans ce milieu, qui renvoie dos à dos « les fripons qui nous gouvernent » et « les cruches cassées [les parlements] ». « La petite farce qui se joue à Paris me paraît plus comique que tragique et se terminera [...] par le retour des cruches[7]. »

1. À Maupeou, 22 août 1770, D. 16605 : « Assurément vous pensez mieux que les auteurs de ce siècle. Une seule de vos lettres est mieux écrite que tous leurs livres. »
2. Bachaumont, XIX, p. 299, 21 janvier 1771.
3. Bachaumont, V, p. 245, 9 janvier 1771.
4. À Veymerange, 25 février 1771. D. 17041.
5. À Christin, 27 février 1771. D. 17046.
6. À d'Alembert, 4 mars 1771. D. 17056.
7. À Dupont de Nemours, 4 janvier et 1er février 1771. *Œuvres de Turgot*, éd. Schelle, 1972, III, pp. 470-471.

L'opinion parisienne bascule lorsque se répandent comme une traînée de poudre les remontrances de la Cour des aides rédigées par Malesherbes. Avant même qu'elles soient présentées au roi, les copies se multiplient. Dès le 24 février, Condorcet avertit Turgot : « Il y a de très belles remontrances de la Cour des Aides. Tout ce qu'il y a de vrai et de bon à dire en faveur du Parlement y est énergiquement, noblement exprimé, sans emportement comme sans bassesse ; les torts que peut avoir le Parlement et les côtés faibles de la cause y sont déguisés et palliés avec adresse[1]. » La rumeur parvient jusqu'à Voltaire, qui demande à Richelieu de les lui envoyer. Il ajoute, agacé : « Mais de quoi s'avise la Cour des Aides[2] ? » Deux jours plus tard, il réitère sa demande auprès du comte de Schomberg, sans dissimuler son hostilité : « Je n'entends point pourquoi la Cour des Aides se mêle des Conseils souverains que le roi juge à propos de créer pour le soulagement de ses peuples ; mais puisqu'elles sont si bien écrites, je suis curieux de les voir comme pièce d'éloquence et non pas comme affaire d'État [...]. Quand je verrai des remontrances qui opéreront le paiement de nos rentes, je serai fort content. Jusque-là, je ne vois que des phrases inutiles[3]. »

Avant même de les avoir lues, Voltaire pressent que ces remontrances vont le gêner. Malesherbes est une vieille relation avec laquelle il n'est pas aisé de se brouiller. Il sait le respect qui entoure l'ancien directeur de la Librairie et l'actuel président de la Cour des aides. Ce qu'il ignore encore, c'est la hauteur du propos de Malesherbes, qui va bien au-delà de ses légitimes préoccupations à lui. Cette fois, les rôles sont inversés. Le juriste pense en philosophe, et le philosophe réagit en justiciable.

1. [24 février 1771]. *Correspondance inédite de Condorcet et de Turgot*, éd. Ch. Henry, 1883, p. 44.
2. 11 mars 1771. D. 17071.
3. 13 mars 1771. D. 17080. Il est surprenant que Voltaire n'ait pas encore reçu une copie des remontrances de Malesherbes, alors qu'au dire des *Mémoires secrets* datés du 7 mars, tout Paris en est alors inondé...

La solitude de Malesherbes

Un homme des Lumières

Malesherbes a quarante-neuf ans lorsqu'il décide de rédiger les remontrances qui vont lui valoir à la fois la célébrité et l'exil. Avant même d'en écrire le premier mot, il sait très bien ce qui l'attend. Cet homme modeste et discret, qui n'aime rien tant que la solitude de son bureau et ses travaux de botanique, se sent obligé de prendre la défense du Parlement dissous. À ses yeux, il s'agit d'un véritable coup d'État qui bafoue les lois du royaume et les droits inviolables du peuple. Entérinées par la Cour des aides unanime le 18 février 1771, ces remontrances furent écrites, corrigées et discutées à l'un des pires moments de sa vie. En effet, sa femme venait de se suicider, le 11 janvier, dans les bois de Malesherbes, d'un coup de fusil [1].

Cet homme rond, au visage ingrat et à la démarche maladroite, est à l'opposé de la superbe d'un grand magistrat. Ses traits déjà lourds ne laissent rien paraître de la distinction de l'esprit. Qui reconnaîtrait en lui l'héritier d'une des plus grandes familles de robe ? Depuis plus de deux cents ans, ses ancêtres, les Lamoignon, président aux destinées de la justice française avec les Séguier, les Joly, les Maupeou et quelques autres. Lorsque son père est nommé chancelier de France, en décembre 1750, il transmet à Malesherbes la charge de premier président de la Cour des aides et lui délègue celle de la direction de la Librairie, qui entre dans ses attributions. Le fils conservera cette charge jusqu'en octobre 1763, date de la disgrâce du père, mais son pouvoir dépend entièrement du chancelier, au nom de qui il

1. Malesherbes (6 décembre 1721-21 avril 1794) avait épousé Marie-Françoise Grimod de La Reynière en 1749, et en avait eu deux filles en 1756 et 1758. Mme de Malesherbes souffrait depuis six mois, au dire de Malesherbes, d'une profonde mélancolie. Voir sa lettre de remerciement aux condoléances de Rousseau vers le 20 janvier 1771. Leigh, 6829, pp. 167-169.

donne des ordres et à qui il doit rendre compte de toutes ses décisions.

Son travail consiste à délivrer des privilèges, ou permissions d'imprimer des manuscrits, et à surveiller l'introduction des ouvrages étrangers en France en faisant respecter une réglementation fort complexe. Chaque publication était soumise à une censure préalable dont la responsabilité incombait au directeur de la Librairie. Malesherbes régnait sur une armée de censeurs choisis en fonction de leur compétence sur un sujet, et répondait de leur travail devant son père. Or, contrairement à celui-ci, fort pieux et lié aux Jésuites, Malesherbes était proche des philosophes et partisan de la plus grande tolérance. Coincé entre des lois absurdes et contradictoires, sa loyauté à l'égard de son père et ses convictions libérales, il pratiqua une politique du double jeu qui le conduisait à favoriser l'impression de certains ouvrages tout en ayant officiellement l'air de n'en rien savoir. Les seules censures qu'il justifiait portaient sur les satires personnelles, les ouvrages obscènes ou ceux qui attaquaient les droits du trône et les fondements de la religion[1]. Dans tous les cas, il tentait de réduire au minimum les restrictions à la liberté de pensée.

De 1751 à 1763, Malesherbes eut à connaître des textes parmi les plus importants du mouvement philosophique. Tous eurent à négocier avec lui la publication d'œuvres audacieuses qui ne pouvaient que susciter la condamnation des autorités et parfois la persécution de leurs auteurs. Le directeur de la Librairie eut souvent à déployer des trésors de ruse, voire de duplicité, pour éviter l'irréparable. Par deux fois, en 1752 et 1759, il sauve ainsi la mise à l'*Encyclopédie*, allant même jusqu'à entreposer chez lui les volumes qu'il était censé faire saisir le lendemain. C'est grâce à lui que paraissent en 1760 la *Théorie de l'impôt* de Mirabeau et, en 1762, l'*Émile* de Rousseau, qui suscitent l'un et l'autre un énorme scandale. Le premier auteur fut emprisonné

1. Malesherbes s'expliqua sur sa politique dans les cinq *Mémoires sur la Librairie et sur la liberté de la presse*, rédigés à la fin des années 1750 et publiés post mortem en 1809. Cf. l'édition de R. Chartier en 1994.

huit jours à Vincennes, et le second n'eut que le temps de prendre la fuite pour échapper à l'emprisonnement.

À chaque fois, Malesherbes a risqué gros pour permettre aux philosophes d'exprimer leurs idées, sans toujours recevoir d'eux la reconnaissance attendue. Il s'en est expliqué dans une lettre à Bernis de 1758 :

« Si j'étais lieutenant criminel, mon métier serait d'intimider ceux qui seraient assez malheureux pour avoir affaire à moi [...]. Mais, malheureusement, ce n'est pas le mien, je suis chargé d'une police qui concerne les gens de lettres, les savants, les auteurs de toute espèce, c'est-à-dire des gens que j'aime et que j'estime, avec qui j'ai toujours désiré de passer ma vie, qui font honneur à leur siècle et à leur patrie. Je ne prétends pas que les talents d'un homme doivent le soustraire à la punition due à ses fautes ; je crois que tout le monde doit être soumis aux lois, mais il me semble que les hommes célèbres doivent avoir cet avantage qu'on leur présente d'un côté la peine, et de l'autre la récompense. Cela posé, Monsieur, voyez quelle est ma situation : je peux imposer des gênes aux gens de lettres, contraindre leur génie, me plaindre des fautes qu'ils commettent, et je n'ai aucune grâce à leur procurer, je peux leur nuire et je ne peux jamais leur être utile [1]. »

Les derniers mots sont, on l'a vu, inexacts. Mais, susceptibles à l'excès, les philosophes ne pardonnaient rien à Malesherbes, surtout pas qu'il accordât à leurs ennemis la même liberté de s'exprimer qu'ils réclamaient pour eux. S'il entretenait de bons rapports avec Diderot et Rousseau, il avait dû rappeler sèchement à l'ordre Voltaire et d'Alembert. Le premier, parce qu'il était sans foi ni loi pour introduire ses ouvrages en France ; le second, parce qu'il avait une fâcheuse tendance à considérer toute critique comme une atteinte à son honneur. Aux deux il lui arriva de donner des leçons dans les termes les plus cinglants [2], en particulier quand ils le harcelaient pour exiger la censure de Fréron.

1. B.N. Mss Fonds français, 22191, f°s 6-9.
2. [10 mars 1754], D. 5717. Voir aussi la fameuse lettre à Morellet concernant d'Alembert, du 16 février 1758, in Morellet, *Mémoires inédits*, I., pp. 148-152.

Lorsque Malesherbes quitta la Librairie, en 1763, Voltaire, qui avait plusieurs fois exprimé sa colère contre son absence de souplesse, manifesta néanmoins son regret : « M. de Malesherbes n'avait pas laissé de rendre service à l'esprit humain en donnant à la presse plus de liberté qu'elle n'en a jamais eu. Nous étions déjà presque à moitié chemin des Anglais [1]. » Tel ne fut pas l'avis de d'Alembert, qui écrivit : « Je commence à croire que la Librairie n'aura rien perdu à la retraite de M. de Malesherbes. Il est vrai qu'on a fait aux gens de lettres l'honneur de les mettre dans le même département que les filles de joie [2]... » Faute de documents, nous ignorons les réactions des autres philosophes, dont celle de Diderot. Mais l'on sait que Rousseau fut le seul à conserver des relations suivies avec Malesherbes – ils partageaient la passion de la botanique.

Depuis qu'il a quitté la Librairie, Malesherbes se consacre à la Cour des aides et emploie ses loisirs à l'histoire naturelle et aux voyages. Il est particulièrement présent à l'Académie des sciences, dont il est honoraire [3], lorsqu'il assume en 1765 la charge de président. De manière générale, il fréquente davantage les magistrats et les savants que les hommes de lettres. Ses amis s'appellent Turgot, Morellet, Dionis du Séjour ou Bernard de Jussieu.

Peut-être a-t-il pu, mieux que d'autres, jauger les mesquineries et l'opportunisme souvent inhérents au métier d'auteur, y compris chez ceux qui s'intitulent philosophes... Au moment où il s'apprête à affronter le pouvoir et à mener l'un des grands combats de sa vie, Malesherbes se retrouve bien seul.

Les remontrances de Malesherbes

Au nom de sa Cour, il rédige des remontrances qui sont lues et approuvées le 18 février 1771. Fin janvier, il confie à son ami

1. À d'Argental, 14 octobre 1763. D. 11459.
2. À Voltaire, 8 décembre 1763. D. 11541. C'était le lieutenant de police, Sartines, qui avait succédé à Malesherbes, mettant fin à la politique libérale de son prédécesseur.
3. Depuis le 6 mars 1750.

Augeard : « Je vais vous lire les remontrances de la Cour des Aides que j'ai faites et qui paraîtront sous quatre semaines. Je suis certain d'être au moins exilé, mais rien ne pourra jamais m'empêcher de faire parvenir la vérité au trône [1]. » Ces remontrances constituent une sévère critique de l'édit de décembre 1770 et un réquisitoire contre le despotisme à la française, « système destructeur qui menace la nation entière [2] ». Malesherbes ne cite jamais le nom de Maupeou. Un « on » pudique sert d'accusé tout au long du texte : « *On* veut inspirer la terreur à tous les corps de l'État... *On* a fermé tout accès à la vérité [3]. » Mais chacun voit bien que c'est Maupeou qui est visé, et, au-delà de lui, le responsable suprême qu'est le roi. Car si Maupeou a pu perpétrer ce qu'on a appelé un coup d'État, c'est que le germe du despotisme est au fondement de la monarchie absolue. Malesherbes s'inspire de Montesquieu, qui a fort bien montré les dangers inhérents à l'absolutisme royal. Monarchie et despotisme, disait-il, sont l'un et l'autre le pouvoir d'un seul homme. Mais ce qui les distingue radicalement, c'est que le monarque gouverne par l'intermédiaire et avec le conseil des corps subordonnés et dépendants, dépositaires des lois fondamentales du royaume, alors que le despote ne connaît aucune limite à sa puissance. Son seul désir tient lieu de loi fondamentale du royaume.

Selon Malesherbes, la France de Louis XV a basculé du côté du despotisme. Toutes les conditions sont réunies : mépris des lois (l'édit de décembre 1770), favori tout-puissant (Maupeou), crainte qu'on veut inspirer à un peuple dispersé et silencieux. À ses yeux, les libertés publiques et individuelles ont été mises en péril par la liquidation du parlement de Paris. L'inamovibilité des charges des magistrats, seule garante de leur indépendance et de l'inviolabilité des lois, a été rayée d'un coup de plume. En dispersant l'ancien Parlement, réticent, pour lui substituer des conseils supérieurs tout à sa discrétion, Maupeou a débarrassé

1. *Mémoires secrets* d'Augeard, 1866, p. 42.
2. *Les « Remontrances » de Malesherbes, 1771-1775*, éd. E. Badinter, p. 152.
3. *Ibid.*, p. 151. Souligné par nous.

le roi des dernières entraves à son pouvoir. De ce fait, ce n'est plus qu'un despote régnant sur un peuple esclave.

À juste titre, Malesherbes souligne que le souverain vient de commettre une faute politique majeure. En bafouant les lois essentielles du royaume, il a ouvert le débat sur les fondements de la monarchie et sur le droit public français. Il ne peut qu'en sortir un sentiment d'incertitude propre à menacer le pouvoir du roi. À ce propos, Augeard rapporte une réflexion de Malesherbes qui éclaire sa pensée : « Vous êtes un très bon citoyen, un très bon Français, mais, sur le droit public, vous êtes dans la plus grande ignorance, et vous la partagez avec 24 millions d'habitants. Au surplus, c'est une grande question de savoir s'il est intéressant, pour la puissance royale et le bonheur des peuples, de trop les éclairer sur cette matière ; ce qu'il y a de certain, c'est que le Chancelier fait la plus grande faute possible en administration et en politique, vis-à-vis du roi et de ses successeurs ; il élève et suscite un problème dont la solution peut un jour changer la constitution du royaume, et même la dynastie [1]. »

Pour autant, Malesherbes n'était pas dupe des fautes du Parlement. Même s'il ne les évoque pas dans les remontrances, il lui reprochait « un esprit de corps qui le perdra, et nous tous, et même la royauté [2] ». Il ajoutait avec une sévère lucidité : « Le parlement de Paris n'est que la cour de justice du Roi, provisionnée et gagée par lui [...]. Si, par gloriole ou par d'autres motifs encore plus coupables, elle n'avait pas voulu tenir à ce prétendu droit d'enregistrement en matière d'impôt, elle n'aurait pas été, pendant ce règne, exilée quatre fois ; elle finira par être anéantie. Le parlement a toujours été mené par dix ou douze intrigants, plus habiles que les autres, qui s'embarrassaient fort peu de ce qui arriverait au corps et à l'État pourvu que leur ambition désordonnée et leur avidité en fait d'argent fussent rassasiées [3]. »

Après plusieurs renvois, Louis XV reçut Malesherbes et sa Cour à Versailles pour leur dire : « Je ne recevrai point les remontrances de la Cour des Aides quand elles concerneront les

1. *Mémoires secrets* d'Augeard, p. 39.
2. *Ibid.*
3. *Ibid.*, p. 40.

affaires qui ne lui sont pas propres. Et moins encore quand, avant de me les présenter, elle leur aura laissé acquérir une publicité qu'elles ne doivent jamais avoir [1]. » Il est vrai que Malesherbes avait pris soin de faire imprimer clandestinement les remontrances sitôt après leur adoption par la Cour. Elles avaient pénétré partout avec un succès énorme, comme en témoignent les *Mémoires secrets* le 26 février : « On les regarde comme un chef-d'œuvre. On les attribue à M. de Malesherbes, le chef de la compagnie, magistrat naturellement éloquent, cultivant les lettres et enflammé de cet enthousiasme patriotique qui produit le vrai sublime dans de pareils écrits [2]. » Le 7 mars, il ajoute : « Les remontrances de la Cour des Aides ont fait une fortune si prodigieuse dans le public, et les copies s'en sont multipliées à tel point qu'il n'est presque pas de maison où l'on ne trouve ce manuscrit. Tous les bons Français veulent les lire et regardent leur auteur non seulement comme le défenseur de la magistrature, mais comme le Dieu tutélaire de la patrie [3]. »

Après les remontrances, Malesherbes et sa Cour prirent le 22 mars un arrêté capital qui mit le comble à la colère du roi. Ils déclaraient qu'ils ne reconnaissaient point les nouveaux conseils supérieurs ni aucun acte qui en émanerait. C'était une rébellion caractérisée, aux conséquences prévisibles. Le 6 avril, Malesherbes reçut une lettre de cachet lui ordonnant de rester en son château de Malesherbes jusqu'à nouvel ordre. Le 9 avril, le duc de Richelieu se rendit à la Cour des aides pour annoncer aux magistrats la dissolution de leur Cour et la prompte liquidation de tous les offices.

Après les applaudissements du public, c'étaient maintenant le silence et la solitude qui attendaient le magistrat pour une période qui devait durer trois ans. En attendant, comment ne pas être frappé par le silence de la majorité des intellectuels ?

1. *Archives nationales*, O I 405.
2. *Mémoires secrets*, V, pp. 261-262.
3. *Ibid.*, p. 264.

Les philosophes pris de court

À lire les chroniques et les correspondances[1] de cette époque, il semble que tout Paris soit en ébullition. On y parle de troubles, de fermentations et de désordres, sans autres détails que factuels. La plupart du temps, on se garde d'avancer un avis ou une analyse, surtout s'ils sont critiques. La raison en est évidemment la crainte d'être lu par d'autres que le destinataire. « Vous me demandez des nouvelles, répond Kéralio à Frisi. Je vous en dirais si vous étiez ici, mais il ne serait pas prudent de les écrire. Nous sommes actuellement dans une crise dont il n'est rien moins qu'aisé de prévoir la fin[2]. » Même si l'on finit par deviner les opinions des uns et des autres, nous manquons cruellement de points de vue philosophiques sur les questions soulevées par Malesherbes. L'homme du *Contrat social* est réduit au silence, et l'abbé de Mably, qui a vigoureusement critiqué le despotisme légal[3], se dit accaparé par l'achèvement de l'ouvrage promis au duc de Parme[4]. N'est parvenue jusqu'à nous qu'une lettre de Diderot qui dit franchement son opposition au coup d'État de Maupeou et les raisons de celle-ci. Seule l'opinion de Voltaire, pro-gouvernementale, peut s'étaler à longueur de lettres et dans de multiples pamphlets. À défaut d'une analyse unanime, on peut cependant distinguer trois avis différents sur les événements politiques en cours : soit l'on approuve la lutte de Maupeou contre les parlements ; soit l'on se déclare pour l'ancien Parlement et contre le chancelier ; soit, enfin, l'on renvoie les deux adversaires dos à dos.

---

1. Entre autres, celles de Mme du Deffand à H. Walpole, de Mme d'Épinay à Galiani et de Kéralio à Frisi.
2. Biblioteca Ambrosiana, Milan, Mss Y 153 sup., fos 243-244.
3. Il avait publié en 1768 ses *Doutes proposés aux philosophes économistes sur l'ordre naturel et essentiel des sociétés politiques*, qui s'élevaient contre le despotisme légal des physiocrates, notamment de Mercier de La Rivière.
4. Burgerbibliothek, Berne, Mss F. A. Fellenberg, 154, no 20 : lettre à Fellenberg, 3 mai 1771.

La caution de Voltaire

Vue de Ferney, la réforme de Maupeou est une bénédiction. Aux yeux de Voltaire, les grandes questions de la légitimité des corps intermédiaires et du despotisme royal ne se posent pas. Apparemment, cela ne l'intéresse pas. Ses préoccupations sont d'ordre subjectif et pratique. L'humiliation puis la suppression des anciens parlements réalisent un vieux rêve de vengeance : c'est une véritable jouissance, pour lui, que de voir les bœufs-tigres, les assassins de Calas, de La Barre et des autres, payer pour leurs fautes. Même s'il sait bien qu'ils n'ont pas été dissous pour cette raison, Voltaire les a trop haïs pour ne pas se réjouir de leurs malheurs. C'est un sentiment dont il ne se cache pas, et un trait de caractère que l'on observe souvent chez lui. Plus honorable est sa préoccupation sincère d'une meilleure justice, moins chère parce que plus accessible au justiciable. « De quoi s'agit-il pour les peuples qui doivent être l'objet de la législation ? De pouvoir obtenir justice le moins chèrement possible, le plus promptement et le plus commodément qu'il soit possible. Or, nous demandons s'il n'est pas beaucoup plus commode d'être jugé dans sa province que dans une province étrangère ? si on n'est pas plus promptement jugé ? s'il n'en coûte pas dix fois moins[1] ? »

Voltaire s'en serait tenu là qu'il n'y aurait pas eu matière à polémique. Mais, durant les six mois que dure la crise, il se fait le soutien inconditionnel de Maupeou, non seulement dans sa correspondance, notamment auprès de d'Alembert – dont on ignore les réponses[2] –, mais par une pluie de petits pamphlets dont il arrose Paris à partir de mars 1771[3]. Le plus remarqué et

1. *Sentiments des six Conseils établis par le roi et de tous les bons citoyens*, *Œuvres*, éd. Moland, XXVIII.

2. Aucune des lettres de d'Alembert à Voltaire durant la période allant de janvier à août 1771 n'est parvenue jusqu'à nous.

3. Outre ses *Sentiments des six Conseils*, on lui attribue *Lettre d'un jeune abbé*, *Les Remontrances du grenier à sel*, *Des peuples aux Parlements*, *Avis important à la Noblesse*, et, bien sûr, la *Réponse aux remontrances de la Cour des Aides, par un membre des nouveaux Conseils souverains*.

le plus discuté est sa *Réponse aux remontrances de la Cour des Aides*. Non seulement parce que le texte a été unanimement applaudi à Paris, mais parce que chacun y voit la plume de Maupeou, donnant le coup de pied de l'âne à un homme honorable et accablé alors qu'il a toujours été l'ami des philosophes. On dit que cette *Réponse*, d'abord imprimée par Cramer à Genève, aurait été réimprimée à Paris sur ordre du chancelier, avec quelques légères modifications.

Ce texte a essentiellement deux objets. D'abord, délégitimer l'intervention de Malesherbes : « Les remontrances de la Cour des Aides sont d'autant plus respectables que cette Cour n'a aucun intérêt à l'affaire qu'elle a traitée ; elles sont d'autant plus éloquentes que le fond de la question n'a pas plus été entamé par elles que par les parlements, c'est-à-dire point du tout ; et que l'auteur, débarrassé du soin de *discuter des faits*, s'est livré aux mouvements de son cœur patriotique et de son génie supérieur [1]. » En quelques lignes, Voltaire balaie la problématique de Malesherbes en se contentant d'une allusion ironique aux prétentions exorbitantes de l'ancien Parlement : « Nous n'entrons pas ici dans le labyrinthe obscur où se perd l'origine du Parlement de Paris ; nous ne rappellerons point les anciens droits de la pairie ; nous ne porterons point un œil trop curieux dans le différend qui a causé enfin la rupture entre le Conseil suprême du roi et le tribunal séant dans sa capitale. L'auteur des remontrances n'en parle pas, nous suivrons son exemple [2]. » Autrement dit : les belles envolées de Malesherbes sont minées par ce qu'il tait. Exit le droit public et l'histoire, revenons-en aux faits, c'est-à-dire aux progrès incontestables que constitue, pour les justiciables, cette réforme des tribunaux.

D'autre part, Voltaire s'emploie à redonner de la dignité à ceux qui acceptent de siéger dans les nouveaux conseils. Malesherbes avait durement stigmatisé ceux qu'on appelle déjà « les jaunes » : « On ne trouvera, pour les remplir, que des sujets qui, en acceptant cette commission, signeront leur déshonneur.

1. Moland, XXVIII, p. 385. Souligné par nous.
2. *Ibid.*, p. 387.

Les uns qui, par ambition, voudront bien affronter la haine publique ; les autres qui ne tarderont pas à l'être[1]. » De fait, Maupeou peine à trouver les magistrats qui accepteraient de prendre la place de leurs collègues exilés. D'où le long plaidoyer de Voltaire en forme de profession de foi d'un nouveau conseiller : « Non, je ne suis point déshonoré pour avoir étudié les lois de ma patrie, pour avoir mérité peut-être d'être choisi pour juge par mon roi [...]. Je ne suis ni un lâche ni un prévaricateur pour être utile à ma province. J'espère que la loi seule, et non l'esprit de corps, dictera toujours mes avis ; qu'il ne sortira jamais de notre tribunal un arrêt qui ne soit motivé ; que dans tous les cas où la moindre lueur pourra frapper nos yeux en faveur d'un accusé, l'indulgence l'emportera sur la rigueur [...]. Nous prétendrons être toujours justes, en nous souvenant toujours que nous sommes citoyens. Et c'est en jouissant du précieux avantage de rendre gratuitement la justice que nous serons plus justes[2]... » Et, pour finir : « Quel est l'avocat, le gradué qui, étant choisi pour magistrat, ne se fera pas un devoir de soutenir les droits de la Nation, les libertés de l'Église gallicane et les lois anciennes qu'on appelle fondamentales ? Qui d'entre eux ne s'empressera pas de porter au trône les plaintes du peuple, quand le peuple sera opprimé par les exacteurs ? [...] Pourquoi donc dire que ceux qui accepteront ces places *signeront leur déshonneur*[3] ? »

Voltaire croyait-il vraiment à tout ce qu'il annonçait ? Cette image d'Épinal du bon juge n'était guère crédible, d'autant moins qu'il fallut bien peu de temps pour constater que la réalité était tout autre. À part Maupeou, nul ne fut satisfait de sa plaidoirie, pas plus qu'on ne le fut de son réquisitoire contre les parlements[4], publié juste avant. Seul Condorcet se range à ses côtés et prend constamment sa défense : « Voltaire a fait, dit-on, une lettre contre les Parlements, cela ne serait pas généreux et ne pourrait être pardonnable qu'à un homme qui serait excédé

1. *Les « Remontrances » de Malesherbes*, p. 162.
2. *Réponse...*, Moland, pp. 386-387.
3. *Ibid.*, p. 388. Souligné dans le texte.
4. *Des peuples aux Parlements* [mars ?], 1771, que Maupeou fit également réimprimer à Paris en mai.

d'entendre toutes les sottises qu'on dit ici pour eux[1]. » Apparemment, ils ne sont pas nombreux, dans le milieu philosophique, à le soutenir, si l'on en croit Condorcet. Fâché que l'abbé Arnaud n'ait pas fait l'éloge de Voltaire dans son discours de réception à l'Académie française[2], il fait part de sa colère à Amélie Suard :

« Je ne pardonnerai pas aux gens de lettres d'abandonner un grand génie, l'implacable ennemi de la tyrannie et de la superstition, pour admirer la prose des remontrances et regretter les assassins. Car tout homme qui pense ne peut regarder autrement les Pasquier, les Saint-Fargeau et les juges de La Barre, de Morissot, de Lally, etc. On doit considérer aussi que le Parlement, en partageant avec le Roi la puissance législative et en gardant l'administration de la justice, tendait à introduire l'espèce de gouvernement le plus tyrannique, comme l'a dit Montesquieu et comme le disaient tous les philosophes avant le mois de janvier dernier [...]. Je n'ai pas oublié que l'abbé de Prades a été décrété à cause de ses liaisons avec les éditeurs de l'*Encyclopédie*, que M. Helvétius a été forcé par eux à une rétractation humiliante, qu'ils ont décrété Rousseau, condamné aux galères ceux qui vendaient les livres des philosophes, que ces mêmes philosophes ont été traités par eux comme des pestes publiques [...]. Je crois M. de Voltaire excusable d'avoir juré une haine éternelle au Parlement et de regarder sa destruction comme un bien et son rétablissement comme le plus grand des maux [...]. Quant aux louanges qu'il donne à M. de Maupeou, je trouve qu'il loue une opération qu'il croit utile en elle-même, que tout le monde a cru telle[3]... »

Loin de Paris, Voltaire a mal évalué le retournement de l'opinion publique, et celui des gens de lettres avec elle. Honnis

1. À Turgot, ce dimanche de mars 1771, éd. Henry, p. 47. Dans une autre lettre datée « Mardi » [avril 1771], p. 79, Condorcet évoque un autre pamphlet de Voltaire, l'*Avis important à la Noblesse*, qui tourne le Parlement en ridicule : « L'ouvrage m'a paru assez gai. Il est sûr que les rodomontades parlementaires et la conduite lâche et insolente de leurs zélés partisans prêtent un peu à la plaisanterie. »

2. Le 13 mai 1771.

3. [Juin 1771], *Correspondance inédite de Condorcet et Mme Suard*, éd. E. Badinter, 1988, pp. 38-40.

quelques mois auparavant, les magistrats exilés faisaient à présent figure de victimes sacrifiées sur l'autel du despotisme ministériel. Les conseils peinaient à se mettre en ordre de marche et les nouveaux magistrats n'avaient pas bonne presse. Les remontrances de la Cour des aides, comme celles des parlements dissous[1], avaient marqué les esprits, et Maupeou était unanimement exécré. En s'en faisant le champion, Voltaire a non seulement échoué à lui rallier le clan philosophique, mais il a reporté sur lui une partie de l'opprobre qui entourait Maupeou. Les amis de Diderot furent parmi les plus sévères pour le vieillard de Ferney. Un an plus tard, Diderot lui-même devait encore rappeler Naigeon au respect dû à Voltaire : oui, il « a fait l'apologie d'un vizir dont les opérations écrasaient les particuliers sans soulager l'empire [...]. Et que dit-on du vizir ? – On dit en soupirant qu'il est toujours en faveur, et l'on attend. – Et de son apologiste ? – Que c'est un lâche ou un insensé [...]. À l'âge de soixante-dix-huit ans, il vint en fantaisie à cet homme tout couvert de lauriers de se jeter dans un tas de boue ; et vous croyez qu'il est bien d'aller lui sauter à deux pieds sur le ventre, et de l'enfoncer dans la fange jusqu'à ce qu'il disparaisse ? Ah ! Monsieur, ce n'est pas là votre dernier mot[2]. »

Contre Maupeou, pour les parlements

Telle est l'opinion de Diderot, en phase avec l'opinion publique. On peut se faire une idée de celle-ci en lisant le *Journal* de Charles Collé, lecteur du duc d'Orléans[3] : « Nous voyons une espèce de guerre dont nous n'avons point d'exemples depuis le commencement de notre monarchie [...], faite avec la dernière fureur par un chancelier de France au corps entier de la magistrature du royaume. Sa haine personnelle contre le parlement de

1. Les remontrances du parlement de Rouen furent particulièrement appréciées du public.
2. [Avril ou mai 1772], Versini, p. 1108.
3. Le duc d'Orléans, comme la plupart des princesses du sang, avait pris fait et cause pour le Parlement dissous.

Paris lui fait entreprendre de le renverser de fond en comble, et d'envelopper dans sa chute tous les autres parlements du royaume [...]. On veut ôter ce frein au despotisme de nos Rois. » Collé reprend la thèse de Malesherbes selon laquelle, en l'absence des états généraux, c'est le parlement de Paris qui est le dépositaire des lois, avant de s'en prendre violemment à Maupeou : « L'horreur de la nation [qui] a entrepris de rendre nos Rois despotes de droit ; il n'a pas jugé suffisant qu'ils le fussent de fait, ou, pour mieux dire, il veut se rendre despote sous le nom de son maître. » Pour parvenir à son but, il n'a pas hésité à renverser toutes les lois fondamentales du Royaume, et Collé rappelle comme autant d'ignominies aux yeux de l'opinion « l'exil du Parlement, les atrocités commises contre les exilés, les persécutions dioclétiennes contre la Cour des Aides, etc., etc. [1] ».

Diderot partage la même horreur de Maupeou, qu'il qualifie d'« homme pervers [2] », et de son coup d'État. Il est horrifié et prédit le pire : « Nous touchons à une crise qui aboutira à l'esclavage ou à la liberté. Si c'est à l'esclavage, ce sera à un esclavage semblable à celui qui existe au Maroc ou à Constantinople. Si tous les parlements sont dissous et la France inondée de petits tribunaux composés de magistrats sans conscience comme sans autorité, et révocables au premier signe de leur maître, adieu tout privilège des États divers formant un principe correctif qui empêche la monarchie de dégénérer en despotisme ! [...] Il est mille fois plus facile, j'en suis persuadé, pour un peuple éclairé de retourner à la barbarie, que pour un peuple barbare d'avancer d'un seul pas vers la civilisation [3]. »

Contrairement à d'autres, Diderot n'a jamais varié d'opinion. Dans sa *Réfutation d'Helvétius*, écrite entre 1773 et 1774, il continue de cracher sa hargne contre les despotes qui font passer les peuples de l'état de liberté à celui de l'esclavage : « Alors il

1. *Journal et Mémoires de Charles Collé*, éd. Honoré Bonhomme, 1967, pp. 306-308.
2. *Essai historique sur la police*, in M. Tourneux, *Diderot et Catherine II*, 1899, p. 133.
3. Lettre à la princesse Dachkoff, 3 avril 1771. L. Versini, p. 1068.

reste au fond des âmes un sentiment de liberté qui s'efface peu à peu ; sentiment que les ministres des tyrans reconnaissent en eux-mêmes et respectent dans les nouveaux esclaves [...]. J'en atteste les terreurs qui entouraient ce scélérat de Maupeou lorsqu'il traversait la capitale pour s'acheminer au palais[1]. » Plus tard encore, dans l'une de ses dernières œuvres, Diderot, toujours en colère, s'adresse en ces termes à l'ancien chancelier : « Toi, ô le plus haï, le plus méprisable et le plus méprisé des hommes[2] ! »

A contrario, il sera l'un des rares philosophes à se féliciter du retour sans conditions des anciens parlements, en 1774 : « Le rétablissement de l'ancienne magistrature a ramené le temps de la liberté[3] », écrit-il sans le moindre doute. Pourtant, à peine rétablis dans leurs fonctions, les parlementaires reprendront leurs mauvaises habitudes, leurs excès et leur opposition systématique à toute réforme de fond. Ils ne seront d'ailleurs pas étrangers à la chute de Turgot, qui mettra un point final aux chances de redresser le pays. L'histoire donnera finalement raison à Maupeou, mais l'homme et son style étaient insupportables à ceux qu'il devait gouverner. En 1771, la majorité de l'opinion éclairée ne voit que le coup d'État et oublie les prétentions injustifiables des parlements, la manière exécrable dont ils rendaient justice. Entraînés par l'opinion plus qu'ils ne la conduisent (ce que Voltaire ne cessait de déplorer dans ses lettres), les philosophes s'en tiennent pour la plupart à l'émotion créée autour des malheureux magistrats exilés. Ce fut probablement aussi le sentiment dominant dans le salon de Julie de Lespinasse et de d'Alembert. Si nous ignorons la position de ce dernier, une lettre de Kéralio, qui le fréquentait assidûment depuis son retour de Parme, nous donne une idée du point de vue qui y régnait : « Si vous étiez de ce pays-ci, vous n'entendriez parler que d'exils, de proscriptions, de privations de charge.

1. *Réfutation d'Helvétius*. L. Versini, I, p. 861.
2. *Essai sur les règnes de Claude et de Néron*, *ibid.*, p. 1202.
3. *Réfutation d'Helvétius*. *Ibid.*, p. 777.

Vous vous croiriez transporté dans l'ancienne Rome, dans ces temps affreux que Tacite a peints avec tant de force[1]. » Un mois plus tard, il ajoute : « Le nouveau parlement, loin de gagner la confiance du public, tombe de plus en plus dans le mépris général[2]... »

Chacun semble avoir oublié les lourds griefs qu'il adressait encore, six mois plus tôt, aux parlementaires abhorrés.

Contre Maupeou et contre les parlements

Cette dernière position, minoritaire et peut-être la plus politique de toutes, fut celle de Turgot, bientôt rejoint peu ou prou par Condorcet. On a vu qu'au début de la crise l'intendant de Limoges traitait les parlements de « cruches cassées », et la crise de « petite farce[3] » parisienne. Quelques semaines plus tard, Turgot réalise que le coup de force de Maupeou peut être une chance inespérée de mettre un terme aux prétentions exorbitantes du Parlement. À ses yeux, celui-ci était moins un contre-pouvoir au despotisme royal qu'une autre forme de tyrannie, dénuée de la moindre légitimité. Le 28 février, il confie à son ami l'économiste Dupont de Nemours : « Il me semble qu'on chemine vers le despotisme légal. Pour moi, en détestant les causes, les dessous de cartes, je ne blâme pas le fond de la besogne [le renvoi des parlements], et il me semble que si elle peut tenir, le public à la longue y gagnera plus qu'il n'y perdra[4]. » Mais, très vite, il comprend que le coup de force est un échec : « Par tout ce qu'on me mande, je vois que le ministère actuel a manqué son opération. Nous serons délivrés de quelques loups dévorants et

1. À Frisi, 27 avril 1771. B. Ambrosiana, Mss Y 153 sup., f° 248 : Auguste-Guy Guinement de Kéralio, de retour à Paris fin 1769, était l'un des piliers du salon de Julie de Lespinasse et ne manquait pas une occasion de rendre service à d'Alembert et Condorcet : traductions, lectures, etc.

2. À Frisi, 1er juin 1771. *Ibid.*, f° 250.

3. À Dupont de Nemours, 1er février 1771. *Œuvres*, III, p. 471.

4. *Ibid.*, p. 475.

les *bœufs-tigres* reviendront aussi stupides et plus stupides que jamais. D'aucun côté, il ne faut attendre rien de bien. Ces gens-ci [Maupeou...] ont entrepris avec de mauvaises intentions une chose qui, même avec de bonnes intentions, aurait été très difficile ; mais les obstacles qu'ils ont trouvés seront longtemps des obstacles à tout progrès et à tout changement en bien[1]. »

Si Turgot rejette fermement le concept économiste de « despotisme légal », et s'il considère Maupeou (et ses affidés, Terray et d'Aiguillon) comme un fripon, il lui reproche encore plus d'avoir raté son coup d'État. Très lié à Malesherbes, tout comme à Condorcet, qui lui écrit régulièrement les nouvelles du jour, Turgot se retire sur l'Aventin. Apparemment, ils étaient quelques-uns à renvoyer dos à dos le despote et les tyranneaux. Dans une lettre à Galiani, Mme d'Épinay, chargée de lui faire la chronique parisienne, écrit sur le ton de la boutade : « Il s'est élevé une grande querelle dans nos soirées, nous voulons savoir lequel est le plus dangereux d'un sot qui ordonne ou des gens d'esprit qui déraisonnent. Cela me paraît une question bien profonde[2] ! » Par « le sot qui ordonne », il fallait entendre Maupeou, et par « les gens d'esprit qui déraisonnent », les partisans des anciens parlements. Au passage, on notera que Mme d'Épinay, pourtant si proche de Diderot, ne partageait ni sa hargne envers Maupeou, ni son soutien aux parlements. De son côté, Condorcet, malgré sa fidélité exemplaire à Voltaire, finira par penser comme Turgot. Il faut dire que les nouveaux magistrats suscitèrent très rapidement autant de critiques que les précédents.

À l'occasion de cette crise politique de grande ampleur, nous retiendrons que le plus lucide d'entre tous fut Turgot. Seul il entrevoit la nécessité d'une profonde réforme des institutions ; seul il mesure les désastreuses conséquences à long terme de cette révolution avortée. Loin de Paris, comme Voltaire, il ne

1. À Dupont de Nemours, 13 mars 1771. *Œuvres*, III, pp. 477-478. Souligné dans le texte.
2. 25 avril 1771. *Correspondance F. Galiani-L. d'Épinay*, éd. Dulac, 1993, III, p. 98.

manifeste pas plus de compassion que lui pour le sort des parlementaires exilés[1]. Alors que ses amis philosophes semblent pris de court par les événements et réagissent en fonction de leurs sentiments, Turgot montre une hauteur politique qui annonce l'homme d'État.

1. Ce qui ne l'empêcha pas de rendre à plusieurs reprises visite à Malesherbes dans son lieu d'exil, notamment durant l'hiver 1772 et l'été 1773.

CHAPITRE VII

Pouvoir d'influence
(1772-1773)

À l'approche de la soixantaine[1], Diderot et d'Alembert sont au faîte de la gloire. Même durement attaqués par les ennemis des philosophes, les pères de l'*Encyclopédie* règnent sur la république des lettres et n'ignorent pas leur pouvoir. L'apostrophe de Diderot à Sartine, successeur de Malesherbes à la Librairie, en dit long sur la conscience aiguë qu'ils ont de leur importance : « Si vous pouvez faire en sorte qu'il ne soit pas dit qu'on ait deux fois, avec votre permission, insulté en public ceux de vos concitoyens qu'on honore dans toutes les parties de l'Europe ; dont les ouvrages sont dévorés de près et au loin ; que les étrangers révèrent et récompensent ; qu'on citera, et qui conspireront à la gloire du nom français quand vous ne serez plus, ni eux non plus ; que les voyageurs se font un devoir de visiter à présent qu'ils sont, et qu'ils se font honneur d'avoir connus lorsqu'ils sont de retour dans leur patrie ; je crois, Monsieur, que vous ferez sagement[2]. »

Chacun creusant son sillon, le prince des mathématiques et le maître d'œuvre du dictionnaire qui a donné son nom aux philosophes sont parvenus à cet âge de la vie où les années sont

1. Diderot est né en 1713 et d'Alembert en 1717.
2. À Sartine [juin 1770]. Versini p. 1018. Diderot protestait contre la publication annoncée d'une pièce de Palissot, *Le Satirique ou L'Homme dangereux*, injurieuse à l'encontre des philosophes, comme l'avait été dix ans plus tôt sa comédie *Les Philosophes*.

comptées et le désir d'échapper à la routine, vivace. Les honneurs et le pouvoir consolent de la vieillesse qui approche ; le désir d'exister et d'être encore utile éloigne les mauvaises pensées. D'autant que les deux hommes traversent une période difficile de leur vie privée. Malgré le voyage à Ferney et une certaine amélioration de sa santé, d'Alembert n'est pas complètement remis de sa dépression. Il se plaint de ne plus être en possession de tous ses moyens intellectuels, et ses humeurs varient au gré de celles de Mlle de Lespinasse. Quant à Diderot, après deux ans de difficiles négociations pour marier sa fille unique avec M. Caroillon de Vandeul[1], il vit très mal le départ de son Angélique adorée hors du toit familial, qui le laisse en tête à tête avec sa « pie-grièche » d'épouse. Si l'on ajoute à cela qu'il est las de travailler pour les autres – d'Holbach, Grimm ou Raynal[2] – et que d'Alembert a pris acte de la montée en puissance d'une nouvelle génération de mathématiciens, on comprend que l'un et l'autre profitent des occasions qui s'offrent à eux pour affirmer de nouvelles ambitions ou officialiser leur influence. Dans les deux cas, on perçoit bien un nouveau goût du pouvoir chez ces intellectuels. Régner sur les lieux les plus prestigieux du savoir et de la culture française est devenu un objectif politique. Qu'il s'agisse de conseiller le prince ou de peser sur des élections académiques, Diderot et d'Alembert partagent la même ambition de promouvoir les idées (et le clan) philosophiques, mais aussi d'assouvir leur volonté de puissance en sortant de leurs travaux habituels.

1. Le mariage d'Angélique eut lieu le 9 septembre 1772.
2. On sait la part que prit Diderot aux œuvres de d'Holbach, à l'*Histoire philosophique* de Raynal et à la *Correspondance littéraire*, dont il assumait la charge avec Mme d'Épinay lors des nombreux voyages de Grimm.

À l'assaut des académies

En principe, les Académies ne sont pas des lieux de pouvoir. Au contraire, on insiste sur le caractère « républicain » de ces sociétés censées travailler dans l'union. À deux reprises, Duclos se fit un devoir de rappeler la règle fondamentale de l'égalité académique aux « grands » qui ambitionnaient de siéger à l'Académie française[1] sans se plier au règlement obligatoire pour tous. De son côté, si l'Académie des sciences connaît une hiérarchie entre ses membres élus[2] (pensionnaires, associés et adjoints), ce ne sont ni la naissance ni la richesse qui les distinguent, mais le mérite et la compétence. Par ailleurs, le secrétaire perpétuel de chaque académie n'est pas conçu comme le « chef » de la société, mais comme l'incarnation de sa permanence et de sa cohésion. Selon les statuts des deux académies, le secrétaire n'est pas le premier dans la hiérarchie toute formelle des « officiers ». À l'Académie française, il vient en troisième après le directeur (seul assis sur un fauteuil !), qui préside les séances et rend hommage aux confrères décédés, et le chancelier, qui se substitue à lui en cas d'absence. Mais ces deux officiers ne sont nommés que pour un trimestre. À l'Académie des sciences, la préséance appartient aux président et vice-président, et surtout aux directeur et sous-directeur, tous nommés pour une année. Seul le secrétaire est « perpétuel », responsable de l'organisation du travail, du respect du règlement, de la tenue des procès-verbaux et de l'apaisement des conflits éventuels qui peuvent surgir entre confrères. À défaut d'autorité, il est à même d'exercer un véritable pouvoir d'influence.

En réalité, le poids du secrétaire perpétuel varie beaucoup en fonction de sa personnalité et de son brio. Après la démission

1. Une première fois en 1749 lorsque le maréchal de Belle-Isle crut pouvoir s'exempter des visites d'usage, et une seconde, en 1753, quand le comte de Clermont préféra se faire élire par acclamations plutôt qu'à bulletins secrets.

2. Les « honoraires », nommés par le roi, votaient, mais n'avaient pas nécessairement de compétences scientifiques.

de Fontenelle, en 1740, l'Académie des sciences a vu se succéder deux hommes « aux mœurs douces et sociables », Dortous de Mairan (1740-1743) et Grandjean de Fouchy (1743-1755), qui n'ont pas le talent ni l'abattage de leur prédécesseur. À l'inverse, l'Académie française connaît une véritable renaissance sous le secrétariat de Charles Pinot Duclos, inauguré en novembre 1755. Cet homme de lettres brillant, au caractère rugueux, est apprécié de ses pairs tant pour sa droiture que pour son adresse. Il a redonné du lustre à l'institution en renouvelant les genres des discours qui s'y tenaient : discours de réception, éloges des morts, concours de prose et de poésie. Avec Voltaire et Buffon [1], un vent de modernité avait déjà soufflé, que Duclos amplifia [2]. Un public de plus en plus nombreux se pressait aux séances qui lui étaient destinées. Ce fut surtout le cas après la réconciliation de Duclos avec d'Alembert, au début des années 1760. Sensible aux talents littéraires et rhétoriques de son confrère, qui attire la société la plus distinguée et sait même la faire rire [3], Duclos confie le secrétariat à d'Alembert à chaque fois qu'il quitte Paris ou qu'il tombe malade [4]. Tout naturellement, lorsque Duclos décède, le 26 mars 1772, l'Académie charge d'Alembert « de faire les fonctions de secrétaire pendant la vacance [5] ».

1. L'un et l'autre firent lors de leur réception des discours qui marquèrent une véritable rupture : Voltaire en 1746 sur *L'Universalité de la langue française*, Buffon en 1753 sur *Le Style*.

2. De 1671 à 1758, les sujets des prix proposés par l'Académie française étaient relatifs à des questions de dévotion et de morale. Avec Duclos, l'Académie décida en 1758 qu'à l'avenir elle prendrait pour sujet des prix d'éloquence l'éloge des grands hommes de la nation, tels le maréchal de Saxe, Duguay-Trouin, Sully, d'Aguesseau ou Descartes.

3. Bachaumont note à la date du 25 août 1763 : « La séance finit sèchement, M. d'Alembert qui est en possession d'égayer l'Académie par quelque caricature du jour, étant encore auprès du roi de Prusse. » *Mémoires secrets*, I p. 312.

4. D'Alembert remplaça Duclos lors de ses voyages à Londres (1763), en Bretagne (1764, 1765, 1770, 1771), en Italie (1766-1767), et lors de maladie, en 1768.

5. P.V. de l'Académie française, III, p. 305.

D'Alembert s'empare de l'Académie française

Son élection au poste de secrétaire perpétuel est à la fois le résultat d'une présence exceptionnelle et la preuve d'un profond changement d'état d'esprit dans le monde intellectuel et, plus largement, parmi les classes dominantes. C'est aussi l'aboutissement d'une lutte sans merci entre le parti « dévôt », celui de la Cour, fidèle à la tradition, et le parti philosophique, qui incarne la modernité.

Lorsque d'Alembert est élu à l'Académie française, le 28 novembre 1754[1], il est le premier « encyclopédiste » patenté à connaître cet honneur. Voltaire et Buffon l'ont été avant lui, mais ils ne portaient ni l'un ni l'autre cette étiquette, glorieuse ou infamante selon le lieu où l'on se trouvait. Il avait fallu toute l'énergie de Mme du Deffand pour rallier au philosophe-savant les quatorze voix[2] qui le firent élire. Quand on relit la liste des académiciens électeurs[3] ce jour-là, on peine à deviner ceux qui ont inscrit son nom sur le bulletin de vote.

Dix-huit ans durant, d'Alembert fait preuve d'une assiduité remarquable. Comme presque tous les hommes de lettres de métier, c'est un « jetonnier[4] » qui s'occupe des travaux courants, du dictionnaire et des concours. Les autres, prélats ou hommes de cour, pour lesquels siéger à l'Académie n'est qu'une satisfaction de vanité, ne font acte de présence qu'aux élections et assemblées publiques. Jusqu'en 1761, rien ne change. Six nouveaux académiciens[5] sont élus, qui ne brillent ni par leur talent ni par leur modernisme. Parmi eux, le président Séguier et

1. Cf. *P.I.*, II, pp. 159-163.

2. Au dire de Collé, d'Alembert eut 14 voix, l'abbé de Boismont, 9, et l'abbé Trublet, 3.

3. Duclos, Du Resnel, Mirabaud, Fontenelle, Alary, Mairan, La Ville, Bignon, le duc de Saint-Aignan, Bougainville, d'Olivet, Foncemagne, Gresset, Dupré de Saint-Maur, Soubise, Hénault, Marivaux, Bissy, Boissy, Moncrif, Crébillon, Sallier, Buffon, l'abbé de Saint-Cyr, Paulmy, l'archevêque de Sens.

4. Les jetons de présence valaient quelques livres, et nombre d'académiciens sans grandes ressources comptaient sur cette modeste rémunération.

5. Chateaubrun (1755), abbé de Boismont (1755), Montazet, évêque d'Autun (1757), Séguier (1757), Lacurne de Sainte-Palaye (1758), Lefranc de Pompignan (1760).

Lefranc de Pompignan se signalent par leur violente opposition au clan des philosophes. Heureusement pour d'Alembert, on voit peu Séguier à l'Académie, et Pompignan, qui, comme Voltaire, vit loin de Paris, n'y met jamais les pieds.

À partir de 1761, le vent tourne. L'*Encyclopédie* est interdite de publication, mais les philosophes tiennent le haut du pavé littéraire, comme le prouve le scandale provoqué par la pièce de Palissot[1]. N'en déplaise au duc de Richelieu, doyen de l'Académie, qui joue un rôle déterminant dans les élections, de plus en plus d'hommes et de femmes de la Cour lisent les philosophes sans s'effaroucher, et tout Versailles sait qu'ils ont l'oreille de la marquise de Pompadour. Cela ne signifie pas que les philosophes sont les bienvenus à l'Académie, et certains ayant eu affaire avec la justice – tels Diderot et Helvétius – y seront tacitement interdits, mais leurs amis et relations vont peu à peu investir l'institution et rendre possible l'entrée de ceux qui font directement parti du clan[2]. Cette politique habile, en grande partie l'œuvre de d'Alembert et de Voltaire, va donner tous ses fruits à la fin des années 1760.

Après Dortous de Mairan (1743), Maupertuis (1743), Buffon (1753) et d'Alembert (1754), La Condamine est le cinquième académicien des sciences élu à l'Académie française, le 30 octobre 1760. Grand ami des Jésuites, cet explorateur audacieux ne fait pas partie des proches de d'Alembert. Au dire de l'abbé Trublet, ce dernier, exaspéré par sa campagne auprès des Grands, ne lui aurait pas même donné sa voix[3]. En revanche, l'Académie élit le même jour le meilleur ami de d'Alembert,

1. Cf. *P.I.*, II, pp. 346 et suivantes.

2. Sur ce point, notre interprétation diffère tant de celle de L. Brunel (1884) que de celle de J. Lough (1996). Le premier affirme qu'en dix ans les philosophes sont devenus les maîtres de l'Académie parce qu'il classe parmi ceux-ci des gens qui n'en sont pas, comme La Condamine ou le prince de Rohan. Le second pense le contraire parce qu'il ne classe parmi les philosophes que ceux qui s'affirment comme tels, et qui sont minoritaires. Pour notre part, nous pensons qu'il y a de nouveaux académiciens que l'on ne peut classer ni parmi les dévots ni parmi les philosophes, tels un duc de Nivernais ou un Loménie de Brienne, archevêque de Toulouse, qui permettront l'élection de philosophes sans l'être eux-mêmes.

3. À Formey, 24 novembre 1760. *Correspondance passive de Formey*, p. 308.

Claude-Henri Watelet, un écrivain et dessinateur. Auteur d'un long poème froid, l'*Art de peindre* (1760), il a rédigé une trentaine d'articles pour l'*Encyclopédie*, portant sur la peinture et la gravure. Rien là qui puisse effaroucher l'aile droite de l'Académie. Sur les six élections qui prennent place en 1761, deux seulement sont à l'avantage des philosophes. Celle de Bernard Joseph Saurin, auteur dramatique, ami et protégé d'Helvétius, est un vrai succès pour le clan de d'Alembert[1]. Par chance, la plupart des Grands et membres du parti dévot ne se sont pas dérangés pour l'élection de cet homme de théâtre[2], alors que le maréchal de Richelieu s'était déplacé en personne – événement suffisamment rare pour être signalé – afin d'assurer, quelques semaines auparavant, les élections des hommes de son camp : celle de l'ancien évêque de Limoges, Coëtlosquet, « qui ne sait pas lire », celle de l'abbé Batteux, « qui ne sait pas écrire[3] », et celle de l'abbé Trublet, qui, objet de tous les quolibets, se présente pour la énième fois à l'Académie. Trois hommes qui viennent conforter le parti des dévots dont Richelieu est le chef.

Une seconde élection va se révéler favorable aux philosophes, même si ces derniers ne le savent pas encore. Il s'agit de celle du jeune prince Louis de Rohan[4], future victime de l'affaire du Collier. Au grand dam de d'Alembert, Marmontel a dû renoncer à se présenter contre lui. Mais le prince va se révéler l'allié inattendu de ce dernier lors de son élection, le 24 novembre 1763. D'Alembert raconte à Voltaire : « Heureusement pour la philosophie, tous les gens faits pour la craindre n'ont pas parlé de même. M. le prince Louis de Rohan, tout coadjuteur qu'il est de l'évêché de Strasbourg, a bien voulu en cette occasion être le coadjuteur de la philosophie, et lui a rendu, sans manquer à son état, tous les services imaginables. C'est par lui que vous avez

1. D'Alembert avait mené campagne pour lui très activement. Cf. Voltaire, 9 avril 1761. D. 9731.

2. Le 28 mars 1761, ne sont présents que vingt académiciens, en majorité hommes de lettres : Nivernois, Dupré de Saint-Maur, Duclos, d'Olivet, Alary, Hénault, Saint-Agnan, Crébillon, Foncemagne, Marivaux, Mairan, Bignon, Bissy, Moncrif, d'Alembert, Chateaubrun, Boismont, Sainte-Palaye, La Condamine, Watelet.

3. D'Alembert à Voltaire, 9 avril 1761. Les élections de Coëtlosquet et de Batteux avaient eu lieu le 14 février 1761, et celle de l'abbé Trublet, le 7 mars.

4. (1734-1803). Louis de Rohan est élu le 27 avril 1761.

aujourd'hui un partisan et un admirateur de plus [Marmontel]. M. le Prince mérite en vérité la reconnaissance de tous les gens de lettres par la manière dont il sait les défendre et les servir dans l'occasion[1]. » Et d'Alembert de prier Voltaire d'envoyer son dernier ouvrage sur la tolérance en guise de remerciement au prince, qui ne manquera pas d'en être flatté. À cette occasion, le philosophe dévoile sa tactique pour « gagner des partisans dans le pays ennemi : ces partisans ne seront point compromis, parce qu'ils ne doivent jamais l'être, mais ils recevront de moi, de tous mes amis, et ils devraient recevoir de vous, le tribut de reconnaissance que tous les êtres pensants leur doivent. » Autrement dit : des attentions, du respect et des éloges.

Entre l'élection de Marmontel, qui revendique le titre de philosophe, et celle de d'Alembert au secrétariat, huit ans et demi plus tard, ont lieu neuf élections qui voient entrer à l'Académie huit philosophes patentés, apparentés ou amis[2]. Certes, ce ne sont pas nécessairement les plus radicaux ni les meilleurs, au regret parfois de Voltaire et de d'Alembert, et certains même n'ont aucun lien avec la philosophie proprement dite, mais tous ont en commun d'être liés à de d'Alembert et surtout de ne pas adhérer aux idées traditionnelles du clan adverse. Sont élus successivement Antoine Léonard Thomas (1767), l'abbé de Condillac (1768), le marquis de Saint-Lambert (1770), Loménie de Brienne, archevêque de Toulouse (1770), le prince de Beauvau (1770), Gaillard (1770), l'abbé Arnaud (1771) et Belloy (1771). D'aucuns peuvent s'étonner de voir associer à six hommes de lettres les noms d'un archevêque et d'un prince. En vérité, Loménie de Brienne et le prince de Beauvau appartiennent à la nouvelle aile libérale de l'Église et de la noblesse. Le premier est un ami proche de Turgot, avec lequel il a fait ses études à la Sorbonne, et de d'Alembert ; le second est le protecteur de Saint-Lambert et correspond aimablement avec Voltaire. Le moment venu, il se révélera, après le duc de Nivernais, un

1. 8 décembre 1763. D. 11541.

2. Seul Roquelaure, évêque de Senlis, candidat de Richelieu, est un ennemi déclaré, membre du parti dévot. Il est élu le 10 janvier 1771.

intermédiaire utile entre Versailles et les philosophes de l'Académie.

En dépit de ces nouvelles recrues, le clan des philosophes est loin de faire la loi à l'Académie. Chaque élection est une vraie bataille, et le clan dévot, Richelieu en tête, ne manque pas une occasion de remettre durement les philosophes à leur place. Le malheureux Thomas fut le premier à en faire les frais. Le 25 août 1770, celui-ci, alors directeur de l'Académie, lut un *Éloge de Marc Aurèle* qui proclamait l'égalité originelle de tous les hommes, la supériorité des talents sur la noblesse, les droits de la pensée. Au passage, il flétrissait la tyrannie du fisc et la vénalité des juges. Selon Bachaumont, ce discours « fait un bruit du diable. On trouve bien extraordinaire que dans le sanctuaire de l'Académie [...] un membre de cette compagnie ait osé avancer les propositions les plus hardies, fronder le gouvernement actuel [Maupeou] [1] ... » Trois semaines plus tard, Thomas récidive à l'occasion de la réception de Loménie de Brienne. Alors directeur, il est chargé de lui répondre. Il s'arrange pour introduire un éloge de la philosophie qu'il accompagne d'allusions aux événements récents, c'est-à-dire au réquisitoire incendiaire de l'avocat général du Parlement, son confrère Séguier, contre le *Système de la nature* et d'autres œuvres philosophiques. Thomas ne mâche pas ses mots : « Il y a eu, il y aura de tout temps des hommes qui croiront avoir à se venger des lettres et de ceux qui les cultivent. Alors tous les moyens que la lâcheté peut dicter à l'intérêt ou la vengeance à l'orgueil sont employés. Le vice se rend délateur de la vertu ; la bassesse outrage la grandeur d'âme ; la haine accréditée prête son appui à la haine obscure ; la calomnie flatte les préjugés des hommes puissants [2]... »

Toute l'assemblée, Séguier le premier, reconnut « le calomniateur tracé d'après nature [3] ». Au lieu de se plaindre à l'Académie, le haut magistrat s'adressa directement au chancelier Maupeou, qui convoqua Thomas. Non seulement il lui défendit de publier le moindre extrait de ses deux derniers discours, sous

1. *Mémoires secrets*, V, p. 191 : 1er septembre 1770.
2. L. Brunel, *Les Philosophes et l'Académie française au* XVIIIe *siècle, op. cit.*, p. 196.
3. *Correspondance littéraire*, X, pp. 15-16, 15 juillet 1772.

peine d'être envoyé à la Bastille, mais il lui interdit à perpétuité le droit de lire quoi que ce soit aux séances publiques de l'Académie [1]. Pareilles interdictions étaient sans précédent à l'Académie, qui les ressentit comme une pénible mortification. La tension déjà vive monta encore d'un cran lorsque « M. de Saint-Lambert, une des meilleures têtes du parti encyclopédique, proposa gravement à ses confrères d'exclure de leur assemblée M. Séguier : la raison qu'il donnait, c'est que M. Séguier avait trahi la compagnie en se plaignant à M. le chancelier du discours hétéroclite de M. Thomas. Il prétendait que si M. Séguier avait des plaintes à faire à ce grand orateur, il aurait dû les adresser à MM. de l'Académie [2]. » Certains applaudirent, mais tous les anciens se déclarèrent contre lui. Avec habileté, le secrétaire perpétuel écarta sur-le-champ la malencontreuse proposition du jeune académicien, puis, le lendemain et dans l'intimité, fit à Saint-Lambert « une très vive réprimande, et telle qu'en sait très bien faire M. Duclos quand il est animé [3] ». De son côté, Loménie de Brienne marqua sa solidarité avec Thomas en refusant que son propre discours fût imprimé.

L'affaire était close, mais l'opposition entre les deux partis était plus vive qu'elle n'avait jamais été. Trois mois plus tard, le duc de Richelieu fit élire un de ses affidiés, l'évêque de Senlis [4], pour rappeler au camp adverse, s'il en était besoin, l'étendue de son pouvoir.

Lorsque, à la mort de Duclos, un an plus tard, d'Alembert est désigné comme son successeur provisoire en attendant l'élection du nouveau secrétaire, fixée au 9 avril 1772, il peut craindre à juste titre les manœuvres de Richelieu pour l'empêcher d'être élu. Ce qui ne manque pas d'arriver. Voltaire, qui connaissait mieux que personne son vieil ami persécuteur, tenta de désarmer la hargne du duc à l'encontre de d'Alembert. Avant le vote, il lui écrivit : « Je ne sais pas sur qui vous jetez les yeux, mais

1. Cette dernière interdiction fut levée après la dissolution du Parlement, en 1771.
2. *Journal historique de Collé*, III, p. 274, septembre 1770.
3. *Ibid.*, p. 275.
4. L'élection de Roquelaure, évêque de Senlis, eut lieu le 10 janvier 1771.

daignez songer, Monseigneur, qu'il y a une pension sur la cassette, attachée d'ordinaire à cette éminente dignité, que d'Alembert est pauvre, et qu'il n'est pauvre que parce qu'il a refusé cinquante mille livres de rente en Russie. Il possède toutes les parties de la littérature, il me paraît plus propre que personne à cette place, il est exact et assidu. Si vous n'êtes engagé pour personne, je pense que vous ne sauriez faire un meilleur choix que celui de M. d'Alembert[1]. »

Peine perdue ! Richelieu suscita à d'Alembert un concurrent qui eut l'appui de tous les académiciens de la Cour. C'était l'abbé Batteux, une de ses créatures dont d'Alembert disait qu'il ne savait pas écrire et que Grimm décrivait comme « un homme double, faux, intrigant et hypocrite du premier ordre[2] ». Pis encore, le duc fit courir le bruit, peu de temps avant l'élection, que si d'Alembert était élu il lui ferait donner l'exclusion par le roi, à qui toute élection était soumise. Les Paulmy, Séguier et Voisenon se répandirent en ce sens. Les deux camps se mobilisèrent si bien que le jour de l'élection réunit un nombre inhabituel d'académiciens. Vingt-neuf se présentèrent le 9 avril[3]. Bien que les votes soient secrets, on sait que ce fut une écrasante victoire pour d'Alembert. Il obtint, selon ses propres informations, les voix « des deux tiers au moins de [ses] confrères[4] ». Contrairement aux menaces proférées, le roi ratifia le choix de l'Académie. À lire d'Alembert, l'incertitude régna jusqu'au tout dernier moment : « Vous ne sauriez croire, écrit-il à Lagrange, quelles manœuvres indignes et basses on a fait jouer pour m'empêcher d'être le secrétaire de l'Académie[5]... » Il confie à Frédéric II : « Un habitant de Versailles m'a assuré que, malgré la pluralité des suffrages, j'aurais eu l'exclusion de la part de la Cour si les marques de bonté et d'estime que j'ai reçues des

1. 6 avril 1772. D. 17683.
2. *Correspondance littéraire*, X, p. 18.
3. La plupart des élections réunissaient une moyenne de 23 académiciens. Compte tenu des absents chroniques, tels Voltaire, Pompignan, Bernis, Gresset, Buffon, ou des absences exceptionnelles pour cause de voyage ou de maladie, la présence de 29 académiciens était rare.
4. À Lagrange, 21 mai 1772. Serret, p. 239.
5. *Ibid.*

étrangers, et surtout de Votre Majesté, n'avaient été ma sauvegarde[1]. »

Quand on connaît l'opposition virulente de Louis XV aux philosophes et les précédentes humiliations infligées à d'Alembert, cette rumeur était probablement à prendre au sérieux. Profondément irrité par cet échec, Richelieu se vengea avec éclat peu de temps après. Le 7 mai, l'Académie élut l'abbé Delille et Suard, tous deux amis des philosophes. En l'absence du directeur, le duc de Nivernais, ce fut le duc de Richelieu qui alla soumettre au roi le choix de l'Académie. « Il revint à la séance de l'Académie du 9, et lui porta, avec un air en apparence consterné, une lettre du roi adressée à M. le duc de Nivernais, par laquelle le roi désapprouvait le choix de l'Académie et donnait l'exclusion aux deux élus, en ordonnant à l'Académie de procéder à une nouvelle élection. » Lorsque Nivernais vint plaider la cause des deux exclus devant le roi, celui-ci se contenta de répondre qu'ils étaient « encyclopédistes[2] ». Cette procédure très exceptionnelle[3] révolta une majorité d'académiciens, d'Alembert le premier, qui y vit une attaque personnelle. À Lagrange, il se plaint « des tracasseries et des intrigues odieuses » de « nos f...... prêtres, le maréchal de Richelieu à la tête[4] », qui s'abattent sur les philosophes. Avec Frédéric II, il évoque ses « dégoûts et [ses] désagréments assez grands dans les circonstances présentes, où la littérature est plus opprimée et plus persécutée parmi nous que jamais[5] ».

La mauvaise humeur de d'Alembert ne doit pas dissimuler l'importance de sa victoire et la signification de son nouveau statut. Peu bavard sur les raisons de son implication à l'Académie française et de son désir de succéder à Duclos, il se contente d'invoquer « le peu de besogne à faire, ce qui me convient fort

1. Le 22 août 1772. Preuss, XXIV, pp. 575-578.
2. *Correspondance littéraire,* X, pp. 19-20. Grimm ajoute que « ni l'abbé Delille ni Suard n'avaient composé une seule ligne de l'*Encyclopédie* ; il était donc clair qu'on ne les avait rendus odieux au roi sous ce nom que parce qu'ils avaient eu les voix des encyclopédistes ».
3. La précédente exclusion avait été celle de l'abbé de Saint-Pierre, en 1718.
4. 21 mars 1772. Serret, p. 239.
5. 16 mai 1772. Preuss, XXIV, p. 566.

dans l'état où je suis[1] ». Il souligne que les avantages matériels y sont médiocres – « 1 200 livres assez mal payées, et un fort vilain logement que je ne me soucie pas d'occuper, parce qu'il est si triste et si sombre que j'y mourrais de consomption[2] » –, mais omet de dire le plaisir qu'il éprouve dans cette société. Hors des élections, il retrouve trois fois par semaine une dizaine d'hommes de lettres de bonne compagnie. Le travail du dictionnaire l'intéresse, et il aime par-dessus tout les séances publiques, où il brille comme nul autre. L'accession au secrétariat lui fait obligation de continuer l'*Histoire de l'Académie*, et la rédaction de ses *Éloges* est l'occasion de faire de la philosophie et de développer ses idées. En vérité, il se sent plus à l'aise et plus paisible dans ce lieu que dans celui d'à côté, l'Académie des sciences, où les rivalités et les cabales quotidiennes rendent détestables les relations entrer confrères. En un mot, « il a épousé l'Académie[3] » et entend y laisser sa marque. Durant dix ans, il a louvoyé pour y faire entrer ses amis et « institutionnaliser » la philosophie. En se faisant élire secrétaire perpétuel, lui, le chef officiel de la « secte » honnie de la Cour, il marque un point déterminant contre le pouvoir. Il donne aux siens une respectabilité et des lettres de noblesse qui sonnent comme une revanche sur les humiliations et persécutions endurées depuis vingt ans. D'Alembert a beau faire le modeste, son élection signifie la prise de pouvoir sur la citadelle culturelle la plus élitiste de France. Il compte bien ne pas s'en tenir là.

Son fils spirituel à l'Académie des sciences

Condorcet est celui-là. Ce fils de cœur et d'esprit, d'Alembert l'a adopté dès 1765[4]. D'abord parce qu'il lui ressemble, mais

1. À Lagrange, 23 avril 1772. Serret, p. 237.
2. À Lagrange, 22 août 1772. *Ibid.*, p. 246. C'est pourtant dans ce sinistre logement du Louvre qu'il s'installera après la mort de Julie et qu'il mourra.
3. Marmontel, *Mémoires*, I, p. 275. Marmontel insiste sur la métaphore de l'épouse et de la femme aimée.
4. Condorcet, orphelin de père, né en 1743, avait vingt-six ans de moins que d'Alembert. 1765 marque son entrée brillante dans le petit monde des grands mathématiciens avec la publication de son essai sur le *Calcul intégral*.

aussi parce qu'il l'admire. Ils partagent le même sens de l'amitié, le même goût de la solitude et des mathématiques. L'un et l'autre ont vu leur vocation de géomètre contrariée dans leur jeunesse, et d'Alembert a pris d'emblée son cadet sous son aile protectrice. Outre ses relations scientifiques, il lui a fait connaître tout ce qui compte à Paris. Il l'a introduit dans le salon de Julie de Lespinasse, qui s'est vite éprise – en tout bien tout honneur – de ce jeune homme timide à l'intelligence supérieure et d'une « bonté universelle [1] ». À lire le portrait qu'en fit Julie (corrigé par d'Alembert), on comprend toute la tendresse et l'admiration que le couple porte au jeune homme. D'Alembert lui donne des leçons de morale et de philosophie, Julie, des leçons de maintien, car ce provincial sans relations ni argent a bien besoin d'être dégrossi. Malgré ses exceptionnels talents en mathématiques, Condorcet doit attendre 1769 pour se faire élire adjoint mécanicien à l'Académie des sciences [2].

D'Alembert l'a choisi parmi beaucoup d'autres. On ne compte plus, en effet, tous les jeunes apprentis savants, en quête d'une place ou d'un conseil, qui ont frappé à sa porte. Très généreux, il se démène pour aider les uns et les autres. Montucla, Bossut, Bézout, Laplace, Monge et bien d'autres, aujourd'hui oubliés, ont eu recours à lui. Il semble même que d'Alembert, avant d'« adopter » Condorcet, ait mis beaucoup d'espoirs dans le jeune astronome Bailly, après son élection, en 1763 [3], puisqu'il songeait à en faire le successeur de Fouchy. Déçu dans ses espérances – on verra pourquoi –, d'Alembert choisit Condorcet pour héritier. Après le voyage à Ferney, Voltaire les unit sous le pseudonyme des « deux Bertrand », emprunté à La Fontaine, et s'adresse à l'un comme s'il s'adressait à l'autre. À ses yeux, les deux hommes ne font qu'un.

À peine sorti vainqueur de la bataille de l'Académie française, d'Alembert « travaille à faire retomber [la place de secrétaire de l'Académie des sciences, qui vraisemblablement ne tardera pas

1. Portrait du marquis de Condorcet par Julie de Lespinasse, *Lettres inédites* (Ch. Henry), pp. 231-242. Malheureusement, on en ignore la date de rédaction.
2. Le 3 mars 1769. Il sera promu associé le 18 décembre 1770.
3. (1736-1793). Bailly fut reçu adjoint astronome le 27 janvier 1763.

à vaquer] sur notre ami Condorcet, qui la remplira supérieurement[1] ». Depuis longtemps, l'actuel secrétaire, Grandjean de Fouchy, songe à démissionner. En mauvaise santé et débordé par les tâches administratives, cet astronome musicien au caractère pacifique a probablement reculé jusque-là pour conserver la modeste pension qui fait vivre sa famille. Mais la tâche de secrétaire de l'Académie des sciences est plus lourde que celle de son homologue à l'Académie française, et Fouchy se sent de moins en moins à même de la remplir. Responsable de la publication des *Mémoires* de l'Académie, il a pris un tel retard que tous ses collègues pestent contre sa négligence, et d'Alembert n'est pas le dernier à se dire exaspéré des « inepties » du secrétaire. En outre, il doit rédiger tous les *Éloges* des académiciens décédés afin de les lire aux séances publiques. Or, depuis sa nomination, en 1743, Fouchy, peu sûr de lui, a toujours rempli ce devoir avec l'aide de ses deux prédécesseurs successifs : Fontenelle jusqu'à sa mort en 1757, puis Dortous de Mairan. Or ce dernier est mort en février 1771, et Fouchy se sent inapte à continuer seul, comme il l'expliquera à ses confrères un peu plus tard : « J'ai été assez heureux pour conserver longtemps les deux grands hommes qui m'avaient précédé dans cette carrière. Leur amitié pour moi les avait engagés à trouver bon que je leur lusse mes ouvrages avant que de les lire au public, et leur prudence me rassurait sur le danger de faire parler l'Académie autrement qu'il ne lui convient de parler [...]. Privé de mes guides, je n'ai eu d'autres moyens de me rassurer que de communiquer mes extraits à ceux qui y étaient intéressés, mais je suis demeuré absolument à découvert sur les *Éloges*[2]. »

L'idée de lui adjoindre un secrétaire « en survivance » fait son chemin. On ignore si ce fut celle de Fouchy ou de d'Alembert, mais il est fort probable que c'est ce dernier qui suggéra pour le poste le nom de son poulain, avec l'aval tacite de Versailles, dès 1772. Quand Condorcet remercie Turgot[3], le 19 mai, de l'intérêt

1. À Lagrange, 23 avril 1772. Ch. Henry, p. 237.
2. P.V. de l'Académie des sciences, 94, samedi 14 janvier 1775.
3. Condorcet connut Turgot dans le salon de d'Alembert et de Julie de Lespinasse, dont il était un familier.

que Trudaine prend à son affaire [1], cela signifie qu'on a trouvé l'intermédiaire qui peut en parler au ministre de la Maison du Roi chargé des académies, La Vrillière. D'Alembert, Fouchy et Condorcet s'accordent sur une stratégie pour parvenir au succès. On décide d'abord d'attendre l'année suivante pour soumettre la candidature de Condorcet à l'approbation du ministre. Pour une bonne raison : c'est Trudaine qui sera président de l'Académie en 1773 [2], donc en situation de peser à la fois sur le ministre et sur ses confrères. Procédure surprenante et inusuelle à l'Académie des sciences, où le secrétaire est en premier lieu l'élu de ses pairs avant d'être proposé à l'approbation du roi. Cette fois, on décide de permuter les étapes. Fouchy demandera d'abord au ministre de lui adjoindre Condorcet, après quoi le ministre soumettra ce choix au vote des académiciens. Pure illusion de démocratie, car on imagine mal les académiciens voter contre le choix du ministre fait au nom du roi.

Reste à justifier la candidature du jeune Condorcet, tant aux yeux du ministre qu'à ceux de ses confrères. Jusque-là, chacun lui reconnaît l'étoffe d'un grand mathématicien, mais, souvent absent de Paris [3], il est mal connu de ses pairs. En outre, il n'a rien produit jusque-là qui l'impose d'emblée pour le secrétariat. Pour convaincre, rien de tel que de faire ses preuves. Puisque Fouchy se dit en difficulté pour rédiger les *Éloges*, d'Alembert conseille à Condorcet de profiter du délai pour s'exercer à ce nouveau genre littéraire. Il y faut de la précision, de l'impartialité et du style. Justement, une occasion se présente de tester ces qualités avec l'éloge du mathématicien Fontaine, mort quelques mois plus tôt [4]. Ce personnage irascible, peu aimé de ses confrères et en particulier de d'Alembert, jaloux de Condorcet,

1. *Correspondance inédite de Condorcet* (Ch. Henry), p. 82. Philibert Trudaine de Montigny (1773-1777), académicien honoraire, comme Maurepas et La Vrillière, a ses grandes entrées auprès de ce dernier. Chimiste réputé, il a succédé à son père comme intendant général des finances en 1769. C'est un ami des philosophes.

2. Condorcet à Turgot, 7 juin 1772 : « Mon secrétariat est remis à l'année prochaine et à la présidence de M. Trudaine », *ibid.*, p. 86.

3. Condorcet rejoignait sa mère à Ribemont, dans l'Aisne, plusieurs mois par an, manquant ainsi de nombreuses séances académiques.

4. Alexis Fontaine des Bertins (1704-21 août 1771) avait été admis à l'Académie en 1733.

est un sujet délicat à traiter. En moins d'un mois [1], l'affaire est faite. Pour un coup d'essai, c'est un coup de maître. Tel est l'avis de Mlle de Lespinasse, qui en écrit à Turgot. D'Alembert a sans doute apporté quelques corrections au texte avant que Condorcet ne le fasse parvenir à Turgot. « Mandez-moi, le prie-t-il, si vous trouvez que j'ai réussi à faire deviner la vérité sans manquer aux égards dus à un homme qu'il faut louer, du même métier, et dont on peut croire que j'ai eu à me plaindre [2]. »

Cet essai, « qui n'est que pour Fouchy », est accompagné d'un autre sur l'influence de l'imprimerie [3], qu'il souhaite voir publier pour donner à ses confrères une idée de son style. Fouchy dut se dire satisfait, puisque Turgot pense que l'affaire du secrétariat sera résolue pour la séance de rentrée de novembre [4]. Mais c'est sans compter avec les ambitions et les rivalités internes.

Deux rivaux, deux clans

À l'Académie des sciences, l'opposition entre philosophes et dévots n'a pas cours. En revanche, les différends scientifiques prennent souvent l'allure brutale de règlements de comptes personnels. Comme dans toute société, les jalousies et les affinités sont des facteurs déterminants dans les prises de position des uns et des autres [5]. Les conflits à propos de la primeur d'une découverte, de l'attribution de pensions, les rivalités qui se manifestent à chaque élection [6], réveillent des haines recuites par le temps. Certes, nombre d'académiciens se tiennent, par tempérament ou par prudence, hors du champ de bataille, mais il n'est pas facile d'échapper aux pressions. Même si les procès-verbaux

1. Arrivé à Ribemont le 12 juin 1772, Condorcet annonce l'envoi de l'*Éloge* à Julie et à d'Alembert début juillet. Cf. réponse de Julie de Lespinasse [10 juillet 1772], *Correspondance inédite de Condorcet* (Ch. Henry), p. 84.
2. 3 septembre 1772, *ibid.*, p. 97.
3. Condorcet à Turgot, 22 juillet 1772. *Ibid.*, p. 95.
4. Turgot à Condorcet, 27 octobre 1772. *Ibid.*, p. 99.
5. Cf. *P.I.*, I.
6. Il y en a beaucoup plus qu'à l'Académie française, puisque l'accès au statut supérieur appelle une nouvelle élection.

prennent grand soin de taire la plupart des conflits internes pour préserver l'image d'une communauté harmonieuse, il est parfois impossible de taire les récriminations et les demandes d'arbitrage [1]. Faute d'être entendus à l'Académie, certains n'hésitent pas à publier leurs doléances dans les journaux, bien que le règlement l'interdise.

L'élection de Condorcet doit être replacée dans ce contexte. Trop jeune académicien pour avoir des ennemis parmi les votants, il va se heurter à ceux de son mentor. Et d'Alembert n'en manque pas. Outre les amis de feu Clairaut, qui ne lui pardonnent pas le harcèlement dont il fit preuve à son endroit, Buffon, le puissant intendant du Jardin du Roi, n'entend pas laisser le géomètre faire ses quatre volontés. L'opposition entre les deux savants n'est pas d'ordre idéologique. Buffon aurait même été sollicité pour rédiger des articles d'histoire naturelle dans l'*Encyclopédie* [2]. Leur rivalité est d'ordre personnel. L'un et l'autre siègent dans les deux académies et jouissent d'une célébrité qui dépasse les frontières. Leur mutuelle antipathie ne date pas d'hier, et d'Alembert ne cache pas qu'il trouve Buffon pompeux et solennel, bref, insupportable.

Quand d'Alembert et Condorcet pensent toucher au but, début novembre 1772, c'est sans compter avec l'hostilité que réveille opportunément une ancienne candidature au poste convoité. Il s'agit de celle de Jean-Sylvain Bailly, astronome aux compétences reconnues, entré à l'Académie six ans plus tôt que Condorcet [3]. Ses talents et son expérience du travail académique le rendent au moins aussi légitime que son rival, sinon plus. En outre, cette candidature est d'autant plus embarrassante pour d'Alembert qu'il avait déjà pressé Bailly, quelques années plus tôt, de se préparer à la succession de Fouchy. L'élève du grand Lacaille venait de publier un essai très remarqué sur les satellites

1. Par exemple, celles de La Condamine contre Bouguer au milieu des années 1750, et, plus tard, celles du même La Condamine contre Guettard.

2. C'est finalement Daubenton, assistant de Buffon, qui se chargea de rédiger plus de 900 articles d'histoire naturelle.

3. (1736-1793). Il fut admis à l'Académie comme adjoint astronome le 27 janviei 1763.

de Jupiter[1]. Bien qu'admirateur de Clairaut, Bailly avait gagné la sympathie de d'Alembert, mais aussi celle de Fouchy, en empruntant à ce dernier sa méthode sur l'emploi du télescope. Comme Condorcet à présent, d'Alembert avait naguère invité Bailly à s'exercer aux *Éloges* académiques. En 1767-1768, Bailly concourut aux prix proposés par différentes académies, avec des résultats différents. En 1767, il rate l'éloge de Charles V pour l'Académie française, mais remporte le prix de l'Académie de Berlin, qui avait proposé l'éloge de Leibniz. L'année suivante, il obtient un accessit au prix d'éloquence de l'Académie de Rouen pour l'éloge de Corneille, et la seconde place derrière Chamfort pour celui de Molière à l'Académie française.

Apparemment, Bailly avait fait la démonstration de ses talents biographiques, même si on pouvait lui reprocher un peu de déclamation et d'emphase. Que s'est-il donc passé pour qu'en 1772 d'Alembert et Fouchy tournent casaque et lui préfèrent Condorcet ? Il est évident que le premier avait éprouvé pour le jeune mathématicien un amical coup de foudre qu'il n'avait pas ressenti pour l'astronome. Peut-être aussi s'était-il vexé de voir ce dernier si proche du clan rival des Buffon et des Clairaut. Quoi qu'il en soit, d'Alembert a probablement choisi son poulain dès 1769, quand il l'a fait élire à l'Académie. Pour ce qui est du discret Fouchy, une explication intéressante est suggérée par F. Arago[2], biographe de Bailly et éditeur des *Œuvres* de Condorcet. Il pensait que Bailly avait mortellement froissé Fouchy en composant un nouvel et excellent éloge de Lacaille, alors que le secrétaire de l'Académie avait déjà payé son tribut à l'astronome[3]. En introduction, Bailly avait pris de vaines précautions en demandant à n'être « pas blâmé de répéter les éloges dus à un homme illustre ». « Bailly, dit Arago, ne fut pas blâmé à haute

1. *Essai sur la théorie des satellites de Jupiter*, paru en 1766.

2. François Arago (1786-1853), élu astronome à l'Institut de France en 1809, devint son secrétaire perpétuel en 1830. S'il n'a pas connu cette époque, en revanche, plusieurs témoins directs, tels Laplace ou Monge, ont pu lui raconter sinon les faits précis, du moins les rumeurs et ce que l'on en disait dans un clan ou dans l'autre. Arago publia une *Biographie de Jean-Sylvain Bailly* en 1852.

3. Fouchy fit l'éloge de l'abbé de Lacaille (1713-21 mars 1762) à la rentrée publique du 13 novembre 1762.

voix ; mais quand l'heure de la retraite eut sonné à l'oreille de M. de Fouchy, sans faire d'éclat, sans se montrer blessé dans son amour-propre, en restant toujours modeste, ce savant n'en demanda pas moins pour adjoint un confrère qui s'était dispensé de *répéter* ses éloges, qui n'avait point trouvé ses biographies insuffisantes [1]. »

Quand, en novembre 1772, Bailly fit savoir qu'il maintenait sa candidature, Fouchy et d'Alembert jugèrent plus sage de surseoir à l'élection de quelques mois. « Mon affaire traînera, écrit Condorcet, parce que beaucoup de gens se sont engagés avec Bailly et qu'il faut leur donner des raisons de se dégager. Or Fouchy m'a chargé de l'aider dans son *Histoire*, et ce sera d'ici quelques mois une très bonne raison [2]. » En un temps record, Condorcet rédige les éloges d'une partie des académiciens morts entre 1666 et 1699, que Fontenelle avait omis de faire. Entre novembre et décembre, il en écrit onze, qu'il présente au jugement de l'Académie à la séance du 16 décembre. Comme par hasard, les commissaires nommés sont d'Alembert et l'ami Bossut. Condorcet s'empresse d'envoyer ses *Éloges* à l'imprimerie pour qu'ils soient fin prêts au moment du vote. Les semaines précédant l'élection sont gérées de main de maître, alors que, pendant ce temps, l'Académie offre « l'aspect de deux camps ennemis [3] ». D'Alembert et Bossut font un rapport enthousiaste des *Éloges* de Condorcet à la séance du 10 février 1773. Alors que Condorcet s'excuse du « peu de fiafia » mis dans son éloge de Fontaine – « mais la nature, dit-il, m'a refusé l'heureux talent de rassembler des mots [4] » –, ses juges multiplient les compliments. Ils soulignent « le goût sage et l'élégance noble » du style, « la clarté et les réflexions philosophiques que l'auteur joint à cet exposé précis et fidèle [5] ».

1. Arago, *Biographie de J.-S. Bailly, op. cit.*, p. 94. Souligné dans le texte.
2. À Turgot, 1er décembre 1772. *Correspondance inédite de Condorcet* (Ch. Henry), p. 116.
3. Arago, *Biographie de J.-S. Bailly, op. cit.*, p. 93.
4. À Turgot, 17 septembre [1772]. *Correspondance inédite de Condorcet* (Ch. Henry), p. 131.
5. P.V. de l'Académie des sciences, 92, fos 24 V-25 V.

Deux semaines plus tard, le directeur de l'Académie, Le Roy, lit à ses confrères la lettre du ministre La Vrillière datée du 24 février 1773, qui demande la place d'adjoint au secrétariat pour Condorcet : « M. de Fouchy, secrétaire depuis près de trente ans, désire d'avoir un adjoint qui puisse le seconder dans ses travaux actuels [...] et lui succéder à cette place [...]. J'ai mis sous les yeux du roi la lettre que M. de Fouchy m'a écrite sur cet objet [...]. Il a jeté les yeux sur le marquis de Condorcet, associé mécanicien[1], dont il a déjà éprouvé les talents [...] et dont il connaît le caractère doux et impartial, nécessaire au secrétaire d'une société savante. D'ailleurs, le choix de M. de Fouchy paraît confirmé par la réputation que les ouvrages de M. de Condorcet lui ont faite dans l'Europe littéraire et par le suffrage unanime que le public a accordé aux *Éloges* de plusieurs anciens académiciens que M. le marquis de Condorcet vient de faire paraître. Le roi a donc jugé, Monsieur, et d'après le désir de M. de Fouchy et d'après la connaissance qu'il a lui-même du mérite de M. de Condorcet, qu'il est propre à remplir la place dont il s'agit. Cependant, comme S.M. désire d'avoir l'avis de l'Académie, elle lui ordonne de délibérer à huitaine si M. de Condorcet est en effet capable de cette place[2]... »

Cette procédure pour le moins inhabituelle suscite des protestations. On n'avait jamais vu un secrétaire choisir seul son successeur. Dans les cas précédents, lorsque Fontenelle et Mairan s'étaient retirés de leurs fonctions de secrétaire perpétuel, le ministre avait demandé à l'Académie d'élire un candidat. Cette fois, on ne lui laisse pas le choix. On l'invite seulement « à confirmer la désignation d'un candidat officiel dont la demande [a] déjà auparavant été approuvée par le ministre, au nom et avec l'autorité du roi[3] ».

La ratification eut lieu le 6 mars, et le procès-verbal de cette séance se contente d'indiquer que l'Académie se conforme au

1. Depuis le 18 décembre 1770.
2. Archives de l'Académie des sciences, pochette du 27 février 1773. Lettre adressée à M. Trudaine, président de l'Académie.
3. K.M. Backer, « Les débuts de Condorcet au secrétariat de l'Académie royale des sciences (1773-1776) », *Revue d'histoire des sciences*, 20, 1967, p. 239.

désir royal. Mais les notes de Fouchy montrent clairement qu'il y eut fronde, puisque Condorcet n'obtint que quinze voix sur vingt et une[1]. Six votes négatifs étaient l'indice d'un sérieux mécontentement. Loin de s'apaiser, il devait aller croissant jusqu'au retrait effectif de Fouchy et à une nouvelle élection en bonne et due forme de Condorcet, en 1776.

Curieusement, la tête de Turc des opposants ne fut ni Condorcet ni Fouchy, mais d'Alembert, accusé d'être le *deus ex machina* de ce coup de force. Arago raconte que les partisans de Bailly exhalèrent leur colère « en termes d'une âpreté impardonnable. D'Alembert, disaient-ils, avait lâchement trahi l'amitié, l'honneur, les premiers principes de la probité[2] », faisant allusion à sa promesse de protection donnée dix ans plus tôt. On lui reprocha aussi « hautement et en pleine Académie de mendier les ordres du roi[3] ». Accusation reprise plus tard par Métra et La Harpe contre Condorcet pour stigmatiser ces philosophes qui n'hésitaient pas à recourir « aux ordres du ministre » et à « un acte d'autorité[4] » quand leur intérêt était en jeu. Mais, pour l'heure, d'Alembert n'en a cure. Il considère que Condorcet est de loin le meilleur secrétaire possible. À quelqu'un qui lui demandait ce qu'il pensait des *Éloges* de son protégé, il avait répondu : « Justice, justesse, savoir, clarté, précision, goût, élégance et noblesse[5]. » Avis partagé par Voltaire, qui parle d'« un petit ouvrage d'or[6] ». Il le trouve même supérieur aux *Éloges* de Fontenelle : « Il y a une philosophie plus noble et plus hardie, quoique modeste[7]. »

D'Alembert n'a jamais manifesté le moindre regret à propos de cette élection peu orthodoxe. Au contraire, il se réjouit du résultat. À ses yeux, c'est d'abord la victoire du mérite, et, accessoirement, la marque de son influence. C'est surtout un bonheur

1. Pochette du 6 mars 1773. Le 10 mars, Trudaine de Montigny lut la lettre de La Vrillière qui confirmait l'élection.
2. *Biographie de J.-S. Bailly, op. cit.*, p. 93.
3. Mérard de Saint-Just, *Éloge historique de Jean-Sylvain Bailly*, 1794, p. 35.
4. K.M. Baker, « les débuts de Condorcet... », p. 239.
5. À Voltaire, 27 février 1773. D. 18222.
6. À Condorcet, 1er mars 1773. D. 18232.
7. À d'Alembert, 1er mars 1773. D. 18231.

de voir confier à son fils spirituel la responsabilité d'une institution décisive pour le progrès des sciences. Il n'a d'ailleurs jamais caché que celle-ci était plus importante que l'Académie française et qu'elle requérait de son secrétaire des compétences et un travail dont il ne se sentait plus capable. Mais, en faisant élire Condorcet au secrétariat, c'est un membre de sa famille, un proche parmi les proches, qu'il place au poste convoité. Ses nombreux ennemis n'auront pas tout à fait tort de se plaindre, après cela, que d'Alembert fasse la pluie et le beau temps aux deux académies. Même si le propos fut souvent démenti par la réalité, on ne peut nier qu'en moins d'un an deux des compagnies les plus prestigieuses d'Europe se trouvent représentées par deux philosophes aux fortes convictions qui donnaient à leur clan une aura et une reconnaissance officielle sans précédent.

Cette double victoire, loin de désarmer les opposants, renforce leur hostilité. Les années à venir vont démontrer qu'à l'Académie des sciences ils n'ont pas renoncé à se faire entendre. Buffon, le chef des « tracasseries », fait tout pour tenter de « dégoûter [Condorcet] des fonctions de secrétaire [1] », dans l'espérance de le voir quitter ses fonctions. Il a derrière lui, outre Bailly, tous les ennemis de d'Alembert : les Darcy [2], les Paulmy [3], les Borda [4], les Duhamel de Monceau [5], les Le Roy [6]. Condorcet tient bon. Mais quand Fouchy annonce son retrait définitif, en juillet 1776, il juge nécessaire, pour asseoir sa légitimité contestée, de remettre son titre en jeu. Il propose donc de se soumettre à une nouvelle élection. Ses confrères apprécièrent le geste et l'élurent cette fois à l'unanimité [7]. Pourtant, cela ne suffit pas à étouffer le contentieux entre Buffon et d'Alembert,

1. Condorcet à Turgot [mi-1775], *Correspondance inédite de Condorcet* (Ch. Henry), p. 222.
2. (1725-1779. Entré à l'Académie le 12 février 1749. Astronome, mathématicien.
3. (1722-1787). Académicien honoraire depuis 1764 et membre de l'Académie française, ce neveu du comte d'Argenson était particulièrement hostile à d'Alembert.
4. (1733-1799). Entré à l'Académie le 27 juin 1756. Mathématicien.
5. (1700-1782). Entré à l'Académie le 22 janvier 1728. Botaniste.
6. (1720-1800). Entré à l'Académie le 30 août 1751. Physicien.
7. L'élection eut lieu le 7 août 1776. Cf. *Correspondance secrète* de Métra, III, pp. 237-238. 18 août 1776.

ni entre Condorcet et son rival malheureux. Les ambitieux chassant sur les mêmes terres, ces deux derniers devaient se retrouver une fois encore face à face lors d'une élection à l'Académie française. On reverra dix ans plus tard les mêmes clans se reconstituer pour une campagne encore plus rude que la précédente. Rien n'y sera épargné des ruses et des coups tordus, montrant ainsi combien le désir de revanche des uns et l'ambition des autres n'avaient pas faibli d'un iota depuis toutes ces années, pas plus que la haine qui les opposait[1].

Mais, au printemps 1773, Buffon peut bien crier à l'insupportable expansion de d'Alembert, maître des deux académies, celui-ci ne cache pas son plaisir. Même si la question de ses émoluments n'est pas réglée, Condorcet jouit maintenant d'une situation sociale enviée. De quoi faire taire sa famille, qui avait vu d'un mauvais œil ses ambitions scientifiques. Seule sa mère put déplorer le nouveau statut de son fils, qui lui interdisait les séjours à Ribemont hors des vacances académiques.

Le bon et le mauvais despote

Le « bon » despote est le souverain ouvert aux arguments des philosophes. On attend de lui qu'il mette son pouvoir absolu au service de la raison et du bien commun, bref, qu'il s'interdise l'arbitraire qui se moque de la loi. Jusque dans les années 1770, les philosophes veulent croire qu'un tel despote, qualifié d'« éclairé », est non seulement possible, mais souhaitable dans les pays qui n'en sont pas encore dotés. On a vu que deux souverains de grandes nations prétendent à ce titre glorieux, source de prestige et d'admiration hors de leurs frontières. Façon aussi de narguer le tout-puissant roi de France, qui ne manque pas d'arrogance. Le roi de Prusse et l'impératrice de Russie ont multiplié les gestes en direction des philosophes pour qu'ils chantent leurs

1. Condorcet l'emporta contre Bailly d'une seule voix, le 10 janvier 1782.

louanges. Ce qu'ils ont fait sans barguigner, moins par bassesse ou cupidité que pour satisfaire leur désir de considération, obstinément déniée par Louis XV. Contrairement à celui-ci, Frédéric et Catherine lisent leurs œuvres, les commentent et parfois disent même vouloir s'en inspirer. Il est vrai que Frédéric se montre de plus en plus critique à l'égard des productions philosophiques, notamment celles d'Helvétius et de d'Holbach, et qu'il peut prendre sa plume pour les réfuter, en philosophe, d'égal à égal. Du moins le croit-il. Comme Frédéric, Catherine a une solide culture philosophique. Tous deux pensent donc gouverner au nom des Lumières, d'autant plus que chacun peut se prévaloir d'entretenir une relation privilégiée avec les plus prestigieux d'entre leurs penseurs. Outre Voltaire, qui correspond régulièrement avec les deux monarques, chacun sait à Paris que d'Alembert est le philosophe préféré de Frédéric, et Diderot, celui de Catherine. Si Voltaire a compris depuis belle lurette que le despote, éclairé ou non, n'en fait jamais qu'à sa tête, les deux pères de l'*Encyclopédie* n'ont pas renoncé à croire qu'ils pouvaient exercer une influence sur lui. Non qu'ils soient les naïfs qu'on a parfois décrits, mais parce qu'ils sont convaincus du pouvoir irrésistible de la raison.

La bévue de d'Alembert

D'Alembert ignore tout de la politique. Ni sa théorie ni sa pratique ne retiennent son intérêt. Cet homme qui n'aime que la solitude de son bureau et les conversations des salons de Julie et de Mme Geoffrin n'entend rien aux affaires du gouvernement des hommes et des États. Citoyen des Lumières, l'idée de patrie lui est si étrangère qu'il soutient le roi de Prusse durant la guerre de Sept Ans contre la France. S'il se bat bec et ongles pour la république des lettres, ses idées sont courtes sur la meilleure forme de gouvernement à adopter. Sa haine de l'absolutisme français découle plus du mépris dans lequel y est tenu l'homme de plume que d'une indignation proprement politique. Certes, il préférerait, comme Voltaire, une monarchie à l'anglaise, mais il laisse à d'autres le soin de penser ces questions. Son accord avec Diderot sur l'article polémique « Autorité politique » (dans le premier volume de l'*Encyclopédie*) n'a contrarié en rien ses liens avec Frédéric II, même si, ici ou là, on se gausse du philosophe affidé du despote.

À lire leur correspondance, qui s'étale sur plus de vingt-cinq ans, on constate que ni Frédéric ni d'Alembert n'abordent jamais de sujets politiques : tout au plus quelques allusions à la religion, aux Jésuites, au Parlement ou au démembrement de la Pologne. C'est avant tout une conversation littéraire et philosophique, à laquelle on ajoute les nouvelles de sa santé et les derniers événements marquants concernant l'un ou l'autre. Pour d'Alembert, cette correspondance est aussi un moyen d'étendre son pouvoir auprès des savants et des hommes de lettres. Chacun sait que, pour obtenir une place à Berlin, il est préférable de passer par lui, notamment depuis son voyage de 1763. Président « virtuel » de l'Académie de Frédéric, d'Alembert, soucieux à la fois de hausser le niveau de l'Académie et de placer ses protégés, ne lésine pas sur les recommandations de nouveaux associés ou de professeurs pour telle ou telle institution. Il est intervenu notamment pour son ami Bossut, pour Lagrange, Foncenex, Pernety, Borrelly, Laplace[1], Suard. Parfois, Lagrange lui demande d'écrire un mot à Frédéric pour promouvoir celui-ci ou celui-là à Berlin. D'Alembert s'exécute et fait l'éloge des mathématiciens Lambert et Jean III Bernoulli, mais aussi de Castillon ou de Béguelin. Souvent avec succès, mais pas toujours. Bossut ne fut jamais reçu à l'Académie de Berlin, et Suard ne succéda pas à Thieriot comme correspondant littéraire du roi. En revanche, Frédéric reçoit aimablement les voyageurs recommandés par d'Alembert, qu'il s'agisse du tacticien Guibert, du comte de Crillon ou du comte de Boufflers. Mais, dans tous les cas, le philosophe respecte un code tacitement établi entre eux : ne

1. (1749-1827). Après l'avoir placé en 1769 à l'École militaire comme professeur de mathématiques, d'Alembert avait proposé Laplace à l'Académie de Berlin (lettres à Lagrange des 1er et 19 janvier 1773) avant de se rétracter quand Laplace fut élu adjoint mécanicien, le 4 avril 1773.

jamais revenir à la charge plus d'une fois. Il propose et le roi dispose : en cas de refus, ce dernier se contente de ne pas répondre à la suggestion de d'Alembert.

De façon générale, d'Alembert a tout lieu de se féliciter de ses relations avec Frédéric II. S'en tenant strictement aux échanges d'idées et aux affaires académiques, il a su éviter rebuffades et humiliations de la part du monarque. Frédéric s'est toujours montré généreux et amical avec cet homme qu'il respecte d'autant plus qu'il a toujours refusé de se mettre sous sa coupe. Il est vrai aussi que, contrairement à Voltaire ou à Helvétius, il n'a jamais tenté la moindre démarche politique auprès de lui. Ce qui lui aurait peut-être valu les mêmes déconvenues.

Étrangement, d'Alembert oublie sa prudence habituelle pour se lancer dans une démarche on ne peut plus hasardeuse auprès de l'autre despote éclairé, l'impératrice de toutes les Russies. Après plusieurs années de silence, il écrit à Catherine II pour lui demander de relâcher une poignée d'officiers français envoyés en Sibérie après avoir été faits prisonniers à Cracovie, où ils se battaient aux côtés des confédérés polonais [1]. Officiellement, il fait cette démarche à la demande de la famille et des amis des prisonniers, qui lui ont fait parvenir un mémoire à cet effet, courant octobre 1772 [2]. Il sait qu'il n'est pas le premier à solliciter en leur faveur et que le ministre d'Aiguillon a déjà échoué. Mais sait-il que Voltaire est déjà intervenu discrètement, en mars 1772, pour ses compatriotes, et qu'il s'est fait rabrouer par Catherine [3] ? Que, malgré cela, il a proposé au duc de Richelieu ses services de négociateur secret pour revenir à la charge [4] ? Le duc, mal informé, ne donne pas suite. Finalement, au dire de Grimm [5], le ministère jugea plus habile de s'adresser à d'Alembert, que Catherine avait naguère prié de venir en Russie pour y

1. Selon Lortholary, *Le Mirage russe en France au XVIIIe siècle*, p. 199, ces officiers français étaient allés combattre en Pologne avec l'assentiment secret du ministère.
2. Mémoire publié in *Œuvres et Correspondances inédites* (éd. Ch. Henry), pp. 248-250.
3. Voltaire à Catherine II, 12 mars 1772. D. 17635. Le 30 mars, D. 17690, elle lui répond sèchement qu'elle connaît un remède pour guérir « ces petits maîtres sans aveu qui quittent Paris pour venir servir de précepteurs à des brigands [polonais] : la Sibérie ».
4. À Richelieu, 30 mai et 8 juin 1772. D. 17763 et D. 17774.
5. Lortholary, *Le Mirage russe en France...*, pp. 199 et 367.

éduquer son fils. On espérait que l'impératrice pourrait accorder « à la philosophie plaidant pour l'humanité ce qu'elle refuse à la puissance [1] ».

Persuadé que Catherine est dans le même état d'esprit qu'en 1762, quand elle demandait l'approbation des philosophes, d'Alembert lui écrit pour lui proposer, en échange de la libération des prisonniers, les éloges hauts et forts de la république des lettres. Cette dernière, « dont la philosophie est aujourd'hui parmi nous le plus digne organe, et dont elle tient, pour ainsi dire, la plume, ne laissera ignorer ni à la France, ni à l'Europe, que cette même Impératrice qui du fond du Nord a fait trembler Constantinople [...] s'est montrée plus grande encore après la victoire [2] »... D'Alembert rappelle opportunément qu'un geste de clémence de sa part serait « le témoignage le plus glorieux » qu'elle puisse « donner à cette philosophie qui réclame aujourd'hui [ses] bontés ». Noyée sous un flot de compliments, la lettre au ton apparemment soumis est en réalité une sorte de mise en demeure : libérez les Français et nous vous couvrirons d'éloges, sinon... En réalité, consciemment ou non, le philosophe parle d'égal à égal à l'impératrice, comme si le prestige et le pouvoir des Lumières pouvaient en imposer à la despote éclairée. D'Alembert a oublié que la souveraine n'est plus dans les mêmes dispositions ni à son égard ni à celui de la philosophie. Il n'a pas réalisé à quel point elle a été mortifiée d'avoir vu son invitation en Russie refusée, sans parler de l'approbation officielle de d'Alembert au livre de l'abbé Chappe d'Auteroche, qui a humilié son pays [3], ni des applaudissements des mêmes, aux lectures des *Anecdotes sur la révolution de Russie* de Rulhière. D'ailleurs, leur correspondance était au point mort depuis 1767, et Catherine réservait ses attentions à Diderot.

La réponse vint promptement sous la forme d'un démenti sec. Non, les prisonniers n'étaient pas en Sibérie, mais à Kiev, où ils

1. Mémoire d'octobre 1772. Ch. Henry, p. 249.
2. 30 octobre 1772, Ch. Henry, pp. 252-253.
3. *Le Voyage en Sibérie* avait été chaudement approuvé à la séance du 31 août 1768 de l'Académie des sciences par Bézout et d'Alembert, ses deux commissaires.

étaient on ne peut mieux traités. « Accoutumée à voir répandre par le monde les traits de la plus noire calomnie, je n'ai point été étonnée de celle-ci [1] », dit-elle en terminant sa courte lettre sans daigner répondre à la demande de libération.

Avant même d'avoir reçu cette réponse, d'Alembert avait envoyé une seconde lettre [2] répétant les termes de la première. Il en écrit une troisième, le 31 décembre, pour prendre acte de sa méprise et redemander la libération des prisonniers français. À nouveau il invoque le prestige de la philosophie et la grandeur de Catherine, n'hésitant pas à terminer ainsi sa lettre : « Quelle consolation pour moi si je pouvais, en mourant, recommander à mes amis de mettre sur ma tombe [...] : Il obtint de l'immortelle Catherine, au nom de la philosophie et de l'humanité, la liberté des prisonniers français [3]. » Il pensait avoir écrit là « le plus éloquent ouvrage qui soit jamais sorti de la tête de Bertrand [4]. » Il attend donc « impatiemment l'effet de ce nouveau plaidoyer, et ne désespère pas même du succès », confie-t-il à Voltaire auquel il demande de se joindre à lui auprès de « Catau ». Voltaire, s'en gardera bien. Plus fin nez que son cadet, il sait qu'il ne faut pas quémander à un monarque une grâce qu'il a déjà refusée.

La réponse de Catherine est une fin de non-recevoir cinglante. Non seulement elle se moque de sa plaidoirie et de ses louanges, mais elle lui inflige une sérieuse leçon de morale et de politique. Elle lui dit son étonnement de le voir s'empresser pour « des boutefeux qui soufflaient la discorde partout où ils se présentaient », alors que « les milliers de prisonniers turcs et de Polonais, victimes et dupes de ceux pour qui vous vous intéressez, auront à se plaindre d'être abandonnés de l'humanité [...]. Y aurait-il de la justice à donner de l'avantage à ceux qui ont causé le mal, et à laisser dans une situation moins avantageuse ceux

1. 20 novembre 1772. Ch. Henry , p. 256. En réalité, note Lortholary (p. 367), certains officiers français étaient bien retenus en Sibérie, mais pas ceux pour lesquels d'Alembert intervenait.

2. Datée du 24 novembre. Lortholary, *Le Mirage russe en France...*, p. 367. Cette lettre n'est pas publiée par Ch. Henry, mais dans *Sbornik*, XIII, p. 289.

3. Ch. Henry, p. 260.

4. À Voltaire, 18 janvier 1773. D. 18145.

qui leur ont servi de jouet[1] ? » La philosophie attendra, et d'Alembert avec elle. Le jour où elle libérera tout le monde, « vous pourrez ajouter, à l'inscription que vous me dites, le nom des prisonniers turcs à ceux des prisonniers français. Au reste, je souhaite, pour le bien de la philosophie, que de longtemps encore vous n'ayez besoin d'aucune épitaphe. »

La missive mit du temps à parvenir jusqu'à son destinataire. À la mi-mars, Catherine raconte à Voltaire, non sans moquerie, le contenu des lettres de d'Alembert et les éléments de sa réponse[2]. Avec une certaine cruauté, Voltaire en rapporte le mot à mot à d'Alembert et lui demande : « Je vous prie de me mander si on vous a écrit en effet sur ce ton[3]. » D'Alembert-Bertrand est ulcéré. Autant des termes de la lettre de Catherine que du fait qu'elle ait pris Voltaire à témoin de son mépris. Lui qui croyait à son pouvoir d'influence et annonçait même le succès de sa démarche, il doit faire volte-face. « Je doutais fort, malgré toute l'éloquence de Bertrand, qu'il obtînt d'elle la délivrance des Rats [...]. Mais Bertrand pouvait au moins et devait même s'attendre à une réponse honnête et raisonnable, et non au persiflage que vous lui [sic] transcrivez[4]. Voilà une nouvelle note à ajouter à toutes celles que j'ai déjà sur les Cataus et compagnie[5]. » Pour n'avoir pas à assumer une rebuffade personnelle, il s'empresse de l'interpréter comme un échec de la philosophie. « Je ne sais de qui la philosophie a le plus à se plaindre en ce moment, ou de ses vils ennemis, ou de ses soi-disant protecteurs [...]. Bien entendu que ceux qui la persiflent n'attendront non plus d'elle que la justice et la vérité[6]. » Sous-entendu : il n'y a pas de raison de lui faire un sort à part. La despote de l'Est n'est pas plus éclairée qu'un autre souverain absolu, par exemple Louis XV.

1. [janvier 1773]. Ch. Henry, pp. 260-261.
2. 3/14 mars 1773. D. 18249.
3. 19 avril 1773. D. 18322.
4. Est-ce à dire que d'Alembert aurait appris la réponse de Catherine par Voltaire ? Ce qui est confirmé par sa lettre du 13 mai suivant. D. 18365.
5. 27 avril 1773. D. 18339.
6. *Ibid.*

La gifle est si cuisante qu'il peine à s'en remettre. En dépit des justifications peu crédibles que prête Voltaire au comportement de l'impératrice, d'Alembert se sent humilié. « Plus je relis l'extrait que vous m'avez envoyé de la lettre de Pétersbourg, plus j'en suis affligé. Il était si facile à cette personne de faire une réponse honnête, satisfaisante et flatteuse pour la philosophie, et sans accorder ce qu'on lui demandait [...]. Je vous aurais, mon cher ami, la plus grande obligation de me procurer cette réponse que je désire. Vous voyez par vous-même combien la cause commune en a besoin. Le déchaînement contre la raison et les lettres est plus violent que jamais. Faudra-t-il donc que la philosophie dise à la personne dont Elle se croyait aimée : *Tu quoque Brute* ? Adieu, mon cher maître, la plume me tombe des mains, de douleur du mal qu'on lui fait en moi, et de l'indignation des trahisons qu'elle éprouve en vous [1]. »

Dorénavant, Catherine fait figure de « mauvais despote », d'autant plus critiquable qu'elle s'est jouée de lui et n'a pas hésité à se couvrir du manteau de la philosophie pour cacher sa vraie nature. D'Alembert ne manquera plus une occasion d'ironiser à ses dépens. Quelques mois plus tard, il confie à Voltaire : « Il me semble que les Turcs commencent à se moquer d'elle. Quand on se laisse battre par ces marabouts, il ne faut pas persifler la philosophie. Rira bien qui rira le dernier [2]. » Il ajoute qu'il a la preuve qu'elle a menti : « Cette Sémiramis m'avait mandé que les prisonniers français faits à Cracovie étaient très bien traités. M. de Choisy, un de ces prisonniers, qui est ici, assure qu'ils ont été traités indignement [3]. »

Étrangement, d'Alembert ne tire pas toutes les conséquences de sa mésaventure. Il ne remet pas en cause l'idée de « despote éclairé ». Peut-être par indifférence ou par fidélité à son correspondant prussien ? Pourtant, s'il avait tenté une démarche similaire auprès de Frédéric, il est fort probable que ce dernier aurait réagi comme Catherine. Y aurait-il mis d'autres formes ? Rien

1. 13 mai 1773. D. 18365.
2. 12 février 1774. D. 18811.
3. *Ibid.*

n'est moins sûr. Les despotes n'autorisent personne – fût-ce un philosophe – à leur dicter leur loi.

L'ambition d'« être utile »

Quand Diderot boucle ses malles, en juin 1773, pour partir en Russie, l'angoisse le taraude. Il a pris soin de laisser son testament (littéraire) à Naigeon [1]. Mme d'Épinay le décrit « si étonné, le jour de son départ, d'être obligé de partir, si effrayé d'avoir à aller plus loin que le Grandval, si malheureux d'avoir à faire des paquets [2] ». Officiellement, il ne s'agit que de porter ses hommages aux pieds de la souveraine qui l'a honoré de ses bienfaits. Visite de courtoisie nécessaire après des invitations réitérées depuis 1767, et qui ressemble à celle de d'Alembert au roi de Prusse en 1763. En vérité, personne n'est dupe : « Il va montrer un philosophe à une impératrice, écrit Thomas. Il va chercher quelques lignes dans son histoire [3]. » S'il entreprend un voyage aussi périlleux, lui qui déteste les déplacements, c'est moins, comme d'Alembert naguère, pour être poli que pour tenter d'influencer la politique de Catherine II. Ni vaniteux ni aussi naïf et ignorant qu'on l'a décrit [4], Diderot veut courir sa chance d'être peut-être entendu. Il ne prétend pas « faire de la philosophie » à la cour de Russie, « comme son confrère Platon fit autrefois en Sicile [5] ». Même si la démarche des deux philosophes n'est pas sans points communs et qu'ils ont tous deux rêvé de réformer la politique, l'entreprise de Diderot est moins idéaliste qu'il y paraît. Il ne part pas comme le futur conseiller du prince, muni d'un plan de gouvernement à plaquer tel quel sur la réalité russe.

1. Lettre du 3 juin 1773. L. Versini, p. 1179.
2. À Galiani, 13 juin 1773. G Dulac, IV, p. 24. Diderot a quitté Paris pour La Haye, sa première étape, le 11 juin.
3. Lettre à Barthe, 23 janvier 1773, in « Correspondance inédite entre Thomas et Barthe (1759-1785) », *R.H.L.F.*, n° 34, 1927, p. 128.
4. Sur ce point, Georges Dulac (« Diderot et le mirage russe ») a eu raison de s'élever contre les commentaires de certains dix-huitiémistes, in Karp et Wolff, *Le Mirage russe au XVIIIe siècle*, 2001, pp. 149-192.
5. Thomas à Barthe, 4 mars 1773, *R.H.L.F.*, n° 35, 1928, p. 103.

Plus pragmatique et modeste, il espère seulement transmettre à Catherine II quelques-unes de ses convictions acquises après des années de réflexion. La grande incertitude porte sur l'impératrice : est-elle bien celle que ses affidés décrivent, libérale, généreuse, philosophe, ou bien le tyran cynique et impitoyable dont Rulhière a rapporté les méfaits ? Diderot a décidé d'y aller voir, parce que c'est l'occasion inespérée de donner vie à sa philosophie. Le pire n'est pas l'échec, mais de ne pas saisir la chance d'être utile.

Contrairement à d'Alembert, Diderot se passionne pour le gouvernement des hommes. Il est « l'écrivain le plus politique des Lumières [1] ». Influencée par Montesquieu et Rousseau, la politique de Diderot ne se présente pas sous la forme d'une doctrine rigide. « Elle se caractérise plutôt par une attitude, un engagement, même, animé par une soif intarissable de liberté [2]. » Depuis son article « Autorité politique » (1751), il est profondément convaincu « qu'aucun homme n'a reçu de la nature le droit de commander aux autres ». Mais c'est seulement après avoir achevé l'*Encyclopédie*, en 1765, qu'il élabore son œuvre politique, dont une grande partie est restée méconnue jusqu'au XXe siècle. C'est l'abbé Raynal, maître d'œuvre de l'*Histoire philosophique et politique des deux Indes* [3], qui lui offre la première occasion de s'exprimer sur le despotisme, protégé par l'anonymat. Chargé du travail de révision de l'ouvrage, il en devient un des rédacteurs, de plus en plus important au fil des trois éditions successives [4]. Dès la première édition, il s'en prend à Frédéric II et au tsar Pierre le Grand dans des textes rédigés probablement en 1769. Il apostrophe le premier dans un style déclamatoire. Il condamne le roi-guerrier et celui qui confond « les vérités, les erreurs, les préjugés, les sources du bien et du mal ». Il compare aux bienfaits de sa jeunesse les méfaits du souverain vieillissant et lui prodigue quelques bons conseils :

1. Article « Politique » du *Dictionnaire de Diderot* (éds. R. Mortier et R. Trousson), 1999, p. 410.
2. *Ibid.*
3. À Sophie Volland, 20 décembre 1765, Diderot écrit qu'il fait « sécher d'impatience et d'ennui [ce pauvre abbé Raynal] depuis six mois ». L. Versini, p. 574.
4. En 1770, 1774 et 1780.

« Rouvre ton cœur aux sentiments nobles et vertueux [...], occupe tes derniers jours du bonheur de tes peuples [...]. Respecte la tranquillité de tes voisins [1]. » À l'égard de feu Pierre le Grand, nul besoin de prendre de ces précautions : il a laissé son empire « sans lois, sans liberté, sans richesses, sans population et sans industrie [2] ». Diderot en profite pour esquisser le programme que devrait suivre Catherine : libérer les serfs, former « un tiers état sans lequel il n'y eut jamais chez aucun peuple ni arts, ni lumières, ni liberté », renoncer à toute politique d'expansion territoriale.

À peine Diderot a-t-il remis ces pages à Raynal qu'un nouveau brûlot sorti de la fabrique d'Holbach circule dans Paris [3]. L'*Essai sur les préjugés* est une attaque en règle contre les prêtres, les militaires et l'arrogance des princes. On y fustige le despote dont « les victoires sanglantes » coûtent des « siècles de misère » aux nations, et on le menace de lui retirer le soutien de la philosophie. Frédéric II est la cible et ne s'y trompe pas [4]. Il y répond sur-le-champ [5] par de lourds sarcasmes et des apostrophes méprisantes qui font bondir Diderot. À son tour, ce dernier prend la plume et rédige quelques pages d'une rare violence contre Frédéric. Ces *Pages contre un tyran* [6], qui ne sont pas destinées à être publiées, révèlent la profondeur de l'hostilité du philosophe à l'égard du monarque et de ce qu'il incarne. Il y exprime avec colère son mépris pour l'imposteur, réactionnaire et cynique, qui s'est fait passer pour un roi philosophe ami de la vérité et de la tolérance. Il voit en lui le « mauvais souverain », le faux philosophe et la « bête féroce qui ordonna le ravage du Palatinat », avant de conclure : « Que Dieu nous préserve d'un souverain qui ressemble à cette sorte de philosophe-ci [7] ! » L'année suivante, Diderot tire toutes les conséquences de

1. *Histoire philosophique...*, livre II, pp. 186-187.
2. *Ibid.*, pp. 204-205.
3. L'*Essai sur les préjugés*, publié à Londres [c'est-à-dire Amsterdam] en 1770, circulait à Paris dès novembre 1769.
4. Frédéric à d'Alembert, 17 mai 1770 : « J'ai éprouvé des mouvements répulsifs aux sentiments de l'auteur. » Preuss, XXIV, pp. 484-486.
5. *Examen de l'Essai sur les préjugés* est publié anonymement à Berlin en 1770.
6. Ce texte retrouvé et publié par Franco Venturi en 1937 est aussi connu sous le titre *Lettre de M. Denis D. sur l'examen de l'Essai sur les préjugés*. On pense qu'il a été rédigé en 1771.
7. *Œuvres*, éd. Versini, III, pp. 165-172.

son indignation dans un des seize *Fragments politiques*[1] qu'il rédige pour la deuxième édition de l'*Histoire des deux Indes*. Le despote éclairé souhaité par les physiocrates est illégitime. Aussi juste soit-il, « il pourrait arriver que la volonté de ce maître absolu fût en contradiction avec la volonté de ses sujets. Alors, malgré toute sa justice et toutes ses lumières, il aurait tort de les dépouiller de leurs droits, même pour leur avantage. On peut abuser de son pouvoir pour faire le bien comme pour faire le mal ; et il n'est jamais permis à un homme, quel qu'il soit, de traiter ses commettants comme un troupeau de bêtes [...]. On a confondu les idées de père avec celles de roi [...]. Un roi, même un bon roi, n'est point un père dans la société : il n'en est que l'intendant[2]. »

Diderot n'arrive pas en Russie muni de ses seules convictions contre le despotisme. Il a aussi beaucoup réfléchi au programme de civilisation de la Russie[3], dont il donne un aperçu général dans le *Fragment 16*[4]. Titré « Qu'il faut commencer par le commencement », c'est une critique de fond de la politique menée par Catherine II. Ou plutôt une critique de la méthode. Jusque-là, elle a tenté de civiliser son pays en important « comme des plantes exotiques » des talents de l'Occident et en imitant ses plus importantes réalisations, tout en maintenant le servage. Elle a « commencé son édifice par le faîte », alors qu'elle aurait dû s'attaquer à sa base et suivre « la marche constante de la nature ». Seul le développement des arts mécaniques et des « conditions basses », artisans et paysans libres et propriétaires de leurs terres, offre une base solide à la diversification des activités sociales et au progrès des sciences et des arts. Il faut donc commencer par former le peuple à la liberté pour le « civiliser ».

L'encyclopédiste ne croit pas impossible de convaincre la souveraine du bien-fondé de ses vues. Ce qu'il sait de Catherine

1. Publiés dans la *Correspondance littéraire* d'août à novembre 1772, avant de l'être dans l'édition de l'*Histoire des deux Indes* de 1774. L. Versini, tome III des *Œuvres* de Diderot, pp. 587-611.
2. Fragment 6, *ibid.*, p. 590.
3. Cf. G. Dulac, « Diderot et le mirage russe ». Karp et Wolff, pp. 168-177.
4. L. Versini, III, pp. 608-611.

l'inciterait plutôt à l'optimisme, par opposition au pessimisme que lui inspire le despotisme de Maupeou. La France est un vieux pays qu'il croit incapable de renouvellement, alors que la Russie, sous la férule de la souveraine, paraît, de loin, prête aux réformes. Ces espoirs mis en la tsarine réformatrice ne venaient pas seulement des multiples gestes adressés aux philosophes, et à lui en particulier. Elle avait subjugué l'opinion éclairée en convoquant la réunion des états généraux de son empire. Pour ce faire, elle avait mis sur pied une commission législative composée de plus de cinq cents membres chargés de rédiger un code de lois. Les travaux avaient commencé à Moscou le 10 août 1767 et s'étaient poursuivis à Saint-Pétersbourg en février 1768, avant d'être suspendus en décembre à cause de la guerre contre les Turcs. La commission s'était réunie plus de deux cents fois [1] pour travailler sur le document préparé par Catherine elle-même, une « Instruction préparatoire » – le *Nakaz* – largement inspirée par Montesquieu et Beccaria. À l'époque, les philosophes avaient applaudi à cette initiative libérale qui semblait impossible en France. La popularité de la souveraine fut à son zénith lorsqu'elle publia le *Nakaz* en français, à Saint-Pétersbourg et en Hollande, en 1771. L'ouvrage, censuré en France comme un vulgaire essai philosophique, donna à Catherine l'allure inespérée d'une souveraine philosophe. Ce n'est pas pour rien qu'Helvétius fait d'elle un éloge appuyé dans la préface à son livre *De l'Homme* [2], ouvrage publié par les soins de Galitzyne et dédié à Catherine II.

En créant sa commission législative, la souveraine a fait un pas décisif. Reste, pour Diderot, à la convaincre de la rendre permanente et de la transformer en gardienne des lois. Il pense au coup d'État de Maupeou et à la suppression du Parlement, contre-poids au pouvoir absolu du roi. Même un bon roi ne suffit pas. « Sa Majesté Impériale, lui dira-t-il, concevra combien la

1. R. Trousson, *Denis Diderot ou le vrai Prométhée*, Taillandier, p. 534.
2. Achevé en 1770, le manuscrit fut publié après la mort d'Helvétius, en 1772.

législation mise sous la sauvegarde d'un seul homme est vacillante et de peu de durée. C'est la nation même qui doit en être la conservatrice d'âge en âge[1]. »

Pour avoir une chance d'être entendu, le philosophe bénéficie de l'expérience malheureuse de Le Mercier de La Rivière. On sait que cet auteur réputé de *L'Ordre naturel et essentiel des sociétés politiques*[2] avait été appelé auprès de Catherine sur la chaude recommandation de Diderot, pour la conseiller dans la rédaction du nouveau code. Parti de Paris en août 1767, il arriva en octobre et repartit en mars 1768 après n'avoir vu la tsarine qu'une ou deux fois. Pour cause de présomption ou par maladresse, le physiocrate était apparu aux Russes, et à la tsarine en particulier, comme un donneur de leçons qui les méprisait. Six ans plus tard, Catherine le décrit ainsi à Voltaire : « [Il] nous supposait marcher à quatre pattes et [...] très poliment s'était donné la peine de venir de la Martinique pour nous dresser sur nos pieds de derrière[3]. » Avec le temps, elle noircit plus encore le portrait : « Le philosophe s'était mis dans la tête que je l'avais appelé pour m'aider à gouverner l'Empire et pour nous tirer des ténèbres de la barbarie par l'expansion de ses lumières [...]. Je tirai ce législateur de ses rêves ; je m'entretins deux ou trois fois avec lui de son ouvrage sur lequel j'avoue qu'il me parla fort bien ; car ce n'était pas l'esprit qui lui manquait. La vanité seule avait momentanément troublé son cerveau. Je le dédommageai convenablement [...]. Il oublia ses songes de Premier ministre et retourna dans son pays [...] en philosophe un peu honteux du faux pas que son orgueil lui avait fait faire[4]. »

Diderot a compris la leçon : surtout ne pas jouer au mentor ; écarter de la tête impériale tout soupçon qu'il veut la diriger. Au contraire, en présence de Catherine, il ne cessera de se présenter comme « un pauvre diable qui s'avise de politiquer sous la gouttière », reconnaissant que « rien n'est plus aisé que d'ordonner

1. *Mélanges philosophiques, historiques, etc., pour Catherine II*, in *Œuvres*, III, L. Versini, p. 204.
2. Paru en 1767.
3. 13 novembre 1774. D. 19188. Le Mercier de La Rivière avait été intendant de la Martinique.
4. Ségur, *Mémoires*, III, p. 40.

un empire, la tête sur son oreiller[1] ». Il se compare à l'aveugle qui juge des couleurs, un enfant auquel Sa Majesté Impériale « a permis, comme elle l'aurait permis à un de ses enfants, de dire toutes les innocentes folies qui lui auraient passé par la tête[2] ». Loin d'apparaître comme un conseiller dogmatique, il jouera la carte de la modestie : « Je suis un philosophe comme un autre, c'est-à-dire un enfant bien né qui balbutie sur des matières importantes [...]. Un spéculateur qui s'avise dans sa petite tête de régir un grand Empire[3]. »

Fin psychologue, il part pour la Russie avec toute une stratégie en tête : il lui faut distiller ses idées par des discours variés, sous différentes formes littéraires, « fables, anecdotes, comédie, dialogue philosophique [...], sans braquer l'impératrice[4] ». Quand il la rencontre enfin à Saint-Pétersbourg, en octobre 1773, la séduction est réciproque. Elle lui offre de venir chaque jour dans son cabinet d'étude pour « des conversations qui n'en finissent pas ». Afin de ne pas susciter la jalousie des courtisans, Diderot s'en tient à une visite tous les trois jours, après le déjeuner. « Je trouve à Diderot, écrit la souveraine à Voltaire, une imagination intarissable, et le range parmi les hommes les plus extraordinaires qui aient existé[5]. » Elle évoque aussi « le plaisir que j'ai de m'entretenir avec Diderot, c'est une tête bien extraordinaire que la sienne, la trempe de son cœur devrait être celle de tous les hommes[6] ». De son côté, Diderot est ébloui par la simplicité et la curiosité intellectuelle de Catherine, qui, par ailleurs, n'est pas dénuée d'attraits : « L'âme de Brutus avec les charmes de Cléopâtre. Si elle est grande sur le trône, ses attraits, comme femme, auraient fait tourner la tête à des milliers de gens. Personne ne connaît mieux qu'elle l'art de mettre tout le monde à son aise[7]. »

1. M. Tourneux, *Diderot et Catherine II*, 1899, p. 86.
2. *Ibid.*, p. 267.
3. *Ibid.*, pp. 455-456.
4. R. Trousson, *Denis Diderot...*, p. 537.
5. 18 janvier 1774. D. 18762.
6. 30 janvier 1774. D. 18782.
7. À la princesse Dachkoff, 24 décembre 1773. L. Versini, p. 1203.

Les anecdotes courent sur la familiarité qui s'établit entre eux [1], amplifiée par la rumeur. On évoque Diderot jetant sa perruque au nez de l'impératrice ou lui pinçant le genou dans la chaleur d'une discussion [2]. Images qui contribuent à montrer que le philosophe n'a pas cédé au courtisan et qu'il est resté tel qu'en lui-même. Qu'on se moque de sa mauvaise éducation ne le dérange pas. Au contraire, il veut accréditer à Paris l'idée que l'égalité s'est instaurée entre la souveraine et lui. Il écrit à sa femme qu'ils discutent « d'homme à homme [3] », sachant fort bien que la lettre passera de main en main. Il entretient la légende d'une impératrice humaine et libérale, prête à tout comprendre et à tout entendre. À plusieurs reprises, il dit se sentir l'esprit plus libre en Russie qu'en France : « Aucune des choses que j'ai écrites à Pétersbourg ne me serait venue de Paris. Combien la crainte retient le cœur et la tête ! Quel singulier effet de la liberté et de la sécurité [4] ! »

Certes, on ne manquera pas d'ironiser sur sa naïveté et ses paradoxes : le philosophe qui se croit l'égal de l'autocrate, l'homme libre dans l'empire de l'esclavage ! Pourtant, si on s'autorise un instant à ignorer les suites du voyage et tous les commentaires a posteriori auxquels il donnera lieu, Diderot est en droit de penser qu'il est peut-être en train de gagner son pari. À lire le compte rendu quotidien de ses conversations et de ses propositions de réformes, on constate qu'il a bien abordé tous les sujets politiques, y compris le plus épineux, celui du despotisme. Certes, il s'est un peu censuré sur la religion, sachant que Catherine croit en Dieu, et sur le servage, connaissant les idées de la noblesse. Mais il n'hésite pas à rappeler à la souveraine que le code doit se réclamer des hommes et non de Dieu, et que les progrès de la civilisation russe dépendent de la suppression de l'esclavage. Par ailleurs, Catherine n'aurait pas consacré tant de

1. « [Diderot] est avec elle tout aussi singulier, tout aussi original, tout aussi Diderot qu'avec vous. Il lui prend la main comme à vous, il lui secoue le bras comme à vous, il s'assied à ses côtés comme chez vous. » Grimm à Mme Necker, Pétersbourg, 13 novembre 1773. *Le Salon de Madame Necker*, éd. Haussonville, I, p. 156.

2. Gestes qu'on lui connaissait bien à Paris.

3. À ma femme et à ma fille [30 décembre 1773]. L. Versini, p. 1207.

4. M. Tourneux, *Diderot et Cathérine*, p. 320.

son temps au philosophe – « une centaine d'heures de "travail" en commun [1] » – si elle n'avait pas eu plaisir et intérêt à le faire. Diderot a donc tout lieu de croire qu'il ne s'est pas déplacé pour rien et que certaines de ses idées trouveront à se réaliser.

Pour l'heure, il n'est pas inutile de faire savoir que son voyage est un succès et qu'il s'est établi une relation sans précédent entre une toute-puissante impératrice et un philosophe. Grâce aux lettres de Catherine adressées à Voltaire et à celles de Grimm et de Diderot expédiées à Paris, il ne faut pas longtemps pour que les dents grincent dans la capitale. Certains prédisent qu'il ne reviendra plus. D'autres pensent qu'il a la tête tournée. À en croire Diderot, d'Alembert est dans le camp des mécontents. Dans ses *Mélanges pour Catherine II*, il fait état d'une lettre, hélas perdue, que ce dernier lui aurait envoyée à Pétersbourg [2]. Sans le moindre souci de discrétion, il en résume à la souveraine le contenu, aussi désagréable pour elle que pour lui :

« J'ai reçu une lettre de d'Alembert où il se propose de faire à Sa Majesté Impériale une demande qui est peut-être plus indiscrète encore que celle qu'il lui a faite lui-même [3]. Il est toujours mortifié de son persiflage [4] à de Voltaire [...]. Il me complimente sur l'accueil plein de bonté dont Sa Majesté m'a honoré, de manière à me laisser croire qu'il n'est pas plus satisfait qu'un autre, et qu'il s'en réjouit comme on souffre ; qu'il crève de ressentiment et d'orgueil ; qu'il serait assez content de lui-même si, après m'avoir embarqué dans une fausse démarche, qu'il me suggère, mon peu de succès me grimpait en morgue, comme lui, et me donnait une humeur aussi durable et aussi ridicule que la sienne ; qu'il a imaginé qu'en l'entortillant bien, la gaîté de son entortillage m'en déroberait la petite perfidie ; qu'il s'est promis que je m'éloignerais de Votre Majesté Impériale, elle mécontente de moi, et moi croyant avoir raison de me plaindre d'elle ;

1. G. Dulac, « Diderot et le mirage russe », p. 153.
2. Probablement en décembre 1774. Cf. *Mélanges*..., L. Versini, III, pp. 388-389.
3. Peut-être voulait-il savoir si la révolte de Pougatchov était en train de réussir ?
4. Le persiflage de Catherine sur la démarche de d'Alembert en faveur des prisonniers français en Russie.

qu'à son ordinaire, lui, toujours lui, dans cette circonstance comme dans toutes les autres, il me rendrait bêtement la sarbacane[1] de son petit et puéril ressentiment. »

Pour moucher d'Alembert, Diderot suggère à Catherine « un moyen de le désoler : ce serait, la première fois qu'elle écrira à de Voltaire, de lui témoigner toute la satisfaction qu'elle a ou du moins que je désire qu'elle ait, de ma conduite à sa cour ; et cela, avec cette simplicité et ce naturel qu'elle sait mettre dans sa comédie. Il faudrait que de Voltaire en fût bien la dupe, et transmît à d'Alembert cette mortification sans s'en douter. Cela n'est pas difficile. Il n'y a qu'à mettre mon éloge par apostille, et l'enfler un peu. De Voltaire est suffisamment prévenu en ma faveur pour y donner bonnement[2]. »

Peut-être d'Alembert est-il jaloux et perfide. Mais qu'il soit mécontent est une certitude. On a vu combien il tient rigueur à la tsarine de l'humiliation qu'elle lui a infligée. À ses yeux, elle incarne à présent l'arbitraire et le despotisme que Diderot reproche si durement à son « ami » Frédéric II. D'Alembert est certainement amer des succès de Diderot auprès de son ennemie, et furieux de leurs cajoleries réciproques. Mais il n'est pas sans savoir les flots de haine que son ancien collègue déverse sur Frédéric, et l'hostilité qu'il lui montre. N'a-t-il pas fait un détour pour éviter Berlin ? Frédéric ne cache pas son dépit à d'Alembert. Celui-ci, contrairement à Diderot avec Catherine, tente de plaider la cause de son ami : « S'il passe par Berlin, je désire que Votre Majesté lui permette d'approcher d'elle ; j'ose l'assurer qu'elle jugera plus favorablement de sa personne que de ses ouvrages[3], et qu'elle lui trouvera, avec beaucoup de fécondité, d'imagination et de connaissances, une chaleur douce et beaucoup d'aménité[4]. » Frédéric, curieux de Diderot, promet de le recevoir à son retour de Russie. Mais le philosophe préférera

1. Le poison.
2. Catherine s'exécuta le 30 janvier 1774. D. 18782. Comme prévu, Voltaire s'en fit l'écho. Le 5 mars, il écrit à d'Alembert : « Elle passe sa vie avec Diderot, elle en est enchantée. » D. 18834.
3. Dans sa lettre du 7 janvier 1774, Frédéric s'était plaint à d'Alembert de la suffisance et de l'arrogance des livres de Diderot. Preuss, XXIV, p. 617.
4. 14 février 1774. *Ibid.*. p. 618.

faire un nouveau détour plutôt que de rencontrer le roi de Prusse[1].

À chacun son bon et son mauvais despote. Certes, d'Alembert n'a pas les mêmes ambitions ni les mêmes convictions politiques que Diderot. Mais il tient à conserver sa relation privilégiée avec le roi de Prusse, quitte à fermer les yeux sur ce qui lui déplaît. De son côté, Diderot, de retour à Paris en octobre 1774, a laissé bien des illusions en Russie. Mais il ne se lasse pas de chanter les louanges de Catherine, qu'il veut croire bien différente de Frédéric. A-t-il réussi à semer le bon grain philosophique dans son esprit ? Seul l'avenir le dira. Mais, publiquement, Diderot ne marchandera jamais sa reconnaissance envers la tsarine.

1. Il avait d'ailleurs de bonnes raisons pour cela.

CHAPITRE VIII

Les intellectuels en politique
(1774-1776)

À la mort de Louis XV, Louis XVI, vingt ans, appelle aussitôt Maurepas, soixante-treize ans, auprès de lui[1]. Ce vieux renard de la politique, surnommé « le mentor », sait qu'il faut opérer une rupture spectaculaire avec le règne précédent. L'opinion publique attend avec impatience le départ des trois ministres abhorrés : d'Aiguillon, des Affaires étrangères ; Maupeou, des Sceaux ; et Terray, des Finances. Auxquels il convient d'ajouter Bourgeois de Boynes, titulaire de la Marine, suppôt du *Triumvirat*, soupçonné d'avoir conseillé à Maupeou de remplacer le Parlement par le Grand Conseil. À part la démission volontaire du duc d'Aiguillon, le 2 juin, et son remplacement par Vergennes, rien ne change pendant deux mois. Maurepas réfléchit à la formation du nouveau gouvernement et cherche des hommes « sans entours », afin d'en être l'unique protecteur et de les diriger à sa guise. Pour faire contraste avec les précédents, il cherche aussi des personnalités dont la réputation morale soit indiscutable et qui recueilleront les faveurs du public.

Turgot appartient à la classe des grands administrateurs que leur expérience désigne pour les plus hautes responsabilités. Sans appui véritable à la Cour, c'est un homme seul qui ne doit

1. Louis XV est décédé le 10 mai 1774. Conscient de son inexpérience, Louis XVI fait appel dès le 12 mai à Maurepas, naguère exilé par son grand-père. Maurepas fera office de Premier ministre jusqu'à sa mort, en 1781. Il avait commencé sa carrière ministérielle à l'âge de quatorze ans.

sa réputation qu'à son intégrité et à son travail remarquable comme intendant du Limousin durant treize ans. Maurepas le connaît et l'estime, mais ses mérites n'auraient pas suffi si quelques amis ne s'en étaient mêlés. L'abbé de Véri, son condisciple à la Sorbonne et intime des Maurepas, a parlé de lui avec enthousiasme. Il a également été appuyé par la duchesse d'Enville, qui n'a rien négligé pour « pousser » son protégé. « Le mentor », convaincu qu'il pourra faire de Turgot sa « créature », pense à lui pour remplacer Terray aux Finances ; mais le roi tardant à se défaire de Terray, Maurepas propose Turgot à la place de De Boynes à la Marine. Le 20 juillet, il est nommé ministre [1].

Cette nomination fait grand bruit dans le milieu des philosophes et des économistes. C'est la première fois qu'ils voient l'un des leurs accéder au cœur du pouvoir. Condorcet exulte : « Il ne pouvait rien arriver de plus heureux à la France et à la raison humaine, écrit-il à Voltaire. Jamais il n'est entré dans aucun conseil de monarque d'homme qui réunît à ce point la vertu, le courage, le désintéressement, l'amour du bien public, les lumières et le zèle pour les répandre. Depuis cet événement, je dors et je me réveille aussi tranquillement que si j'étais sous la protection de toutes les lois d'Angleterre [2]. » D'Alembert déclare carrément que la vertu est au pouvoir [3], et même Mme du Deffand, qui n'aime pas les philosophes, reconnaît que c'est un bon choix [4].

De façon générale, le public éclairé, qui connaît Turgot, salue sa nomination avec joie et souhaite voir Malesherbes, autre proche des philosophes, prendre les Sceaux. L'heure de Malesherbes ne sonnera qu'un an plus tard, lorsqu'il acceptera presque malgré lui le département de la Maison du Roi [5].

1. Il passera de la Marine aux Finances le 24 août suivant.
2. 22 juillet 1774. D. 19043. Voltaire dira à Turgot chanter le *Te Deum laudamus* (28 juillet 1774. D. 19053).
3. Lettre à Frédéric II, 12 septembre 1774 : « Le Roi vient de prendre [...] un des hommes les plus éclairés et les plus vertueux de ce royaume ; et si le bien ne se fait pas, il faut en conclure que le bien est impossible. » Preuss, XXIV, p. 632.
4. À Voltaire, 3 août 1774. D. 19062.
5. Le 1er juillet 1775.

Le ministère Turgot, puis Turgot-Malesherbes, qui durera moins de deux ans, est un moment crucial de l'Ancien Régime finissant. C'est aussi l'épreuve de vérité pour les philosophes et leurs adeptes de plus en plus nombreux. Faut-il encore aller jusqu'à Saint-Pétersbourg pour faire appliquer ses idées ? Diderot, qui apprend la nouvelle à La Haye, sur le chemin du retour, ne se pose pas la question. Il ne pense qu'à la protection que Turgot (qu'il connaît et apprécie) peut accorder à son gendre [1]. Tout à leur joie, à leurs espoirs ou à leurs intérêts, les philosophes ne doutent pas de la compatibilité de la théorie et de la pratique. Ils vont apprendre que « le papier qui souffre tout » est bien différent de « la peau humaine [...], autrement irritable et chatouilleuse [2] ». Qu'il est plus facile de penser le monde que de le transformer. Bref, que la politique est un art difficile qui ne se contente pas de vertu et de raison.

Deux hommes issus du sérail

Le goût des lettres et des sciences

Malesherbes (1721-1794) et Turgot (1727-1781) ne sont pas à proprement parler des philosophes. Ils n'ont pas consacré leur vie à l'écriture. Mais ces deux fils d'hommes de robe [3], appelés à de grandes fonctions dans l'État, ont entretenu toute leur vie

1. Lettre à M. et Mme Caroillon de Vandeul, 3 septembre 1774. L. Versini, pp. 1248-1249.

2. Catherine II au comte de Ségur, in *Mémoires ou souvenirs et anecdotes*, III, pp. 42-43.

3. Malesherbes, fils de Guillaume de Lamoignon (1683-1772), premier président de la Cour des aides, chancelier de France de 1750 à 1768, appartenait à l'une des plus prestigieuses familles de robe. Turgot est le troisième fils de Michel Étienne, prévôt des marchands de Paris (1690-1751). Ce dernier avait été auparavant président de chambre du parlement de Paris.

des rapports intimes avec la république des lettres, dont ils partagent les goûts et les idées. L'un et l'autre montrent dès l'adolescence un intérêt passionné pour l'écrit. Dans la longue exhortation de M. de Lamoignon à son fils de seize ans, où il l'invite à plus de religion, de travail et de docilité, il lui reproche son penchant exclusif « pour la lecture des tragédies, quoiqu'on vous ait présenté combien ce penchant est dangereux [1] ». Le jeune Turgot est plus brillant et travailleur, mais tout aussi sauvage et taciturne que Malesherbes. Destiné à l'état ecclésiastique, il se livre d'abord à l'étude de la théologie et est élu prieur de la Sorbonne en décembre 1749. Si le scepticisme religieux le gagne au point de quitter l'habit au début de l'année 1751, son goût des lettres et des sciences est impressionnant. Dès l'âge de dix-huit ans, il possède le grec et le latin. À la Sorbonne, outre la théologie, il s'applique au droit, à la morale, aux mathématiques, à l'astronomie, à la physique. Il étudie l'hébreu, l'anglais, l'italien, l'allemand, et se trace un imposant programme d'ouvrages à écrire : poèmes, tragédies, romans philosophiques, traductions, traités de physique, d'histoire, de géographie, de politique et de métaphysique. À peine âgé de dix-neuf ans, il rédige un traité sur l'existence de Dieu et une *Lettre* à Buffon qui pointe les erreurs de sa théorie de la Terre. Il prépare un dictionnaire des étymologies de la langue latine, considérablement avancé lorsqu'il interrompra son travail. Le tout en menant ses études de droit afin de devenir maître des requêtes [2].

Si le cursus du jeune Malesherbes est le même [3], ses intérêts intellectuels sont moins dispersés. Au sortir du collège, il a la chance de rencontrer chez sa grand-mère le fameux abbé Pucelle, qui devient son professeur de droit et son père spirituel. Ce farouche défenseur des jansénistes, parlementaire de talent,

1. Lettre du 16 avril 1737, citée par P. Grosclaude, *Malesherbes, témoin et interprète de son temps*, 1961, p. 51.

2. Sa famille lui procura une charge parlementaire. En janvier 1752, Turgot devient substitut du procureur général, puis conseiller au Parlement en décembre de la même année. Il est fait maître des requêtes le 28 mars 1753.

3. Il entre dans la magistrature en 1741 comme substitut du procureur général. Il ne devient conseiller au Parlement qu'en juillet 1744, avant de succéder à son père à la présidence de la Cour des aides en 1750, lorsque celui-ci est nommé chancelier.

lui inculque le courage et une morale de la résistance qui le marqueront pour la vie. Mais, comme Turgot, la carrière de magistrat ne lui suffit pas. Sa curiosité intellectuelle l'entraîne bien loin de la jurisprudence. Dès 1746, il suit les leçons de Bernard de Jussieu, démonstrateur de botanique au Jardin du Roi et auteur d'une méthode naturelle de classification des plantes. Il assiste à ses cours durant quatre ans [1], au point de devenir un passionné d'histoire naturelle, entre amateur éclairé et savant professionnel. Il cultivera cette science tout au long de sa vie, non seulement par la lecture de livres, mais par des observations et des expériences innombrables. Naturaliste à Malesherbes même et lors de ses nombreux voyages, il entretiendra une immense correspondance sur la botanique et l'arboriculture, accumulant notes et mémoires sur ces sujets. Selon son biographe, « il tirait plus de fierté de ses travaux de naturaliste que de sa carrière de magistrat et de son œuvre de ministre [2] ».

Outre cette passion prédominante, Malesherbes en éprouve une autre pour les lettres. Bien avant de diriger en 1751 la Librairie, qui le mettra en relation avec tous les hommes de plume, il se nourrit de Voltaire, de Montesquieu, de tout ce qui compte à cette époque. Il confiera à Morellet, quelques années plus tard : « Pendant des années, je me suis occupé uniquement de littérature et je n'ai vécu qu'avec des gens de lettres [3]. » C'est peut-être là la raison du style incomparable de ses remontrances futures. Tant dans le fond que dans la forme, il est l'héritier et l'accompagnateur des philosophes. En matière de justice et de politique, il les précède.

Alors que Turgot végète dans sa carrière de magistrat jusqu'en 1761, Malesherbes est propulsé, de par la nomination de son père à la chancellerie, en 1750, à la tête de la Cour des aides et à celle de la Librairie. Il est aussitôt nommé honoraire à l'Académie des sciences [4], où, contrairement à nombre de ses pairs, il

1. Grosclaude fait état d'un manuscrit de Malesherbes, « Observations de Jussieu recueillies de ses leçons verbales en 1746, 1747, 1748 et 1749... ». *Malesherbes, témoin...*, p. 463.

2. *Ibid.*, p. 464.

3. Février 1758. *Mémoires* de l'abbé Morellet, I, p. 47.

4. Le 6 mars 1750.

prend une part active aux travaux de la compagnie, comme d'ailleurs à ceux de l'Académie des inscriptions et belles-lettres, où il est admis en 1759. Entre-temps, Malesherbes et Turgot ont, chacun à leur façon, collaboré de manière importante à l'*Encyclopédie*. On ignore s'ils se sont rencontrés à cette occasion ou dans les salons de Mme Blondel, mais l'un et l'autre fréquentent le milieu encyclopédiste. On sait que, par deux fois, Malesherbes a sauvé l'*Encyclopédie* de la destruction voulue par ses ennemis. Quant à Turgot, il a été mis en relation avec Diderot et d'Alembert par Morellet, son condisciple à la Sorbonne, au début des années 1750.

Partageant l'essentiel des idées des philosophes sur la tolérance religieuse et le rôle des sciences dans les progrès de l'esprit humain, Turgot a commencé à collaborer à l'*Encyclopédie* au plus tard vers 1755 [1]. Il rédige cinq articles sur des sujets bien différents, lesquels paraîtront dans les volumes VI et VIII. Le premier, « Étymologie », est novateur. Il « énonce alors sur l'objet et les méthodes de l'étymologie, sur la création lexicale, sur les changements de sens, etc., tant d'idées en avance sur l'époque » qu'on le crédite aujourd'hui encore d'« un sens positif des réalités linguistiques [2] ». Le deuxième, « Existence », est un article de métaphysique d'inspiration lockienne et newtonienne qui critique certains aspects du *Cogito* de Descartes. Le troisième, « Expansibilité », est un brillant essai de physique sur plusieurs propriétés de l'air, qui inspirera vingt ans plus tard les théories de Lavoisier. Enfin, deux autres articles révèlent son engagement en faveur de la réforme économique : « Foire » est une condamnation de tout monopole commercial, et « Fondation », une critique des fonds alloués à perpétuité pour quelque but charitable que ce soit ; l'homme le plus éclairé de son siècle, pensait-il, ne saurait former pour le siècle à venir un établissement utile. Turgot cessera sa collaboration au *Dictionnaire* après la crise de 1758, qui provoquera le départ de d'Alembert et, avec

1. F. et S. Kafker, *The Encyclopedists as Individuals : a Biographical Dictionary of the Autors of the Encyclopédie*, 1988, p. 375.
2. M. Piron (éd.), Turgot, *Étymologies*, Bourges, 1961, p. IX.

lui, de l'aile libérale. Il craint alors de voir son nom associé à un scandale qui risquerait de freiner sa carrière et ses espérances. En outre, selon Condorcet, « on était parvenu à faire passer l'*Encyclopédie* pour un livre de secte [1] », et Turgot haïssait l'idée de tout ce qui peut devenir, à la longue, source de préjugés.

Turgot resta en relation avec Diderot, mais fut surtout l'ami intime de d'Alembert. Celui-ci l'introduit dans le salon de Mme du Deffand avant de suivre Julie de Lespinasse, chez laquelle on rencontre la fine fleur des lettres. Mais l'abandon de l'*Encyclopédie* ne signifie pas celui de sa propre production littéraire. Il continue à approfondir ses connaissances en astronomie, en chimie [2] et en histoire naturelle, et se livre à des travaux de traduction considérables entre 1753 et 1761 : les pastorales de Gessner, des fragments d'Ossian, des dissertations de Hume sur le commerce, les partis et la liberté de la presse, ainsi que les considérations de Josias Tucker portant également sur le commerce [3]. Sans parler de ses nombreuses pièces de vers, qu'il gardait par-devers lui. Comme Malesherbes, c'est un véritable intellectuel qui baigne dans le milieu philosophique et scientifique. Les deux hommes se fréquentent et s'estiment. Un lien solide s'établit entre eux, fortifié par leur commune amitié pour Mme Blondel. C'était, dit-on, une femme brillante et de grande culture [4], aussi fidèle à Malesherbes qu'elle le fut à Turgot. Comme Mme d'Enville, autre intime de Turgot, elle rendra visite à Malesherbes durant son exil, entre 1771 et 1774, et se retrouvera au chevet de Turgot le jour de sa mort... aux côtés de Mme d'Enville.

1. *Vie de Turgot*, in *Œuvres* de Condorcet, éd. Arago, V, p. 25.
2. Comme Malesherbes, Turgot a suivi les cours de Rouelle.
3. Publiées en 1755.
4. Boissy d'Anglas, qui l'avait connue, a laissé d'elle le portrait d'une femme supérieure dans son *Essai sur la vie, les écrits et les opinions de Malesherbes*, 1819-1821, 3 volumes.

Des parcours parallèles

Si tous deux sont issus de la magistrature, Malesherbes par hérédité, Turgot par choix, la carrière du premier commence plus tôt que celle du second. Le fils du chancelier se retrouve premier président de la Cour des aides et responsable de la production littéraire française à l'âge de trente ans. Cette seconde fonction cessera en 1763 lorsque son père sera démissionné de sa charge de garde des Sceaux. En revanche, il conservera la présidence de la Cour des aides, qu'il assumera jusqu'à son entrée au ministère, en 1775. De son côté, Turgot commence sa véritable carrière d'administrateur quand il est appelé à l'intendance du Limousin, en août 1761. Il a trente-quatre ans et a acquis une expérience et des convictions fortes au cours des années précédentes, moins dans l'exercice de ses fonctions de maître des requêtes[1] qu'auprès d'un homme qu'il admire et qui va le marquer profondément. C'est à l'occasion de sa traduction du pamphlet de Josias Tucker qu'il se lia avec Vincent de Gournay, intendant du Commerce, peut-être par l'entremise de Trudaine, chargé du commerce au Contrôle général et qui avait eu sous les yeux des notes de Gournay contre les corporations de métier, rédigées dès 1752. On attribue à Gournay la célèbre maxime « Laisser faire, laisser passer » : voyant dans l'industrie et le commerce les véritables richesses de l'État, il était convaincu que le gouvernement ne devait jamais intervenir ni sur l'un ni sur l'autre. Ce père du libéralisme devint le maître à penser de Turgot. Ce dernier l'accompagna durant deux ans dans ses tournées de service : en 1755, dans l'ouest et le sud-ouest de la France, à La Rochelle, à Bordeaux et, l'année suivante, le long de la Loire, depuis Orléans jusqu'à Nantes, puis à Saint-Malo. On dit que les deux articles « Foire » et « Fondation » sont le résumé des conversations qu'il eut alors avec son maître[2].

1. Encore que nombre d'intendants fussent issus de la magistrature.
2. G. Schelle, *Œuvres de Turgot*, I, p. 73.

Quand celui-ci mourut prématurément, en 1759[1], Turgot écrivit son éloge, qui contient « les vrais principes qui prouvent l'utilité de la liberté de l'industrie et de commerce, l'injustice de toute restriction[2] ». Il y avait ajouté des éléments de la pensée de Quesnay[3], père de la physiocratie, dont il avait fait la connaissance entre-temps. Il prône avec Gournay la liberté du travail, et avec Quesnay, la nécessité de l'impôt unique. Disciple de l'un et de l'autre, il est devenu un économiste convaincu tout en se défendant d'appartenir à la « secte ».

Le 8 août 1761, Turgot est nommé intendant de la généralité de Limoges, l'une des régions de France les plus pauvres et les plus grevées d'impôts. Durant treize ans, il s'emploie de toutes les manières à améliorer le sort de sa province. Il obtient une diminution de l'impôt principal, la taille, fait faire un cadastre équitable, remplace les corvées, qui pesaient uniquement sur les plus démunis, par un impôt sur les propriétaires terriens, remplace la conscription forcée dans la milice par un engagement volontaire. Il ouvre de nouvelles routes et des canaux pour le transport des grains et autres denrées, et encourage autant qu'il le peut la liberté du commerce et l'agriculture. Il mène parallèlement une politique sociale remarquable : aumônes importantes par les temps de disette, établissement d'ateliers de charité, formation des sages-femmes rurales et de médecins capables de lutter contre les épidémies. Il fonde à Limoges une école vétérinaire, développe les activités agricoles, distribue semences et instruments aratoires, et introduit la pomme de terre pour pallier l'insuffisance de blé. Il dut aussi faire face à des révoltes qu'il mata avec fermeté. Pendant tout ce temps, il gouverne sa région en économiste convaincu et encourage des innovations plus ou moins bien comprises par les populations. Les autre intendants, notamment Saint-Priest dans le Languedoc ou Montyon en

1. Gournay (1712-1759), fils d'un riche négociant, avait été nommé intendant du Commerce en 1751.
2. Condorcet, *Vie de Turgot*, p. 28.
3. (1694-1774). Quesnay avait donné à l'*Encyclopédie* trois articles : « Évidence », « Grains » et « Fermier ».

Auvergne, ne cachent pas leur hostilité à toutes ces nouveautés, mais Turgot n'en a cure. Il ignore le doute.

Dans le même temps, Malesherbes lutte lui aussi pour plus de liberté et de justice fiscale. La guerre de Sept Ans terminée (1756-1763), le déficit est abyssal[1] et la crise économique, sévère. Les parlements et la Cour des aides se font un devoir de traduire le mécontentement de l'opinion publique. À la tête de sa Cour, Malesherbes proteste contre presque tous les édits créant de nouveaux impôts ou augmentant les anciens. La défectueuse organisation fiscale lui sert d'aliment et justifie désormais ses critiques. Depuis 1759, Malesherbes affirme que les Français sont d'autant plus imposés qu'ils sont plus misérables. Il déplore les exemptions et le régime de faveur dont bénéficient les puissants. Il constate que l'inégalité en matière d'impôts se double d'injustices et de vexations intolérables à l'égard des plus faibles. La Cour des aides réclame des impositions fixes, proportionnelles et uniformes, pour rendre plus juste la répartition, soustraire les malheureux à la tyrannie des collecteurs, diminuer les frais énormes de la régie[2]. Le premier président réitère ses plaintes en juin 1761 à propos de l'imposition et de la levée de la taille. Il s'en prend violemment à l'arbitraire des commissaires et aux subalternes qui reçoivent leurs ordres. La guérilla avec le pouvoir est une lutte chaque fois perdue d'avance ; mais, loin de faiblir, elle prend prétexte de toute nouvelle décision financière pour se rallumer.

Le conflit permanent qui oppose la Cour des aides au pouvoir royal prend en 1770 une tournure dramatique, comme on l'a vu,

1. Dès 1756, le déficit des finances de l'État approchait les 70 millions de livres. Il fut considérablement aggravé par la guerre. Pendant le temps des hostilités, il dépassa certaines années les 200 millions de livres. En septembre 1759, le déficit annuel était estimé à 217 millions. L'État, acculé à la faillite, suspendit pour un an le règlement de toutes ses dettes, ce qui ne facilita pas les emprunts qu'il était pourtant obligé de contracter.

2. Remontrances de la Cour des aides lues à la séance du 13 novembre 1759. Cf. *Mémoires pour servir à l'histoire du droit public de la France en matière d'impôts ou Recueil de ce qui s'est passé de plus intéressant à la Cour des aides depuis 1756 jusqu'au mois de juin 1775*, Bruxelles, 1779.

avec l'affaire Monnerat. On voyait déjà, rapporte Boissy d'Anglas, les parlements se plaindre de l'emprisonnement ou de l'exil de quelques-uns de leurs membres, et adresser au roi des remontrances indignées. Mais il n'était pas encore arrivé que la liberté d'un simple citoyen fût l'objet de la sollicitude des magistrats. Malesherbes donna l'exemple et fit de l'affaire Monnerat le procès exemplaire de l'injustice et des atteintes aux libertés individuelles. « Assez mince en elle-même, elle [lui] avait fourni l'occasion de s'élever aux sommets de la pensée juridique et politique [1]. »

Chacun à sa façon, Malesherbes et Turgot incarnent le souci du bien public et l'espérance de liberté que prônent les philosophes. Même si Turgot s'est secrètement réjoui de la dissolution des parlements et n'a pas caché sa réprobation du jusqu'au-boutisme de Malesherbes en 1771, ils pensent l'un et l'autre qu'on ne peut les rétablir qu'en leur imposant des conditions. Ce différend mis à part, ils partagent l'essentiel. Ils ont des vues communes sur la politique fiscale, la Ferme générale, les corvées, la tolérance religieuse, etc.

Quand Louis XVI arrive aux affaires, seul Malesherbes, toujours en exil, jouit d'une véritable popularité. Son courage, sa dignité et surtout son combat pour les libertés publiques le font désirer pour ministre par un large public. Ce qui n'est pas le cas de Turgot, dont la notoriété ne dépasse pas le milieu des philosophes, des économistes et de la haute administration. Pourtant, l'un ne pense qu'à retrouver sa Cour des aides, alors que l'autre ne rêve que d'être ministre...

Des ambitions différentes

Lorsque Turgot quitte Limoges, en janvier 1774, il a accompli une tâche de gouvernement remarquable. À la veille de la Révolution, Young notera dans son journal : « La renommée laissée

1. P. Grosclaude, *Malesherbes, témoin et interprète de son temps*, p. 234.

ici par Turgot est considérable[1]. » N'en déplaise à ses ennemis, son intendance fera date. Pour sa part, voilà quelques années qu'il souhaite rentrer à Paris. La scène du Limousin est limitée, et surtout si loin de la capitale, où il a tous ses amis ! Lors de ses retours bisannuels, il a élargi le cercle de ses relations et de ses proches, notamment dans le milieu des économistes. En 1764, il se lie avec le jeune Pierre Samuel Dupont[2], qui vient de publier un livre sur *L'Exportation et l'importation des grains*. Ministre, Laverdy avait confié à ce disciple de Quesnay le *Journal de l'agriculture*, et Turgot l'a présenté aux deux Trudaine, amis du premier cercle. Sous la direction de Trudaine de Montigny, Turgot prend part avec Dupont à la préparation de l'édit de 1764 sur la liberté du commerce des grains. En 1766, lors de ses passages à Paris, il se rend aux dîners du mardi institués par le marquis de Mirabeau[3]. Il y rencontre tous les économistes, avec lesquels il parle économie, bien sûr, mais aussi justice et politique[4]. Grâce à Trudaine encore, il entretient des relations cordiales avec Maynon d'Invau, contrôleur général de septembre 1768 à décembre 1769. Dès cette époque, Turgot est un homme bien placé dans le cercle du pouvoir. Selon Julie de Lespinasse, il aurait même été question de lui pour remplacer Maynon d'Invau en 1769[5]. Mais Choiseul, dit-on, ne lui aurait pas trouvé « une tête ministérielle » ni ne l'aurait jugé à même de recueillir la confiance du Parlement. Il lui préféra donc l'abbé Terray, lequel s'empressa de revenir sur l'édit libéral de 1764 pour rétablir les interdictions de naguère.

Turgot est un timide, un homme discret qui aime le travail solitaire. Mais c'est aussi un homme d'action aux idées bien établies, qui rêve de les mettre en pratique. Il pense avoir fait ses preuves dans le Limousin et n'attend que l'occasion d'élargir

1. *Voyage en France*, traduction Lesage, I, p. 26. Limoges, 6 juin 1787.
2. (1739-1817). Anobli en 1784, il deviendra Du Pont de Nemours lorsqu'il sera élu à l'Assemblée constituante en 1789.
3. Le marquis de Mirabeau (1715-1789), physiocrate, auteur de *L'Ami des hommes*, 1756.
4. G. Schelle, II, p. 23, précise que Dupont y donna lecture en 1774 des lettres de Turgot sur la justice criminelle.
5. Lettre à Guibert, 9 octobre 1774. *Lettres de Mlle de Lespinasse*, 1978, p. 149.

son champ d'action. Non seulement le pouvoir ne lui fait pas peur, mais il se sent à la fois la vocation du bien public et le caractère pour le servir et l'imposer.

À l'avènement de Louis XVI, Malesherbes est dans de tout autres dispositions. Ses trois ans et demi d'exil lui ont été moins pénibles qu'à ses collègues. Il a approfondi ses connaissances en botanique et écrit de nombreux mémoires, notamment sur les conditions à mettre au rappel des parlements pour ne pas saper l'autorité du roi. Il en a parlé à Turgot lors des visites que ce dernier lui rendait à Malesherbes. Il n'est donc pas étonnant que Maurepas, alerté par Turgot, veuille faire rentrer au gouvernement l'« idole du public [1] ». Début août 1774, il est pressenti pour occuper la place de garde des Sceaux, bien que Louis XVI y soit farouchement hostile. « Ne parlons de lui pour rien, aurait dit le souverain. C'est un encyclopédiste trop dangereux [2]. » Maurepas ne désespérait pas de le faire changer d'avis, mais Malesherbes lui-même ne voulut rien entendre : le 5 août 1774, il écrit à Turgot les raisons qu'il a de ne point accepter cette charge. Certes, dit-il, il y a nécessité de mettre un frein à la puissance de la magistrature, mais ce n'est pas à lui, qui a lutté pendant des années contre l'arbitraire gouvernemental pour affirmer les droits de cette même magistrature, de se faire l'instrument de cette politique : « Comment voulez-vous que cette réformation soit faite, qu'elle soit seulement proposée par ceux qui ont souffert persécution pour la cause parlementaire ? [...] Je conçois qu'on consente à passer pour despote, même pour tyran, quand on a l'intime conviction qu'on fait le bien, quand on suit les principes qu'on passe pour avoir toujours professés [...]. Mais le reproche d'avoir trahi sa conscience et abandonné par ambition ses principes et ses confrères est un reproche que je ne conçois pas qu'on puisse soutenir... » Après avoir réaffirmé sa résolution inébranlable de ne rien accepter, il répond par avance à l'ultime objection que lui a probablement adressée Turgot : « Vous pensez donc que c'est le cas de sacrifier mon honneur au bien de l'État, mais je ne sais que trop où sont les

1. *Journal de l'abbé de Véri*, 1928, I, p. 127.
2. *Ibid.*, p. 128.

gens qui ont fait un tel sacrifice sans une petite consolation cachée d'ambition. D'ailleurs, prouvez-moi que le bien public s'y trouve, c'est ce que je suis très éloigné de croire [1]. »

En septembre 1774, Miromesnil est garde des Sceaux et Turgot, contrôleur général depuis le 24 août. Malesherbes fait parvenir à ce dernier ses idées sur le processus de rétablissement de l'ancienne magistrature. Il s'agit de quatre mémoires adressés à Louis XVI. Le roi doit reconnaître l'injustice faite au Parlement et donc à la nation, mais des précautions seront prises contre les abus toujours possibles de celui-ci [2]. Le Grand Conseil devient un organe modérateur prêt à remplacer le Parlement en cas de cessation de service, à condition que ces fonctions de suppléance figurent explicitement dans l'édit de rétablissement.

Ainsi fut fait le 12 novembre. Le roi tint un lit de justice pour rétablir le Parlement et la Cour des aides. L'édit royal reprenait exactement les propositions de Malesherbes, mais celui-ci, à la tête de sa Cour, fit mine de l'ignorer. Comportement étrange que le sien ! Il avait pris une part considérable au rétablissement de l'ancienne magistrature et joué secrètement le rôle de garde des Sceaux tout en refusant d'en assumer les responsabilités et les risques, mais aussi la gloire ou l'opprobre. En vérité, cet intellectuel aux mains blanches se méfie de la politique comme de la peste. Il veut avant tout conserver le capital moral acquis dans l'opposition et la reconnaissance de la république des lettres. Celle-ci lui est offerte sous la forme d'une élection triomphale à l'Académie française. Pour lui, Chastellux, candidat du clan philosophique, se désiste de ses prétentions, et l'Académie oublie son règlement [3]. Contrairement à l'usage, Malesherbes n'a ni à poser sa candidature ni à faire campagne : « C'est par une admiration extraordinaire des hautes qualités de ce magistrat que l'Académie, s'élevant au-dessus des règles, a arrêté de le recevoir et de l'inviter à venir prendre place dans son sein [4] ». Une

1. Lettre citée par P. Grosclaude, *Malesherbes, témoin...*, pp. 293-294.

2. Principalement les cessations de service et les démissions collectives.

3. *Mémoires secrets*, VII, p. 287, 21 décembre 1774. Le chevalier de Chastellux (1734-1788) était un familier du salon de Julie de Lespinasse et l'auteur de pièces et d'essais qui connurent à l'époque un honnête succès.

4. *Ibid.*, p. 292, 26 décembre 1774.

sorte de cooptation comme il y en a peu, car il est appelé à l'unanimité. Par courtoisie, Voltaire est le seul auquel Malesherbes demande son suffrage moral[1]. Ce qui ne manquait pas d'élégance, après l'attaque du patriarche contre les remontrances de 1771. Il est donc élu le 12 janvier 1775, quasiment par acclamations. C'est la récompense du courage politique qu'il a montré en 1771 et de son action inlassable en faveur des lettres. Sitôt connue la date de sa réception (16 février), « on prévoit une foule considérable[2] [...], c'est un empressement prodigieux à se ménager des billets afin d'entrer à cette assemblée mémorable ». Le jour venu, il y eut un monde « tel qu'on n'en avait point encore vu à semblable cérémonie[3] ». Le discours de Malesherbes révèle l'homme des Lumières par excellence. En choisissant pour thème *Du rang que tiennent les lettres dans les différents ordres de l'État*, il rend un hommage vibrant aux hommes de lettres. Il ose comparer leur influence sur l'opinion publique « aux orateurs de Rome et d'Athènes au milieu du peuple assemblé », soulignant ainsi l'importance du nouveau pouvoir intellectuel. En livrant « un témoignage public de [sa] vénération à l'homme qui fait la gloire de [son] siècle[4] », c'est-à-dire Voltaire, Malesherbes a délibérément choisi de donner priorité à la littérature sur la politique.

1. L'académicien, absent de Paris, ne pouvait pas voter. Malesherbes lui envoya cette lettre du 25 décembre 1774 par le canal de d'Alembert. Voltaire lui répondit avec grâce le 1er janvier 1775. D. 19274.

2. *Mémoires secrets*, VII, p. 318, et XXIX, p. 345.

3. *Ibid.*, XXIX, p. 353. *Correspondance littéraire*, t. XI, p. 35 : « Il y a longtemps qu'on n'avait vu à l'Académie française une assemblée aussi brillante. »

4. Lettre de Malesherbes à Voltaire, mars 1775. Publiée par P. Grosclaude, *Malesherbes et son temps. Nouveaux documents inédits*, 1964, p. 92. Entre-temps, Voltaire l'avait remercié chaleureusement de la générosité avec laquelle Malesherbes lui avait « pardonné d'avoir été d'une opinion [en 1771] qui n'était pas la vôtre ». Lettre du 26 février 1776. D. 19358.

L'épreuve du gouvernement

Gouverner est un art qui suppose des objectifs clairs plus encore que des convictions, de la pédagogie pour convaincre, de la souplesse pour négocier ou neutraliser le plus grand nombre d'opposants, et enfin du caractère pour passer à l'action et affronter les irréductibles. Ni Turgot ni Malesherbes ne réunissaient l'ensemble de ces qualités. D'ailleurs, nul n'était plus lucide sur lui-même que le second. Alors qu'il était question de lui, en juin 1775, pour le ministère de la Maison du Roi, l'abbé de Véri rapporte cette conversation que Malesherbes eut avec Boisgelin, archevêque d'Aix, à propos des ministres :

« Je vois de plus en plus, dit l'archevêque, que ce n'est ni par l'esprit, ni par les vertus, ni par les idées supérieures qu'on gouverne bien, mais par le caractère.

— Vous avez bien raison, dit vivement M. de Malesherbes. C'est ce qui fait que je ne serai pas bon ministre. Je n'ai pas de caractère.

— Que dites-vous là [...], que vous n'avez pas de caractère ?

— Non, en vérité, je n'en ai point, répondit-il.

— Je vous vois pourtant tenir ferme dans vos idées quand elles sont fixées.

— Mais il n'est pas sûr, reprit-il promptement, que j'en ai de fixées sur les trois quarts des choses [1]. »

À l'inverse, Turgot n'est certes pas dénué de caractère et d'« idées fixées ». Mais il lui manque cette « légère goutte d'huile [2] » qui facilite les rapports humains.

Vus par leurs ennemis, Turgot est un dogmatique rigide et Malesherbes, un sceptique dénué de volonté. Mme du Deffand se fait une joie mauvaise de rapporter à Walpole ce que l'on dit d'eux : « Il n'y a pas d'homme plus entreprenant, plus entêté, plus présomptueux [que Turgot] ; son associé Malesherbes va

1. *Journal de l'abbé de Véri*, p. 300.
2. *Ibid.*, p. 335.

comme on le pousse. On dit de nos trois ministres : le Turgot ne doute de rien, le Malesherbes doute de tout, et le Maurepas se moque de tout[1]. » Le propos, injustement réducteur, ne manque pas de vérité si l'on en croit les intéressés eux-mêmes ou leurs amis.

Le handicap de Turgot

Sa timidité est bien connue. Elle lui donne quelque chose de « gêné et d'embarrassé[2] ». Selon ses amis les plus proches, son apparence lui joue de mauvais tours. « Sa physionomie porte, sans qu'il le sache, un air de dédain envers ceux qui lui paraissent avoir tort[3]. » Pour Condorcet, « il ne pouvait dissimuler sa haine pour les méchants, son mépris pour la lâcheté ; ses sentiments se peignaient involontairement sur son visage, dans ses regards, dans sa contenance[4] ». Si on veut le juger, dit aussi Condorcet, il faut le connaître tout entier : « On pouvait le trouver froid et sa raison seule l'avait préservé d'être un homme très passionné. On le jugeait dédaigneux et jamais homme ne sentit une estime plus profonde pour les talents et les vertus [...]. Il paraissait minutieux et c'était parce qu'il avait tout embrassé dans de vastes combinaisons [...]. On le croyait susceptible de prévention parce qu'il ne jugeait que d'après lui-même et que l'opinion commune n'avait sur lui aucun empire. On lui croyait de l'orgueil parce qu'il ne cachait ni le sentiment de sa force, ni la conviction ferme de ses opinions, et que, sentant combien elles étaient liées entre elles, il ne voulait ni les abandonner dans la conversation ni en défendre séparément quelque partie isolée[5]. »

---

1. *Horace Walpole's Correspondence* (éd. W.S. Lewis), IV, p. 278. Lettre du 6 mars 1776.
2. Auget de Montyon, *Particularités sur les ministres des finances* (cité par Schelle, II, 68).
3. *Journal de l'abbé de Véri*, I, p. 318.
4. *Vie de Turgot*, p. 229.
5. *Ibid.*, pp. 232-233.

« Préparant ses décisions par un examen minutieux de toutes les données, analysant et réfutant les objections, il a de la difficulté à admettre que d'autres esprits se refusent aux évidences qui se sont imposées au sien. Il ne comprend pas qu'on résiste à ce qu'on n'est pas capable de réfuter[1]. » On lui reproche tout à la fois « sa rage du bien public » et de vouloir « gouverner par des démonstrations ». Ses vues sont bonnes, reconnaît-on volontiers autour de lui, mais il n'a « pas la manière de les faire réussir[2] ». L'abbé de Véri s'inquiète de sa chaleur trop prompte dans l'exécution de ses projets et des obstacles qu'il ne prévoit pas. Il ne sait pas louvoyer et oublie l'importance de la « tournure ». « Inébranlable dans la poursuite de ses plans, [Turgot] n'a aucune flexibilité pour savoir se prêter aux opinions des autres [...] ; ses études solitaires du cabinet ne lui ont pas donné l'art de faire passer sa conviction dans l'âme de ceux qui n'y sont pas préparés. La droiture de ses intentions, qu'il croit aussi évidente aux yeux d'autrui qu'aux siens [...], l'a toujours éloigné des tournures de souplesse, de condescendance et de prévenance qui sont un si grand ressort dans les cours[3]. »

Cette absence totale de sensibilité politicienne lui vaut une accumulation d'ennemis toujours plus grande. Une chose est de voir se lever contre le ministre tous ceux dont les intérêts vitaux sont remis en cause, comme les financiers, le clergé, les courtisans ; une autre, de perdre ses alliés politiques. Le premier est évidemment le roi, qui l'a soutenu fermement depuis le premier jour. Il finit par l'agacer à force de sécheresse et presque d'arrogance : « Il n'y a que ses amis qui aient du mérite et il n'y a que ses idées qui soient bonnes[4] », fait remarquer Louis XVI à Maurepas. Avec ce dernier, auquel il doit d'être au gouvernement, Turgot n'est guère plus adroit. Il lui refuse obstinément une faveur pour l'un de ses obligés parce qu'il ne la juge pas

1. Edgar Faure, *La Disgrâce de Turgot*, 1961, p. 53.
2. Mme de Maurepas à Véri, *Journal...*, *op. cit.*, p. 327.
3. *Ibid.*, pp. 432-433.
4. *Ibid.*, p. 319.

méritée[1]. Ce qui rend l'atmosphère de plus en plus lourde avec le premier des ministres... Ses collègues, justement, se plaignent qu'il se mêle de leurs départements. Ils l'accusent même de dire du mal de leur personne et de leur administration au roi. Toujours cette manie de « prononcer sèchement votre jugement [...] sans égard aux personnes, sans retour sur l'ignorance où vous pouvez être de mille détails qui la concernent[2] », lui reproche Véri.

Manquant de la plus élémentaire psychologie et de sens tactique, Turgot a plutôt l'art de transformer ses contradicteurs en ennemis. C'est ce qui s'est passé avec Necker, opposé à sa politique libérale sur le commerce des blés. Au moment même où les mauvaises récoltes de 1775 font monter le prix du blé et mettent en péril le ravitaillement, Necker publie sa « bombe doctrinale[3] », *De la législation et du commerce des grains.* Non sans élégance, il a offert préalablement à Turgot de lire son manuscrit et de juger s'il n'y avait pas d'inconvénient à le publier. Necker vint chez Turgot « avec son cahier ». L'abbé Morellet, ami des deux hommes, mais collaborateur du ministre, fut témoin de la scène : « M. Turgot répondit un peu sèchement à l'auteur [...] qu'il pouvait imprimer ce qu'il voulait, qu'on ne *craignait* rien, que le public jugerait, refusant d'ailleurs la communication de l'ouvrage ; le tout avec cette tournure dédaigneuse qu'il avait trop souvent en combattant les idées contraires aux siennes [...]. Et je vis [M. Necker] s'en allant avec l'air d'un homme blessé sans être abattu[4]. »

Le livre de Necker parut au moment même où commençait la guerre des farines. L'auteur en fit immédiatement porter un exemplaire au ministre. Celui-ci répondit, non sans mauvaise foi : « Si j'avais eu à écrire sur cette matière et que j'eusse cru devoir défendre l'opinion que vous embrassez, j'aurais attendu un moment plus paisible où la question n'eût intéressé que les

1. Véri, *ibid.*, pp. 318-319. Il en fera de même à Malesherbes au moment même où celui-ci perdait la considération des parlementaires pour lui rester fidèle dans un moment difficile. *Ibid.*, p. 409.
2. *Ibid.*, pp. 318-319.
3. E. Faure, *La Disgrâce de Turgot*, p. 243.
4. *Mémoires*, I, p. 237. Souligné dans le texte.

personnes en état de juger sans passion. Mais, sur ce point comme sur d'autres, chacun a sa façon de penser[1]. » Le livre de Necker enchanta les ennemis de Turgot. Il eut, note Edgar Faure, « une grande influence sur l'opinion publique. Il fournit aux hésitants des raisons de se déterminer, aux sceptiques des raisons de confirmer leur scepticisme. Il donnait une explication et presque une justification doctrinale aux tumultes qui semblaient marquer l'échec de l'expérience[2] ».

Le coup fut très rude pour Turgot. Mais, loin de s'interroger sur sa propre maladresse, il fit de Necker le responsable de son échec. Il ne le lui pardonnera jamais.

Malesherbes ministre malgré lui

Après son entrée triomphale à l'Académie française, Malesherbes signe son dernier texte de président de la Cour des aides. Ce sont les remontrances du 6 mai 1775, plus connues sous le nom de « Grandes Remontrances ». Grandes parce que volumineuses, elles reprennent l'essentiel des analyses et des critiques faites depuis vingt ans. Grandes surtout parce qu'elles s'attaquent non plus à tel ou tel aspect particulier du système politique et administratif, mais au système lui-même. Jamais jusque-là on n'avait démonté avec une telle finesse le mécanisme administratif et le système d'oppression qui le définissait. Jamais non plus n'avait-on décrit aussi clairement la pyramide des pouvoirs propre au centralisme français. Au passage, Malesherbes dénonçait l'usage des lettres de cachet, symbole d'une politique despotique. Ces remontrances furent rapidement jugées dangereuses pour le pouvoir, même si Louis XVI avait accepté de les recevoir et de les lire[3].

1. 23 avril 1775, in Schelle, IV, p. 412.
2. *La Disgrâce de Turgot*, p. 245.
3. Malesherbes vint le 30 mai 1775 à Versailles s'enquérir des volontés du roi. Celui-ci promit de faire des réformes successives au cours de son règne. Le malentendu était patent : Malesherbes dénonçait un système et réclamait des réformes globales. Louis XVI croyait lire des critiques de détail et promettait des réformes particulières.

Étrangement, peu après que le garde des Sceaux, Miromesnil, est venu solennellement à la Cour des aides se faire remettre la minute du texte pour éviter qu'on ne le rende public, on reparle de faire entrer Malesherbes au gouvernement. Turgot, Vergennes et Miromesnil le réclament pour succéder à La Vrillière au ministère de la Maison du Roi et empêcher Sartine, candidat de la reine et ennemi de Turgot, de prendre la place. Maurepas finit par convaincre Louis XVI de donner son consentement à la nomination de l'encyclopédiste. Restait à obtenir celui de Malesherbes. Ils se mirent à quatre [1] pour lui arracher une décision... restrictive !

Grâce au *Journal* de Véri, on peut suivre jour après jour la résistance de Malesherbes à la pression de ses amis. À tous les arguments politiques, moraux et amicaux, il oppose une profonde répugnance à occuper de telles fonctions. « Ses motifs sont que, faussement, on le croit capable de remplir des places où il y a des détails journaliers ; qu'il ne sait que parler et jeter des idées en avant ; que si on ne voulait de lui que *pour conseiller et non pour agir*, il pourrait être bon à quelque chose, mais qu'il était *inapte pour une place d'action* ; que la faveur qu'il avait obtenue des parlements en paraissant les seconder se tournerait en aversion contre lui dès qu'ils le verraient arriver à la fortune pour leur faire face [...] ; qu'il était persuadé que le roi céderait tôt ou tard à la reine pour le choix de ses ministres... Comment surmonter une répugnance infinie que j'ai toujours eue pour le ministère [2] ? »

Ses amis insistent, répondent à ses objections. Malesherbes demande vingt-quatre heures de délai et donne une réponse négative. Le lendemain 29 juin 1775 au soir, Maurepas réunit dans son cabinet Turgot et Véri. On décide d'envoyer sur-le-champ un courrier à Malesherbes, à la campagne où il réside, en exigeant une prompte réponse. Réveillé en pleine nuit, il écrit à Turgot une lettre remplie de désarroi qui montre notamment sa peur de déplaire à la reine : « Vous voulez me faire entrer contre

1. Selon P. Grosclaude, il s'agit de Turgot, Maurepas, Véri et Francès, le fils de Mme Blondel, ministre du roi à Londres. *Malesherbes, témoin...*, p. 319.
2. 27 juin 1775. *Journal de l'abbé de Véri*, p. 313. Souligné par nous.

le gré d'une reine toute-puissante. Cela a-t-il la moindre vraisemblance ? Vous me faites entrer aujourd'hui pour être chassé demain, non pas glorieusement, comme vous dites, mais avec humiliation. Car ce sera pour avoir fait dans ces huit jours dix sottises que je ferai nécessairement parce qu'on en fera faire à chaque pas à un homme qu'on sait déplaire à la reine [...]. Vous me parlez du bonheur de vingt millions d'hommes. Je dois y sacrifier non pas seulement mes répugnances, non pas seulement mon bonheur [...], si j'y peux quelque chose, mais je ne dois pas sacrifier mon honneur et mon bonheur quand [...] je ne peux rien [1]. »

Pourtant, Malesherbes entrouvre une porte, preuve de son indécision. Il demande une entrevue avec le roi et la reine, dont il n'ignore pas qu'elle peut être fatale à Turgot. Mais, au lieu d'aller à Versailles, comme annoncé, Malesherbes reste chez lui. Le 30 juin aux premières heures de l'après-midi, Malesherbes voit arriver l'abbé de Véri, porteur d'une lettre de Turgot et d'une autre du roi. Le premier lui assure que la reine n'a aucune opposition personnelle contre lui et qu'on prendra tous les arrangements possibles pour le décharger des détails et des embarras des réformes de la Maison du Roi. Il termine sa lettre par ces mots : « Pardonnez-moi mes vexations, ne me regardez pas comme votre ennemi [...]. Conservez-moi votre amitié malgré le mal que je vous fais [2]. » La lettre du roi est un ordre enveloppé dans des formules aimables : « M. Turgot, Monsieur, m'a rendu compte de votre répugnance à prendre la place que je vous ai offert [sic], mais je pense que votre amour pour le bien public doit la vaincre, et vous ne sauriez croire le plaisir que vous me feriez d'accepter du moins pour quelque temps si vous ne voulez pas vous y déterminer tout à fait. Je crois que cela est absolument nécessaire pour le bien de l'État [3]. »

L'abbé de Véri, témoin de la scène, rapporte : « Quand je remis la lettre à M. de Malesherbes, j'ai souffert de l'agitation violente dans laquelle je l'ai vu. À l'exception d'une maladie mortelle, a-t-il dit avec feu, il ne pouvait m'arriver rien de plus

1. Lettre publiée par P. Grosclaude, *Malesherbes, témoin...*, pp. 320-321.
2. *Ibid.*, p. 322.
3. *Ibid.*, p. 323.

funeste ! Mais on ne peut pas résister à un désir bien plus puissant qu'un ordre [1]. » Le lendemain, Véri portait au roi la réponse de Malesherbes. Jamais l'acceptation d'un poste ministériel ne fut accompagnée de tant de restrictions ! Non seulement il rappelle au roi son inaptitude aux détails de l'administration, mais il n'accepte la tâche que pour « un temps très court », et lui annonce avant de commencer : « Je ne perdrai aucune occasion de supplier [V.M.] de s'occuper du choix de mon successeur [2]. »

À son corps défendant, Malesherbes devenait secrétaire d'État à la Maison du Roi. Après avoir démissionné, non sans tristesse, de la Cour des aides, le 14 juillet 1775, il entra en fonctions le 21.

L'impuissance de Malesherbes

Son entrée au gouvernement provoque l'enthousiasme de l'opinion libérale, mais aussi des couches plus populaires. Le 6 juillet, Julie de Lespinasse écrit à Guibert : « Oh ! pour le coup soyez assuré que le bien se fera et qu'il *se fera bien*, parce que ce sont les lumières qui dirigeront la vertu et l'amour du bien public. Jamais, non, jamais deux hommes [avec Turgot] plus vertueux, plus désintéressés, plus actifs n'ont été réunis et animés plus fortement d'un intérêt plus grand et plus élevé. Vous le verrez : leur ministère laissera une profonde trace dans l'esprit des hommes [...]. Ce choix-là sera reçu avec transport du public [...]. Oh ! le mauvais temps pour les fripons et les courtisans [3] ! »

Constamment associée à celle de Turgot dans l'expression de la joie qu'elle suscite, sa nomination renforce la position du contrôleur général. Les lettres de Voltaire au cours de l'été et de l'automne sont dithyrambiques. En apprenant la nouvelle, il s'écrie : « La France est-elle assez heureuse pour que M. de Malesherbes soit dans le ministère ? Voilà donc de tous côtés le règne de la raison et de la vertu. Je vois qu'il faut songer à

1. *Journal de l'abbé de Véri*, p. 317.
2. P. Grosclaude, *Malesherbes, témoin...*, p. 323.
3. *Lettres de Mlle de Lespinasse*, pp. 258-259. Souligné dans le texte.

vivre[1]. » La *Correspondance* de Metra n'est pas en reste. On y lit à la date du 9 septembre : « Jamais homme d'État ne s'est montré sous des traits plus chers que ceux sous lesquels nous voyons M. de Malesherbes. Puisse une base si nécessaire à notre bonheur n'être point renversée[2] ! » Les poèmes et les épîtres en vers fleurissent[3]. On fait son éloge dans les académies de province. Il n'est question que de la bonté du nouveau ministre, de son amour pour le peuple, de son désintéressement et de son sens de la justice.

À part les ricanements de Mme du Deffand sur ce « gouvernement rempli par les philosophes : c'est le règne de la vertu, du désintéressement, de l'amour du bien public et de la liberté[4] », et le scepticisme réaliste de Mme de Maurepas : « Il me paraît bon homme et très sensible, ce qui me fait craindre qu'il ne réussisse pas dans ce pays[5] », chacun veut croire que Malesherbes mettra fin aux iniquités et que l'on va passer de l'ombre à la lumière. Cette folle espérance et cette si grande confiance durent lui faire regretter un peu plus d'avoir accepté une si lourde charge. Il ne pouvait que décevoir et perdre ce capital de respect et d'admiration qui s'attachait à son nom.

Les attributions de son ministère sont multiples et disparates. Les principales sont la gestion de la Maison du Roi, le ministère de Paris et les affaires du protestantisme. Peu ou prou, c'est l'ancêtre du ministère de l'Intérieur. Dès son arrivée, Malesherbes va au plus facile. Il prend en faveur des prisonniers d'État des initiatives qui ne dérangent personne. Il visite les prisons (la Bastille, Vincennes, les cachots de Bicêtre) et trouve des détenus devenus déments du fait de leur longue détention. Il en fait élargir plusieurs et suscite un enthousiasme délirant dans l'opinion. L'homme qui a constamment dénoncé le recours arbitraire aux lettres de cachet tient ses promesses une fois au pouvoir ! Il ne propose pas leur suppression – ce qui aurait été voué

1. À d'Argental, 14 juillet 1775. D. 19563. Voltaire, fidèle à lui-même, n'attendra pas quatre jours pour lui demander une grâce pour un voisin (D. 19567) !
2. Cité par P. Grosclaude, *Malesherbes, témoin...*, p. 326.
3. P. Grosclaude en a retrouvé plusieurs dans les archives Rosanbo.
4. À Walpole, 9 juillet 1775. *Correspondance...*, IV, p. 207.
5. P. Grosclaude, *Malesherbes, témoin...*, p. 328.

à l'échec –, mais expose ses principes de détention et les solutions qu'il envisage pour régler humainement le sort des prisonniers d'État. Un mémoire est envoyé au roi à cette fin, et une circulaire aux intendants de province. Il annonce la création de commissions extraordinaires chargées de revoir ce qui a été fait jusqu'à présent et d'étudier les affaires à venir. Ces instructions ministérielles ne mettront pas fin à l'arbitraire de la détention ni aux lettres de cachet, mais Malesherbes a inauguré ses fonctions de manière conforme à son image.

Le plus difficile n'était pas là. Turgot l'avait voulu à ses côtés pour mettre fin à des privilèges ruineux pour le Trésor public et remettre de l'ordre dans la Maison du Roi. Il s'agissait de limiter le plus possible pensions et gratifications, et donc d'affronter la colère et la détestation des plus puissants de la Cour. Or Malesherbes ne sait pas dire non. « J'ai trop envie, par nature, disait-il, de trouver que quiconque entre dans mon cabinet a raison. » Résultat : au lieu de lutter pied à pied contre les dépenses d'apparat de la famille royale, il laisse faire. Tout le monde est enchanté de Malesherbes, sauf lui-même. Au roi qui lui fait remarquer la bienveillance générale dont il est entouré, il répond que « c'était la preuve que je faisais mal la place qu'il m'avait donnée. Car si je la faisais bien, je formerais une foule de plaignants[1]. » On est en novembre 1775 et il est déjà découragé par la tâche qu'il ne parvient pas à accomplir. Il juge pourtant essentielle la réforme de la Maison du Roi et rédige même un mémoire sur les moyens d'y parvenir[2]. Mais il se refuse à l'exécuter : « On se trompe fort si l'on attend que je la ferai. J'en suis incapable par caractère[3]. »

Outre la Maison du Roi, il est submergé d'affaires qui l'ennuient, en particulier tout ce qui touche au « ministère de Paris », « le plus ennuyeux et le plus plat, et d'ailleurs sujet à toutes sortes de querelles ». Il lui faut s'occuper de la loterie de la ville, de la liberté de la vente de viande pendant le carême, des abus de l'administration de l'Opéra, de la garde de Paris, du vagabondage, etc.

1. *Journal de l'abbé de Véri*, I, p. 373.
2. Il le présentera au roi le 13 avril 1776, quand il est déjà sur le départ.
3. *Journal de l'abbé de Véri*, I, p. 373.

Il avoue que ce travail l'« excède au point que, moi qui approchais toujours avec joie de mon bureau, j'ai maintenant besoin d'efforts pour m'y rendre et même pour sortir de mon lit[1] ». Pourtant, Malesherbes n'a pas chômé pendant les dix mois de son ministère. S'il se révèle incapable d'imposer sa volonté et de régler les questions administratives qui lui incombent, il est à son aise pour rédiger des mémoires qui analysent les maux et suggèrent les remèdes à y apporter. Outre les mémoires sur les lettres de cachet et sur la réforme de la Maison du Roi, il a formulé de longues observations sur l'indigence et la mendicité, la répression du vagabondage[2] et la refonte des lois pénales. Plus à son affaire en ces matières, il développe des vues hardies qui vont bien au-delà de celles des encyclopédistes, notamment sur la peine de mort et la prison[3].

De toutes ses attributions, celle qui lui tenait le plus à cœur était la question des protestants. Partisan, comme Turgot, de la tolérance religieuse et de leur accession à l'état civil, il s'était ému de leur tragique situation bien avant d'accéder au pouvoir. Il avait déjà réuni une ample information sur la question. Devenu ministre, il noue secrètement des relations avec leurs représentants, les défend contre les évêques et entreprend des négociations en vue d'une loi en leur faveur. Mais accorder aux protestants le droit à un mariage légitime sans le concours du clergé catholique continuait de susciter l'opposition farouche de l'Église catholique. Malesherbes tenta bien de vaincre les scrupules de Louis XVI en démontrant qu'une telle mesure n'était pas contraire à la politique de Louis XIV. En vain : les esprits n'étaient pas mûrs. À la veille de son départ, ayant perdu l'espoir de faire aboutir son projet, il souleva la question au Conseil, le 10 mai 1776[4]. Comme prévu, l'affaire fut renvoyée *sine die.* Quelques mois plus tard, depuis sa retraite, Malesherbes fit parvenir au roi plusieurs mémoires sur ce qu'il fallait faire dans le

1. *Journal de l'abbé de Véri*, I, p. 374.

2. Plutôt que la prison, il préconise la création d'asiles de nuit et l'organisation de maisons de travail. P. Grosclaude, *Malesherbes, témoin...*, p. 349.

3. Il est l'un des premiers à écrire que « la prison est l'école du crime », et qu'il est préférable de faire travailler les condamnés que de les enfermer. *Ibid.*, p. 352.

4. Malesherbes démissionna le 11 mai.

département qu'il venait de quitter. Notamment un important *Mémoire sur les affaires de religion* qui critiquait les démarches du clergé et flétrissait « les ministres fanatiques et persécuteurs qui font servir la religion de prétexte à leur haine et à leur ambition [1] ». Mais, comme pour les autres réformes qu'il appelait de ses vœux – lettres de cachet, économies dans la Maison du Roi, réunion des états généraux –, il laissait au roi et à ses propres successeurs le soin de les réaliser...

La ruche ministérielle de Turgot

Dès sa nomination au ministère de la Marine, le 20 juillet 1774, Turgot s'entoure de ses amis savants et philosophes. Un mois plus tard, devenu contrôleur général, il appelle à lui ses plus proches amis, les économistes. Pour la première fois, des « intellectuels » entrent massivement dans un ministère et vont y faire l'apprentissage de la politique. Ils découvrent les palais officiels, fréquentent les bureaux des ministres et connaissent l'excitation du pouvoir.

Condorcet fut l'un des premiers à rejoindre Turgot à la Marine. Ce n'est pas un hasard si les mesures prises durant un mois sont, outre le règlement des arrérages dus aux ouvriers de l'arsenal de Brest, la traduction de deux traités d'Euler, l'un sur la science navale, l'autre sur l'artillerie. Le secrétariat de la Marine avait en charge les colonies, et Turgot comme Condorcet rêvaient de faire disparaître « cet esclavage de nègres, l'opprobre des nations modernes [2] ». Très liés depuis plusieurs années, les deux hommes partageaient les mêmes convictions philosophiques, la même méfiance envers le Parlement, et surtout un optimisme scientiste inaltérable. Plus encyclopédiste qu'économiste, Condorcet, fidèle parmi les fidèles, montera plusieurs fois au créneau pour défendre la politique de son ami et patron [3].

1. P. Grosclaude, *Malesherbes, témoin...*, p. 397.
2. Condorcet, *Vie de Turgot*, p. 49.
3. Turgot nommera Condorcet inspecteur des Monnaies au début de 1775, avec mission de s'atteler au problème crucial de l'unification des poids et mesures. Condorcet travailla bénévolement jusqu'en juillet 1775, date à laquelle il reçut des émoluments et un appartement de fonction à l'hôtel des Monnaies.

Au Contrôle général, ses collaborateurs personnels sont issus de la même société. Son premier commis[1] est Devaines, qui l'a déjà servi à Limoges[2]. Classé « sectateur de la philosophie[3] », c'est un intime de Julie de Lespinasse et de d'Alembert, comme Condorcet. Turgot fait revenir Dupont de Nemours de Pologne, où il travaillait pour le prince Czartoryjski. Il l'installe à son secrétariat particulier avant de le nommer inspecteur général du Commerce et des Manufactures. Il charge son ancien condisciple Morellet de travaux sur la liberté du commerce, et l'attache au bureau des dépêches. Enfin, il remet à la tête des *Éphémérides*[4] l'abbé Baudeau, économiste particulièrement exalté qui fut chargé de diffuser sa doctrine.

Avec cette équipe totalement dévouée, Turgot entreprend de réformer la France comme il le fit du Limousin, dans un esprit de complet désintéressement[5] et avec une immense ambition. Au-delà de l'économie et des finances proprement dites, il élargit son champ d'action à toutes les initiatives techniques permettant d'améliorer la condition de vie des Français. Cette partie de son action – la moins spectaculaire – nous intéresse en ce qu'elle montre l'intérêt considérable qu'il porte aux sujets susceptibles d'applications scientifiques, et la relation étroite qu'il entretient avec l'Académie par l'intermédiaire de Condorcet. Il confie à ce dernier tous les problèmes de la navigation intérieure, essentielle au développement du commerce. Il le charge également de concevoir une nouvelle jauge à vaisseaux, moins scandaleusement favorable aux fermiers généraux. Il crée une chaire de science hydraulique aux Ponts et Chaussées, qu'il confie à Bossut. Il s'intéresse à une machine à dessaler l'eau de mer, étudiée par Condorcet et Lavoisier, et confie ensuite à ce dernier

1. L'équivalent de l'actuel directeur de cabinet.
2. C'est Diderot qui les avait mis en relation en février 1771, quand Turgot cherchait un premier secrétaire à Limoges, avant de le nommer directeur des domaines dans cette même ville. (Diderot à Turgot, 26 février 1771, L. Versini, p. 1058.)
3. *Mémoires secrets*, VII, p. 240, 6 septembre 1774.
4. Turgot en fit reprendre la publication sous le titre *Les Nouvelles Éphémérides*.
5. E. Faure, *La Disgrâce de Turgot*, pp. 59 à 61. Turgot commença par réduire les appointements du contrôleur général (de 142 000 à 80 000 livres) ; il renonça aux frais d'installation et refusa de profiter du « pot-de-vin » des fermiers généraux, qui s'élevait à 100 000 écus.

la régie de la poudre et du salpêtre. Il correspond avec Macquer [1] pour les problèmes de chimie, avec Duhamel pour la conversion du fer en acier dans les forges de Buffon, avec Fouchy sur les effets du rouissage du chanvre dans les eaux courantes [2]. Il confie à un jeune et brillant médecin, Vicq d'Azir, la mission de contenir la terrible épizootie qui ravage le Sud-Ouest à l'automne 1774. À la place de Bertin, ministre de l'Agriculture, Turgot approuve ses propositions d'isolement des régions et d'abattage immédiat des animaux atteints... Toutes ces mesures et bien d'autres [3] lui valent la réputation d'un ministre éclairé, mais là n'est pourtant pas le cœur de sa politique.

Turgot est venu au pouvoir pour appliquer ses principes libéraux. Il s'agit de mettre fin aux privilèges, aux corporations, aux monopoles qui entravent l'industrie et le commerce. Mais, à chaque privilège retiré, ce sont des cris poussés contre un ministre qui s'attaque à la propriété. À titre d'exemple, quand il abolit le privilège exclusif de l'Hôtel-Dieu pour la vente de la viande pendant le carême, on parle d'une mesure anticléricale. Le clergé, mécontent, le fut davantage encore quand il s'attaqua au droit de franc-fief, que les ecclésiastiques non nobles refusaient de payer sous prétexte que « la promotion aux ordres sacrés efface la tache de la roture [4] ». Dès son arrivée au Contrôle général, il s'en prend aux financiers et à la Ferme [5] par le biais du bail des domaines. Il en profite pour amorcer la politique de substitution des régies d'État aux fermes, qu'il appliquera aux hypothèques, aux poudres et aux messageries. Cette substitution avait pour but d'assurer une meilleure recette, d'éviter les abus ainsi que les brimades du public. « Ces opérations contre des

1. Lettre d'octobre 1774, citée par Ch. Henry, *Correspondance inédite*, p. 233.
2. Lettres du 6 octobre et du 29 novembre 1774 à Duhamel et Fouchy. Schelle, IV, pp. 240-241.
3. « Le recueil des lois publiées sous ce ministère offre presque chaque jour quelqu'une de ces opérations bienfaisantes ; et l'on y voit qu'aucun des petits maux auxquels le peuple était exposé n'avait échappé à la vigilance du ministère. » Condorcet, *Vie de Turgot*, p. 79.
4. E. Faure, *La Disgrâce de Turgot*, p. 100.
5. Nombre de courtisans étaient intéressés aux produits de la finance et voyaient d'un mauvais œil tout changement de système.

fermes particulières, dit Edgar Faure, étaient autant d'escarmouches préparatoires avant la grande offensive à livrer contre la Ferme générale[1]. » Cela eut pour effet d'irriter les financiers, qui devinrent, ainsi que leurs obligés, ses ennemis irréductibles.

Les deux réformes majeures qui définissent sa politique sont la loi sur le commerce des grains, qui l'occupe de septembre 1774 à mai 1775, puis une série de six édits qui marquent tous une forte intention libérale.

L'édit du 13 septembre 1774 est le premier de ses grands actes administratifs. D'Alembert, qui n'est pas un économiste, se réjouit de cet arrêt sur les blés. C'est l'occasion pour lui de faire un vibrant éloge de son ami et, au-delà, du jeune souverain lui-même : « Il me semble, écrit-il à Guibert, que le roi régnant a fait par ce seul choix plus de bien que son prédécesseur en 60 ans de règne [...]. La méchanceté humaine ne négligera rien pour traverser les opérations du nouveau ministre. Mais j'espère que le Roi prendra dans M. Turgot assez de confiance pour sentir combien un tel homme est précieux à son royaume, et nécessaire pour le tirer de l'agonie où il était [...]. J'espère que l'arrêt sur les blés servira de modèle à tous ceux du nouveau règne, et qu'au lieu de dire dorénavant *Car tel est mon bon plaisir*, le Roi dira : *Telle est la justice*[2]... »

C'est une étape décisive vers la suppression de la réglementation des grains, et elle va à l'encontre de la thèse officielle. La croyance générale est réglementariste[3]. On pense généralement que tout le mal vient des spéculateurs et qu'il faut des mesures autoritaires pour les empêcher de stocker. À quoi les libéraux répondent que c'est justement dans la réglementation que gît la cause de la pénurie. Turgot a beau faire précéder son édit d'un long préambule explicatif pour convaincre l'opinion populaire, les réglementaristes, tels Necker ou l'abbé Galiani, ne désarment

1. *La Disgrâce de Turgot*, p. 93. Selon l'abbé de Véri, Turgot nourrissait secrètement le projet de supprimer le bail des Fermes générales (*Journal de l'abbé de Véri*, p. 371), mais il n'en eut ni le temps ni les moyens.

2. Lettre du 9 octobre 1774. *R.D.E.*, n° 17, 1994, p. 173. Souligné dans le texte.

3. Cet héritage de Colbert était solidement ancré dans les mentalités. Les deux écoles opposées – libérale et dirigiste – se recommandaient à l'époque respectivement de Sully et de Colbert. Voltaire et Mme du Deffand évoquent « Sully-Turgot. »

pas. Ce dernier, prémonitoire, annonce : « [M. Turgot] restera trop peu en place pour exécuter ses systèmes [...], son crédit diminuera, on le détestera, on dira qu'il n'est pas bon à la besogne [...] la libre exportation du blé sera celle qui lui cassera le cou, souvenez-vous-en[1]. » Comme pour lui donner raison, la récolte, cette année-là, est mauvaise, et le prix du pain augmente notablement dès la fin de l'année 1774. C'est le début d'un ample mécontentement populaire qui ranime tous les préjugés et permet aux ennemis de Turgot au Parlement, dans la noblesse, le clergé et la finance, de se manifester.

Dès avril 1775, des troubles éclatent à Dijon et à Beaumont-sur-l'Oise. C'est l'amorce de ce qu'on a appelé la guerre des farines. Des hommes pillent les boulangeries où l'on vend le blé à un prix exorbitant. L'émeute gagne Versailles, puis Paris le 3 mai. La capitale est au pillage, et le lieutenant de police Lenoir n'a pas pris les mesures de sécurité nécessaires. Turgot n'est pas homme à reculer devant la violence[2]. Son expérience d'intendant le sert. Il reprend la situation en main et affirme son autorité. Il obtient la démission forcée de Lenoir, en appelle à l'armée et fait prendre par le Conseil une ordonnance contre les auteurs de sédition. Ceux-ci, conformément aux usages du temps de guerre, peuvent être arrêtés et jugés sur-le-champ. On procéda à l'arrestation de quelques centaines de personnes qui furent amnistiées quelques jours plus tard. Mais, le 11 mai, deux émeutiers sont condamnés à la pendaison et exécutés le même jour. Ce fut la fin d'une révolte où Turgot ne voulut voir que l'effet d'un complot de ses ennemis. On parla du prince de Conti, dont les intérêts financiers étaient menacés par sa politique, mais aussi de Necker, parce qu'il avait publié son essai réglementariste au moment même des émeutes[3].

En juin 1775, si Turgot conserve tout son crédit auprès du roi, il n'en va pas de même auprès de Maurepas. Le mentor prend

1. À Mme d'Épinay, 17 septembre 1774. Dulac, IV, pp. 183-184.

2. Dans sa lettre du 20 mai 1775 adressée à Condorcet, Julie de Lespinasse rend hommage au courage de Turgot pendant les émeutes. *R.D.E.*, n° 4, 1988, pp. 105 et 185.

3. Telle était l'opinion de Condorcet, aveuglé par sa détestation du banquier. L'anecdote rapportée plus haut de sa rencontre avec Turgot pour lui soumettre son manuscrit prouve l'injustice de cette accusation.

ombrage du rôle prépondérant joué par le contrôleur général et se croit menacé par son crédit ascendant. En dépit des efforts de conciliation du « grand réparateur[1] », Maurepas joue un jeu personnel qui n'est pas à l'avantage de Turgot. Pourtant, lorsque ce dernier avance la candidature de Malesherbes pour le conforter dans sa politique d'économies, Maurepas, on l'a vu, acquiesce et obtient le consentement de Louis XVI, ô combien réticent.

En novembre 1775, la rumeur se répand que le contrôleur général prépare des textes fondamentaux. L'on prévoit déjà un lit de justice. Il s'agit de six édits profondément libéraux dont les plus importants portent suppression de la police des grains à Paris[2], des jurandes[3] et des corvées[4]. Les deux derniers, chers au cœur des économistes et de Condorcet[5], font hurler les privilégiés. À l'occasion de la diffusion d'une brochure de Condorcet, *Bénissons le ministre* – un pamphlet très dur visant ces mêmes privilégiés –, le Parlement se déchaîne. Il accuse l'ouvrage d'outrager la magistrature et le clergé, et demande que le texte soit brûlé. De leur côté, les nobles voient dans les édits une atteinte à leur privilège d'exemption d'impôts. La suppression des jurandes, qui libère les travailleurs de l'industrie et du commerce, ne suscite pas moins de cris. Ces communautés de métier qui, n'étaient en fait que des monopoles pour les maîtres et leurs familles, engendraient vexations et brimades pour ceux qui leur étaient soumis. On leur vendait littéralement le droit de travailler. En outre, ces corporations, sources de nombreuses

1. C'est ainsi que se dénommait l'abbé de Véri pour signifier ses efforts incessants pour réparer les maladresses de Turgot. Et notamment mettre la « petite goutte d'huile » dans ses relations avec Maurepas.

2. Turgot avait pris néanmoins des précautions d'approvisionnement pour la capitale, ce qui fait dire à E. Faure qu'il s'agissait d'un « libéralisme avec des béquilles ». *La Disgrâce de Turgot*, p. 413.

3. Corporations de métiers.

4. Les trois autres, secondaires, étaient la suppression des offices sur les quais, halles et ports, la suppression de la caisse de Poissy pour le commerce de la boucherie, et un changement de perception du droit sur les suifs.

5. Dès l'arrivée de Turgot au Contrôle général, Condorcet le supplia de commencer par la suppression des corvées. Cf. *Correspondance inédite...* pp. 197, 198, 200, 212, 227, 252.

entraves, freinaient les progrès de fabrication et le développement du commerce[1].

Miromesnil, ministre de la Justice, très hostile à ces édits, encouragea discrètement l'agitation au sein du Parlement. Son grand meneur, le prince de Conti, ivre de rage, en fit autant avec un remarquable acharnement chez un homme déjà malade[2]. En mars, le Parlement décide d'adresser des remontrances au roi, qu'il réitère deux jours plus tard. En ligne de mire, la suppression des corvées, qui remet en cause les privilèges du clergé et de la noblesse. L'heure de l'épreuve de force est arrivée : le lit de justice est inévitable. Turgot est isolé au sein du Conseil[3] et n'a plus pour soutien que Malesherbes, qui préconise la fermeté. Ce dernier écrit au roi : « Il faut que le Parlement comprenne que l'on ne transigera pas tant qu'il se laissera guider par un prince du sang[4]. » Le roi donne raison à Turgot et à Malesherbes, au grand dam de Maurepas. Le lit de justice se tient à Versailles le 12 mars. Il enregistre un à un les six édits, entrecoupé de discours de Séguier qui s'élève contre tous les vices découlant des excès de la liberté.

La victoire remportée sur les parlements par Turgot est « une victoire ruineuse[5] ». Ses réformes ne lui apportent aucun regain de popularité, d'autant moins que la loi n'a guère le temps d'être appliquée. Alors que le Parlement annonce de nouvelles remontrances pour le 8 mai, Turgot a contre lui tous les corps intermédiaires. « La jonction de ses réformes assurait celle des oppositions. Il faisait se liguer contre lui des classes socialement très différentes : les privilégiés de l'impôt, noblesse et clergé,

1. *Journal de l'abbé de Véri*, p. 393.
2. Il mourut le 2 août 1776.
3. L'abbé de Véri en attribue la responsabilité principale à Maurepas. « On ne peut nier, dit-il, que ses plaisanteries, ses critiques trop connues et ses vacillations [...] ne donnent de la force aux lenteurs du Garde des Sceaux et aux effervescences des têtes chaudes. » Quant aux autres ministres, « Vergennes, Sartine, Saint-Germain, Bertin, etc., [ils] sont hors du combat et, dans leur médiocrité, leur âme jouit en silence de l'embarras de M. Turgot dont ils redoutent, au fond, la supériorité. » *Journal de l'abbé de Véri*, p. 411.
4. Cité par E. Faure, *La Disgrâce de Turgot*, p. 447.
5. *Ibid.*, p. 457.

grands propriétaires ; les privilégiés des corporations, tous obscurs de naissance[1]... »

C'est l'heure des libelles et des attaques *ad hominem*. Turgot est un homme seul.

Un départ et un renvoi

Entré malgré lui au gouvernement, Malesherbes en sortit aussi vite que possible. Rempli d'amertume, il laisse à l'état d'ébauche les grandes réalisations qu'il méditait. Dans les archives publiées par P. Grosclaude[2] figurent deux brouillons de lettres de démission adressées au roi, qu'il date d'avril 1776. Dans ceux-ci, Malesherbes précise qu'il a fait part de son projet de retraite à Maurepas *deux mois* auparavant pour donner au roi le temps de choisir son successeur. La rumeur court Paris début avril. Louis Dutens, qui avait des rapports suivis avec Malesherbes à cette époque[3], lui dit dans un billet daté du 16 avril : « Le bruit que vous avez dessein de vous retirer des affaires acquérant chaque jour plus de crédit[4]... » Pour une fois, la rumeur est fondée. À tous les dégoûts du gouvernement, déjà évoqués, s'est ajoutée une raison supplémentaire : la résistance acharnée du Parlement et de la Cour des aides contre les édits de Turgot. Il avait bien prôné la fermeté, mais le lit de justice du 12 mars lui avait été une épreuve. Une semaine plus tard, le comte d'Artois était venu devant la Cour des aides pour la contraindre à l'enregistrement des mêmes édits. C'était lui, Malesherbes, qui, en sa qualité de ministre, avait contresigné les ordres royaux, provoquant les protestations de ses anciens collègues. La Cour défendit ses droits comme Malesherbes les avait tant de fois défendus. Il entendit les mêmes mots que ceux qu'il avait proférés sous l'autre règne. Il savait que la Cour avait

1. *Ibid.*, p. 460.
2. *Malesherbes... Nouveaux documents inédits,* pp. 112 à 124.
3. (1730-1812). Il fut l'un des négociateurs officieux des protestants. Il est par ailleurs l'auteur de *Mémoires d'un voyageur qui se repose* (3 vol., 1806) et l'invité du salon de Julie de Lespinasse et de d'Alembert lors de ses séjours à Paris.
4. Cité par P. Grosclaude, *Malesherbes, témoin...*, p. 383.

tort de s'élever contre des réformes nécessaires et justes, mais il sentait aussi que les droits de la magistrature étaient foulés aux pieds comme naguère. Ses anciens collègues le jugeaient sévèrement[1] et il devait en souffrir mille morts.

Un autre motif accéléra sa lettre officielle de démission. Contrairement à Turgot, qui eut « jusqu'au dernier moment » la plus ferme confiance dans son crédit auprès de Louis XVI, Malesherbes se rend compte qu'il ne fait « que déchoir dans la confiance du roi [...] qui le regardait comme le défenseur continuel de l'homme qui faisait journellement tout ce qu'il fallait pour lui déplaire[2] ». Or, pour recouvrer la confiance du roi, il aurait dû abandonner son ami Turgot. Pis : dans ses deux brouillons de lettre, Malesherbes fait état de l'humiliation dont il est l'objet de la part de Louis XVI depuis que celui-ci connaît son désir de retraite : « V. M. sait que depuis ces deux mois, je n'ai pu lui parler à elle-même. Elle ne m'a permis de travailler avec elle qu'une seule fois et elle m'avait fait dire qu'il lui serait désagréable que je lui en parlasse [...]. On m'a annoncé que V.M. veut que ma retraite soit différée de Pâques à la Pentecôte, c'est donc dans l'impossibilité de parler que je me détermine à lui écrire [...]. Ce qui m'affecte sensiblement, c'est cette défense de parler à V.M. elle-même. Permettez-moi d'observer que je ne crois pas qu'elle ait jamais été faite à aucun de vos ministres. Si je ne suis pas digne d'être entendu par V.M. sur ma retraite et sur le département dont j'ai été honoré, suis-je digne de rester un seul jour dans votre Conseil [?]. Rien n'est plus humiliant pour moi que d'être réduit à ce silence[3]... »

On ignore si Malesherbes fit parvenir sa lettre à son destinataire, mais l'on sait que le roi l'envoya chercher, le 10 mai au soir (ou le lendemain), « pour conclure et lui annoncer pour successeur M. Amelot[4] ». Le 11, il avait quitté ses fonctions.

1. P. Grosclaude fait état de diverses correspondances de parlementaires qui abondent dans ce sens, *Malesherbes, témoin...*, p. 391.
2. Lettre de Malesherbes à son amie Mme Douet, 20 juin 1776. Citée par P. Grosclaude, *ibid.*, p. 393.
3. P. Grosclaude, *Nouveaux documents inédits*, pp. 117-118.
4. *Journal de l'abbé de Véri*, p. 430.

On a beaucoup dit que le départ de Malesherbes avait été fatal à Turgot. Il est certain que l'annonce de sa démission, plus de deux mois avant les faits, a contribué à fragiliser la situation de son collègue. Pourtant, à en croire l'abbé de Véri, le sort de Turgot était déjà scellé depuis les agitations parlementaires. Le 3 février 1776, il note dans son *Journal* : « Je lui prédisais sa chute, accompagnée d'une opinion générale que sa sagesse était au-dessous de sa réputation. Je lui indiquai ensuite une tournure pour se retirer promptement avec honneur et réputation [1]. » Mais Turgot ne voulut rien entendre. Jusqu'au dernier moment, il espère convaincre le roi de poursuivre les réformes, et même de les accélérer [2]. Indifférent aux multiples cabales de la Cour, notamment du parti de la reine, il évalue mal la froideur que Louis XVI lui oppose dès le début du mois d'avril [3]. La conjonction des opposants à la politique de Turgot, les difficultés et les agitations qu'elle engendre, ont fini par lasser le monarque. Le 30 avril, ayant appris qu'un des hommes les plus incapables de l'administration, Amelot [4], allait succéder à Malesherbes, Turgot écrit une dernière lettre pour dissuader le roi de céder à une telle faiblesse [5]. Comme s'il était encore en situation de le conseiller... Il se sait en sursis, mais ne mesure pas l'imminence de son départ. D'ailleurs, il s'interroge et interroge ses confidentes, Mmes Blondel et d'Enville : faut-il démissionner ou attendre qu'on lui signifie son renvoi ? Mme Blondel lui conseille de partir ; Mme d'Enville, de rester jusqu'à ce qu'on le chasse. C'est ce dernier avis qui prévalut [6]. Il résolut de tomber glorieusement. Pensant avoir quelques jours devant lui, « il voulait présenter au

1. *Journal de l'abbé de Véri*, p. 396.
2. Il aurait proposé l'abbé de Véri pour succéder à Malesherbes et procéder enfin à la réforme de la Maison du Roi.
3. Turgot « imaginait que la confiance de ce prince, qu'il avait eue d'abord, lui était restée dans son entier ; parce qu'ayant toujours obtenu son aveu aux choses évidentes qu'il mettait par écrit sous ses yeux, il n'avait pas vu que l'embarras et les bornes de l'esprit du roi étaient la cause de ce consentement. » *Journal de l'abbé Véri*, p. 447.
4. C'était le neveu de Maurepas que Turgot avait répugné à nommer intendant des finances en 1775.
5. C'est dans cette lettre du 30 avril publiée par Véri (pp. 450-457), qui fait figure de testament politique, que Turgot eut ces mots aussi célèbres que prémonitoires : « N'oubliez jamais, Sire, que c'est la faiblesse qui a mis la tête de Charles Ier sur un billot... »
6. J.N. Moreau, *Mes souvenirs*, 1898, II, p. 254.

Conseil son plan de réforme de la Maison du Roi ; comme, à n'en point douter, ce plan aurait été écarté, il aurait alors donné sa démission [1]. »

Il fut pris de vitesse. Le 12 mai, Maurepas lui envoya Bertin avec ordre de résilier ses fonctions. Il quitta sur-le-champ le Contrôle général.

Le départ de Malesherbes et de Turgot fut accueilli par des lazzis sur l'incapacité des philosophes et le dangereux sectarisme des économistes. Mme du Deffand se fait certainement la voix de son milieu lorsqu'elle écrit à Walpole ce qu'elle pense des ministres renvoyés : « Le Malesherbes est un sot, bon homme, sans talent [...]. Par lui-même, il n'aurait fait ni bien ni mal ; il eût voulu le bien, mais il ne savait comment s'y prendre [...]. Pour le Turgot, il n'en est pas de même [...]. Excepté les économistes et les encyclopédistes, tout le monde convient que c'est un fou et aussi extravagant et présomptueux qu'il est possible de l'être [...]. Mieux vaut pour le gouvernement un habile homme avec moins de probité, c'est-à-dire avec moins de bonnes intentions, qu'un homme qui, ne voyant pas plus loin que le bout de son nez, croit tout voir, tout comprendre, qu'il entreprend tout sans jamais prévoir comment il réussira [...]. De plus, il est d'un orgueil et d'un dédain à faire rire [2]... » Rares furent ceux et celles qui se dirent, comme la duchesse de Nivernais, « très fâchée de voir sortir du ministère deux personnes dont le cœur est aussi droit, le désintéressement aussi parfait, et l'amour de l'humanité aussi vrai et aussi profond [3] ».

La république des lettres elle-même – comme on va le voir – n'était plus unanime dans son soutien. Et même si l'abbé de Véri voulait croire que les provinces et le peuple, « qui n'a point accès à la Cour [4] », soutenaient toujours Turgot, ce dernier n'avait aucun moyen de le vérifier.

1. Schelle, V, p. 20.
2. À Walpole, 5 juin 1776. *Correspondence...*, IV, pp. 321-322.
3. *Journal de l'abbé de Véri*, p. 438. 16 mai 1776.
4. *Ibid.*, p. 413.

Le Bilan

Les leçons du pouvoir

Rendus à la vie civile, Malesherbes et Turgot retrouvèrent la solitude de leur bureau et les joies des travaux de l'esprit. Cet intermède de dix mois pour l'un, de vingt-deux pour l'autre, avait été un révélateur incomparable de leur caractère et de leurs capacités. À travers leur expérience, on voit se dessiner deux types d'intellectuels en politique – certes non exclusifs – montrant l'extrême difficulté de concilier les contraintes si différentes de la théorie et de l'action. À y regarder de près, ni l'un ni l'autre n'ont les qualités requises pour être de vrais politiques. Pour des raisons d'ordre caractériel, mais aussi intellectuel. L'un ne doute de rien, l'autre doute de tout, disait, on s'en souvient, Mme du Deffand...

L'expérience de Malesherbes est un échec. L'homme capable d'écrire des remontrances sans concession contre le despotisme ministériel se retrouve paralysé en situation de ministre. Loin d'être attaché à ses fonctions ou de manquer de courage personnel, il est atteint d'un mal majeur pour l'homme d'action : il veut être aimé. Incapable de dire non et de trancher dans les intérêts, c'est l'homme des unanimités. On peut, comme il l'a fait lui-même, imputer ce penchant au manque de caractère. Mais on doit aussi prendre en compte le tempérament excessivement scrupuleux du personnage. Il suffit de voir les manuscrits de ses mémoires, raturés, dix fois remis sur l'établi, pour comprendre à quel point il lui faut peser longuement arguments et contre-arguments avant de se forger une conviction. Malesherbes n'est jamais sourd aux opinions contraires, car il n'est jamais sûr d'avoir raison. Du moins en matière politique, où la raison devient justice. À ses yeux, refuser une grâce à un solliciteur impliquait qu'il fût convaincu de ne pas commettre d'injustice. En vérité, Malesherbes confondait morale et politique. S'il n'a montré aucune autorité dans l'exercice du pouvoir, c'est qu'il craignait par-dessus tout d'y perdre sa réputation morale. Or celle-ci était immense à l'avènement de Louis XVI, et il tenait à ce bien plus qu'à tout. C'est pourquoi il avait refusé jusqu'à l'extrême limite le poste ministériel qu'on le suppliait d'accepter. Il savait parfaitement ce qu'il allait perdre. On imagine ce qu'il dut souffrir au cours de ces dix mois ! Applaudi comme nul autre à son arrivée au pouvoir, il fut traité de « sot » et de « paysan perverti » à sa sortie. Comme le dit Edgar Faure : « Désormais, il s'agissait en quelque sorte de son "salut"[1]. »

À défaut de courage politique, Malesherbes a montré un courage moral qui lui laisse une place indélébile dans l'histoire. On sait qu'à soixante et onze ans, vieux et fatigué, il proposa à Louis XVI, prisonnier au Temple, d'assurer sa défense. En apparence, aucune indécision ou tergiversation ne précéda cette démarche. Du moins nul ne fut témoin de ses débats intérieurs. C'était pourtant le don de sa vie[2] qu'il faisait à un roi qui ne lui avait jamais manifesté une sympathie excessive. Acte gratuit, puisque nul ne l'avait sollicité pour cette tâche que le grand avocat Target, pressenti, avait refusée. Le 11 décembre 1792, il écrira au président de la Convention : « J'ai été appelé deux fois au Conseil de celui qui fut mon maître dans un temps que cette fonction était ambitionnée de tout le monde : je lui dois le même service lorsque c'est une fonction que bien des gens jugent dangereuse[3]. » La voie du « salut », à coup sûr...

Malesherbes a déçu au pouvoir, mais il a excellé dans l'opposition. Il y a même montré un courage de Romain. Comme nombre d'intellectuels, il était plus à l'aise dans la critique que dans l'action. La morale plutôt que la politique.

Le bilan politique de Turgot est remarquable. Le financier a tenu ses promesses et l'économiste a mis la France sur la voie

1. *La Disgrâce de Turgot*, p. 489.
2. Malesherbes sera exécuté le 21 avril 1794 avec sa fille, sa petite-fille et le mari de celle-ci.
3. Lettre publiée dans le *Moniteur* et dans le *Journal des Débats*, n° 86, p. 130. Malesherbes avait été une seconde fois ministre (sans portefeuille) de Louis XVI du printemps 1787 à août 1788.

des réformes. En vingt et un mois, on ne pouvait guère faire plus ni plus vite. Le jour de son entrée au Contrôle général, il avait résumé par écrit au roi les principaux axes de son action et les conditions nécessaires à leur réalisation. Le ministre des Finances annonçait : ni banqueroute, ni augmentation d'impôts, ni emprunts. « Pour remplir ces trois points, il n'y a qu'un moyen. C'est de réduire la dépense au-dessous de la recette, assez pour économiser chaque année une vingtaine de millions [1]. » Cette politique nécessairement douloureuse, qui devait faire tant de mécontents, impliquait le soutien du roi, donc sa fermeté de caractère. Un an plus tard, les résultats sont là. Véri s'étonne du silence de Turgot qui ne « s'en fait point valoir dans le Conseil ». « Que voulez-vous ? répond-il. Il semble qu'on ne va dire ces choses-là que pour se faire valoir. Cette idée m'arrête [2]. » Contrairement à son successeur Necker, il est parfaitement indifférent à la popularité. Durant la guerre des farines, il assume toutes les opérations, répression comprise, sans états d'âme. Convaincu intellectuellement que tous les maux de la société française viennent de l'injuste répartition des impôts, mais aussi du réglementarisme qui étouffe le commerce, l'agriculture et l'industrie, il n'a de cesse d'appliquer une politique libérale. En brisant des monopoles, en mettant fin à de multiples privilèges, il ouvre la France à la modernité. Ses ennemis de plus en plus nombreux au fil du temps l'ont accusé d'être l'otage des économistes ; un sectaire, ignorant des réalités humaines. En fait, Turgot est un homme pressé, malade de la goutte, convaincu qu'il a peu de temps devant lui [3]. La jeunesse du roi, son ignorance, voire ses fréquentes indécisions, l'ont progressivement amené à se comporter en chef de gouvernement. Le roi l'approuvait parce qu'il était trop timide pour s'opposer à lui. « Si l'on ajoute à cela la ténacité de ce ministre à vouloir le concours de ses égaux [les autres ministres] pour le but qu'il

1. Lettre du 24 août 1774. Schelle, IV, pp. 109-113. Cette lettre rappelait les termes d'une conversation qu'il venait d'avoir avec Louis XVI.

2. *Journal de l'abbé de Véri*, p. 321. 27 juin 1775.

3. Son père et son grand-père étaient morts de la goutte à cinquante et un ans. Or il a quarante-sept ans quand il devient ministre. Il est mort en 1781 à cinquante-trois ans.

voyait bon, les avis qu'il donnait au roi lorsque ses collègues le contredisaient, et son ardeur pour avoir des coopérateurs qui fussent de son avis, il est facile de voir que le jeune homme, à la longue, devait être importuné[1]. » Turgot se comportait en chef d'État, ce qui fit dire au souverain ce mot d'une grande finesse : « M. Turgot veut être moi et je ne veux pas qu'il soit moi[2]. »

En vérité, Turgot avait les qualités d'un homme d'État : une vision du monde, du caractère et une volonté sans faille pour parvenir à son but. Au soir de son renvoi, Malesherbes lui dit en riant : « Vous imaginiez avoir l'amour du bien public : point du tout ! Vous en aviez la rage. Car il faut être enragé pour avoir voulu ceci... cela..., pour avoir *forcé* le roi, M. de Maurepas, la Cour, le Parlement, etc.[3]. » C'était bien la « petite goutte d'huile » qui lui manquait cruellement. Ce manque fut cause de son échec. Contrairement à Malesherbes, il se fichait d'être aimé. Mais l'homme de cabinet n'avait que la raison pour convaincre, et en politique celle-ci se révèle souvent insuffisante.

Zizanie dans la république des lettres

En 1774, la nomination de Turgot avait soulevé l'enthousiasme du monde intellectuel unanime. On parlait presque d'un miracle. Fin 1773, alors que nul ne songeait encore à une telle éventualité, Diderot confiait à Catherine II : « M. Turgot [...] est un des plus honnêtes hommes du royaume et, certes, peut-être le plus habile en tout genre. Il ne sortira jamais de Limoges, et, s'il en sort, j'en pousserai un cri de joie, car il faut que l'esprit de notre ministère soit tout à fait changé, et que l'état des choses s'amende d'une manière presque miraculeuse. Il y a de petits phénomènes qui annoncent de grands événements ; c'en est un[4]. »

1. *Journal de l'abbé de Véri*, p. 448.
2. *Ibid.*
3. *Ibid.*, p. 449. Souligné par nous. On trouve la même réflexion sous la plume de Julie de Lespinasse dans sa lettre du 30 septembre 1774 adressée à Guibert : « Il est fanatique du bien public et s'y emploie de toute sa force » *in Correspondance inédite...*, p. 138.
4. *Mélanges pour Catherine*, éd. L. Versini, *Œuvres* de Diderot, III, p. 303.

Économistes, philosophes, savants et hommes de lettres, tous avaient eu l'occasion de rencontrer Turgot dans un salon ou dans un autre. Sa nomination satisfaisait leurs idées libérales, mais aussi, pensaient-ils, leurs intérêts particuliers. La réaction de Diderot, en apprenant la nouvelle, est typique. Il s'empresse de féliciter le nouveau ministre et ordonne à sa fille et à son gendre d'aller le voir « sans délai ; et nommez-vous. Je lui ai rappelé dans ma lettre l'intérêt qu'il avait pris à vous lorsqu'il était question de vous faire un état. Vous l'avez à côté de lui. Il ne vous ôtera certainement pas aujourd'hui ce qu'il aurait souhaité pouvoir vous accorder alors [1]. » Diderot est d'autant plus rassuré sur la fortune de ses enfants que le premier commis, Devaines, est un intime. De son côté, Condorcet ne laisse pas le temps à son ministre de s'installer à la Marine qu'il le bombarde de requêtes, non pour lui-même, mais pour ses relations : financer l'expédition de l'impécunieux Bernardin de Saint-Pierre [2], soutenir la requête de Voltaire pour le pays de Gex, distribuer des croix de Saint-Louis à tel ou tel, une place de greffier pour celui-ci, une aide pour celle-là, etc. Mais Turgot accorde ses faveurs avec parcimonie, et les refus engendrent autant de ressentiments. Le bon Diderot en est la meilleure illustration. N'ayant pas obtenu satisfaction pour son gendre [3], il se brouille avec Turgot et Devaines avant de passer avec armes et bagages dans le clan Necker durant l'été 1775 [4]. Du coup, lorsque Turgot nomme les siens, Dupont, Condorcet, Morellet ou l'abbé Baudeau, respectivement inspecteur général du Commerce, inspecteur de la Monnaie, au bureau des Dépêches ou à la tête des *Éphémérides*, ou

1. Lettre du 3 septembre 1774, L. Versini, p. 1249.

2. Celui-ci sollicitait d'être envoyé aux Indes pour étudier le golfe Persique, la mer Rouge et les bords du Gange. Condorcet reviendra six fois à la charge, en vain. Cf. *Correspondance inédite de Condorcet et de Turgot*, pp. 181, 183, 185, 186, 187, 188.

3. Celui-ci voulait une part dans la ferme des bois de Lorraine, qui relevait des Domaines. Diderot accusera Turgot d'avoir renversé les trois quarts de la fortune de ses enfants. À Necker [1er ou 2 avril 1777], L. Versini, p. 1289.

4. Contrairement à A. Wilson (*Diderot, sa vie et son œuvre*, pp. 564 à 568), qui considère Diderot comme un soutien de Turgot, et à l'édition de Roth de la *Correspondance* de Diderot (XIV, p. 142), qui interprète sa lettre à Necker du 10 juin 1775 comme la preuve de ce soutien, nous pensons que le philosophe père de famille avait déjà pris ses distances avec le ministre.

quand il crée une commission composée de d'Alembert, Condorcet et Bossut, chargée d'améliorer la navigation intérieure, on l'accuse de gaspiller l'argent public et de faire du favoritisme.

L'enthousiasme pour Turgot commence à se refroidir dans certains salons – à l'exception de celui de Julie et de d'Alembert – quand éclatent la guerre des farines et le conflit politique opposant Necker au contrôleur général. Conflit envenimé par Condorcet, qui montre une passion excessive et maladroite dans la défense de son ministre.

L'hostilité de Condorcet et de Turgot envers Necker remonte à 1773, lorsque le Genevois a fait l'éloge de Colbert et de sa politique de réglementation. À cette époque, ils sont presque les seuls à exprimer ce sentiment. Condorcet se répand déjà avec une telle hargne contre l'auteur qu'il se brouille quelques jours avec d'Alembert[1]. Il est vrai que le banquier est riche et que sa femme tient l'un des salons les plus courus de Paris. Quoique puritaine et assez convenue, Suzanne Necker est fine et jolie. Elle a su attirer les hommes de lettres à ses mardis et vendredis. L'été, ils vont au château de Saint-Ouen, situé sur les bords de la Seine. On y rencontre le couple Suard, Marmontel, Saint-Lambert, l'abbé Morellet, l'abbé Raynal, Grimm, Diderot, d'Alembert avec Julie, et bien d'autres encore. C'est autour de sa table, en 1770, que dix-sept hommes de lettres proposèrent d'ériger par souscription une statue à Voltaire[2]. Les Necker savaient aussi être généreux. Quand la *Gazette de France* fut retirée à Suard, à l'automne 1771, ils s'empressèrent de venir au secours du « petit ménage[3] », suscitant ainsi l'admiration générale des hommes de lettres.

1. *Correspondance inédite de Condorcet avec Mme Suard*, 1988, pp. 113-115. Septembre 1773. D'Alembert et Julie de Lespinasse étaient très enthousiastes de l'éloge de Colbert.

2. Vicomte d'Haussonville, *Le Salon de Mme Necker*, 1882, I, p. 149. Il s'agit de la fameuse statue exécutée par Pigalle.

3. En novembre 1771, Necker leur offrit 20 000 livres portant 800 d'intérêts et dont la propriété devait rester au dernier survivant. *Correspondance inédite de Condorcet avec Mme Suard*, p. 64.

Jusqu'au printemps 1775, Turgot et Necker s'ignorent mais ont en commun nombre d'amis. Les différences d'opinions n'entraînent pas de véritables ruptures. Ainsi, Diderot, qui partageait les idées réglementaristes de l'abbé Galiani – dont il avait révisé le livre, *Dialogues sur le commerce des grains* [1] –, ne se serait pas brouillé pour si peu avec Turgot. Ni Morellet, avocat de la cause adverse, avec Necker. L'enjeu, moins philosophique qu'économique, n'était pas jugé si fondamental que les relations dussent en souffrir. Tout change lorsque Necker publie son livre – on a vu avec quelles précautions – contre les thèses de Turgot et que celui-ci le tient pour l'un des responsables de la guerre des farines. Condorcet prend feu et flammes. Sans attendre la fin des troubles, il rédige un premier pamphlet contre Necker, *Lettre d'un laboureur de Picardie à M. Necker, auteur prohibitif à Paris* [2]. Ce texte d'une rare violence accuse Necker de tabler sur les préjugés et la stupidité du peuple, alors que Turgot le traite comme une société de gens raisonnables. Il souligne les erreurs de son ouvrage, qui prouvent son ignorance et laisse clairement entendre que ce sont ses agents qui ont encouragé les émeutiers. Enfin, il s'en prend à la malhonnêteté des financiers qui se déshonorent par des manœuvres coupables, et conclut sur ce cri de colère : « Nous sentons que si leur argent leur donne la facilité d'acheter des jouissances dont nous sommes privés, il ne leur donne aucun droit d'obtenir sur nous des distinctions et des différences [3]. »

Les amis de Condorcet sont épouvantés. Le *bon* Condorcet va y perdre son surnom [4] pour un autre : le *mouton enragé*. Julie de Lespinasse le conjure de modérer son ton ; les Suard se disent désespérés de cette guerre entre leurs amis les plus chers, d'autant plus que Condorcet ne se prive pas d'en rajouter dans les lettres qu'il leur adresse ! Déçu du peu d'effet de son premier pamphlet sur le public, il entreprend une nouvelle réfutation plus

1. Paru fin 1769.
2. Écrit durant un séjour à Ribemont et publié au tout début de mai 1775.
3. Condorcet, *Œuvres*, XI, p. 17.
4. Julie de Lespinasse le lui avait attribué et tout son salon l'avait repris. Le « mouton enragé », en revanche, lui a été décerné par Turgot en 1774. *Correspondante inédite*, pp. 175-176.

détaillée de l'ouvrage du Genevois. Ce sont les *Réflexions sur le commerce des blés*, qu'il rédige d'avril à juin sous le regard de Turgot et de Dupont de Nemours. Cette fois, Julie sert d'intermédiaire entre Ribemont et le Contrôle général[1]. Voltaire, qui se dit « fâché qu'un banquier défende une si mauvaise cause[2] », est chargé de faire imprimer à Genève le texte qui lui parvient par morceaux. Pour des raisons politiques, la publication en sera retardée jusqu'en 1776. Mais l'atmosphère est plus que tendue entre les partisans des deux camps.

Finalement, Julie et d'Alembert donnent la préférence à Turgot et Condorcet, qui sont leurs intimes. Même s'ils désapprouvent le ton insultant du second et ne veulent point se fâcher avec les Necker, ils vont pendant quelque temps prendre un peu de distance avec ces derniers. Voltaire, de Ferney, reste fidèle à ses Bertrand. D'autant qu'il attend de l'administration Turgot qu'elle débarrasse son cher pays de Gex des griffes de la Ferme générale. Certes, c'est un partisan convaincu du libéralisme de Turgot, et il n'hésite pas à traiter les écrits de Necker de « fatras[3] » ou de « livre de riches[4] » ; mais, depuis l'arrivée de cet ami au Contrôle général[5], il ne cesse de harceler Devaines, Dupont, Trudaine, Morellet et Condorcet pour accélérer l'affaire de Gex. Ce n'était donc pas le moment de marquer la moindre faiblesse dans son soutien à la politique de Turgot. D'ailleurs, il obtiendra satisfaction à la fin décembre 1775. Ce qui ne sera que justice.

La majorité des hommes de lettres se rangent du côté des Necker, même s'ils jurent, comme les Suard, n'appartenir à aucun clan. Mme Suard a beau protester avec indignation, quand Voltaire l'accueille à Ferney, d'un : « On m'écrit que vous êtes de nos ennemis[6] ? », elle se dit bien affligée de la manière dont

1. Condorcet à Turgot, 21 [juin 1775], *in Correspondance inédite*, p. 232. Selon F. Deloffre, ses *Lettres philosophiques* (1734) ont été « le bréviaire du libéralisme moderne », 1986.

2. Voltaire à Condorcet, 4 mai 1775. D. 19458.

3. À Devaines, 8 mai 1775. D. 19465.

4. À Devaines, 8 mai 1775. D. 19465. Et à Morellet, 29 juillet 1775, D. 19581.

5. Sur la recommandation de d'Alembert, Turgot avait fait un séjour d'une semaine aux Délices en novembre 1760. Depuis lors, les deux hommes étaient restés en correspondance épisodique.

6. Mme Suard à son mari, [2] juin 1775. D. 19499.

il parle de l'ouvrage de Necker. Non seulement il est leur bienfaiteur, mais les Necker ont l'immense avantage sur Turgot d'entretenir des relations personnelles et suivies avec les hommes de lettres. Le ministre, qui travaille dix-huit heures par jour, n'a que le temps de s'échapper parfois une heure ou deux pour un tête-à-tête avec Julie. Qu'on le veuille ou non, ces détails comptent dans le choix des uns et des autres en faveur ou à l'encontre d'une politique ! Outre Grimm et Diderot, qui ont rallié Necker – même si Diderot est favorable à la suppression des jurandes [1] –, l'abbé Morellet, collaborateur de Turgot, farouche libéral mais ami des Necker, finira par donner la préférence à ceux-ci. Une véritable trahison aux yeux de Turgot et de Condorcet. En cela Morellet ne fait que rejoindre les Marmontel, les Thomas et les Saint-Lambert qu'il invitait à ses dimanches !

Contre toute attente, le ministère Turgot n'a donc pas renforcé la cohésion du « parti intellectuel ». Au contraire, il a été l'occasion d'une nouvelle scission [2] en son sein, cette fois plus personnelle que philosophique ou politique. Comme lors de la crise causée par le *Système de la nature*, cinq ans plus tôt, on retrouve Diderot et ses amis dans un camp, Voltaire, Condorcet et d'Alembert dans l'autre. Étrangement, les philosophes n'ont pas profité de la présence au pouvoir d'un des leurs pour soutenir ses idées ou en suggérer d'autres ! À part Condorcet, ils sont restés les sujets passifs de Sa Majesté, se contentant d'observer ce qui les dépassait. Cette génération d'encyclopédistes est la dernière à ignorer l'engagement politique, qui n'a rien à voir avec la fonction de conseiller du prince. Probablement fallait-il qu'il n'y ait plus de prince pour que l'intellectuel puisse véritablement entrer en politique...

1. Cf. note de Diderot à Galiani, publiée dans la *Correspondance* de Galiani et de Mme d'Épinay, V, pp. 258-259.

2. C'était la troisième, après l'affaire du *Système de la nature* en 1770 et celle de la suppression des parlements en 1771.

TROISIÈME PARTIE

Le repli sur soi

(mai 1776-mai 1778)

CHAPITRE IX

Le désenchantement
(1776-1778)

L'expérience russe de Diderot et la chute du ministère Turgot sonnent le glas des ambitions politiques des uns et des autres. Même si les nombreux intellectuels qui fréquentent le salon de Necker applaudissent à la nomination de celui-ci et continuent de parler de « ministre-philosophe [1] », aucun d'entre eux ne prétend ni l'influencer ni participer d'aucune manière au pouvoir. Certains par indifférence à la politique, d'autres par dépit. L'heure des grandes espérances est passée. Chacun à sa place, Diderot comme Condorcet ont pu mesurer la piètre influence de la philosophie sur les décisions du monarque. Tant Louis XVI que Catherine II ont montré qu'ils n'ont guère besoin des philosophes, et même qu'ils s'en méfient. On assiste à une sorte de repli sur soi d'un monde intellectuel vieillissant qui a perdu de sa force de création. Rousseau ne pense qu'à ses Mémoires ; Voltaire est devenu « ennuyeux [2] » ; les Marmontel, Suard et Arnaud n'ont d'autre souci que la « guerre de la musique » qui oppose gluckistes et piccinistes ; Malesherbes, Turgot, Condorcet et Diderot se consacrent à leurs chères études ; d'Holbach est ravagé par la goutte, et son salon parisien, qui fut durant

1. Cf. Diderot, *Essai sur les règnes de Claude et de Néron*, L. Versini, I, pp. 1075 et 1202. Diderot comprend sous ce terme Malesherbes, Turgot et Necker.
2. À partir de 1772, Mme du Deffand en fait souvent la remarque à Walpole.

vingt ans un formidable laboratoire d'idées, est à présent fermé [1] ; Grimm lui-même a abandonné la *Correspondance littéraire* aux mains de Meister pour mieux courir l'Europe et faire sa cour aux princes, aux rois et à la tsarine. L'extinction presque simultanée des salons de Julie de Lespinasse et de Mme Geoffrin, que n'ont pas remplacés ceux de Mme d'Enville et de Mme Necker, signent la fin de l'effervescence intellectuelle et du règne encyclopédique. Seule l'Académie des sciences connaît un véritable renouveau avec les travaux de Lavoisier, de Laplace et de Monge. Mais l'on n'est plus aux temps heureux des années 1740, où les mathématiques et la physique étaient à la mode. Les sciences sont devenues affaire de spécialistes. Elles échappent à la compétence du public cultivé.

Les maladies et l'approche de la mort ne sont pas propices au renouvellement des idées. D'autant moins que le poids des philosophes est encore tel qu'il ravale ceux de la nouvelle génération au rang de satellites. Faibles satellites que ces Chabanon, ces Lemierre, ces Delisle de Sales ou ces Millot qui n'arrivent pas à la cheville de leurs glorieux aînés. Ils prétendent encore donner des leçons, mais on ne les entend plus.

Frustrations et chagrins

Syndrome postministériel

L'exercice du pouvoir laisse des traces indélébiles. Au soir de son éviction, le 12 mai 1776, Turgot retrouve Malesherbes chez leur amie commune, Mme Blondel. Au dire des témoins, Malesherbes est gai comme un écolier échappé de l'école, et Turgot sourit des propos divertissants de son collègue de la veille. En vérité, il s'efforce de faire bonne figure. À la différence de Malesherbes, qui jouit de sa liberté recouvrée, Turgot,

1. Diderot fait un dernier séjour au Grandval en septembre 1776.

lui, a été renvoyé. Il est parti « sans honte et sans remords [1] », mais non sans regrets. « Regret de voir dissiper un beau rêve », celui de moderniser la France et de l'arracher à ses vieux démons. Arrêté en plein vol, il n'aura pas l'honneur d'accomplir cette tâche enthousiasmante. Quand Necker prendra *de facto* [2] sa place, en 1777, il se souviendra des sentiments qu'il a lui-même éprouvés lors de sa nomination : « Plein de cette joie et de cette satisfaction qu'un homme qui a la passion de faire le bien des hommes et de s'illustrer par de grandes choses ressent en mesurant des yeux l'immense carrière qui s'ouvre devant son génie et qu'il se sent la force de parcourir d'un pas ferme et rapide [3]. » La fin du rêve est cruelle, même si l'intéressé n'en montre rien et si ses amis se félicitent que « [son] âme et [sa] santé jouissent d'un calme qu'il n'avait pas étant en place [4] ».

Turgot a quitté le Contrôle général comme il y est entré. Il a refusé tout dédommagement pécuniaire, et, faute de logement, il s'installe chez l'abbé de Véri. Mais il n'a qu'une hâte : fuir la capitale et tout ce qui lui rappelle sa disgrâce. On ignore si l'agonie de sa chère Julie de Lespinasse l'a retenu à Paris jusqu'à son enterrement, le 23 mai. Mais, quand il se réfugie à La Roche-Guyon chez Mme d'Enville, il affecte de ne plus s'intéresser qu'à ses travaux de physique et d'astronomie. Il n'attend de réconfort que de ses proches, Condorcet, Dupont et Véri, qu'il invite à venir le rejoindre au plus vite. Condorcet est retenu à Paris par d'Alembert, qu'il ne peut abandonner à son terrible chagrin. Mais il ne cache pas une déception à la mesure de sa colère. Il parle du renvoi de Turgot comme de « l'événement fatal qui a ôté à tous les honnêtes gens l'espérance et le courage ». J'ai attendu pour vous écrire, dit-il à Voltaire, « que ma colère fût un peu passée et qu'il ne restât plus que de l'affliction. Cet événement a changé pour moi toute la nature. Je n'ai plus le même plaisir à regarder ces belles campagnes où il eût fait naître le

1. *Journal de l'abbé de Véri*, I, p. 430.

2. Protestant, Necker ne pouvait être nommé contrôleur général, mais il reçut le titre de directeur général des Finances le 29 juin 1777, avec tous les pouvoirs du ministre.

3. À Mme d'Enville, 3 juillet [1777]. *Lettres de Turgot à la duchesse d'Enville* (éd. J. Ruwet), 1976, p. 104.

4. *Journal de l'abbé de Véri*, II, p. 25.

bonheur [...]. Les loups [les fermiers] dont vous avez délivré le pays de Gex vont s'élancer sur le reste de la France, et deux ans d'abstinence ont changé en rage la soif qu'ils avaient du sang du peuple. » Il conclut comme Turgot : « Nous avons fait un beau rêve, mais il a été trop court. Je vais me remettre à la géométrie et à la philosophie. Il est bien froid de ne plus travailler que pour la gloriole quand on s'est flatté pendant quelque temps de travailler pour le bien public [1]. » Avec sa fougue ordinaire, il dit tout haut ce que Turgot pense probablement tout bas. Sa tête de Turc est Maurepas, qu'il tient pour responsable de la chute de son patron, comme Véri. « Le caractère, la vertu, les grandes vues de M. Turgot, l'étourdissaient et l'humiliaient [...]. La force d'âme que déploya M. Turgot fit avec l'indifférence et la nullité du Premier ministre un contraste que celui-ci ne put digérer [2]. » Raison pour laquelle, dit-il, Maurepas a choisi pour lui succéder au Contrôle général son exact opposé, l'intendant Clugny de Nuits. Rapportant les rumeurs désagréables qui courent sur ce dernier, Condorcet n'hésite pas à le décrire comme « un fripon, dur, emporté, ivrogne, joueur et débauché. M. de Maurepas lui a communiqué son goût pour les fermiers généraux. Il a déclaré qu'il ne ferait rien qui pût leur déplaire [3]. »

Une fois encore, Condorcet se laisse emporter par la passion. Turgot, qui connaît Clugny et a eu l'occasion de lui parler après sa nomination, le 21 mai, le décrit comme un « homme d'esprit [4] ». Il recommande même à ses collaborateurs de continuer à travailler dans son département [5]. Mais il se trompe lorsqu'il dit à Voltaire qu'il « serait surpris qu'il ne soutînt pas ce que j'ai

1. [5 juin 1776]. D. 20156. Bien que Condorcet ne précise pas le lieu, on peut supposer par son allusion aux « belles campagnes » qu'il est alors à La Roche-Guyon. D'autant que, dans une lettre à Dupont de Nemours datée de « La Roche-Guyon, le 11 juin », Turgot précise que Condorcet s'en va. Schelle, V, p. 496.

2. À Voltaire [juin-juillet 1776]. D. 20194.

3. *Ibid.* Clugny (1729-1776) avait derrière lui une honorable carrière d'intendant. Il vivait avec ses trois sœurs, dont on disait qu'elles étaient aussi ses maîtresses. Ce qui surprend lorsqu'on sait que Buffon en parlait comme de son « respectable ami » (à Mme Necker, 25 octobre 1776. *Correspondance de Buffon*, lettre 255). Par ailleurs, Maurepas s'était fait nommer dès le 18 mai chef du conseil royal des Finances.

4. À Voltaire, 6 juillet 1776. D. 20208.

5. À Dupont, 30 mai 1776. Schelle, V, p. 490.

pu faire d'utile », à moins, ajoute-t-il restrictivement, « qu'on ne le gênât dans son administration[1] ». C'est pourtant ce qui se passa, au grand dam de Turgot et des siens. Clugny fut le symbole de la remise en cause de ses réformes et des idées des économistes. Les mesures préparées pour la suppression du droit d'aubaine sont suspendues, et les édits de mars, en partie révoqués. Un édit du 11 août 1776 met entre parenthèses l'application des édits de Turgot supprimant jurandes et corvées. Les économistes Baudeau et Roubaud sont exilés en août sous de fallacieux prétextes. Tout laisse à penser au public que la parenthèse libérale est définitivement refermée. En réalité, Clugny s'est efforcé de tenir une voie médiane à laquelle le poussaient Trudaine de Montigny et Fourqueux, attachés au principe de la liberté économique. La déclaration royale du 11 août relative aux corvées et l'instruction adressée aux intendants le 6 septembre permettent de maintenir le remplacement de la corvée en nature par une imposition. Par ailleurs, le rétablissement de six corps de marchands et de quarante-quatre communautés d'arts est l'occasion de rationaliser cette organisation et de réaffirmer le principe de liberté pour certains secteurs de l'économie.

Quelle que soit l'amertume de Turgot et de ses collaborateurs, Clugny n'est pas un ennemi avec qui l'honneur commande de rompre. De Vaines, Condorcet, Dupont, Fargès, Trudaine et Fourqueux restent à leur poste. Tout change lorsque Clugny meurt subitement, le 18 octobre 1776, à quarante-sept ans, après à peine cinq mois d'exercice du pouvoir. Pour lui succéder, Maurepas appelle deux hommes qui se partagent la place. L'intendant Taboureau des Réaux[2] est nommé contrôleur général. C'est un homme de mérite, passablement effacé et conservateur. Il n'est promu que pour servir de paravent à la nomination simultanée de Necker à la direction du Trésor. On découvrira vite que ce dernier est le véritable patron du département. À l'annonce de cette curieuse nomination bicéphale, Turgot s'essaie à l'humour. De La Roche-Guyon, il écrit à Condorcet : « Le gouvernement

1. À Voltaire, 6 juillet 1776.
2. 1718-1782.

va devenir aussi mystérieux que la théologie. Ce mystère-ci est une véritable trinité. La finance sera gouvernée comme le monde. Le Chef du Conseil [Maurepas] a tout l'air du Père éternel [...]. M. Taboureau représentera l'Enfant Jésus ou l'agneau dont il aura la mansuétude. Pour M. Necker, c'est assurément le Saint-Esprit, et il faut lire les Actes des apôtres pour avoir idée du fracas qui accompagnera sa venue. » Et d'ajouter aussitôt : « Je plaisante, mais je suis vraiment affligé [1]. »

Avant même de connaître la distribution des rôles, Turgot alerte ses anciens collaborateurs. Ils ne peuvent rester en place que s'ils dépendent de Taboureau. « Je crains que [Necker], dont vous avez blessé l'orgueil, n'ait le pouvoir de vous ôter votre place de la Monnaie [2] », dit-il à Condorcet. Mais celui-ci, qui ne veut rien devoir à Necker, a déjà pris les devants en s'adressant directement à Maurepas : « Je viens d'apprendre que le Contrôle général est partagé entre M. Taboureau et M. Necker ; mais j'ignore dans quel département la place que j'ai se trouvera. J'ai prononcé trop hautement mon opinion sur les ouvrages de M. Necker et sur sa personne pour que je puisse garder une place qui dépendrait de lui. Je serai fâché d'être dépouillé, et encore plus d'être épargné par un homme dont j'ai dit ce que j'ai dit de M. Necker. Daignez donc, je vous prie, M. le Comte, si vous conservez encore quelque bonté pour moi, me faire savoir si je dois dépendre du département de M. Necker, et je vous supplierai, dans ce cas, de vouloir bien permettre que ce soit entre vos mains que je remette ma démission [3]. »

Pour cette fois, Condorcet conserve sa charge, qui ne relève que de l'autorité de Taboureau. Mais il ne se gêne pas pour cracher feu et flammes, en privé, sur le directeur du Trésor. Lorsque Necker lance un emprunt sous forme de loterie, en janvier 1777, il ne peut s'empêcher d'écrire à Suard, l'obligé et l'ami de Necker : « J'ai lu la loterie, je ne crois pas que jamais il y ait eu sur le Pont-Neuf de charlatan plus effronté. Les gens

1. 22 octobre 1776. *Correspondance inédite de Condorcet* (Ch. Henry), p. 291.
2. *Ibid.*
3. [Octobre 1776]. *Œuvres de Condorcet*, I, pp. 296-297.

qui, pour satisfaire à leur vengeance [1], ont livré l'État à de telles mains, doivent se trouver bien coupables, car ils ne sont pas plus que moi la dupe de cette charlatanerie [2]. » En revanche, Jean Devaines, qui est resté à son poste sous Clugny, démissionne à l'arrivée de Necker, dont il était censé dépendre. Necker aurait bien voulu conserver auprès de lui ce grand commis de l'État, fervent admirateur et collaborateur fidèle de Turgot, mais comment servir loyalement un homme que l'on déteste pour mettre en œuvre une politique contraire à celle à laquelle on s'est dévoué ? « On me demande du temps, dit-il à Voltaire, je donne jusqu'à la fin janvier et je me désole de porter encore des chaînes que j'ai enfin brisées [3]. »

Très vite, Taboureau s'aperçoit qu'il n'est là que pour entériner les décisions de Necker. Mécontent de jouer les seconds rôles et en butte aux railleries de la Cour, où on l'a rapidement surnommé « la Béquille », il offre sa démission dès janvier 1777 à Louis XVI, qui la refuse. Il réitère sans plus de succès au mois d'avril suivant. Mais le roi et Maurepas sont obligés de céder quand Taboureau refuse catégoriquement, en juin, d'apposer sa signature au bas d'un édit de Necker supprimant les receveurs généraux des finances. D'un coup disparaissaient intendants des finances et intendants de commerce qui s'interposaient entre le contrôleur général et les bureaux. Le 29 juin 1777, Necker est nommé directeur général des Finances. Il assume toutes les fonctions du contrôleur général sans en avoir le titre.

Cette fois, le coup est si dur pour Turgot qu'il laisse tomber le masque de l'indifférence et de l'impassibilité. Voir cet homme honni assis dans son fauteuil de contrôleur général lui est une douleur qu'il ne peut plus dissimuler. Il a beau se dire plus affligé pour ses collaborateurs que pour lui-même, ses lettres à Mme d'Enville révèlent qu'il est à l'affût de chaque fait et geste

1. Condorcet vise ceux qui avaient œuvré pour le renvoi de Turgot : les Maurepas, Pezay, Rigoley d'Oigny.
2. *Correspondance inédite de Condorcet et Mme Suard*, p. 178.
3. À Voltaire, 30 octobre 1776. D. 20375. Après avoir quitté sa place, Devaines conserva le poste d'administrateur des Postes.

de son successeur qu'il ne peut s'empêcher de dénigrer. Farouchement hostile à la suppression des intendants des finances, il fustige la méthode expéditive de Necker, dont il ne parvient pas même à écrire le nom : « *On* n'a pas dit un mot, ni avant ni après, à aucun de ces messieurs [les intendants renvoyés], et ce matin encore ils ne savaient pas à qui il fallait remettre les papiers de leurs bureaux. Du moins, quand les fiacres veulent se faire faire place, ils crient gare. Mais *celui-ci* renverse les gens sans avertir. *Il* a donné audience dès hier au Contrôle général, sans attendre que son titre fût connu du public, mais il fallait bien montrer Héraclius au peuple. *Il* ne prend point d'appointements. S'*il* en prenait, on exigerait qu'il tînt une maison à Versailles, à Compiègne, à Fontainebleau [...]. *Il* veut vivre [à Paris] comme il vivait avant d'être en place et comme il vivra après en être sorti ; *car il sait bien qu'on en sort*[1]... » Seule consolation de Turgot : le jour viendra inévitablement où Necker connaîtra ses propres frustrations. Cette joie mauvaise lui sera néanmoins refusée, puisqu'il mourra quelques mois avant la démission de son rival, en 1781[2].

Après quelques piques décochées encore contre le directeur des Finances dans les mois qui suivent sa nomination[3], Turgot s'impose silence. Condorcet a démissionné de son poste d'inspecteur des Monnaies et Dupont a été officieusement invité à rester dans sa retraite du Gâtinais. Dorénavant, l'ancien ministre ne vivra que pour ses livres et ses amis, ne cherchant plus à savoir ce que font les ministres. Reste que ses collaborateurs plus jeunes, tels Dupont et Condorcet, qui s'interdiront pendant dix ans tout commentaire public sur les affaires de l'État, garderont une profonde nostalgie des joies si particulières du pouvoir. On a vu que Condorcet n'a pas été moins amer que Turgot de son renvoi. Participer aux grandes décisions, améliorer le sort du peuple et surtout faire que ses vues deviennent réalité est une

1. Le 3 juillet [1777], Lettres de Turgot à la duchesse d'Enville, éd. J. Ruwet, 1976, p. 104. Souligné par nous.

2. Turgot mourut le 18 mars 1781 alors que le fameux *Compte rendu* des Finances publié par Necker rencontrait un succès public prodigieux. Necker, en butte à l'hostilité de Maurepas, démissionnera le 19 mai 1781.

3. À Mme d'Enville, les 11 août et 3 octobre 1777 ; *Ibid.*, pp. 109 et 113.

tâche autrement exaltante, à ses yeux, que la géométrie, qui reste un plaisir solitaire. Peu sensible aux avantages qui flattent la vanité, il n'est pourtant pas près d'oublier cette dimension hors du commun que confère le pouvoir à l'homme qui y participe. À défaut d'oublier, il lui faut se contenter des tâches qui incombent au secrétaire de l'Académie des sciences et préparer une nouvelle élection qui le confirme dans ses fonctions [1]. Mais, durant ce printemps-été 1776, Condorcet a un autre sujet d'affliction que le renvoi de Turgot. Au même moment, la mort de Julie de Lespinasse a laissé son cher d'Alembert dans un état effroyable. Il doit se partager entre ses deux pères spirituels. D'autant que, ami intime de Julie, il conduit le deuil avec d'Alembert à son enterrement.

Les chagrins de d'Alembert

Julie de Lespinasse meurt le 22 mai 1776, probablement des suites de la tuberculose. Mais l'on sait que ses amours malheureuses avec Mora et Guibert ont hâté sa fin. Si son entourage a connu sa passion pour Mora, celle qu'elle nourrit pour Guibert [2], son cadet de onze ans, depuis fin 1772-début 1773, est restée secrète. Chacun pense qu'elle meurt d'avoir perdu Mora [3]. Julie a tout dissimulé à ses amis, en particulier à d'Alembert, envers qui elle a éprouvé une insoutenable culpabilité. Après le mariage de Guibert, en juin 1775, sa douleur est si grande que l'obligation de dissimuler lui est presque impossible. La présence de d'Alembert lui est insupportable et elle le traite durement, comme si elle l'avait pris en aversion. Du moins est-ce le sentiment qu'il éprouva et que l'on connaît grâce au texte, retrouvé

1. Pour mettre fin aux contestations qui avaient entouré sa première élection, Condorcet se fait réélire le 7 août par un vote unanime.

2. Mme Suard rapporte dans ses *Essais de Mémoires sur M. Suard*, 1820, qu'elle ne découvrit le secret qu'en lisant les *Lettres de Mademoiselle de Lespinasse*, publiées pour la première en 1809. Cf. p. 141.

3. Mora mourut le 27 mai 1774 à Bordeaux, sur le chemin du retour à Paris.

dans ses papiers après sa mort, *Aux mânes de Mademoiselle de Lespinasse* [1].

« Pourquoi me répétiez-vous, dix mois avant votre mort, que j'étais toujours ce que vous chérissiez le plus, l'objet le plus nécessaire à votre bonheur, le seul qui vous attachât à la vie, lorsque vous étiez à la veille de me prouver si cruellement le contraire [2] ? Par quel motif, que je ne puis comprendre ni soupçonner, ce sentiment si doux pour moi, que vous éprouviez peut-être encore dans le dernier moment où vous m'en avez assuré, s'est-il changé tout d'un coup en éloignement et en aversion ? [...] Que ne vous plaigniez-vous à moi si vous aviez à vous plaindre ? Vous auriez vu le fond de mon cœur, de ce cœur qui n'a jamais cessé d'être à vous [...]. Aviez-vous avec moi quelque tort que j'ignorais, et que j'aurais eu tant de douceur à vous pardonner si je l'avais su ? [...] J'ai vingt fois été au moment de me jeter entre vos bras et de vous demander quel était mon crime ; mais j'ai craint que vos bras ne repoussassent les miens que j'aurais tendus vers vous. Votre contenance, vos discours, votre silence même, tout semblait me défendre de vous approcher [...]. Le seul instant où j'aurais pu vous montrer à découvert mon âme abattue et consternée a été l'instant funeste où, quelques heures avant de mourir, vous m'avez demandé ce pardon déchirant, dernier témoignage de votre amour [...]. Mais vous n'aviez plus la force ni de parler ni de m'entendre ; il a fallu, comme Phèdre, me priver de mes pleurs, qui auraient troublé vos derniers moments, et j'ai perdu sans retour l'instant de ma vie qui m'eût été le plus précieux : celui de vous dire encore combien vous m'étiez chère, combien je partageais vos maux, combien je désirais de finir avec vous les miens. Je paierai de tout ce qui me reste à vivre cet instant que je ne retrouverai plus et qui, en vous montrant toute la tendresse de mon cœur, m'aurait peut-être rendu toute celle du vôtre [3]. »

1. Le texte est daté du 22 juillet 1776, après qu'il eut découvert les lettres de Mora qu'elle l'avait prié, en tant qu'exécuteur testamentaire, de brûler.

2. Le changement de comportement de Julie dix mois avant sa mort correspond précisément à l'époque où elle apprend le mariage de Guibert.

3. *Œuvres complètes de d'Alembert*, III, pp. 729-730.

Plus que de la découverte des lettres d'amour de Mora, d'Alembert souffre mille morts de l'ultime silence de Julie :

« Ah ! Si vous m'aviez seulement témoigné quelque douleur de vous séparer de moi, avec quels délices je vous aurais suivie dans l'asile éternel que vous habitez ! Mais je n'oserai pas même demander à y être mis auprès de vous quand la mort aura fermé mes yeux et tari mes larmes ; je craindrais que votre ombre ne repoussât la mienne et ne prolongeât ma douleur au-delà de ma vie ! Hélas ! Vous m'avez tout ôté, et la douceur de vivre et la douceur même de mourir [...]. *Personne ne m'attend et ne m'attendra plus*[1]. »

À cet instant, celui qui avait été exposé, quelques heures à peine après sa naissance, sur les marches de l'église Saint-Jean-Lerond, revit la cruelle expérience de l'abandon et de la solitude. Il ne s'en remettra pas.

Durant les semaines qui suivent le décès, il accomplit son devoir d'exécuteur testamentaire et fait acte de présence aux deux académies[2]. Ne pouvant plus vivre rue de Bellechasse, il décide de s'installer dans l'appartement de fonction réservé au secrétaire perpétuel de l'Académie française : une soupente indigne constituée de trois pièces mal éclairées, à l'un des angles de la cour Royale du Louvre[3]. Faute de moyens, il n'a pas le choix et y emménage au mois d'août suivant. De cette première époque de deuil nous sont parvenues peu de lettres de d'Alembert[4], comme s'il avait été incapable d'accomplir d'autres tâches que les plus quotidiennes. Comme si l'évocation de Julie lui était également impossible. Pourtant, lors de la réception de La Harpe

1. *Œuvres complètes de d'Alembert*, pp. 730 et 732. Souligné dans le texte.

2. Il ne fut absent de l'Académie française que le seul jour de l'enterrement. Les P.V. de l'Académie des sciences signalent sa présence le vendredi 24 mai et les mercredis suivants, comme à son habitude.

3. Ch. Pougens, *Lettres philosophiques à Mme X. sur divers sujets de morale et de littérature*, 1826, pp. 29 et 30.

4. L'inventaire de la correspondance de d'Alembert d'Irène Passeron ne mentionne qu'une lettre à Mme Necker [22 ou 29 mai], qui décrit sa douleur, et une autre à Arnaud, du 14 juin, qui le remercie de ses condoléances. C'est seulement le 24 juin qu'il écrit enfin à Frédéric II et à Voltaire pour leur annoncer le décès de Julie.

à l'Académie française, le 20 juin, il lit l'éloge de M. de Sacy [1]. Ce dernier, mort en 1727, était connu pour son *Traité sur l'amitié* et ses liaisons intimes avec la marquise de Lambert. Elle eut le malheur de le voir mourir, et d'Alembert décrivit la douleur qui suivit leur séparation. « Jamais, dit la *Correspondance littéraire*, M. d'Alembert n'a rien écrit avec plus d'âme et de sensibilité. Quoiqu'il ne lui soit pas échappé un seul mot sur sa propre situation, tout le monde a reconnu le sentiment qui lui dictait des plaintes si tendres, et tout le monde a paru les partager. Il faut bien que cette manière indirecte de faire participer le public à ses regrets ait été infiniment délicate pour ne point blesser ; elle a même attendri [2]... » C'était l'hommage public qu'il rendait à Mlle de Lespinasse.

Très entouré de ses amis, d'Alembert tente de réapprendre à vivre. Condorcet, qui ne le quitte guère, rapporte : « Nous nous sommes hier rassemblés aux Tuileries avec M. d'Alembert comme il y a dix ans. C'est là qu'il compte passer ses soirées toute la belle saison. Il écoute parler ; il parle même assez librement, mais il est profondément blessé et tout ce que j'espère pour lui, c'est un état supportable [3]. » Or, d'après sa première lettre à Voltaire depuis son deuil, le 24 juin, on constate que tel n'est pas le cas : « Ma vie et mon âme sont dans le vide, et l'abîme de douleur où je suis me paraît sans fond. J'essaie de me secouer et de me distraire, mais, jusqu'à présent, sans succès [4]. » Curieusement, il s'abandonne davantage dans la lettre datée du même jour qu'il adresse à Frédéric II [5]. Il est vrai que dans aucune de celles parvenues jusqu'à nous d'Alembert ne parle de Julie à Voltaire. Sa maladie n'est jamais évoquée. En revanche, il en a fait part au roi, le 26 avril, pour justifier sa défection. Il ne viendra pas en Prusse, comme promis, cet été-là. « Le spectacle d'une ancienne amie, avec laquelle [il]

1. *Œuvres complètes*, III, pp. 61 à 71.
2. XI, pp. 273-274. Juin 1776.
3. À Turgot, *in Correspondance inédite de Condorcet* (Ch. Henry), p. 285. Cette lettre non datée est de juin ou juillet 1776.
4. D. 20189.
5. Lettre publiée par J. Pappas, « Inventaire de la correspondance de d'Alembert », *S.V.E.C.*, 1986, pp. 222-223.

demeure depuis douze ans, et qui dépérit d'une maladie de langueur [1] », a ébranlé sa pauvre machine. Il est hors d'état de se déplacer. Aussitôt Frédéric lui a exprimé sa compassion en termes sentis. Il sait ce qu'est l'amitié : « Une âme en deux corps [2]. » À l'annonce de la mort de Julie, Frédéric, le cynique et le machiavélique, témoigne d'une sensibilité presque inattendue pour consoler son ami : « Je n'ai que trop, pour mon malheur, expérimenté ce qu'on souffre de telles pertes, confie-t-il. Le meilleur remède est de se faire violence pour se distraire d'une idée douloureuse qui s'enracine trop dans l'esprit. Il faut choisir quelque occupation géométrique qui demande beaucoup d'application pour écarter, autant que l'on peut, des idées funestes qui se renouvellent sans cesse [...]. Je vous proposerais de meilleurs remèdes si j'en connaissais. Cicéron, pour se consoler de la mort de sa chère Tullie, se jeta dans la composition [3]... »

Manifestement, Frédéric a su trouver, mieux que d'autres, les mots qui vont au cœur. « Votre Majesté, répond d'Alembert, n'a pas besoin de dire *qu'elle n'a que trop éprouvé, pour son malheur, ce qu'on souffre en perdant ce qu'on aimait.* On voit bien, Sire, que vous avez éprouvé ce cruel malheur, à la manière si sensible et si vraie dont vous savez parler à un cœur affligé [...]. Tous mes amis cherchent comme vous à me consoler [...], mais aucun ne sait ajouter comme vous [...] *que notre raison est trop faible pour vaincre la douleur d'une blessure mortelle, qu'il faut donner quelque chose à la nature et se dire surtout qu'à l'âge où nous sommes l'un et l'autre, nous ne tarderons guère à nous rejoindre aux objets de nos regrets* [4]. » Il promet de venir se consoler auprès du roi au printemps suivant. En attendant, son état est insupportable : « La vie, la gloire, l'étude même, tout est devenu insipide pour moi. Je ne sens que la solitude de mon âme, et le vide irréparable que mon malheur y a laissé [...]. La

1. Preuss, XXV, pp. 41-43. Le même jour, il en informe Lagrange : « Plaignez-moi et prenez part à ma peine, car elle est grande. » Ch. Henry, p. 316.
2. Preuss, XXV, p. 44, 16 mai 1776.
3. *Ibid.*, pp. 45-46.
4. *Ibid.*, p. 47. 15 août 1776. Souligné dans le texte.

nature, anéantie pour moi, ne m'offre plus ni un objet d'attachement, ni un objet même d'occupation. »

Sans se lasser, Frédéric revient à la charge, trois semaines plus tard, et tente, par des confidences plus personnelles, de lui transmettre son expérience. Il conclut par l'évocation de leur prochaine rencontre et par cette promesse touchante : « Je ferai ce qui dépendra de moi pour écarter de votre souvenir tout ce qui pourrait vous rappeler des objets tristes et fâcheux, et je ressentirai autant de joie de vous tranquilliser que si j'avais gagné une bataille [1]. »

Ce que d'Alembert n'a pas dit au roi, et qui rend son deuil plus inconsolable qu'un autre, c'est la trahison de Julie. Par cette cruelle ironie, la seule lettre connue où il s'en explique est adressée à celui qui est la véritable cause de sa souffrance. Le 29 juin, il confie à Guibert : « Plaignez-moi, Monsieur, plaignez mon abandon, mon malheur, le vide affreux que je vois dans le reste de ma vie. Je l'ai aimée avec une tendresse qui m'a rendu le besoin d'aimer nécessaire ; je n'ai jamais été le premier objet de son cœur ; j'ai perdu seize ans de ma vie, et j'ai soixante ans [2]. »

Installé dans sa soupente du Louvre, d'Alembert cherche la compagnie des femmes, auprès desquelles il est plus facile de s'épancher. Mme Necker, Amélie Suard et plus tard Mme Marmontel sont des interlocutrices sensibles et affectueuses. Avec elles, il peut s'abandonner sans retenue à ce chagrin qui n'en finit pas [3]. Mais, par-dessus tout, c'est d'abord chez sa chère Mme Geoffrin qu'il cherche le réconfort. De dix-huit ans son aînée, elle a l'âge d'être sa mère et l'entoure de sa tendre affection depuis une trentaine d'années. Quand elle a été atteinte d'une première attaque, en mars 1776, d'Alembert a passé ses matinées à son chevet, jusqu'à son apparent rétablissement.

1. Preuss, XXV, p. 50. 7 septembre 1776. Comparées aux lettres de Frédéric, les quelques lignes de condoléances adressées par Voltaire (10 juin 1776. D. 20162) relèvent du compliment convenu.

2. *R.D.E*, n°s 18-19, octobre 1995, p. 269.

3. Dans ses *Mémoires*, t. I, p. 299, Marmontel écrit : « Depuis la mort de Mlle de Lespinasse, il était consumé d'ennui et de tristesse. Mais, quelquefois encore, il laissait couler dans la profonde plaie de son cœur quelques gouttes du baume de cette amitié consolante. C'était surtout avec ma femme qu'il se plaisait à faire diversion de ses peines. Ma femme y prenait l'intérêt le plus tendre. »

Après la mort de Julie, il conserve cette habitude. C'est chez elle qu'il va épancher son chagrin. Mais, le 29 août, Mme Geoffrin est frappée d'une nouvelle attaque qui la laisse paralysée de la moitié du corps. Cette fois, d'Alembert ne la quitte plus. Au dire de la fille de Mme Geoffrin, Mme de La Ferté-Imbault, qui déteste toute la clique des philosophes athées, il s'était emparé de sa chambre : « Il arrivait à huit heures du matin et revenait cinq fois par jour, amenant parfois avec lui Suard, Marmontel et l'abbé Morellet[1]. » Comme l'état de la malade inspirait de l'inquiétude, et qu'en outre sa fille et elle étaient fort pieuses, le curé de la paroisse fut appelé pour lui administrer les sacrements. Ce qui suit est la seule version donnée par Mme de La Ferté-Imbault :

« Le jour des sacrements, il me parut indécent de laisser circuler d'Alembert et sa suite dans sa chambre en même temps que le curé et le confesseur, et je lui fis fermer la porte dès le lendemain. Quelques heures après, pendant que j'étais à dîner, il entra furtivement dans la chambre de ma mère qui dormait et aperçut tout ouvert sur une table un exemplaire de l'*Imitation.* Il le prit avec colère et, s'adressant aux gens qui veillaient près de son lit, s'écria à haute voix qu'une telle lecture n'était bonne qu'à affaiblir encore la tête de la malade [...] et qu'il fallait remplacer ces momeries par les *Contes de fées* ou les *Mille et Une Nuits*[2]... »

Scandalisée, la fille de Mme Geoffrin écrit à d'Alembert pour le rappeler à la décence à laquelle il aurait manqué. « L'âme de ma mère, dit-elle, vaut mieux que la vôtre, Monsieur, elle est plus portée à la religion, à la vertu et à l'amour de l'ordre[3]. » Elle lui ordonne de bien se tenir, sous peine de lui fermer la porte de sa mère. À en croire la marquise, d'Alembert se serait précipité pour obtenir son pardon : « Il me parut très bas, très plat et très petit ; et moi je me sentis une géante parce que j'avais la vertu et la raison pour moi. Enfin il me promit tout ce que j'exigeais de lui à la condition que je lui permettrais de voir ma

1. Ségur, *Le Royaume de la rue Saint-Honoré,* p. 367.
2. *Ibid.*, pp. 367-368.
3. *Ibid.*, pp. 368-369. La lettre est datée du 1er septembre 1776 par Ségur et du 2 par Ch. Pougens, *Œuvres posthumes de M. d'Alembert,* 1799, I, pp. 240-242.

mère ; et je le menai à son lit[1]... » Toujours d'après elle, d'Alembert aurait immédiatement abusé de cette autorisation : « Une fois rentré dans la place, [il] prétendait n'en plus bouger [...] et ne repartait que le soir venu... » Quelques jours plus tard, exaspérée, Mme de La Ferté-Imbault prit prétexte d'un nouveau progrès de la maladie pour donner congé à tous les visiteurs. D'Alembert se présenta à plusieurs reprises à la porte de Mme Geoffrin, mais, pour lui et ses amis, l'exclusion fut définitive.

D'Alembert a récusé la version donnée par Mme de La Ferté-Imbault[2], mais non le vrai motif de son interdiction : « Je suis à la veille de faire une autre perte qui m'est bien sensible, celle de Mme Geoffrin, et d'autant plus sensible que Mme de La Ferté-Imbault, sa fille, qui joue la dévotion, mais qui ne joue pas la sottise, a écarté du lit de sa mère tout ce qu'on appelle Philosophes et qui n'ont pas plus envie que de besoin de parler de religion à sa mère en l'état où elle est[3]. »

Selon lui, Mme Geoffrin, impotente mais non inconsciente, souffrait d'être séparée de ses amis. Condorcet rapporte à Turgot, le 20 octobre, que la malade avait fait venir le laquais de Mme Suard au petit matin, avant le réveil de sa fille. Elle lui aurait « dit que son état l'empêchait de voir ses amis, mais qu'elle les aimait toujours, qu'elle voulait savoir de leurs nouvelles »... Condorcet ajoute : « Le laquais l'a trouvée fort défigurée et fort affaiblie. Il a pleuré beaucoup et elle aussi. Il paraît qu'elle sent la tyrannie de sa fille, et qu'elle n'a pas la force de s'en délivrer[4]. »

Mme Geoffrin survécut encore un an[5] durant lequel elle reçut les visiteurs agréés par sa fille, y compris Joseph II lors de son passage à Paris, au printemps 1777. Mais, pour d'Alembert, l'interdiction de l'approcher l'avait fait disparaître une année plus tôt. Tout au plus fut-il autorisé à suivre son cercueil. Une

1. Ségur, *Le Royaume de la rue Saint-Honoré*, p. 370.
2. Selon Condorcet, Mme de La Ferté-Imbault aurait fait circuler différentes versions de sa lettre à d'Alembert. À Turgot, 20 octobre 1776, *Correspondance inédite*, pp. 287-288.
3. À Voltaire, 15 octobre 1776. D. 20348.
4. À Turgot, *Correspondance inédite*, p. 287.
5. Elle mourut le 6 octobre 1777.

fois encore, il s'épanche auprès de Frédéric : « Je perds ainsi dans l'espace de quelques mois les deux personnes que j'aimais le plus et dont j'étais le plus aimé [1]. » Une fois encore, Frédéric le console, lui recommande la lecture de Lucrèce et l'invite à venir le voir. En attendant, sa vie est totalement désorganisée. Accoutumé de longue date à passer ses soirées auprès de Julie et ses après-midi chez Mme Geoffrin, il a perdu ses repères affectifs et temporels. « Il n'est plus pour moi, répétait-il, ni soir ni matin [2]. »

Profondément « languissant et malheureux [3] », d'Alembert dépérit. Finalement, il doit renoncer à son voyage à Berlin. Il n'a ni la force ni l'envie de quitter sa soupente. Quoique entouré par ceux qui lui restent, les six années qui le séparent de la mort ne parviendront pas à diminuer la douleur de sa solitude.

Le divorce des philosophes et des rois

La lune de miel n'aura pas duré quinze ans. Elle n'a pas résisté au malentendu originel qui avait scellé leur entente. Les philosophes en mal de considération à Versailles attendaient des monarques étrangers la reconnaissance de leur dignité. De leur côté, les princes considéraient les philosophes comme les trompettes de leur renommée. Diderot l'avait bien compris lorsqu'il disait à Catherine II : « Les grands hommes font les grandes actions, mais ce sont les grands auteurs qui les immortalisent [4]. » Le propos suppose le philosophe juge des actions du monarque, autrement dit, que ce dernier agisse conformément aux idées prônées par le premier. Or la philosophie se radicalise dès le début

1. 7 octobre 1776. Preuss, XXV, pp. 50-53.
2. Ségur, *Le Royaume de la rue Saint-Honoré*, p. 387. Voir aussi la lettre à Frédéric du 17 novembre 1777. Preuss, XXV, pp. 91-93.
3. À Frédéric, 28 avril 1777. Preuss, XXV, p. 385.
4. Tourneux, *Diderot et Catherine II*, p. 447.

des années 1770, et l'image du despote éclairé se ternit en l'espace de peu de temps. Le coup d'État de Gustave III avait suscité en 1772 l'ironie acerbe de Diderot, et le voyage à Pétersbourg acheva de lui dessiller les yeux. Le despote éclairé est volontiers caressant avec le philosophe et l'entretient de lettres et de pensions, mais il n'entend pas qu'on le critique, et encore moins qu'on prétende lui rogner les griffes. Par ailleurs, le propos de Diderot impliquait aussi l'existence de « grands auteurs ». Or la fin de la décennie et le tout début de la suivante voient justement la disparition des plus prestigieux d'entre eux. Quel intérêt y a-t-il de se faire louer par un Lemierre ?

Dernières illusions

On a vu à quel point Gustave III de Suède avait séduit le monde intellectuel lors de son voyage à Paris, en 1771. Il se disait disciple des philosophes et vouait une admiration sans bornes à Voltaire. Un an plus tard, le jeune roi opère un coup d'État[1] dans son pays, favorisé par les Français. Il met fin à la Constitution de 1720 qui avait restreint les prérogatives du pouvoir royal au profit du Parlement. La rivalité des deux partis, les « Bonnets » et les « Chapeaux », et leur corruption, exploitée par les pays voisins, avaient rendu la Suède difficilement gouvernable. À part les réticences de Diderot, inquiet de « la rapidité avec laquelle le pays passe de l'état d'une monarchie tempérée à l'état de despotisme le plus illimité[2] », et la publication des lettres du comte Hessenstein à Mme Geoffrin et à Gustave III[3] expliquant les raisons de sa démission, la nouvelle de ce coup d'État avait été on ne peut mieux reçue à Paris et à Ferney.

1. Le 19 août 1772, Gustave III fit arrêter les principaux sénateurs du parti des « Bonnets » et rétablit la Constitution telle qu'elle était avant 1680.

2. Sergueï Karp, « Diderot et la cour de Suède », in *La Culture française et les archives russes*, éd. par G. Dulac, 2004, p. 190.

3. *Correspondance littéraire*, X, octobre 1772, pp. 75-76. Le comte Von Hessenstein (1735-1808), sénateur, gouverneur général de la Poméranie suédoise en 1776, avait séjourné à Paris en 1769 et fréquenté abondamment tout le milieu philosophique. Cf. Proschwitz, *Gustave III par ses lettres*, pp. 71-72.

À peine en a-t-il pris connaissance que Voltaire se félicite de cette « belle révolution de Suède opérée avec tant de fermeté et de prudence [1] ». Il rédige aussitôt une *Épître* au roi de Suède, « jeune et digne héritier du grand nom de Gustave », dont il envoie copie à Creutz [2], ambassadeur de Suède à Paris, et au comte Lewenhaupt, grand écuyer du roi. À ce dernier, il dit : « « La tête m'a tourné de joie et d'admiration. Elle est tellement tournée que je vous envoie les mauvais vers qui m'échappèrent au premier bruit qui me vint de la révolution [...]. Le zèle n'est pas toujours éloquent, mais ce qui part du cœur a des droits à l'indulgence [3]. »

Les remerciements du roi de Suède ne sont pas parvenus jusqu'à nous, mais, à en juger par ceux qu'il adressa à Marmontel [4] pour sa seule lettre de félicitations, on imagine que le soutien de Voltaire lui fut précieux. Comme le note Proschwitz, Gustave voulait passer, aux yeux de Voltaire et de ses contemporains, pour un « innovateur et un réformateur [5] ». C'est la raison pour laquelle il lui envoie personnellement l'édit sur la liberté de la presse, dont il assume la responsabilité [6]. Il l'accompagne d'une lettre en forme d'hommage : « C'est à vous principalement que l'esprit humain doit l'avantage de surmonter et de détruire les barrières que l'ignorance et une fausse politique lui opposaient. Vos écrits ont éclairé les Princes sur les vrais intérêts. Vous leur avez montré, avec cet agrément que vous seul savez donner aux choses même les plus sérieuses, que plus un peuple est éclairé, plus il est tranquille et fidèle à ses obligations. Il est donc bien juste que vous receviez le premier hommage que la raison rend à l'humanité [7]. »

1. À Frédéric II, landgrave de Hesse-Cassel, 15 septembre 1772. D. 17911.
2. Le 16 septembre 1772. D. 17914.
3. Le 21 septembre 1772. D. 17924. L'*Épître* est publiée dans *La Suède et les Lumières : lettres de France d'un ambassadeur à son roi (1771-1783)*, éd. par M. Molander Beyer, 2006, pp. 82-83.
4. « Le suffrage d'un homme éclairé, d'un bon patriote, d'un vrai philosophe est le seul qui peut vraiment flatter... » Proschwitz, p. 138.
5. *Ibid.*, p. 152.
6. Le roi avait présenté ce nouvel édit au Sénat le 26 avril 1774.
7. S.d. [fin avril ou début mai 1774 ?]. Proschwitz, p. 151.

Le roi de Suède connaît l'art de séduire les philosophes. Non seulement avec des mots, mais aussi par des gestes symboliques forts. Encore prince héritier, il avait ordonné qu'on construisît à ses frais un magnifique monument à la mémoire de Descartes dans l'église de Saint-Olof, à Stockholm, où le philosophe était enterré. L'Académie des sciences de Paris avait chargé Fouchy, son secrétaire, de l'en remercier, et le prince avait répondu dans les termes les plus flatteurs pour l'institution [1]. D'Alembert lui en a gardé une grande reconnaissance, d'autant plus qu'il a apprécié l'homme lors de son voyage à Paris, en 1771. Voltaire et d'Alembert resteront ses admirateurs jusqu'au bout, et le roi ne manquera pas une occasion de se rappeler à leur souvenir par l'intermédiaire de son ambassadeur. Ainsi, il se félicite de l'accueil fait à Voltaire lors de son retour à Paris, en février 1778. Sachant très bien que sa lettre sera lue par le patriarche, il écrit : « Je voudrais bien être à Paris dans ce moment pour voir cet homme célèbre et dont j'ai été si longtemps le zélé admirateur, quoique je suis persuadé que ma présence ne ferait pas la sensation que fait la sienne [...]. Il y a eu tant de rois, mais le monde n'a produit qu'un Voltaire [2]. »

Le 30 octobre 1778, Gustave III prononce un grand discours à l'ouverture de la Diète rassemblée pour la première fois depuis la révolution de 1772. Il y décrit la situation idyllique du royaume, tant à l'intérieur qu'à l'extérieur. Aussitôt, l'ambassadeur en envoie une traduction à d'Alembert, qui en fait une lecture enthousiaste : « Permettez-moi de ne pas vous renvoyer, et de garder bien précieusement pour moi, l'admirable discours que vous m'avez fait l'honneur de me communiquer. Je prendrais la liberté de vous refuser de vous le rendre quand vous me le redemanderiez, tant j'ai besoin d'avoir dans ma bibliothèque ce monument si cher à la Philosophie, à l'humanité, à la justice et à tout ce qui peut intéresser les hommes. Je ne connais point de plus beau discours dans toute l'histoire ancienne et moderne. Il devrait être signé *Gustave Trajan* [...]. Les despotes qui liront

---

1. Lettre du 20 juin et du 26 juillet 1768. *Histoire de l'Académie*, 1768, pp. 1-3.
2. Au comte de Creutz, 6 mars 1778. Proschwitz, p. 165.

ce discours, et qui n'en ont pas fait de pareils, devraient, en le lisant, dire [...] : *Quel exemple pour moi !* Malheureusement, ils ne le liront pas, mais n'importe, il est beau de leur donner cet exemple, quoiqu'ils n'aient ni l'esprit ni l'équité de le suivre [1]. »

On ignore à quels despotes d'Alembert fait allusion. Mais ces propos, qui sont davantage d'un courtisan que d'un philosophe, tranchent radicalement sur ceux de Diderot.

La lucidité de Diderot

Bien avant son voyage en Russie, le philosophe a exprimé toute la méfiance que lui inspire la figure du despote éclairé. Il ne cache pas sa condescendance envers ceux qui, comme Helvétius et Grimm, s'extasient devant Frédéric II [2]. Mais si Diderot concentre ses critiques sur le roi de Prusse, il n'entend pas se faire le courtisan du roi de Suède. Il décline l'invitation de la reine mère à se rendre à Stockholm [3] et préfère « la société de ses égaux, avec lesquels il peut augmenter ses lumières, et dont l'éloge est presque le seul qui puisse le flatter, à celle des Grands, avec lesquels il n'a que des vices à gagner en dédommagement de la perte de son temps [4] ».

Depuis 1770, Diderot n'épargne pas le roi de Prusse, qui incarne à ses yeux le prototype du despote. Les *Pages contre un tyran* (1771) s'adressent bien à lui et les *Fragments politiques* (1772-1773) également, même s'il élargit son propos à tout

1. Au comte de Creutz, 11 décembre 1778. Proschwitz, p. 176. Souligné dans le texte.
2. À Sophie Volland [16 octobre 1769] : « Le roi de Prusse a arrêté [Grimm] trois jours de suite à Potsdam, et il a eu l'honneur de causer avec lui deux heures et demie chaque jour. Il en est enchanté ; mais le moyen de ne pas l'être d'un grand prince, quand il s'avise d'être affable ? Au sortir du dernier entretien, on lui présenta de la part du roi une belle boîte d'or. » L. Versini, p. 983. Dans sa *Réfutation d'Helvétius*, il apostrophe ses mânes : « Et c'est vous, Helvétius, qui citez en éloge cette maxime d'un tyran ! » *Œuvres*, I, éd. Versini, p. 862. Il lui reprochera à plusieurs reprises son admiration outrée pour le roi de Prusse.
3. Lettre de Nolcken à Beylon, 29 novembre/10 décembre 1773, in Sergueï Karp, « Diderot et la cour de Suède », p. 206.
4. *Ibid.*, p. 203 (lettre de septembre 1776).

« despote juste et éclairé ». À Saint-Pétersbourg, face à Catherine, il réitère ses accusations contre Frédéric : « Les philosophes le haïssent parce qu'ils le regardent comme un politique ambitieux, sans foi, pour qui il n'y a rien de sacré, un prince sacrifiant tout, même le bonheur de ses sujets, à sa puissance actuelle, l'éternel boute-feu de l'Europe. » Mais c'est pour mieux l'opposer à la tsarine : « Il n'y a pas un honnête homme, pas un homme qui ait un grain d'âme et de lumière à Paris, qui ne soit l'adorateur de Votre Majesté. Elle a pour elle toutes les académies, tous les philosophes, tous les penseurs, tous les hommes de lettres, et ils ne s'en cachent point. On a célébré sa grandeur, ses vertus, son génie, sa bonté [1]... »

À lire ce texte, qui n'est pas moins flagorneur que celui de d'Alembert sur Gustave III, on ne peut manquer de s'interroger : Diderot, qui fustige la courtisanerie de ses amis devant le roi de Prusse, est-il à ce point aveugle sur la vraie nature de Catherine pour faire de même ? La question mérite d'être posée dans la mesure où le philosophe ne s'est jamais exprimé clairement sur le sujet. À son retour à Paris, il n'est qu'enthousiasme pour la personne de l'impératrice. Aucune confidence désagréable, aucune critique de son interlocutrice, ne sont parvenues jusqu'à nous. Certes, après tous les bruits moqueurs qui ont couru sur son propre comportement à la cour de Russie, Diderot a tout intérêt à enjoliver le portrait de la tsarine et l'accueil qu'elle lui a réservé. En outre, la reconnaissance pour sa générosité lui commande de taire les réserves qu'il a pu éprouver. Reste qu'il ne s'interdira pas de parler de la Russie et du régime despotique qui y règne. « Je vous confierai *tout bas* que nos philosophes qui paraissent avoir le mieux connu le despotisme, écrit-il de La Haye à Mme Necker, ne l'ont vu que par le goulot d'une bouteille. Quelle différence du tigre peint par Oudry ou du tigre dans la forêt [2]. » D'ailleurs, à peine est-il sorti des griffes de la tigresse qu'il rédige une satire du despote, *Principes de politique*

1. *Mélanges pour Catherine II*, éd. Versini, III, p. 228. Dans le cas de Frédéric comme dans celui de Catherine, les philosophes sont loin de présenter cette unanimité affirmée par Diderot.
2. Lettre du 6 septembre 1774. L. Versini, p. 1252. Souligné dans le texte.

des souverains, dont R. Trousson n'hésite pas à dire qu'elle est « le plus violent réquisitoire contre la tyrannie depuis, deux cents ans plus tôt, le *Discours de la servitude volontaire* d'Étienne de La Boétie[1] ». Certes, on y reconnaît une fois encore le portrait de Frédéric II, l'homme à la flûte. Mais le procès du guerrier peut tout aussi bien viser la guerrière qui bataille contre les Turcs. Quand il fait dire au despote : « Il n'y a qu'une personne dans l'Empire, c'est moi », ou bien : « Point de ministre chez moi, mais des commis », ou encore : « Mes sujets ne sont que des ilotes sous un nom plus honnête[2] », le lecteur innocent peut tout aussi bien se référer à la despote de Russie qu'à celui de Prusse. Il n'est pas non plus absurde de supposer que la haine sans limite qu'il voue à Frédéric s'est nourrie des indignations impossibles à exprimer ressenties à Pétersbourg. Quelles qu'aient été les attentions de la tsarine à son égard, il n'a pas pu ignorer la terreur qu'inspire sa toute-puissance. Lorsqu'il écrit « Toujours mettre le nom du sénat avant le sien [...]. On n'y manque guère, quand le sénat n'est rien[3] », à qui fait-il allusion, sinon à elle ? Mais comment critiquer son despotisme sans s'en prendre à sa personne ? Frédéric, qu'il a obstinément refusé de rencontrer, est une cible plus commode dont il peut faire l'incarnation de la tyrannie sans manquer à ses obligations.

De retour chez lui, Diderot n'a sûrement pas manqué de faire le bilan de son voyage. Rien ne lui interdisait de penser qu'un jour ou l'autre Catherine II prendrait des mesures portant la trace de ses conseils. En revanche, il a déjà compris que le projet qui lui tenait tant à cœur depuis dix ans – voir publier en Russie, sous les auspices de l'impératrice, une nouvelle version de l'*Encyclopédie* – ne verra pas le jour. Lui qui rêvait d'élever cette « pyramide » à la gloire de Catherine pour effacer les imperfections et les mutilations du grand œuvre de sa vie, n'a rencontré que son indifférence et l'hostilité de Betzki, même si on lui a laissé croire jusqu'à son retour que son désir allait se réaliser. Le 10 décembre 1774, Diderot présente ses vœux à Catherine,

1. *Denis Diderot ou le vrai Prométhée*, p. 562.
2. *Ibid.*
3. *Ibid.*

mais ne lui parle plus du projet de l'*Encyclopédie* russe. Pour autant, il n'a pas encore désespéré d'elle ni renoncé à lui être utile. Lorsqu'elle écrit à Grimm, le 15 mars suivant : « Messieurs les philosophes qui ne faites point de secte, vous seriez des gens charmants, adorables, si vous aviez la charité de dresser un plan d'étude pour les jeunes gens, depuis l'a.b.c. jusqu'à l'université inclusivement[1] », Diderot se met aussitôt à l'ouvrage. Alors que Grimm bâcle un essai de quelques pages, *Sur les études en Russie*[2], Diderot rédige un véritable *Plan d'une université pour le gouvernement de Russie*. C'est un travail considérable qui descend jusqu'aux moindres détails de ce que devrait être l'université idéale, ouverte à tous : recrutement des professeurs, contenu des enseignements, horaires, « le *Plan* est le projet universitaire le plus élaboré qui soit sorti de la plume d'un des "philosophes" du XVIIIe siècle ; il est aussi resté le plus concret et le mieux documenté[3] ».

Son travail terminé, Diderot le fait parvenir à Catherine en juillet-août 1775 par l'intermédiaire de Grimm, et n'entend plus parler de rien. À l'occasion de ses vœux, il rappelle à l'impératrice : « Madame, j'ai remis il y a quatre ou cinq mois à Grimm le *Plan d'une université* [...] auquel Votre Majesté Impériale nous avait proposé de travailler l'un et l'autre [...]. J'ai fait ce que je pouvais faire de mieux[4]. » On ignore si elle lui répondit. En revanche, elle écrit à Grimm, le 31 janvier 1776 : « J'ai reçu le gros livre de Denis Diderot, et je le lirai lorsque l'article des universités sera mis sur le tapis[5]. »

Mais les mois passèrent sans que Sa Majesté daigne lui en accuser réception. Il semble bien que les relations se soient distendues entre elle et le philosophe. Ce dernier lui aurait adressé

1. Catherine à Grimm, 10 mars 1775. *Correspondance*, éd. Roth, XIV, pp. 134-135.
2. Trousson, *Denis Diderot...*, p. 568.
3. *Dictionnaire de Diderot,* p. 404. On ne peut qu'adhérer à cette réflexion de Roland Mortier, quand on compare le *Plan d'une université* avec le *Cours d'études* de Condillac, rédigé pour l'infant de Parme. Même si les projets sont sensiblement différents, la pensée de Diderot paraît avoir un siècle d'avance sur celle de son ami de jeunesse.
4. 6 décembre 1775. Versini, p. 1265.
5. *Correspondance*, éd. Roth, XIV, p. 184.

une lettre maladroite, durant l'été 1776, à l'occasion du remariage du grand-duc Paul. Elle aurait dit à Grimm : « Tenez, lisez la lettre que je viens de recevoir de Diderot, et voyez un peu si la sienne [de tête] était bien saine lorsqu'il m'écrivit[1] ! » À la fin de l'année, contrairement aux précédentes, Diderot n'écrit pas directement à Catherine pour lui adresser ses vœux. Il charge Grimm de le faire à sa place[2] et s'autorise une dernière allusion à son *Plan d'une université* : « Si j'avais porté mon manuscrit sur les écoles publiques à Pétersbourg, il ne serait pas à lire. Si j'avais su, quand je l'écrivais, qu'on n'en était pas pressé, je crois qu'il aurait été un peu mieux fait. »

Il n'entendra parler de son *Plan* qu'en 1777, par un mot de Grimm qui n'aura pas de suite[3], pas plus d'ailleurs que les nombreuses idées qu'il avait exposées au cours de leurs conversations. La tsarine n'avait que faire de ses conseils, et notamment du premier d'entre eux : mettre un terme au despotisme éclairé, illégitime et malfaisant.

Diderot n'a probablement pas attendu 1776 pour comprendre qu'il avait échoué. Dès son second séjour à La Haye, il paraît « triste[4] » au philosophe Hemsterhuis. De retour à Paris, il vit en solitaire. Ses amis ne le reconnaissent plus. À la princesse Galitsyne qui s'inquiète d'être sans nouvelles de lui et le trouve « triste et changé », Grimm répond : « Cela est vrai, et je crains que ma prophétie sur lui ne commence à s'accomplir, que, sentant peut-être sa tête baissée, il ne commence à se reprocher le gaspillage de la plus belle vie au moment où il sent qu'il n'est plus possible de réparer le passé. Car il est vrai qu'il s'est séquestré de tout le monde, qu'il passe des semaines entières sans voir ses amis et qu'il ne va plus guère que dans les maisons où il peut jouer au piquet. Cela n'empêche pas que sa porte ne

1. Roth, XIV, p. 207.
2. À Grimm (à Pétersbourg), le 13 décembre 1776 : « Renouvelez à Sa Majesté mes souhaits de nouvel an, mes souhaits pour la pérennité de son règne et la prospérité de toutes ses entreprises. Joignez-y un petit [un mot manque] de ma reconnaissance pour toutes ses bontés, sentiment qui finira certainement tout juste avec ma vie. » L. Versini, p. 1283.
3. « Mon papier ne lui a donc pas déplu ? Elle y a trouvé quelques bonnes vues ? » À Grimm, 9 juin 1777. L. Versini, p. 1293.
4. Roth, XIV, p. 87.

soit ouverte à tout venant et qu'il ne perde son temps chez lui comme autrefois [...]. Quand je pense quel génie cet homme avait reçu et l'usage qu'il en a fait [...]. Il ne tenait qu'à lui de s'asseoir à côté de Voltaire au temple de la Mémoire, et il a dissipé tous ses dons avec une telle folie qu'il mourra confondu dans la foule des gens médiocres [1]. »

Cette lettre vipérine nous apprend qu'une page est tournée dans l'amitié qui unissait Diderot et Grimm. Mais elle confirme une profonde mélancolie à laquelle Diderot n'avait pas habitué ses proches. En 1776, il s'installe une bonne partie de l'année à Sèvres, dans la maison de son ami, l'orfèvre Belle. Il se contente de venir le samedi à Paris pour y voir sa fille et sa femme. « Pour moi, dit-il, dégoûté de la ville où les teigneux sont plus communs que jamais, j'habite la campagne. C'est là que je vis comme l'ours en hiver, de ma propre substance, en me léchant la patte [2]. » Il se décrit volontiers vieillissant : « Pour moi, je déménage petit à petit ; j'envoie devant moi le gros bagage, comme les dents dont les unes tombent et les autres chancellent : les yeux qui ne peuvent plus me servir la nuit ; les oreilles qui commencent à se racornir ; et les jambes qui aiment mieux le repos que l'exercice [3]. » Pourtant, on aurait tort de penser que le philosophe a pris sa retraite en attendant la mort.

À l'occasion d'une nouvelle édition des œuvres de Sénèque, Naigeon lui demande une postface. Il accepte avec enthousiasme et passe l'été 1777 à relire Sénèque, dont il avait été le sévère procureur trente ans plus tôt [4]. Cette fois, Diderot se fait l'avocat de celui qu'il regarde comme son frère. Ne sont-ils pas tous deux philosophes ? N'ont-ils pas fait œuvre de moralistes ? Ne se

1. Lettre du 20 février 1775. A. Stroev, G. Dulac « Diderot en 1775 vu par Grimm », *DHS*, 25, 1993, p. 285.
2. À Grimm [mi-décembre 1776]. L. Versini, p. 1285.
3. À sa sœur Denise, 7 octobre 1776. *Ibid.*, p. 1278.
4. Dans sa traduction de l'*Essai sur le mérite et la vertu* de Shaftesbury, n'avait-il pas ajouté cette note impitoyable pour le précepteur de Néron : « Sénèque, chargé de l'état de braver la mort en présentant à son pupille les remontrances de la vertu, le sage Sénèque, plus attentif à entasser des richesses qu'à remplir ce périlleux devoir, se contente de faire diversion à la cruauté du tyran en favorisant sa luxure ; il souscrit, par un honteux silence, à la mort de quelques braves citoyens qu'il aurait dû défendre... » *Œuvres*, éd. Versini, I, p. 967.

sont-ils pas compromis l'un et l'autre avec le tyran ? Comme chacun peut le constater, il disculpe Sénèque « de l'accusation de faiblesse ou de la flagornerie à l'égard de Néron ». Il s'emploie à prouver que, loin d'avoir été courtisan, il a risqué sa réputation puis sa vie pour pouvoir continuer à être écouté du monstre naissant. « En même temps qu'il innocente le Romain, Diderot s'innocente lui-même de ses complaisances pour une autocrate qu'il a eu l'illusion, comme Sénèque, de conduire vers les lumières et vers le respect de l'homme [1]. »

Pourtant, s'il s'identifie à Sénèque par ce plaidoyer *pro domo*, il prend soin, dans l'édition enrichie de 1782, d'atténuer l'impression d'une ressemblance entre Catherine et Néron. Parlant de ses ouvrages, il précise « qu'ils attaquent les erreurs sans attaquer les personnes », et ajoute tout aussitôt « qu'il serait un ingrat s'il ne publiait que Sa Majesté Impériale de Russie l'a comblé de bienfaits dans sa patrie et de distinctions à sa cour ; que c'est d'elle et d'elle seule qu'il a reçu la récompense de ses longs travaux [2] ».

Partagé entre le devoir de gratitude que l'homme doit à sa bienfaitrice et l'exigence de vérité que le philosophe se doit à lui-même, Diderot a tiré son épingle du jeu comme il pouvait. Dans l'impossibilité de mettre Catherine en accusation, il s'est attaqué au despotisme éclairé en général et à Frédéric II en particulier. Rendons-lui grâce d'avoir offert à ses lecteurs la critique la plus lucide d'un type de pouvoir que la majorité des hommes des Lumières applaudissaient vingt ans plus tôt. Sans le vouloir, il rejoignait son vieil ami-ennemi Rousseau, l'auteur du *Contrat social*, le promeneur solitaire qui avait toujours fui la compagnie des Grands et des puissants pour n'avoir jamais rien à leur devoir...

1. *Œuvres*, éd. L. Versini, I, pp. 968-969.
2. *Essai sur les règnes de Claude et de Néron*, p. 1247.

Le détachement des rois

La désaffection des intellectuels pour les princes ne fut pas à sens unique. De leur côté, ces derniers se sont lassés des leçons que leur administraient, avec des talents divers, des hommes qui se prévalaient du titre de philosophe. Peu décidés à céder la moindre parcelle de leur pouvoir, les monarques ne pouvaient adhérer aux analyses de plus en plus radicales des Helvétius, des d'Holbach, des Diderot ou des Raynal. Tant que la philosophie et la littérature voltairienne l'ont emporté, il ne leur en coûtait guère d'applaudir à la tolérance religieuse, d'apporter leur soutien à la famille Calas ou de protéger tel ou tel individu persécuté en France. Il est vrai que les souverains protestants avaient une autre approche des libertés intellectuelles [1] que la France de Louis XV. En séduisant les hommes de lettres, ils se sont appropriés à peu de frais le titre de monarque philosophe ou d'hommes des Lumières. Durant quelque temps, on célébra le despote éclairé [2] en prenant soin de le distinguer du tyran, ce qui convenait encore très bien aux rois et aux princes. Mais, lorsqu'on en vint à prôner l'égalité entre les hommes et la souveraineté du peuple, philosophes et monarques se regardèrent autrement.

Frédéric II fut le premier à faire sa cour à Voltaire, et celui-ci le premier à déchanter. En dépit du lourd contentieux qui les tint silencieux pendant une partie des années 1750, les deux hommes s'admiraient et renouèrent. Frédéric adorait la prose de Voltaire, et le philosophe voulait toujours plaire au grand roi. Celui-ci, avide de culture française, a longtemps cherché à s'attacher ce que la France comptait de plus brillant. On a vu qu'après avoir attiré Maupertuis à Berlin il avait tout promis à d'Alembert s'il acceptait de faire de même. Il avait reçu tous ceux qui lui demandaient protection ou situation : Baculard

1. Frédéric en donne une illustration dans sa lettre à d'Alembert du 18 octobre 1770, Preuss, XXIV, p. 507 : « J'ai réfuté l'auteur du *Système de la nature*, parce que ses raisons ne m'ont pas convaincu ; cependant, si on voulait le brûler, je porterais de l'eau pour éteindre le bûcher. Voilà comme il faut penser quand on veut se mêler de philosophie, ou il faut renoncer au titre de philosophe. »

2. Voltaire et d'Alembert furent de ceux-là.

d'Arnaud, La Mettrie, La Beaumelle et quelques autres. Mais, dès les années 1760, les orientations nouvelles des encyclopédistes ne lui plaisent plus. Même s'il se dit prêt à les accueillir pour qu'ils terminent leur œuvre à l'abri des persécutions, c'est moins par adhésion à leur pensée que pour le plaisir d'agacer Louis XV et de montrer à toute l'Europe que la France n'est plus le centre de la vie intellectuelle. Il n'a pas apprécié le *De l'esprit*[1] d'Helvétius. Il l'a invité en 1765 pour profiter de ses compétences de fermier général, non pour ses qualités littéraires. Frédéric est un redoutable critique. Il lit tout ce qui vient de France, mais avec de moins en moins de plaisir. Seuls Voltaire et d'Alembert trouvent grâce à ses yeux, bien que, le temps passant, le premier perde de sa créativité, et le second, de sa gaîté.

L'*Essai sur les préjugés*, issu de la fabrique d'Holbach-Diderot, signe la fin d'une longue liaison avec les philosophes. Outre que le livre « dit des injures aux rois » qui l'obligent à « prendre la défense de [ses confrères][2] », Frédéric est las du style lourd et du ton arrogant que prend la nouvelle philosophie. Comme Mme du Deffand, il se plaint de la décadence de la littérature française : « Lorsqu'un Fontenelle, un Voltaire, un Mairan, un Crébillon composaient [...], les ouvrages de ces auteurs méritaient d'être lus par tout le monde ; mais aujourd'hui qu'il ne paraît que des compilations [...], des dictionnaires et encyclopédies en tous genres, tout cela me cause des dégoûts[3]. » Quoique peiné par la mort d'Helvétius, la lecture de son œuvre posthume, *De l'homme*, l'accable : « J'ai été fâché, pour l'amour de lui, qu'on l'ait imprimé. Il n'y a point de dialectique dans ce livre ; il n'y a que des paralogismes et des cercles de raisonnements vicieux, des paradoxes et des folies complètes [...]. Helvétius était honnête homme, mais il ne devait pas se mêler de ce qu'il n'entendait pas ; Bayle l'aurait envoyé à l'école pour étudier les rudiments de la logique. Et cela s'appelle des philosophes[4] ! »

1. À d'Alembert, 24 mars 1765. Preuss, XXIV, pp. 395-397. Pour une critique plus détaillée, voir la lettre à d'Alembert du 13 août 1777. Preuss, XXV, p. 82.
2. À d'Alembert, le 17 mai 1770. Preuss, XXIV, p. 484.
3. À d'Alembert, le 4 décembre 1772. *Ibid.*, p. 589.
4. À d'Alembert, le 7 janvier 1774. *Ibid.*, p. 616.

Pour finir, il règle ses comptes avec Diderot, dont il n'ignore pas l'hostilité. « Je ne saurais soutenir la lecture de ses livres, tout intrépide lecteur que je suis ; il y règne un ton suffisant et une arrogance qui révoltent l'instinct de ma liberté. Ce n'était pas ainsi qu'écrivaient Aristote, Cicéron, Lucrèce, Locke, Gassendi, Bayle, Newton. La modestie va bien à tout le monde, elle est le premier mérite du sage [...]. On croit qu'il suffit de prendre un ton décisif pour persuader [1]... »

Au-delà des critiques de forme, c'est le fond qui est en cause. Frédéric n'admet pas que des philosophes, le nez dans leurs écrits, sans la moindre expérience du gouvernement des hommes, lui donnent des leçons. Non qu'il soit sourd à la raison et hostile à tout progrès. Il adhère par exemple aux théories de Beccaria, qu'il approuve : « Il n'y a qu'à s'en tenir à ce qu'il a si judicieusement proposé. Dès que les peines sont proportionnées au délit, tout est en règle [2]. » Mais les postulats des Diderot, Helvétius et d'Holbach lui semblent si contraires à son expérience personnelle qu'il rejette en bloc leurs théories. Fort de ses prétentions philosophiques et de son expérience politique, il rédige lui-même un petit *Essai sur le gouvernement* qui prétend « contribuer au bien public, aux progrès de la raison [3] ». Il le soumet « à la censure [4] » de Voltaire et de d'Alembert. Ce n'est, dit-il, qu'une « rêverie, [...] une esquisse [5] » qui doit être approfondie par de « vrais savants ». Il ajoute à l'adresse des philosophes qui le critiquent : « Messieurs les encyclopédistes ne seront peut-être pas toujours de mon avis ; chacun peut avoir le sien. Toutefois, si l'expérience est le plus sûr des guides, j'ose dire que mes assertions sont uniquement fondées sur ce que j'ai vu et sur ce que j'ai réfléchi. »

1. À d'Alembert, le 7 janvier 1774. Preuss, XXIV, p. 617. Frédéric n'avait pas apprécié l'interpellation qui ouvrait *De l'interprétation de la nature* (1753) : « Jeune homme, prends et lis. »
2. À Voltaire, 5 septembre 1777. D. 20786.
3. À Voltaire, 13 août 1777. D. 20764. Frédéric n'en a tiré que quelques exemplaires (6 ou 8) pour qu'il reste secret.
4. À d'Alembert [septembre 1777]. Preuss, XXV, p. 87 ; et À Voltaire, 5 septembre 1777, D. 20786.
5. À Voltaire, 5 septembre 1777. D. 20786.

L'opinion de Voltaire sur cet *Essai* royal n'est pas parvenue jusqu'à nous. Mais d'Alembert ne marchande pas son approbation. Il l'a lu et relu, et fait « lire à ceux qui en sont dignes un ouvrage si digne lui-même de Votre Majesté, si plein des plus excellents principes de gouvernement, écrit avec tant de raison, d'esprit et d'élégance, et dont Votre Majesté prouve combien les préceptes sont sages, par le soin et les succès avec lesquels elle les pratique [1] ». Sincère [2] ou courtisan, d'Alembert est un philosophe comme Frédéric les aime. Il n'a nul besoin de ceux qui contestent l'étendue de ses pouvoirs et sa légitimité.

C'est également l'avis de Catherine II. Si Diderot lui plut beaucoup « par l'originalité de son génie et de son style, par sa véhémente et rapide éloquence [3] », il semble, si l'on en croit le comte de Ségur, qu'elle s'en soit vite méfiée. « Je m'entretins longtemps et souvent avec lui, me disait Catherine, mais avec plus de curiosité que de profit. Si je l'avais cru, tout aurait été bouleversé dans mon empire : législation, administration, politique, finances, j'aurais tout renversé pour y substituer d'impraticables théories [4]. » Encore la souveraine ignorait-elle les observations de Diderot sur son *Nakaz*, rédigées à son retour à La Haye et qui commençaient par ces lignes :

« Il n'y a point de vrai souverain que la nation ; il ne peut y avoir de vrai législateur que le peuple [...]. La première ligne d'un code doit lier le souverain ; il doit commencer ainsi : "Nous, peuple, et nous, souverain de ce peuple, jurons conjointement ces lois par lesquelles nous serons également jugés ; et s'il nous arrivait, à nous souverain, de les changer ou de les enfreindre, ennemi de notre peuple, il est juste qu'il soit le nôtre, qu'il soit délié du serment de fidélité, qu'il nous poursuive, qu'il

---

1. 17 novembre 1777. Preuss, XXV, pp. 91-93.
2. Il faut se rappeler que d'Alembert et Voltaire ont toujours été partisans de la monarchie et n'ont jamais fait la critique du despote éclairé.
3. Comte de Ségur, *Mémoires ou souvenirs et anecdotes*, 2e éd., 1826, III, p. 41. Ambassadeur de France en Russie, le comte rapporte les conversations qu'il eut avec l'impératrice dans les années 1780... Les propos de Catherine, rapportés dix ans après sa rencontre avec Diderot, ne reflètent pas nécessairement son opinion de 1773-1774.
4. *Ibid.*, pp. 41-42.

nous dépose et même qu'il nous condamne à mort si le cas l'exige[1]... »

Lorsqu'elle découvrira ce texte, en 1785, après la mort de Diderot, elle confiera à Grimm : « Cette pièce est un vrai babil dans lequel on ne trouve ni connaissance des choses, ni prudence, ni clairvoyance ; si mon instruction avait été du goût de Diderot, elle aurait été propre à mettre les choses sens dessus dessous [...]. La critique est aisée, mais l'art est difficile ; voilà ce qu'on peut dire en lisant les observations du philosophe qui, toute sa vie, à ce qu'il paraît, était d'une prudence à vivre sous tutelle ; il faut qu'il ait composé cela après son retour d'ici, car il ne m'en a jamais parlé[2]. »

Au dire de Catherine, il y a incompatibilité entre théorie philosophique et pratique politique. Elle rapporte à Ségur l'étonnement de Diderot voyant qu'elle n'appliquait aucun de ses conseils, et sa réponse :

« Monsieur Diderot, j'ai entendu avec le plus grand plaisir tout ce que votre brillant esprit vous a inspiré ; mais avec tous vos grands principes, que je comprends très bien, on ferait de beaux livres et de mauvaise besogne. Vous oubliez dans tous vos plans de réforme la différence de nos deux positions : vous, vous ne travaillez que sur le papier, qui souffre tout ; il est tout uni, souple, et n'oppose d'obstacles ni à votre imagination, ni à votre plume ; tandis que moi, pauvre impératrice, je travaille sur la peau humaine, qui est bien autrement irritable et chatouilleuse[3]. »

À cet instant, ils avaient pris acte l'un et l'autre de l'inutilité de poursuivre. Selon l'impératrice : « Il me prit en pitié, me regardant comme un esprit étroit et vulgaire. Dès ce moment, il ne me parla plus que de littérature, et la politique disparut de nos entretiens[4]. » Sa propre opinion était faite : laissons les philosophes à leurs rêveries sous peine de mettre le feu aux poudres.

1. *Observations sur l'Instruction de l'impératrice de Russie aux députés pour la confection des lois, Œuvres*, éd. Versini, III, p. 507.
2. Lettre du 22 novembre (ou 23 ?) 1785. M. Tourneux, *Diderot et Catherine II*, pp. 519-520.
3. Ségur, *Mémoires ou souvenirs et anecdotes*, pp. 42-43.
4. *Ibid.*, p. 43.

Dorénavant, elle lui préférera Grimm, parfait courtisan toujours prêt à l'applaudir.

En 1777, le prestige des philosophes n'est plus ce qu'il était dix ans plus tôt. Lorsque Joseph II séjourne officieusement à Paris[1] sous le nom de comte de Falkenstein, il a pour but de visiter tous les établissements intéressants de la capitale et de rencontrer les personnalités les plus marquantes. Le moins que l'on puisse dire, c'est que le pragmatique Autrichien ne s'est guère précipité chez les hommes de lettres. Il préfère passer deux heures avec Turgot et autant avec Necker plutôt que de s'attarder auprès des académiciens. Il faut reconnaître que l'impératrice Marie-Thérèse n'a jamais vraiment goûté le bel esprit français. Cette catholique fervente n'apprécie ni les mœurs débridées des uns, ni l'incrédulité des autres. D'ailleurs, il n'y a jamais eu de relations suivies entre Vienne et les auteurs français ; excepté Buffon, auquel Joseph II aurait rendu plusieurs visites au Jardin des Plantes[2], la république des lettres l'aura vu passer en coup de vent. Les intellectuels l'intéressent moins que les artistes[3], Vaucanson et ses machines, ou Perronnet, l'architecte du pont de Neuilly. Le 2 mai, d'Alembert note laconiquement : « Je ne sais s'il viendra à nos Académies ; il est déjà venu voir nos portraits et peut-être aimera-t-il mieux nos portraits que nos personnes[4]. » « Les beaux esprits, note Mme du Deffand, doivent être bien étonnés du peu d'empressement qu'il a pour eux, aussi ne paraît-il ni vers ni prose à sa louange[5]. » Le 10, il visite enfin l'Académie des sciences : « On l'y attendait depuis 12 ou 15 jours. Tout était préparé pour faire devant lui des expériences de chimie. Il y resta une demi-heure, on ne lui fit aucun compliment, il ne voulut aucune place de distinction[6]. » Le 16 et le 17, il fait de même à l'Académie des inscriptions et belles-lettres et à l'Académie française, le temps d'écouter quelques discours, un court *Éloge de Fénelon* par d'Alembert, et d'échanger

1. Du 18 avril au 31 mai 1777.
2. *Mémoires secrets*, X, p. 151. *Correspondance littéraire*, XI, p. 471.
3. Il a rencontré Pigalle, Pajou, Houdon, Coustou, Greuze et Vernet.
4. À Voltaire, D. 20659.
5. À Walpole, 11 mai 1777, *Correspondence...*, p. 441.
6. *Ibid.*, p. 440.

quelques mots avec ce dernier. Il l'aurait interrogé, selon la *Correspondance littéraire*[1], sur son voyage à Berlin et sur les raisons pour lesquelles ni Diderot ni Raynal n'appartenaient à l'Académie française.

Devant rentrer chez lui par la route de Lyon et par la Suisse, chacun s'attendait à ce qu'il passât par Ferney pour « voir et entendre l'homme du siècle, le Virgile et le Cicéron de nos jours[2] ». Voltaire se préparait à l'accueillir. Mais, ayant reçu l'ordre de sa mère de ne pas s'y arrêter, « il passa à Ferney sans voir M. de Voltaire [...], alla à Versoix où il resta trois quarts d'heure à se faire rendre compte des travaux actuels et futurs[3] ». Le patriarche fut mortifié par cette marque de mépris, et Frédéric ne cacha pas sa réprobation. « J'apprends, dit-il à d'Alembert, que le comte de Falkenstein a vu des ports, des arsenaux, des vaisseaux, des fabriques, et qu'il n'a point vu Voltaire ; ces autres choses se rencontrent partout, et il faut des siècles pour produire un Voltaire. Si j'avais été à la place de l'empereur, je n'aurais pas passé par Ferney sans entendre le vieux patriarche[4]. »

Cette indifférence à l'égard du plus grand écrivain du siècle parut presque criminelle : « Je veux croire, répond d'Alembert, pour l'honneur du prince, qu'elle n'est pas réelle[5]. »

La mort de Voltaire accélère l'agacement des princes, voire leur éloignement des hommes de lettres. Les confidences de Gustave III à la comtesse de Boufflers, avec laquelle il entretient une correspondance depuis son voyage à Paris, en sont la preuve. Dans une lettre du 19 mars 1781, il juge des discours tenus à l'Académie française en ces termes : « J'ai lu les deux discours de M. de Tressan et de Lemierre. [...] J'ai trouvé dans celui de M. de Tressan le ton de la politesse et de la galanterie de l'ancienne cour, et dans celui de Lemierre, toute la morgue et l'orgueil des gens de lettres, ou, pour mieux dire, des philosophes

1. XI, p. 474.
2. Frédéric II à Voltaire, 1er juin 1777. D. 20659.
3. Hennin à Vergennes, 15 juillet 1777. D. 20727.
4. 13 août 1777. Preuss, XXV, p. 82.
5. À Frédéric, 22 septembre 1777. *Ibid.*, pp. 84-86.

du jour[1]. » Il se moque également de la princesse de Nassau, qui lui paraît « aimer les gens de lettres [...] et la célébrité qu'ils procurent [...]. Ces messieurs se sont emparés de la trompette de la renommée ; je ne sais pas s'ils s'en servent avec beaucoup d'impartialité, mais il est certain qu'ils font retentir aux quatre coins du monde les noms de leurs protecteurs. »

Trois ans plus tard, il exprime un rejet plus radical encore. À ses yeux, la prétention, l'intolérance et la tyrannie ont changé de camp : « Pour Messieurs les philosophes, je vous avoue que si je peux m'en dépêtrer, je le ferai de tout mon cœur. Je risquerais toujours d'être éclaboussé dans leur compagnie, ou, si je les vois, je ferai comme les Manichéens qui adoraient le mauvais principe pour qu'il ne leur fît pas de mal. Ces Messieurs veulent tout régenter, ils prétendent au gouvernement du monde et ne peuvent se gouverner eux-mêmes. Ils parlent de tolérance et sont plus intolérants que tout le collège des Cardinaux. Cependant, ce sont leurs opinions qui décident des réputations et qui les transmettent à la Postérité[2]. »

Gustave III se trompe au moins sur un point. À l'heure où il écrit cela, il n'y a plus de « grands auteurs » désireux d'immortaliser des rois. Les regards se tournent vers l'Amérique... Le divorce est consommé de part et d'autre. Bientôt les intellectuels se mêleront à nouveau de politique, mais d'une tout autre manière.

1. *Gustave III par ses lettres*, p. 215. Le 25 janvier 1781, le comte de Tressan (1705-1783) et Antoine Lemierre (1733-1793) étaient reçus à l'Académie française. Les deux hommes incarnent deux générations et deux styles (médiocres) différents.
2. À la comtesse de Boufflers, 3 mars 1784. *Ibid.*, p. 257.

CONCLUSION

Le retour de Voltaire à Paris, le 10 février 1778, après vingt-huit ans d'exil, marque à la fois l'apogée et le déclin du règne du philosophe. En arrivant à l'improviste dans la capitale, sans l'autorisation du roi, il montre que l'opinion publique qu'il a contribué à former et sur laquelle il s'est toujours appuyé est une force avec laquelle on doit désormais compter. Son immense popularité le protège de la mauvaise humeur de Versailles. À son domicile[1], dans la rue, à l'Académie ou à la Comédie-Française, il est l'objet d'un enthousiasme bouleversant et sans précédent dans l'histoire des hommes de lettres. La *Correspondance littéraire* en témoigne : « Non, l'apparition d'un revenant, celle d'un prophète, d'un apôtre, n'aurait pas causé plus de surprise et d'admiration que l'arrivée de M. de Voltaire. Ce nouveau prodige a suspendu quelques moments tout autre intérêt ; il a fait tomber les bruits de guerre, les intrigues de robe, les tracasseries de cour, même la grande querelle des gluckistes et des piccinistes. L'orgueil encyclopédique a paru diminué de moitié, la Sorbonne a frémi, le Parlement a gardé le silence, toute la littérature s'est émue, tout Paris s'est empressé de voler aux pieds de l'idole[2]. »

1. Il demeura chez son ami, le marquis de Villette, dont l'hôtel était situé à l'angle de la rue de Beaune et du quai des Théatins, aujourd'hui quai Voltaire.
2. XII, pp. 53-54. Février 1778.

Oubliées les jalousies, les querelles et les rivalités, tout ce qui compte dans la capitale se bouscule pour lui rendre hommage. Par gratitude pour la « multitude d'ouvrages sublimes dans tous les genres de littérature », mais aussi pour avoir pris « courageusement la défense de l'innocence opprimée [1] ».

Pour se faire une idée de la gloire de Voltaire, il faut lire le compte rendu de la journée du 30 mars par la *Correspondance littéraire* :

« Cet illustre vieillard a paru aujourd'hui pour la première fois à l'Académie et au spectacle [...]. Son carrosse a été suivi dans les cours du Louvre par une foule de peuple empressé à le voir. Il a trouvé toutes les portes, toutes les avenues de l'Académie assiégées d'une multitude qui ne s'ouvrait que lentement à son passage et se précipitait aussitôt sur ses pas avec des applaudissements et des acclamations multipliées. L'Académie est venue au-devant de lui jusque dans la première salle, honneur qu'elle n'avait jamais fait à aucun de ses membres, pas même aux princes étrangers qui ont daigné assister à ses assemblées [...]. Les hommages que M. de Voltaire a reçus à l'Académie n'ont été que le prélude de ceux qui l'attendaient du théâtre de la nation. Sa marche depuis le vieux Louvre jusqu'aux Tuileries a été une espèce de triomphe public. Toute la cour des Princes, qui est immense, jusqu'à l'entrée du Carrousel, était remplie de monde ; il n'y en avait guère moins sur la grande terrasse du jardin, et cette multitude était composée de tout sexe, de tout âge et de toute condition. Du plus loin qu'on a pu apercevoir la voiture, il s'est élevé un cri de joie universelle ; les acclamations, les battements de mains, les transports ont redoublé à mesure qu'il approchait ; et quand on l'a vu, ce vieillard respectable chargé de tant d'années et de tant de gloire, quand on l'a vu descendre, appuyé sur deux bras, l'attendrissement et l'admiration ont été au comble. La foule se pressait pour pénétrer jusqu'à lui ; elle se pressait davantage pour le défendre contre elle-même. Toutes les bornes, toutes les barrières, toutes les croisées étaient remplies de spectateurs, et, carrosse arrêté, on était déjà

1. Diderot, *Essai sur les règnes de Claude et de Néron*, éd. L. Versini, p. 1210.

monté sur l'impériale et même jusque sur les roues pour contempler la divinité de plus près.

« Dans la même salle, l'enthousiasme du public, que l'on ne croyait pas pouvoir aller plus loin, a paru redoubler encore lorsque [...] le sieur Brizard est venu apporter une couronne de laurier que Mme de Villette a posée sur la tête du grand homme, mais qu'il a retirée aussitôt, quoique le public le pressât de la garder par des battements de mains et par des cris qui retentissaient de tous les coins de la salle avec un fracas inouï. Toutes les femmes étaient debout. Il y avait plus de monde encore dans les corridors que dans les loges [...]. Ce transport, cette espèce de délire universel a duré plus de vingt minutes, et ce n'est pas sans peine que les Comédiens ont pu parvenir enfin à commencer la pièce. C'était *Irène* qu'on donnait pour la sixième fois. Jamais cette tragédie n'a été mieux jouée, jamais elle n'a été moins écoutée, jamais elle n'a été plus applaudie.

« La toile baissée, les cris, les applaudissements se sont renouvelés avec plus de vivacité que jamais. L'illustre vieillard s'est levé pour remercier le public, et l'instant après on a vu sur un piédestal, au milieu du théâtre, le buste de ce grand homme, tous les acteurs et toutes les actrices rangés en cintre autour du buste [...] de sorte que le théâtre, dans ce moment, représentait parfaitement une place publique où l'on venait ériger un monument à la gloire du génie [...]. Le nom de Voltaire a retenti de toutes parts avec des acclamations, des tressaillements, des cris de joie, de reconnaissance et d'admiration. L'envie et la haine, le fanatisme et l'intolérance n'ont osé rugir qu'en secret ; et pour la première fois peut-être, on a vu l'opinion publique en France jouir avec éclat de tout son empire [1]. »

Et Diderot de conclure : « Toute une nation t'a rendu des hommages que ses souverains ont rarement obtenus d'elle. Tu as reçu les honneurs du triomphe dans ta patrie, la capitale la plus éclairée de l'univers ; qui est celui d'entre nous qui ne donnât sa vie pour un jour comme le tien [2] ? »

1. XII, pp. 68-71. 30 mars 1778.
2. *Essai sur les règnes de Claude et de Néron*, L. Versini, p. 1210.

Deux mois plus tard, Voltaire meurt[1] en se refusant à toutes les rétractations que les prêtres voulaient lui arracher. Ferme dans ses convictions, il partit en théiste et non en chrétien.

Quelques semaines plus tard, c'est au tour de son vieil ennemi Rousseau de rendre l'âme à Ermenonville[2]. Ils seront bientôt suivis de d'Alembert[3] et de Diderot[4]. Les lumières du siècle s'éteignent les unes après les autres, laissant derrière elles les fondements de la modernité et, notamment, les passions intellectuelles.

La mort de Voltaire clôt l'histoire de l'apparition de ces grandes passions. Non qu'elles aient été totalement ignorées avant le XVIIIe siècle. Mais le *désir de gloire*, l'*exigence de dignité* et la *volonté de pouvoir* sont étroitement dépendants de la naissance d'une opinion publique. Plus celle-ci a gagné en puissance, plus on a vu la première et la troisième passion s'exacerber. Le désir de gloire et la volonté de pouvoir semblent s'être développés au détriment de l'exigence de dignité. Au XVIIIe siècle, cette dernière désignait l'indépendance du philosophe à l'égard des grands. Autrement dit, le refus de la courtisanerie. Aujourd'hui, la première puissance est l'opinion publique. C'est elle et elle seule qui octroie gloire et pouvoir par la grâce des médias. Les intellectuels ont changé de maître, mais pas d'esclavage. Seront-ils capables, pour se libérer, de renoncer à d'aussi douces passions ?

1. Le samedi 30 mai 1778.
2. Le 2 ou le 3 juillet.
3. Le 29 octobre 1783.
4. Le 31 juillet 1784.

Remerciements

Pour la rédaction de ce troisième et dernier volume, je tiens à marquer ma gratitude au professeur David Speiser et au docteur Fritz Nagel, responsables de la Bernoulli-Édition à Bâle, à Mme Barbara Roth-Lochner, conservateur des manuscrits de la Bibliothèque publique et universitaire de Genève, au directeur de la Biblioteka Jagiellonska de l'université de Cracovie, à Mme Florence Greffe, conservateur des archives de l'Académie des sciences, à Mme Pastoureau, directeur de la Bibliothèque de l'Institut, à Mlle Marie-Françoise Rose, conservateur de la Bibliothèque municipale de Versailles.

Je remercie tout particulièrement Irène Passeron et Jean-Daniel Candaux de leur aide généreuse, ainsi que Micheline Amar pour ses précieux conseils.

ABRÉVIATIONS

A.A.S.	Archives de l'Académie des sciences
A.E.G.	Archives d'État de Genève
A.M.	Archives municipales
B.E.B.	Édition Bernoulli à Bâle
B.L.	British Library, alors au British Museum (Manuscrits)
B.N.	Bibliothèque nationale, Paris (Manuscrits)
B.P.U.	Bibliothèque publique et universitaire de Genève

Correspondance littéraire
Correspondance littéraire, philosophique et critique par Grimm, Diderot, Raynal, Meister, etc., éd. M. Tourneux, 1877-1882, 16 volumes

D. Référence à la correspondance de Voltaire éditée par Theodore Besterman, *Correspondence and Related Documents*, vol. 85-135 des *Œuvres complètes* (Genève, Banbury, Oxford, 1968-1977). La lettre D est suivie d'un chiffre

D.H.S. Revue *Dix-huitième siècle*

H.A.R.S. Histoire de l'Académie royale des sciences (Paris)

Leigh Éditeur de la *Correspondance complète de Jean-Jacques Rousseau*, 52 volumes, Voltaire Foundation, Oxford, 1967-1998

ABRÉVIATIONS

Mémoires secrets
Mémoires secrets pour servir à l'histoire de la république des lettres en France depuis 1762 jusqu'à nos jours ; ou *Journal d'un observateur*, par Bachaumont *et alii*, Londres, 1762-1789, 36 volumes

Ms.fr Manuscrits français

Naf Nouvelles acquisitions françaises

P.I., I *Les Passions intellectuelles*, I, *Désirs de gloire*, Fayard, 1999

P.I., II *Les Passions intellectuelles*, II, *Exigence de dignité*, Fayard, 2002

P.V. de l'Académie
Procès-verbaux annuels de l'Académie des sciences et de l'Académie française

R.D.E. *Recherches sur Diderot et sur l'Encyclopédie*

R.H.L.F. Revue d'histoire littéraire de la France

s.l.n.d. sans lieu ni date

S.V.E.C. Studies on Voltaire and the Eighteenth Century, ed. Theodore Besterman, The Voltaire Foundation, Banbury, Oxford

MANUSCRITS : PRINCIPALES COLLECTIONS CONSULTÉES

I. En France

Archives de l'Académie des sciences (Paris)

— Les dossiers biographiques établis au nom de chaque savant français ou étranger contiennent de nombreuses lettres manuscrites ainsi que certains travaux de leurs auteurs.
— Le fonds La Condamine (Gaillard du Grail).
— Le fonds Guettard.
— La collection de Gabriel Bertrand qui se présente sous la forme de 11 cartons.
— Procès-verbaux et pochettes.

Bibliothèque de l'Institut de France

— Papiers biographiques concernant d'Alembert, Ms. 2031, f° 9-17.
— Manuscrits de d'Alembert, Ms. 1786-1783, 1792, 2 466-2474.
— Un grand nombre de lettres de d'Alembert se trouvent dans les papiers de Condorcet, son légataire universel, en particulier, Ms. 848, 866, 867, 876, 880-882, 2475.
— Correspondance de Pierre-Michel Hennin : Ms. 1252-1271.

— Nombreuses collections d'autographes contenant des lettres des membres des trois académies.

Archives de l'Académie française

— Lettres d'académiciens classées selon l'ordre alphabétique.

Bibliothèque nationale (Paris)

Parmi les nombreuses collections de manuscrits, nous signalons :
— The collection of autograph letters and historical documents, ed. Alfred Morrison (1865 et 1883-1894).
— Lettres de Desmarets à Grosley et à quelques autres, n.a.f. 803.
— Lettres de la Librairie.

Bibliothèque Victor-Cousin, Sorbonne

— Lettres de Turgot, Malesherbes, d'Alembert : Ms. IV et V.

Archives de l'Hérault (Montpellier)

— Correspondance de l'Académie des sciences et lettres de Montpellier : Ms. D. 203-205.

Bibliothèque municipale Carré d'Art (Nîmes)

— 16 volumes de lettres adressées au botaniste et archéologue Jean-François Séguier : Ms. 135-150. Auxquels il faut ajouter les Ms. 415-417 et certaines lettres du Ms. 827.

Bibliothèque municipale d'Avignon

— Collection d'autographes Requien.
— Correspondance de Calvet, érudit local (1728-1810) : Ms. 2345-2364.

Bibliothèque municipale de Rouen

— Lettres de Mme de Créqui (née Froulay) à Cideville. Papiers Le Cornier : Ms. C. 31.
— Collection d'autographes Duputel.

Archives de l'Académie des sciences, belles-lettres et arts de Lyon

— Mémoires de l'Académie de 1742 à 1751 : Ms. 267 II.
— Correspondance de l'Académie : Ms. 268, vol. I-III ; Ms. 274, 218.

Bibliothèque municipale de Lyon

— Lettres de La Condamine : Ms 6112.

Bibliothèque municipale de Grenoble

— Lettres de l'abbé de Mably : Ms. 98, 782, 1043, 1518, 2169, 3478.

Bibliothèque municipale de Nantes

— La collection Labouchère contient de nombreuses lettres de savants et philosophes du XVIIIe siècle.

Bibliothèque municipale et interuniversitaire de Clermont-Ferrand

— Collection de Chazelles : Ms. 337-339 (nombreuses lettres adressées à Jean-Étienne Guettard).
— Collection de Chazelles et dons divers : Ms. 473-475.
— Autographes divers : Ms. 340-341.

Bibliothèque municipale de Versailles

Collection Lebaudy : 77 lettres de Théodore Tronchin à Mme d'Épinay et Grimm, 1756-1765.

II. À l'étranger

Archives russes d'État des Actes anciens (Moscou)

Lettres du prince Galitsyne de La Haye : RGADA, fds 5, 141.
Lettres de Catherine II à Mme Geoffrin : RGADA, fds 5, 153.

Archives Bernoulli à Bâle

— Correspondance entre La Condamine et Jean II Bernoulli : LIa. 685.
— Correspondance entre La Condamine et Daniel Bernoulli : LIa. 685.
— Correspondance entre Clairaut et Daniel Bernoulli : LIa. 684. Les citations extraites de ces correspondances sont tirées des transcriptions tapées, aimablement fournies par les Archives Bernoulli.
— Correspondance entre Lalande et Jean III Bernoulli : LIa. 701.
— Correspondance entre Lambert et d'Alembert : LIa. 705.

Archives d'État de Genève

Fonds Saladin, cartons 274, 276, 279, 280, armoire 4.

Burgerbibliothek de Berne

— Importante collection de lettres d'écrivains français à B. Tscharner, Ms h.h. XII. 92.
— Correspondance de l'abbé Mably avec Fellenberg : Ms F.A, 154.

Bibliothèque publique et universitaire de Genève

— *Correspondance de Charles Bonnet, naturaliste*, avec :
J. Bernstorff, le président de Bon, Réaumur et A. Roger, de Geer, Dortous de Mairan, Lalande, Formey, Le Sage.

Voir le catalogue très complet établi par Daniel Candaux, publié par la Bibliothèque publique et universitaire de Genève, 1993.

— *Correspondance de Louis Necker*, avec :
Le Sage : Ms. supp. 514, 518.
J. Vernet : Ms. sauss. 238.

— *Correspondance de Georges-Louis Lesage*, avec :
J. Lalande : Ms. supp. 513, 517.
D'Alembert : Ms. supp. 512, 517.

— Deux lettres de d'Alembert à J. Vernes : Ms. supp. 1036.
— Une lettre de Th. Tronchin à d'Alembert : D.O. d'autographes.
— Une lettre de d'Alembert à Tronchin : archives Tronchin 167.

British Library (Londres)

— Correspondance Condorcet-Frisi : Egerton, 18.
— Correspondance d'Alembert-Frisi : Egerton, 15.
— Correspondance d'Alembert-Birch : Add, 4444.

Staatsbibliothek (Berlin)

— Collections de l'ancienne Haus I (Ihne Building).
La bibliothèque de l'ex-Berlin-Est. Elle possédait en 1997 une grande partie de l'immense collection de lettres adressées au secrétaire perpétuel de l'Académie de Berlin, Samuel Formey. Il s'agit de plusieurs milliers de lettres classées selon l'ordre alphabétique et rangées dans une quarantaine de « Kasten ».

— Collections de Haus II (Scharoun Building).
Nombreuses lettres autographes de la majeure partie des savants et philosophes européens du XVIIIe siècle.
Aujourd'hui l'essentiel des collections de la Haus I a été déménagé à la Haus II.

Biblioteka Jagiellonska (Cracovie)

— Elle possède actuellement la seconde partie de la correspondance adressée à Samuel Formey, rangée dans deux collections : la collection d'autographes et celle de Varnhagen von

Ense. En particulier les lettres de La Condamine de 1759 à 1771.

— La collection d'autographes contient en outre quelques lettres de Français, notamment de Ch. Bossut, E. Bézout, J.-E. Montucla, Malesherbes, Sartine, Mme de Graffigny et Mme Geoffrin, qui ne sont pas destinées à Formey.

— Chaque lettre citée issue des deux collections a pour référence : « Provenant de l'ancienne Preussische Staatsbibliothek à Berlin, conservées à présent à la Biblioteka Jagiellonska à Cracovie ».

Biblioteca Ambrosiana (Milan)

— Elle possède la plus grande partie de la correspondance passive de Paolo Frisi, dont les lettres des savants et philosophes français, notamment celles de d'Alembert, Clairaut, Fouchy, Nollet, Auguste de Kéralio, d'Holbach... : Y 153.

Bibliothèque royale du Danemark

— Treize lettres de J. Lalande : N. K. S. 1 304, 2e.

The Pierpont Morgan Library (New York)

— Une lettre de d'Alembert à l'abbé Morellet.

Biblioteca dell'Archiginnasio (Bologne)

— Lettres de d'Alembert, Condorcet, Lalande, etc., au comte Alfonso Malvezzi : A 1942.

Archives de l'Istituto delle science (Bologne)

— Lettres de Condorcet à Canterzani (1767-1776).

Biblioteca Palatina (Parme)

— Autobiographie de don Ferdinando : Ms. Pal. 464.

— Correspondance passive du P. Paciaudi.

SOURCES IMPRIMÉES

Principales éditions consultées

— ALEMBERT (Jean Le Rond d')

Œuvres posthumes, éd. M.-C J. Pougens, Paris, 1779, 2 volumes.

Œuvres philosophiques, historiques et littéraires, éd. J.-F. Bastien, Paris, 1805, 18 tomes en 10 volumes.

Œuvres complètes, éd. Belin, Paris 1821-1825, 5 volumes. Slatkine Reprints, 1967.

Œuvres et correspondances inédites de d'Alembert, éd. Ch. Henry, Slatkine Reprints, 1967.

— BECCARIA (Cesare)

Carteggio, in *Opere*, Edizione Nazionale diretta da L. Firpo et G. Francioni, Mediobanca, Milano, 1994 et 1996, volumes 4 et 5.

Des délits et des peines, éd. R. Badinter, Paris, Flammarion, « GF », 1991.

— CONDORCET (Jean-Antoine-Nicolas)

Œuvres, éds. Condorcet O'Connor, M.F. Arago, Paris, 1847-1849, 12 volumes. Reprint Friedrich Frommann Verlag, Stuttgart, 1968.

— DIDEROT (Denis)

Œuvres, éd. L. Versini, Robert Laffont, « Bouquins », 1994-1997, 5 volumes.

Œuvres complètes, éd. J. Assézat et M. Tourneux, 1875-1877, 20 volumes.

Voyage en Hollande, éd. Yves Benot, Paris 1982.

— Duclos (Charles Pinot)

Œuvres, Paris, Paris, 1821, 3 volumes.

— Fouchy (Jean-Paul Grandjean de)

Éloges, H.A.R.S.

— Lalande (Joseph-Jérôme Le François de)

Journal d'un voyage en Angleterre (éd. par H. Monod-Cassidy), *S.V.E.C.*, n° 184.

— Malesherbes

Mémoire sur la librairie, Mémoires sur la liberté de la presse, présentés par R. Chartier, Imprimerie nationale, 1994.

— Raynal (Guillaume-Thomas)

Histoire philosophique et politique des établissements et du commerce des Européens dans les deux Indes, Genève, 1780. Reprint, Bibliothèque des Introuvables, Paris, 2006.

— Rousseau (Jean-Jacques)

Œuvres complètes, éd. B. Gagnebin et M. Raymond, Gallimard, « Bibliothèque de la Pléiade », volumes I-III, 1964-1978.

— Rulhière (Claude-Carloman de)

Anecdotes sur la Révolution de Russie, 1797. Réédition Le Promeneur, Paris, 2006.

— Servan (Antoine Joseph)

Œuvres choisies, Paris, 1819, 2 volumes.

— Turgot (Anne Robert)

Œuvres, éd. G. Schelle, Paris, 1913-1923. Réédition Verlag Detlev Auvermann KG, 1972, 5 volumes.

— Verri (Pietro)

Observations sur la torture, 1777. Réédition Viviane Hamy, Paris, 1992.

— Voltaire (François Marie Arouet, dit)

Lettres philosophiques, introduction de R. Pomeau, Garnier-Flammarion, n° 15, 1964.

Mémoires, éd. L. Lecomte, Seuil, « L'École des Lettres », 1993.

CORRESPONDANCES ET MÉMOIRES DU XVIIIe SIÈCLE

— ADHÉMAR (Antoine-Honneste, marquis d')
La Correspondance inédite d'un ami des philosophes à la cour de Bayreuth, éd. E. Mass, Banbury, *S.V.E.C.*, n° 109, 1973.

— ALEMBERT (Jean Le Rond d')
« Correspondance inédite avec Cramer, Lesage, Clairaut, Turgot, Castillon, Béguelin, etc. », éd. Ch. Henry, *Bollettino di bibliografia e di storia delle scienze matematiche e fisiche*, Rome, t. 18, septembre-décembre 1885, pp. 507-645.

« Quatre lettres inédites de Jean Le Rond d'Alembert à Jean-Baptiste Boyer, marquis d'Argens », Éd. du Raisin, Dijon, 1927.

« Une lettre inédite de d'Alembert », éd. Y. Laissus, *Revue d'histoire des sciences*, n° 7, 1954, pp. 1-5.

« Quelques lettres inédites de Jean d'Alembert », éd. R. Grimsley, *R.H.L.F.*, janvier-mars 1962, pp. 74-78.

Correspondance avec L. Euler, éd. A.P. Juskevic et R. Taton, in Leonhard Euler, *Opera Omnia*, série Quarta AA, vol. V, Bâle, Birkhauser Verlag, 1980.

« Correspondance avec G. Cramer », éd. J. Pappas, *Dix-huitième siècle*, n° 28, 1996, pp. 229-258.

— *Autographes de Mariemont*, éd. J. Durry, Librairie Nizet, 1955, 2 volumes.

— BESENVAL (Pierre-Joseph, baron de)
Mémoires sur la cour de France, éd G. de Diesbach, Mercure de France, 1987.

— BERNIS (François Joachim, cardinal de)
Mémoires, éd Ph. Bonnet, Mercure de France, 1980.

— BONNET (Ch.)
The Correspondence between Albrecht von Haller and Charles Bonnet, éd. Otto Sonntag, Verlag Hans Huber, Berne, Stuttgart, Vienne, 1983.

— R. BOSCOVICH
« Correspondance avec les savants français », éd. F. Racki, *Rad. Jug. Akad.*, vols 27, 88 et 90 (1887).

— BUFFON (Georges-Louis Leclerc, comte de)
Correspondance inédite de Buffon, éd. H. Nadault, 1860, 2 volumes.

— CAYLUS (Anne Claude, comte de)
Correspondance inédite avec le P. Paciaudi, théatin (1757-1765), éd. Ch. Nisard, 1877, 2 volumes.

— COLLÉ (Charles)
Journal et mémoires sur les hommes de lettres, les ouvrages dramatiques et les événements les plus mémorables du règne de Louis XV (1748-1772), éd. Honoré Bonhomme, 3 volumes, Slatkine Reprints, Genève, 1967.

— CONDILLAC et MABLY
« Dix lettres inédites ou retrouvées », éd. F. Moureau, *Dix-huitième siècle*, n° 23, 1991, pp. 193-200.

— *Correspondance littéraire, philosophique et critique* par Grimm, Diderot, Raynal, Meister, etc., éd. M. Tourneux (1877-1882). Klaus Reprint, Nendeln/Liechtenstein, 1968. Le premier volume et une partie du deuxième sont consacrés aux *Nouvelles Littéraires* de Raynal (1745-1755).

— DACHKOFF (princesse)
Mémoires, Mercure de France, 1966.

— DIDEROT (Denis)
Correspondance, éd. G. Roth et J. Varloot, Éditions de Minuit, 1970, 16 volumes.

Selon les cas nous avons utilisé cette édition ou celle de L. Versini.

« Deux lettres inédites », éd. A.-M. Chouillet, *R.D.E.*, n° 8, avril 1990, pp. 6-11.

« Trois lettres inédites », éd. A.-M. Chouillet, *R.D.E.*, n° 11, octobre 1991, pp. 9-17.

— DUCLOS (Charles Pinot)

Correspondance, éd. J. Brengues, Presse universitaire de Bretagne, 1970.

— DU DEFFAND (marquise)

Horace Walpole's Correspondence with Mme du Deffand, éds W.S. Lewis et W.H. Smith, The Yale Edition, Londres, 6 volumes, 1934.

— DU HAUSSET (Mme)

Mémoires, Paris, 1824.

— FORMEY (Samuel)

Souvenirs d'un citoyen, 2 volumes, 1797.

Correspondance passive : Briasson et Trublet (1739-1770), éd. M. Fontius, R. Geissler et J. Heiseler, Paris-Genève, Champion-Slatkine, 1996.

Lettres d'Élie de Luzac à Jean-Henri Samuel Formey (1748-1770), éd. H. Bots et J. Schillings, Honoré Champion, 2001.

— FRÉDÉRIC II, roi de Prusse

Correspondance, *Œuvres complètes*, éd. Preuss, t. XVII-XXVI, Berlin, 1854.

Correspondance de Frédéric II avec Louise-Dorothée de Saxe-Gotha (1740-1767), éd. par M-H Cotoni, *S.V.E.C.*, 376, Oxford, 1999.

— GALIANI (Ferdinando)

Correspondance avec Louise d'Épinay, éd. G. Dulac, Desjonquères, 1992-1997, 5 volumes.

— GARAT (Dominique-Joseph)

Mémoires historiques sur la vie de M. Suard, sur ses écrits et sur le XVIIIe siècle, 1820, 2 volumes.

— Gastelier (Jacques Élie)
Lettres sur les affaires du temps, éd. H. Duranton. Paris-Genève, Champion-Slatkine, 1993.
— Geoffrin (Thérèse)
Correspondance inédite du roi Stanislas-Auguste Poniatowski et de Mme Geoffrin (1764-1777), éd. Ch. de Mouÿ, 1875, Slatkine Reprints, Genève, 1970.
— Grosley (Pierre-Jean)
Lettres inédites de Grosley et de quelques-uns de ses amis, éd. A. Babeau, Troyes, 1878.
— Gustave III, roi de Suède
Gustave III par ses lettres, éd. G. von Proschwitz, Stockholm-Paris, 1986.
— Helvétius (Jean-Claude-Adrien)
Correspondance générale, éd. P. Allan, A. Dainard, M.T. Inguenaud, J. Orsini et D. Smith, University of Toronto Press, The Voltaire Foundation, Oxford, 1981-2004, 5 volumes.
— Hénault (président)
Mémoires, nouvelle éd. complétée par F. Rousseau, 1911.
— Hume (David)
The Letters, éd. J.Y.T. Greig, Oxford, 1932, 2 volumes.
— Jacquier (père François)
Le Père François Jacquier et ses correspondants, éd. E. Jovy, Vitry-le-François, 1922.
— Lagrange (Joseph-Louis)
Correspondance avec d'Alembert, Œuvres, t. XIII, éd. M. J. A. Serret, 1882.
Correspondance avec Condorcet, Œuvres, t. XIV, éd. M. J. A. Serret, 1892.
Lettres inédites de Lagrange, éd. Ch. Henry, 1886.
Sette lettere inedite di Giuseppe Luigi Lagrange al P. Paolo Frisi, éd. A. Favaro, Turin, 1895.
— *Lettres et pièces rares inédites*, publiées par J. Matter, 1846.
— Luynes (duc de)
Mémoires sur la cour de Louis XV, éd. L. Dussieux et E. Soulié, 1860-1865. 17 volumes.

— Marmontel (Jean-François)
Mémoires, éd. J. Renwick, Clermont-Ferrand, 1972, 2 volumes.
Correspondance, éd. J. Renwick, Clermont-Ferrand, 1974, 2 volumes.
— *Mémoires pour servir à l'histoire du droit public de la France en matière d'impôts ou Recueil de ce qui s'est passé de plus intéressant à la Cour des Aides depuis 1756 jusqu'au mois de juin 1775*, Bruxelles, 1779.
— Montesquieu
Correspondance, éd. Nagel, t. III, 1955.
« Montesquieu et ses correspondants », éd. R. Pomeau, *R.H.L.F.*, avril-mai 1982, pp. 179-265.
— Moreau (Jacob Nicolas)
Mes souvenirs, 1893, 2 volumes.
— Morellet (abbé André)
Lettres, I, 1759-1785, éd. D. Medlin, J.-C. David et P. Leclerc, The Voltaire Foundation, Oxford, 1991.
Mémoires inédits sur le XVIIIe siècle et sur la Révolution, t. I, 2e édition, Slatkine Reprints, Genève, 1967, 2 volumes.
— Paciaudi (père Paolo)
Lettres au comte de Caylus, éd. A. Sérieys, 1802.
— Romme (Gilbert)
Correspondance, éds. A.-M. Bourdin, P. Bourdin, J. Ehrard, H. Rol-Tanguy et A. Tchoudinov, Presses universitaires Blaise Pascal, 2006, 2 volumes.
— Rousseau (Jean-Jacques)
Correspondance complète, éd. R.A. Leigh, The Voltaire Foundation, Genève, Oxford, 1965-1996, 50 volumes.
— Rousseau (Pierre)
Correspondance littéraire de Mannheim (1754-1756), éd. J. Schlobach, Champion-Slatkine, 1992.
— Sade (comte de)
Bibliothèque Sade, I, éd. M. Lever, Fayard, 1993.
— Suard (Amélie)
Essai de Mémoires sur M. Suard, 1820.

— Thomas (Antoine-Léonard)
« Correspondance inédite entre Thomas et Barthe (1759-1785) », éd. M. Henriet, *R.H.L.F.*, 24, 1917 (pp. 113-154) ; 25, 1918 (pp. 455-478) ; 26, 1919 (pp. 124-149 et pp. 603-628) ; 27, 1920 (pp. 256-281 et pp. 587-606) ; 28, 1921 (pp. 271-278) ; 33, 1926 (pp. 608-618) et 34, 1927 (pp. 120-130) ; 35, 1928 (pp. 102-110 et pp. 401-408) ; 36, 1929 (pp. 100-113 et pp. 416-426) ; 39, 1932 (pp. 274-295) ; 40, 1933 (pp. 91-100) ; 41, 1934 (pp. 405-419 et pp. 553-565).

— Trublet (abbé)
Correspondance, éd. J. Jacquart, 1926.

— Véri (abbé Joseph-Alphonse de)
Journal, éd. Jehan de Witte, 1928-1930, 2 volumes.

— Verri (Pietro et Alessandro)
Voyage à Paris et à Londres, Laurence Teper, 2004.
Carteggio, a cura di E. Greppi e di A. Giulini, Milan, 1919-1926, 5 volumes.

— Voltaire (François-Marie Arouet, dit)
Correspondence and related documents, éd. Th. Besterman, The Voltaire Foundation, Banbury, Genève, Oxford, nos 85-132 (1968-1977).

ÉTUDES DES XIX, XXe ET XXIe SIÈCLES

— Académie des sciences, *Histoire et mémoire de l'Académie des sciences. Guide de recherches*, sous la direction de E. Brian et de Ch. Demeulenaère-Douyère, Lavoisier Tex et Doc, 1996.
— *Actes du colloque international Denis Diderot (1713-1784)*, Paris, Sèvres, Reims, Langres (4-11 juillet 1984), recueillis par A.-M. Chouillet, Aux amateurs de livres, 1985.
— *Actes du colloque Jean d'Alembert, savant et philosophe. Portrait à plusieurs voix*, Paris, 15-18 juin 1983, éd. M. Emery, P. Manzani, Centre international de synthèse, Éditions des archives contemporaines, 1989.
— *Actes du congrès international Oxford-Paris 1994, Voltaire et ses combats*, sous la direction de U. Kölving et Ch. Mervaud, Voltaire Foundation, Oxford, 1997, 2 volumes.
— « D'Alembert », numéro spécial, *Dix-huitième siècle*, n° 16, 1984.
— P. AMIGUET, *Lettres de Louis XV à l'Infant Ferdinand de Parme*, Paris, Grasset, 1938.
— M. ANTOINE
Louis XV, Fayard, 1989.
— M.F. ARAGO
Biographie de Jean-Sylvain Bailly, 1852.

— Comtesse d'Armaillé
La Comtesse d'Egmont (1740-1773), d'après ses lettres à Gustave III, 1890.

— J.M. Augeard
Mémoires secrets, 1866.

— A. Babeau
Lettres inédites de Grosley et de quelqu'uns de ses amis. Troyes, 1878.
« Les correspondants de Grosley », *Mémoires de la Société académique d'agriculture, des sciences et belles-lettres du département de l'Aube*, t. XVI, 1882, pp. 321-352.
Les Correspondants de Grosley, Troyes, 1883.

— E. Badinter (éd.)
Les Remontrances de Malesherbes (1771-1775), « Champs », Flammarion, 1985.
Correspondance inédite de Condorcet et Madame Suard (1771-1791), Fayard, 1988.

— E. Badinter, R. Badinter
Condorcet, un intellectuel en politique, Fayard, 1988.

— K.M. Baker
« Les débuts de Condorcet au secrétariat de l'Académie royale des sciences », 1776, *Revue d'histoire des sciences*, XX, 1967, pp. 229-280.

— Juan Balanso
Les Bourbons de Parme, J & D Éditions, Biarritz, 1996.

— G. Bancarel
Raynal ou le devoir de vérité, Honoré Champion, 2004.

— G. Barbarisi (éd.)
Ideologia e scienza nell' opera di Paolo Frisi (1728-1784), Franco Angeli, Milan, 1987, 2 volumes.

— Ch. Bartholomess
Histoire de l'Académie de Prusse, 1850, 2 volumes.

— L. de Beauriez
Une fille de France et sa correspondance inédite, 1887.

— H. Bédarida
Parme et la France, 1928, Slatkine Reprints, 1977.

« Un educatore dimenticato. Il barone di Kéralio », *Aurea Parma*, 1930 (VIII), nuova seria 16, pp. 3-12.

« Condillac à Parme, quelques lettres inédites », *Annales de l'université de Grenoble*, 1924, vol. I, n° 3, pp. 231-244.

— U. Benassi

« Gugliemo Du Tillot », *Archivio Storico per le province Parmensi*, 1915 (pp. 1-121) ; 1916 (pp. 193-368) ; (1919 (pp. 1-250) ; 1920 (pp. 47-153) ; 1921 (pp. 1-75) ; 1922 (pp. 191-272) ; 1923 (pp. 1-113) ; 1924 (pp. 15-220) ; 1925 (pp. 1-230).

« La mente del P. Paciaudi », *Miscellanea di Studi Storici in onore di G. Sforza*, Lucca, 1920, pp. 425-458.

« Il precettore famoso d'un nostro Duca », *Bollettino Storico Piacentino*, gennaio-marzo 1923, pp. 3-19.

— J. Bertrand

L'Académie des sciences et les académiciens de 1666 à 1793, 1869.

D'Alembert, 1889.

— Sainte-Beuve

Nouveaux Lundis, 1866.

— A. Bil'Basov

Didro V Peterburge, 1884. Réédition A. Lentin, G.B. ORP, 1972.

— C. Biondi

La Francia a Parma nel secondo Settecento, Bologne Clueb, 2003.

— A. Birembaut

« L'Académie royale des sciences en 1780 vue par l'astronome suédois Lexell (1740-1784) », *Revue d'histoire des sciences*, X, 1957, pp. 148-166.

— F.A. Boissy d'Anglas (comte de)

Essai sur la vie, les écrits et les opinions de Malesherbes, 1819-1821, 3 volumes.

— G. Boistel

L'Astronomie nautique au XVIIIe siècle en France : tables de la lune et longitudes en mer, thèse de doctorat, 2001, université de Nantes.

— J. Bollème, J. Ehrard, D. Roche, J. Roger (éds)
Livre et société dans la France du XVIIIe siècle, La Haye-Mouton, 1965, 2 volumes.

— M. Bossi, P. Tucci (éds)
Bicentennial Commemoration of R.G. Boscovich, Milano, 1987.

— H. Bost, C. Lauriol
« L'affaire Calas d'après les lettres de La Condamine à La Beaumelle », *Études sur le Traité sur la tolérance de Voltaire*, éd. N. Cronk, Voltaire Foundation, 2000.

— E. Bovy
Le Comte Pietro Verri, 1889.

— N. Boyer
La Guerre des bouffons, 1945.

— B. Bray, J. Schlobach, J. Varloot (éds)
La Correspondance littéraire de Grimm et de Meister (1754-1813), Klincksieck, 1976.

— B. Bru, P. Crépel (éds)
Condorcet. Arithmétique politique. Textes rares ou inédits (1767-1789), Paris, INED, 1994.

— L. Brunel
Les Philosophes et l'Académie française au dix-huitième siècle, 1884, Slatkine Reprints, Genève, 1967.

— C. Cadéac
« Discours prononcé le 5 juin 1932 à l'inauguration du monument du mathématicien Charles Bossut à Tartaras (Loire) », *Mémoires de l'Académie de Lyon*, 3e série ; t. 21, 1933, pp. 231-236.

— J. D. Candaux, S. Capdeville, M. Grenon, R. Sigrist, V. Somov (éds)
Deux astronomes genevois dans la Russie de Catherine II. Journaux de voyage en Laponie russe de J.-L. Pictet et J.-A. Mallet (1768-1769), Ferney-Voltaire, 2005.

— C. Cardinal
Ferdinand Bertoud (1727-1807), La Chaux-de-Fonds, musée international d'Horlogerie, 1984.

— H. Carrère d'Encausse
Catherine II : Un âge d'or pour la Russie, Fayard, 2002.
L'Impératrice et l'abbé. Un duel littéraire inédit entre Catherine II et l'Abbé Chappe d'Auteroche, Fayard, 2003.
— A. Cazes
Grimm et les encyclopédistes, Slatkine Reprints, 1970.
— R. Chartier (éd.)
Lectures et lecteurs dans la France de l'Ancien Régime, Seuil, 1987.
Malesherbes, Mémoires sur la librairie et sur la liberté de la presse, Imprimerie nationale, 1994.
— P. Chaunu, M. Foisil et F. de Noirfontaine
Le Basculement religieux de Paris au XVIIIe *siècle*, Fayard, 1998.
— A. Chevalier
Le Comte Claude-Carloman de Rulhière, premier historien de Pologne, thèse de doctorat, Paris, 1939.
— A.-M. Chouillet, P. Crépel
« Un voyage d'Italie manqué ou trois encyclopédistes réunis », *R.D.E*, 17, oct. 1994, pp. 9-53.
— *Chronique de la Régence et du règne de Louis XV (1718-1763)*, ou *Journal de Barbier*, 1885, 8 volumes.
— A. Cioranescu
Bibliographie de la littérature française du dix-huitième siècle, 3 volumes, Slatkine Reprints, 1999.
— Ch. Collé
Journal et Mémoires sur les hommes de lettres les plus mémorables du règne de Louis XV (1748-1772), éd. H. Bonhomme, 1868, réédition Slatkine Reprints, 1967, 3 volumes.
— G. Costa
« Il rapporto Frisi-Boscovich alla luce di lettere inedite di Frisi, Boscovich, Mozzi, Lalande e Pietro Verri », *Rivista Storica Italiana*, 79, 1967, n° 3, pp. 819-876.
— A. Coste, P. Crépel
« Comment imaginer un mathématicien au XVIIIe ? », *Matapli*, 39, juillet 1994, pp. 43-49.

— Cousin d'Avalon
D'Alembertiana, 1813.

— P. Cranefield
« L'origine probable de l'introduction du mot « crétin » dans la langue écrite. Un manuscrit de 1750 par le comte de Maugiron », *Gesnerus*, 19,1962, pp. 89-92.

— P. Crépel
« En direct de l'histoire », *Matapli*, n° 53, janvier 1998, pp. 41-51.

— V. Van Crugten-André
Le « Traité de tolérance » de Voltaire. Un champion des Lumières contre le fanatisme, Champion, 1999.

— J. Dagen
L'Histoire de l'esprit humain dans la pensée française de Fontenelle à Condorcet, Klincksieck, 1977.

— E. Daire
Les Physiocrates, 1846.

— R. Darnton
Bohème littéraire et révolution : le monde des livres au XVIIIe siècle, Seuil, 1983.
« Les encyclopédistes et la police », RDE, n° 1, octobre 1986, pp. 94-109.

— D. Delafarge
La Vie et l'œuvre de Palissot (1730-1814), 1912, Slatkine Reprints, Genève, 1971.

— J.-B. Delambre
Histoire de l'astronomie au XVIIIe siècle, 1827.

— Th. Delarue
Isographie des hommes célèbres, 1843, 2 volumes.

— Delbeke (baron)
La Franc-Maçonnerie et *la Révolution française*, Anvers, 1938.

— M. Delon, J. Mondot (éds)
L'Allemagne et la France des Lumières. Mélanges offerts à Jochen Schlobach, Champion, 2003.

— M. Delon et C. Seth (éds)
Voltaire en Europe. Hommage à Christiane Mervaud, Voltaire Foundation, Oxford, 2000.
— Abbé Denina
La Prusse littéraire sous Frédéric II, Berlin, 1790, 3 volumes.
— G. Desnoiresterres
Voltaire et la société française au XVIIIe *siècle*, 2e éd. 1871-1876, 2 volumes.
— J. Dhombres
« Quelques rencontres de Diderot avec les mathématiques », in *Denis Diderot, 1713-1784*, éd. A.-M. Chouillet, actes du colloque international Diderot (4-11 juillet 1984), Aux Amateurs de livres, 1985, pp. 269-280.
— *Dictionary of Scientific Biography*, éd. Ch. Coulston Gillispie, Princeton University, 17 volumes, 1981-1990.
— *Dictionnaire des journalistes (1600-1789)*, éd. J. Sgard, Presses universitaires de Grenoble, 1976, 2 volumes.
— *Dictionnaire des journaux (1600-1789)*, éd. J. Sgard, Universitas, 1991, 2 volumes.
— *Dictionnaire des lettres françaises* du cardinal G. Grente, mis à jour par F. Moureau, Fayard, 1995.
— H. Dieckmann, J. Proust et J. Varloot
« Sur les œuvres complètes de Diderot. Une réponse qui s'impose », *Dix-huitième siècle*, n° 8, 1976, pp. 423-431.
— E. Doublet
« L'abbé Bossut (à l'occasion du centenaire de sa mort) », *Bulletin des sciences mathématiques*, 1914, pp. 93-96 ; pp. 121-125 ; pp. 158-160 ; pp. 186-190 ; pp. 220-224.
— G. Drei
« Lettere inedite del Condillac al suo principe », *Miscellanea Historica in honorem Leonis Van der Essen*, Éditions universitaires, Bruxelles-Paris, 1947, 2 volumes.
— G. Dulac (éd.)
La Culture française et les archives russes. Une image de l'Europe au XVIIIe *siècle*, Ferney-Voltaire, 2004.

« Diderot et le “mirage russe”... », *Le Mirage russe au XVIIIe siècle*, Karp & Wolff (éds), 2001.

« L'astronome Lexell et les athées parisiens (1780-1781) », *Dix-huitième siècle*, n° 19, 1987, pp. 347-361.

« Politique, littérature et mystification. Échec à Rulhière », *Dix-huitième siècle*, n° 23, 1991, pp. 213-222.

— G. Dulac, A. Stroev

« Diderot en 1775 vu par Grimm », *Dix-huitième siècle*, n° 25, 1993, pp. 275-293.

— L. Dutens

Mémoires d'un voyageur qui se repose, 1806, 3 volumes.

— J. Egret

Louis XV et l'opposition parlementaire, Armand Colin, 1970.

— J. Fabre

« Deux frères ennemis : Diderot et Jean-Jacques », *Diderot Studies*, III, 1961, pp. 155-213.

— D. Fauque

« Une élégante solution au problème des longitudes : les horloges marines de Ferdinand Berthoud », *Revue d'histoire des sciences*, 1986, XXXIX, n° 4.

— E. Faure

La Disgrâce de Turgot, Gallimard, 1961.

— A. Feugère

« Raynal, Diderot et quelques autres historiens des deux Indes », *R.H.L.F.*, 20, 1913, pp. 343-378 ; 22, 1915, pp. 408-452.

— P. Flourens

Recueil des Éloges historiques lus dans les séances publiques de l'Académie des sciences, 1857, 2e volume.

— P. Fould

Anecdotes curieuses de la cour de France sous le règne de Louis XV, 2e édition, 1908.

— M. Fubini

La Cultura illuministica in Italia, Torino, 1964.

— M. Fumaroli

Quand l'Europe parlait français, B. de Fallois, 2001.

— R. GALLIANI (éd.)
« Quelques lettres inédites de Mably », *S.V.E.C.*, n° 98, 1972, pp. 183-197.
— J.-D. GARAT
Mémoires historiques sur le XVIIIe *siècle*, Paris, 1829, 2 volumes.
— G. GILL-MARK
Une femme de lettres au XVIIIe *siècle, Anne-Marie du Boccage*, Librairie Champion, 1927.
— D. GOODMAN
The Republic of Letters. A Cultural History of the French Enlightenment, Cornell University Press, 1994.
— L. GOTTSCHALK
« Three generations : a plausible interpretation of the french philosophes ? », *Studies in Eighteenth Century Culture* (Wisconsin), 1972, vol. 2, pp. 3-12.
— H. GOUHIER
Rousseau et Voltaire, portraits dans deux miroirs, Vrin, 1983.
— J. GOULEMOT, A. MAGNAN, D. MASSEAU (éds)
Inventaire Voltaire, Gallimard, « Quarto », 1995.
— R. GRANDEROUTE
« De la source au texte ; les mémoires voltairiens de l'affaire Calas », *Voltaire et ses combats*, I, Voltaire Foundation, 1997, pp. 567-579.
— P. GRILLENZONI
« Condillac à Parme, lettres inédites », *Dix-huitième siècle*, n° 17, 1985, pp. 285-295.
— R. GRIMSLEY
Jean d'Alembert (1717-1783), Oxford, Clarendon Press, 1963.
« Quelques lettres inédites de d'Alembert », *R.H.L.F.* 1962, pp. 74-78.
— P. GROSCLAUDE
Malesherbes témoin et interprète de son temps, Librairie Fischbacher, 1961.

Malesherbes et son temps. Nouveaux documents inédits, Librairie Fischhacher, 1964.

— L. Guerci

Condillac Storico, Milano, Riccardo Ricciardi Editore, 1978.

— L. Guimbaud

Auget de Montyon (1733-1820), 1909.

— R. Hahn

L'Anatomie d'une institution scientifique : l'Académie des sciences de Paris, 1666-1803, traduit de l'américain, Éditions des Archives contemporaines, 1993.

— T.L. Hankins

Jean d'Alembert, Science and the Enlightenment, Gordon and Breach, 1970.

— H. Harder

Le Président de Brosses et le voyage en Italie au XVIIIe *siècle*, Genève, Slatkine, 1981.

— Haussonville (vicomte d')

Le Salon de madame Necker, 1882, 2 volumes.

— R. Hawkins

« Unpublished French letters of the eighteenth century », *Romanic Review*, 21, 1930, pp. 5-6.

— P. Hazard

La Crise de la conscience européenne (1680-1715), 1935, 2 volumes.

— J. Hellegouarc'h

L'Esprit de société. Cercles et « salons » parisiens au XVIIIe *siècle*, Éditions Garnier, 2000.

— Ch. Henry (éd.)

Correspondance inédite de Condorcet et de Turgot, 1883.

Lettres inédites de Julie de Lespinasse, 1887, Genève, Slatkine Reprints, 1971.

— J. Hill Burton

Life and Correspondence of David Hume, Edinburgh, 1846, Reprint Scientia Verlag Aalen, Darmstadt, 1969, 2 volumes.

— *Histoire de la science, des origines au* XXe *siècle*, éd. M. Daumas, Gallimard, « Encyclopédie de la Pléiade », 1963.

— *Histoire générale des sciences*, éd. R. Taton, P.U.F, 1958, volume 2 : *La Science moderne (1450-1800).*

— R. HUBERT

D'Holbach et ses amis, 1928.

— Institut de France

Les Registres de l'Académie française, 1895-1906, 4 volumes.

— J. JACQUART

L'Abbé Trublet, critique et moraliste (1697-1770), 1926.

— E. JOHNSTON

Le Marquis d'Argens, sa vie, son œuvre, 1928.

— F.A. KAFKER, S.L. KAFKER

« The Encyclopedists as individuals », *S.V.E.C.*, n° 257, 19.

« The Encyclopedists as a group : a collective biography of the authors of the *Encyclopédie* », *S.V.E.C.*, n° 345, 1996.

« Were the Encyclopedists allies of Voltaire in the Calas affair ? », in *Voltaire et ses combats*, II, Voltaire Foundation, 1997, pp. 849-856.

— S. KARP, L. WOLFF (éds)

Le Mirage russe au XVIIIe *siècle*, Ferney-Voltaire, 2001.

— S. KARP

« Diderot et la cour de Suède », *La Culture française et les archives russes*, Ferney-Voltaire, 2004.

— U. KÖLVING et Ch. MERVAUD (éds)

Voltaire et ses combats, 2 volumes, Voltaire Foundation, 1997.

— U. Kölving, I. Passeron (éds)

Sciences, musiques, lumières, Mélanges offerts à Anne-Marie Chouillet, Ferney-Voltaire, 2002.

— L.G. KRAKEUR et R.L. KRAKEUR

« The mathematical writings of Diderot », *Isis*, 33, juin 1941, pp. 219-232.

— W. Krauss
« La correspondance de S. Formey », *R.H.L.F.*, n° 63, 1963, pp. 207-216.
— La Harpe
Cours de littérature, philosophie du XVIII*e siècle*, 1805, 5 volumes.
— Ch. de Larivière
« Mercier de La Rivière à Saint-Pétersbourg en 1767 », *R.H.L.F.*, 4, 1897, pp. 581-602.
— C. Lauriol
La Beaumelle. Un protestant cévenol entre Montesquieu et Voltaire, Librairie Droz, Genève-Paris, 1978.
« La Beaumelle, l'affaire Calas et le *Traité sur la tolérance », in Voltaire en Europe*, Hommage à Christiane Mervaud, Voltaire Foundation, 2000, pp. 173-780.
— A.-S. Leblond
Notice historique sur la vie et les ouvrages de J.-E. Montucla, An VIII.
— Y-.M. Lee
« Diderot et la lutte parlementaire au temps de l'*Encyclopédie* », *R.D.E.*, n° 29, octobre 2000, pp. 45-69, et n° 30, avril 2001, pp. 93-126.
— P. Lepape
Diderot, Flammarion, 1991.
— Abbé A. Le Sueur
La Condamine d'après ses papiers inédits, Mémoires de l'Académie d'Amiens, 1909-1911, 3 volumes.
— E. Lever
Madame de Pompadour, Perrin, 2000.
— M. Lever
Pierre-Augustin Caron de Beaumarchais, Fayard, 1999-2004, 3 volumes.
— H. Lion
Le Président Hénault, 1903.
— L. de Loménie
La Comtesse de Rochefort et ses amis, 1870.

— A. Lortholary
Le Mirage russe en France au XVIIIe siècle, Boivin et Cie, 1951.

— J. Lough
Essays on the Encyclopédie of Diderot and d'Alembert, Londres, 1968.
« Les idées politiques de Diderot dans l'*Encyclopédie* », *Thèmes et figures du siècle des Lumières*, Droz, 1980.

— H. Lüthy
La Banque protestante en France. De la révocation de l'édit de Nantes à la Révolution, 3 volumes, Éditions de l'E.H.E.S.S., 1998.

— B.L. McLaughlin
« Diderot et l'amitié », *S.V.E.C.*, n° 100, 1973.

— A. Maffey (éd.)
« Lettre inédite de l'abbé Mably au père P.M. Paciaudi », *Cahiers d'histoire* publiés par les universités de Clermont-Lyon-Grenoble, t. V, 1960.

— G. Maheu
La Vie et l'œuvre de d'Alembert, thèse non publiée en 3 volumes, 1967 (un exemplaire à la bibliothèque de la Sorbonne).

— M. Marion
Dictionnaire des institutions de la France au XVIIe et XVIIIe siècle, 1976.

— J. Marx
Charles Bonnet contre les Lumières (1738-1750), 2 volumes, *S.V.E.C.*, nos 156-157, 1976.

— J. Mascart
La Vie et les travaux du chevalier Jean-Charles de Borda (1733-1799), Presses de l'université de Paris-Sorbonne, 2000.

— E. Mass (éd.)
« Le marquis d'Adhémar : la correspondance inédite d'un ami des philosophes à la cour de Bayreuth », *S.V.E.C.*, n° 109, 1973.

— D. Masseau

L'Invention de l'intellectuel dans l'Europe du XVIIIe *siècle*, PUF, 1994.

Les Ennemis des philosophes. L'antiphilosophie au temps des Lumières, Albin Michel, 2000.

— J. Mayer

Diderot, homme de science (thèse de doctorat), Rennes, 1959.

« G.F. Rouelle (1703-1770) » in *Revue d'histoire des sciences*, t. XXIII, n° 4, octobre-décembre 1970, pp. 305-332.

« Diderot et le calcul des probabilités dans l'*Encyclopédie* », *Revue d'histoire des sciences*, t. XLIV, nos 3-4, juillet-décembre 1991, pp. 375-391.

— P. Meister

Charles Duclos (1704-1772), Genève, Droz, 1956.

— E. Micard

Un écrivain académique au XVIIIe *siècle, Antoine-Léonard Thomas (1732-1785)*, 1924.

— M. Molander Beyer (éd.)

La Suède et les Lumières : lettres de France d'un ambassadeur à son roi (1771-1783), Michel de Maule, 2006.

— M. Molinier

« Les relations de Deleyre et de Rousseau (1753-1778), suivi de la correspondance inédite de Deleyre et du marquis de Girardin (août-décembre 1778) », *S.V.E.C.*, Genève, 1970.

— H. Monod-Cassidy

Un voyageur-philosophe au XVIIIe *siècle. L'abbé J.-B. Le Blanc*, Harvard University Press, 1941.

— R. Mortier

« La place de d'Alembert dans la littérature des "Lumières" », in *Jean d'Alembert savant et philosophe : portrait à plusieurs voix*, Éditions des Archives contemporaines, 1989, pp. 17-39.

Le Cœur et la raison, Voltaire Foundation, Oxford, 1990.

Les Combats des Lumières, Ferney-Voltaire, 2000.

— R. Mortier et R. Trousson
Dictionnaire de Diderot, Genève, Champion, 1999.
— M. Muller
Essai sur la philosophie de Jean d'Alembert, 1926.
— A. Muratori-Philip
Le Roi Stanislas, Fayard, 2000.
— J.-A. Naigeon
Mémoires historiques et philosophiques sur la vie et les ouvrages de Denis Diderot, 1821, Slatkine Reprints, Genève, 1970.
— R. Naves
Voltaire et l'Encyclopédie, Éditions des Presses modernes, 1938.
— P. Naville
D'Holbach, Gallimard, 1943.
— B. de Negroni (éd.)
Rousseau-Malesherbes : correspondance, Flammarion, 1991.
— F. Nicolini
« Amici e correspondenti francesi dell'Abatte Galiani », *Bollettino dell' Archivio Storico*, n° 7, 1954.
— Ch. Nisard
Guillaume du Tillot, un valet ministre et secrétaire d'État, 1887.
— J. Orsini
L'Affaire Calas avant Voltaire, thèse de troisième cycle, université Paris-Sorbonne, 1981.
— J. Pandolfi
« Beccaria traduit par Morellet », *Dix-huitième siècle*, n° 9, 1977, pp. 291-316.
— J. Pappas
« D'Alembert et la nouvelle aristocratie », *Dix-huitième siècle*, n° 15, 1983, pp. 335-343.
« Inventaire de la correspondance de d'Alembert », *S.V.E.C.*, n° 245, 1986.
« Voltaire et la guerre philosophique, » *R.H.L.F.*, octobre-décembre 1961, pp. 526-549.

« Les relations entre Frisi et d'Alembert », *Ideologia e scienza nell' opera di Paolo Frisi*, éd. G. Barbarisi, Milano, 1987, pp. 123-174.

« Lettres inédites de d'Alembert et de Julie de Lespinasse à Louis Dutens », *Dix-huitième siècle*, nº 26, 1994, pp. 227-237.

« R.J. Boscovich et l'Académie des sciences de Paris », *Revue d'histoire des sciences*, 1996, 49/4, pp. 401-414.

— J.-N. Pascal (éd.)

Lettres de Julie de Lespinasse à Condorcet, Paris, Desjonquères, 1990.

Lettres de Julie de Lespinasse, Éditions d'Aujourd'hui, 1978.

— I. Passeron (avec la collaboration d'A.-M. Chouillet et de J.-D. Candaux)

« Inventaire raisonné de la correspondance de d'Alembert », *Œuvres complètes de d'Alembert*, série V, vol.1, C.N.R.S., à paraître en 2008.

— M. Paty

« Rapport des mathématiques et de la physique chez d'Alembert », *Dix-huitième siècle*, nº 16, 1984, pp. 69-79.

« D'Alembert et son temps. Éléments de biographie », *Cahiers Fundamentae scientiae*, nºˢ 69-70, 1997, pp. 1-69.

— Ch. B. Paul

Science and Immortality ; the Éloges of the Paris Académie of Sciences, 1699-1791, University of California Press, 1980.

— Pellisson et d'Olivet

Histoire de l'Académie française, introduction, éclaircissements et notes de Ch. L. Livet, 1852, vol. I et II.

— L. Perey

Le Président Hénault et Mme du Deffand, s.d.

Un petit-neveu de Mazarin. Louis Mancini-Mazarini, duc de Nivernais, 1893.

La Fin du XVIIIᵉ siècle. Le duc de Nivernais (1763-1798), 1893.

— L. PEROL

« Les philosophes et l'archevêque », *Éclectisme et cohérence des Lumières*, Nizet, 1992.

— G.S. PICENARDI

« Lettere inedite di Pietro Verri », *Rassegna Nazionale*, Florence, vol. 185, juin 1912.

— R. POMEAU

« Nouveau regard sur le dossier Calas », *Europe*, nº 398, juin 1962, pp. 57-72.

La Religion de Voltaire, Nizet, 1974.

L'Europe des Lumières, Slatkine, 1981.

Voltaire en son temps, Fayard, 1995, 2 volumes.

— Ch. POUGENS

Lettres philosophiques à Mme xxx sur divers sujets de morale et de littérature, 1826.

— P. PRÉVOST

Notice de la vie et des écrits de Georges-Louis Lesage, Genève, 1805.

— G. von PROSCHWITZ

« Lettres inédites de Mme du Deffand, du président Hénault et du comte de Bulkeley », *S.V.E.C.*, X, 1959.

— J. PROUST

Diderot et l'Encyclopédie, 1962, réédition Slatkine, 1982.

— H.C. RICE, Jr

« A d'Alembert letter re-examined », *The Princeton University Library Chronicle*, XVIII : 1, pp. 89-193, 1956.

— D. ROCHE

« Encyclopédistes et académiciens », in *Livre et société dans la France du XVIIIe siècle*, éd. F. Furet, t. II, 1970, pp. 73-92.

Le Siècle des Lumières en province. Académies et académiciens provinciaux (1680-1789), Éditions de l'E.H.E.S.S., 1986, 2 volumes.

Les Républicains des lettres. Gens de culture et lumières au XVIIIe siècle, Fayard, 1988.

Le Monde des Lumières, (avec V. Ferrone), Fayard, 1999.

— J. Roger
Les Sciences de la vie dans la pensée française du XVIIIe siècle, Albin Michel, « Bibliothèque de l'évolution de l'humanité », 1994.

— C. F. Rousset
Le Comte de Gisors (1732-1758), 1868.

— A. Rouxel
Chroniques des élections à l'Académie française (1634-1841), 1886.

— V. Ru
« L'aigle à deux têtes de l'*Encyclopédie* : accords et divergences de Diderot et de d'Alembert de 1751 à 1759 », *R.D.E.*, no 26, avril 1999, pp. 17-26.

— R. Rutto
« La corrispondenza scientifica e letteraria di Paolo Frisi e Domenico Caraccioli », *Rivista Storica Italiana*, 96, 1984, no 1, pp. 172-186.

— J. Ruwet (éd.)
Lettres de Turgot à la duchesse d'Enville (1764-1774 et 1777-1780), Louvain, 1976.

— Mérard de Saint-Just
Éloge historique de Jean-Sylvain Bailly, 1794.

— E. Sanger
Isabelle de Bourbon-Parme, Éditions Duculot, 1991.

— J. Sareil (éd.)
« Sept lettres inédites de l'abbé de Mably au duc de La Rochefoucauld d'Enville », *Dix-huitième siècle*, no 3, 1971, pp. 61-72.

— E. Sarton
« Montucla (1725-1799), sa vie et ses travaux », *Osiris*, 1936, I, pp. 519-567.

— H. Sauter et E. Loos
Paul Thiry Baron d'Holbach die Gesamte Erhaltene Korrespondenz, Stuttgart (s.d.).

— R. Savioz
Mémoires autobiographiques de Charles Bonnet de Genève, Vrin, 1948.

— A. SAYOUS
Le XVIIIe siècle à l'étranger, 1861, 2 volumes.
— R. SCHACKLETON
« D'Alembert et Montesquieu : leurs rapports », in *Jean d'Alembert savant et philosophe, portrait à plusieurs voix*, Centre international de synthèse, Éditions des Archives contemporaines, 1989, pp. 41-51.
— E. SCHERER
Melchior Grimm, l'homme de lettres, le factotum, le diplomate, 1887.
— J. SCHLOBACH (éd.)
Correspondance inédite de Frédéric Melchior Grimm, Wilhelm Fink Verlag, Munich, 1972.
Correspondances littéraires inédites, Champion-Slatkine, 1987.
— Comte de SÉGUR
Mémoires ou souvenirs et anecdotes, 1826, 3 volumes.
— Marquis de SÉGUR
Julie de Lespinasse, 1880.
Le Président Hénault et madame du Deffand, 1893.
Le Royaume de la rue Saint-Honoré. Madame Geoffrin et sa fille, 1897.
— H.U. SEIFERT
« Banquets de philosophes : Georges Louis Schmid chez Diderot, d'Holbach, Helvétius et Mably », *Dix-huitième siècle*, n° 19, 1987, pp. 223-244.
— J. SENEBIER
Histoire littéraire de Genève, Genève, 1786, 3 volumes.
— P. SERGESCU
« La contribution de Condorcet à l'*Encyclopédie* », *Revue d'histoire des sciences*, IV, 1951, pp. 233-237.
— J. SGARD
(éd.) *Corpus Condillac (1714-1780)*, Slatkine, 1981.
« La multiplication des périodiques », in *Histoire de l'édition française*, 1990, t. II, pp. 246-255.
(éd.) *Dictionnaire des journaux, 1600-1789*, Universitas, 1991, 2 volumes.

(éd.) *Dictionnaire des journalistes, 1600-1789*, Voltaire Foundation, Oxford, 1999, 2 volumes.

— C.P. Snow

Les Deux Cultures, Jean-Jacques Pauvert, 1968.

— M. Souriau

Bernardin de Saint-Pierre d'après ses manuscrits, 1905, Slatkine Reprints, Genève, 1970.

— Tardy

Dictionnaire des horlogers français, II, Aubenas, 1972.

— R. Taton

(éd.) *Enseignement et diffusion des sciences en France au* XVIIIe *siècle*, Hermann, 1964 et 1986.

« D'Alembert et la question des trois corps », in *Jean d'Alembert, savant et philosophe, portrait à plusieurs voix*, Centre international de synthèse, Éditions des Archives contemporaines, 1981, pp. 395-409.

« D'Alembert, Euler et l'Académie de Berlin », in *Dix-huitième siècle*, no 16, 1984, pp. 55-67.

Études d'histoires des sciences, Brepols, Belgique, 2000.

— H. de Terrebasse

Timoléon-Guy-François de Maugiron, Grenoble, 1899.

— D. Thiebault

Mes souvenirs de vingt ans de séjour à Berlin, ou Frédéric le Grand, sa famille, sa cour, son Académie, ses écoles et ses amis littérateurs et philosophes, 1804, 5 volumes.

— G. Tolnai

La Cour de Louis XV, journal de voyage du comte Joseph Teleki, P.U.F, 1943.

— Abbé Tougard

Documents concernant l'histoire littéraire du XVIIIe *siècle*, 1912, 2 volumes.

— M. Tourneux

Diderot et Catherine II, 1899.

— R. Trousson

Jean-Jacques Rousseau, Tallandier, 2003.

Denis Diderot ou le vrai Prométhée, Taillandier, 2005.

— R. TROUSSON (éd.)
Mélanges offerts à Roland Mortier, Genève, Droz, 1980.
— R. TROUSSON, F.S. EIGELDINGER
Jean-Jacques Rousseau au jour le jour, chronologie, Honoré Champion, Genève, 1998.
— R. TROUSSON, J. VERCRUYSSE
Dictionnaire général de Voltaire, Honoré Champion, 2003.
— C. TRUESDELL
« Leonard Euler, supreme geometer (1707-1783) », in *Studies in Eighteenth Century Culture*, Wisconsin, 1972, vol. 2, pp. 51-95.
— Ch. URBAIN
« L'abbé de Canaye et le Discours préliminaire de l'Encyclopédie », in *R.H.L.F.*, 1895, t. II, pp. 385-401.
— N. VALERI
Pietro Verri, Florence, 1969.
— Mme de VANDEUL
Diderot, mon père, Circé, 1992.
— F. VENTURI
« Un amico di Beccaria e di Verri : profilo di Giambattista Biffi », *Giornale storico della letteratura italiana*, 34, fasc 405, 1957, pp. 37-76.
Illuministi italiani, Milano-Napoli, Riccardo Ricciardi Editore, 1958, tome III.
Settecento Riformatore, Turin, Einaudi, 1969-1984, 5 volumes.
L'Europe des Lumières, Paris-La Haye, Mouton-E.H.E.S.S., 1971.
— P. VERNIÈRE
« Naissance et statut de l'intelligentsia en France », in *Le Siècle de Voltaire. Hommage à René Pomeau*, éd. Ch. Mervaud et S. Menant, Voltaire Foundation, Oxford, 1987, vol. II, pp. 933-941.
— J. VERCRUYSSE
Bibliographie descriptive des écrits du baron d'Holbach, 1971.

— J.-L. VISSIÈRE
La Secte des empoisonneurs. Polémiques autour de l'« Encyclopédie » de Diderot et d'Alembert, Publications de l'université de Provence, 1993.
— M. VOVELLE (éd.)
L'Homme des Lumières, Seuil, 1996.
— E. WALTER
« Sur l'intelligentsia des Lumières », *Dix-huitième siècle*, no 5, 1973, pp. 173-201.
— A.M. WILSON
Diderot, sa vie et son œuvre, Robert Laffont-Ramsay, « Bouquins », 1985.

INDEX

Table des matières

« Pour l'éditeur, le principe est d'utiliser des papiers composés de fibres naturelles, renouvelables, recyclables et fabriquées à partir de bois issus de forêts qui adoptent un système d'aménagement durable.

En outre, l'éditeur attend de ses fournisseurs de papier qu'ils s'inscrivent dans une démarche de certification environnementale reconnue. »

Photocomposition Nord Compo
Villeneuve d'Ascq

Impression réalisée sur CAMERON par
BRODARD ET TAUPIN
La Flèche

pour le compte des Éditions Fayard
en avril 2007

Imprimé en France
Dépôt légal : avril 2007
N° d'édition : 84454 – N° d'impression : 40942
35-57-2843-7/01